## 权威·前沿·原创

**皮书系列为**
**"十二五""十三五"国家重点图书出版规划项目**

慈善蓝皮书
BLUE BOOK OF PHILANTHROPY

# 中国慈善发展报告
# （2017）

ANNUAL REPORT ON CHINA'S PHILANTHROPY DEVELOPMENT
(2017)

主 编/杨 团

社会科学文献出版社
SOCIAL SCIENCES ACADEMIC PRESS (CHINA)

图书在版编目(CIP)数据

中国慈善发展报告.2017/杨团主编.——北京:社会科学文献出版社,2017.6
(慈善蓝皮书)
ISBN 978-7-5201-0923-9

Ⅰ.①中… Ⅱ.①杨… Ⅲ.①慈善事业-研究报告-中国-2017 Ⅳ.①D632.1

中国版本图书馆 CIP 数据核字(2017)第 103698 号

**慈善蓝皮书**

**中国慈善发展报告(2017)**

主　　编／杨　团

出 版 人／谢寿光
项目统筹／邓泳红　陈　颖
责任编辑／薛铭洁

出　　版／社会科学文献出版社·皮书出版分社 (010) 59367127
　　　　　地址:北京市北三环中路甲 29 号院华龙大厦　邮编:100029
　　　　　网址:www.ssap.com.cn

发　　行／市场营销中心 (010) 59367081　59367018
印　　装／北京季蜂印刷有限公司

规　　格／开　本:787mm×1092mm　1/16
　　　　　印　张:25.5　字　数:386 千字
版　　次／2017 年 6 月第 1 版　2017 年 6 月第 1 次印刷
书　　号／ISBN 978-7-5201-0923-9
定　　价／98.00 元

皮书序列号／PSN B-2009-142-1/1

本书如有印装质量问题,请与读者服务中心 (010-59367028) 联系

▲ 版权所有 翻印必究

## 2017慈善蓝皮书编委会成员

**主　编** 杨　团

**编　委**（按姓氏笔画排序）

王　名　王行最　王振耀　邓国胜　冯　燕
卢德之　朱卫国　朱健刚　吕　朝　江明修
李志刚　李允晨　何道峰　吴国平　杨　团
金锦萍　娄胜华　徐永光　顾晓今　康晓光
黄浩明

# 主要编撰者简介

**杨　团**　女，中国社会科学院社会学研究所研究员、中国社会科学院社会政策研究中心副主任；中国社会科学院研究生院教授、硕士生导师。兼任中国社会学会社会政策研究专业委员会理事长、中国灵山慈善公益促进会副秘书长、北京农禾之家咨询服务中心理事长、北京永青农村发展基金会理事长等职。是国家民政部特邀咨询专家，劳动与社会保障部社会保障专家组成员。获评2013CCTV年度十大慈善人物之一。

其长期致力于社会保障、慈善公益与非营利组织、综合性农民合作组织、社区公共服务、老年人长期照护等领域的社会政策研究，曾多次主持国家社科基金课题和重点课题、中国社科院重点课题，出版多部专著、发表论文和研究报告150多篇，曾获国家社科基金优秀成果及多项省部级研究优秀成果奖。主编年度丛书《当代社会政策研究》《中国慈善发展报告》《综合农协：中国"三农"改革突破口》；主要专著有《社区公共服务论析》（独著）、《中国社会保障制度的再选择》（第一著者）、《21世纪中国农民的社会保障之路》（第一著者）；主要论文有《社会政策研究范式的演化及其启示》《新农村建设与农村社会保障》《探索第四域》《医疗卫生服务体系的第三条道路》《中国长期照护的政策选择》《此集体非彼集体——为社区性、综合性乡村合作组织探路》等。

# 摘　要

2016年是中国慈善史上的重要转折点，也是国家与社会更紧密地联手推动慈善事业发展的一年。

国家推动慈善的贡献，尤其表现在《中华人民共和国慈善法》《境外非政府组织境内活动管理法》以及相关配套法规在2016年度的密集出台上，至此，中华人民共和国境内的所有慈善活动，不论是境内还是境外慈善主体的活动，都有法可依了。中国实现了慈善法制的完整塑造，中国慈善事业进入了依法治理的时代。

2016年《慈善法》正式实施后，政府执法力度加强。截至2016年10月，民政部曝光的离岸社团、山寨社团数量达1287家。民政部与百度公司合作，在百度百科中对被曝光的离岸社团、山寨社团专门标注。新浪微博根据民政部名单通告，对2169个与离岸社团、山寨社团有关的账号进行了处理。

2016年，中国慈善服务基础环境有了很大改善。国家有关部委加强了志愿服务信息化管理与大数据建设，对民间志愿服务测量和研究开发起到了重要的支持作用。2016年注册志愿者为7259.08万人，注册率为5.25%，非注册志愿者为6221.13万人。在官方正式注册志愿者与未注册志愿者的合计人数为13480万人，占全国人口的9.75%。在注册与非注册志愿者中，约占32.3%的5806.61万名活跃志愿者通过116.17万家志愿服务组织参与了帮老、助残、扶贫、社区等18种主要领域的志愿服务活动，捐赠服务时间达15.97亿小时，志愿者贡献经济价值495.65亿元。

2016年，互联网募捐、慈善信托、社会组织国际化、企业社会责任方面都呈现出新气象，慈善组织的活力较之以往更加明显地展示出来。

互联网募捐成为社会关注热点，互联网开始成为慈善组织与公众有效联结的载体。

慈善信托首次有了新突破。截至2016年底，全国18家信托公司和慈善组织成功备案了22单慈善信托产品，初始规模达0.85亿元，合同规模为30.85亿元。从现有状况来看，慈善信托正在尝试信托公司和慈善组织双受托人模式，以推动中国慈善信托的发展。

慈善组织正在以参与全球议题的高端论坛、设立海外平台、对外慈善捐赠、进行灾害救援、国际认证、国际颁奖等方式快速融入全球慈善版图，同时也体现出中国慈善组织参与全球治理的组织形式多样化、关注领域多元化和活动地域扩展化的特点。

企业社会责任正在与国家战略、慈善发展、全球环境、高校捐赠有效结合，这是中国企业家慈善理念拓宽的一种表现。尤其央企、民企、外企等各类企业纷纷将精准扶贫作为企业社会责任的重要方向。15家网络信息企业与中国互联网发展基金会、中国扶贫基金会联合成立了网络公益扶贫联盟，协同网络公益资源，促进精准脱贫。中国首个信息技术公益联盟发起成立，公益云计划为社会组织提供云计算以及大数据。

2016年十大慈善热点事件，体现了国家与社会联手推动慈善事业的特征。其中两件为国家法律出台，两件为社会支持慈善事业的广泛行动，一件为民政部严格执法，另外五件有三件指向网络募捐，两件指向税制改革，总体上聚焦于慈善法治。

2016年，慈善公益事业成果丰硕。

截至2016年12月底，全国共有社会组织69.9万个。其中社会团体33.5万个，基金会5523个，民办非企业单位35.9万个。

2015年度实际接收现金及物资捐赠量为1215亿元，加上全国志愿服务捐赠小时折算价值414亿元和彩票公益金筹集总量979亿元，全核算社会慈善公益总价值达2608亿元。

2016年，社会捐赠总量预期将达1346亿元。其中，基金会系统接收的捐赠总额预估为489亿元；慈善会系统捐赠款物预估为348亿元；民政系统接收的社会捐赠款物为70.83亿元，民办非企业单位和社会团体接收捐赠测算为194亿元，其他类捐赠接收主体接收捐赠的数额约为244亿元。

2016年的社会捐赠总量加上全国志愿服务小时折算价值495.65亿元，合计为1842亿元。

2016年中国彩票销售总量达到3946.4亿元，筹集彩票公益金1039亿元。将彩票公益金算进来，那么，2016年中国全核算社会公益总价值为2881亿元。

2016年与2015年相比较，社会捐赠总量增长率为10.7%；志愿服务捐赠小时折算价值总量增长了19.6%；彩票公益金筹集总量增长率为5.8%，全核算社会公益总价值增长率为10.5%。

《慈善法》的出台，为中国慈善事业注入了成长的活力和动力，也预示着2017年将是慈善事业获得更大发展的一年。

# Abstract

2016 marked an important turning point for philanthropy in the People's Republic of China (PRC) and a year in which state and society collaborated more closely to promote philanthropy development.

The contribution of the state in creating a legislative basis for all philanthropic activities in the PRC—whether undertaken by domestic or international philanthropic entities—was particularly evident in clusteredpromulgation of the *Charity Law*, the *Overseas NGO Management Law* and associated regulationsin 2016. The PRC has now shaped a legal system for philanthropy that indicates PRC philanthropy has entered an era of governance according to law.

Government also stepped up law enforcement followingofficialimplementation of the 2016 *Charity Law*. By October 2016, the PRC Ministry of Civil Affairs had exposed 1,287 offshore and copycat social organizations. The Ministry cooperated with web service company Baidu to blacklist these social organizations in Baidu's Chinese language Baike web-based encyclopedia. Microblogging website Sina Weibo also used the Ministry's notification listing to close web accounts of 2,169 offshore and copycat social organizations.

In 2016, the basic environment for PRC charitable services was improved. Relevant national ministries and commissions strengthened information management and the creation of big data for volunteer services. This gave important support for the measurement, research and development of non-governmental volunteer services. There were 72,590,800 registered volunteers in 2016, representing a registration rate of 5.25%, and a further 62,211,300 non-registered volunteers. The total number of officially registered and unregistered volunteers was 134.8 million people, or 9.75% of the PRC population. Approximately 32.3% of the registered and unregistered volunteers (58,066,100 persons) actively participated in 1, 161, 700 volunteer organizations and provided volunteer services in 18 key fields. These included assisting communities, the elderly, and people living with disabilities or in poverty. Volunteers contributed 1.597 billion hours of labor with an economic value of CNY 49.565 billion.

Internet donations, charitable trusts, the internationalization of social organizations and corporate social responsibility were stimulated in 2016, further energizing philanthropic organizations.

Internet donationsbecame a hot social topic and the internet began to effectively link charity organizations with the public.

Charitable trusts also experienced their first breakthroughs. By year-end 2016, 18 trust companies and charity organizations in the PRC had filed 22 individual charitable trust products with an initial capital of CNY 85 million and trust contracts valued at CNY 3.085 billion. Charitable trusts are now exploring a double-trustee model of trust company + philanthropic organization to further promote charitable trust development in the PRC.

Charity organizations are also rapidly becoming part of the overall global charity landscape, joining high level international forums, creating overseas platforms, donating aboard, providing disaster relief, acquiring international certifications and receiving international awards. This trend also shows the diverse ways in which PRC charity organizations are participating—and receiving recognition—in global governance, diversifying their interests and expanding their geographic areas of operation.

Corporate social responsibility is beginning to integrate effectively with national strategy, philanthropic development, the global environment, and donations from universities and colleges. These show that PRC entrepreneurs have expanded also their concept of charity. In particular, state-owned, private sectorand foreign enterprises have taken targeted rural poverty reduction as an important corporate social responsibility goal. Fifteen internet information companies have joined with the China Internet Development Foundation and China Foundation for Poverty Alleviation to establish a public welfare poverty reduction alliance. This aims to synergize net-based public welfare resources and

promote targeted rural poverty reduction. Formation of the first PRC public welfare information technology alliance and charity cloud plan has also provided cloud computing and big data capacity to social organizations.

TheselectedTen Hot Charity Topics of 2016 also reflect this year's characteristic of state-society collaboration to promote philanthropy. Two articles cover the creation of national legislation, two describe expanded social activities supporting philanthropy, one addresses strict law enforcement by the PRC Ministry of Civil Affairs, three concern online donations, and the last two address tax reform. The overall focus is on the legislation of philanthropy.

2016 was a fruitful year for philanthropy.

By year-end 2016, the PRC had 699,000 social organizations, of which 335,000 were membership-based organizations, 5,523 were foundations and 359,000 private non-enterprise entities.

The total value ofsocial charity reached CNY 260.8 billion in 2015. This comprised CNY 121.5 billion in actual donations received as cash and goods, CNY 41.4 billion in imputed value of hours of volunteer service contributed nationwide, and CNY 97.9 billion from the social welfare lottery fund.

Total social donations areanticipated to reach CNY 134.6 billion in 2016. This would potentially include CNY 48.9 billion in donations to the foundation system, an estimated CNY 34.8 billion in cash and goods received by the charitable association system, CNY 7.083 billion in cash and goods donated to the Ministry of Civil Affairs system, an estimated CNY 19.4 billion received by private non-enterprises entities and membership-based organizations, and roughly CNY 24.4 billion in other types of donations.

In2016, total social donations andthe imputed value of service hours volunteered nationwide (CNY 49.565 billion) amounted to CNY184.2 billion.

Welfare lottery ticket salestotalled CNY 394.64 billion nationwide in 2016 and generated CNY 10.30 billion for the welfare lottery fund. The addition of this sum would increase the gross value of national social philanthropyto CNY 288.1 billion.

Thetotal value of social donations increased by 10.7% in 2016compared with the 2015 figure, the imputed value of volunteer service hours increased 19.6%, and the welfare lottery fund increased 5.8%. It is estimated that overall value of social philanthropy increased by 10.5%.

These results show that promulgation of the *Charity Law* has energized and activated growth in PRC philanthropy. On this basis, even greater gains are expected in 2017.

# 目 录

## Ⅰ 总论

B.1 2016年中国慈善事业发展综述 …………………… 董 强 / 001
B.2 2015~2016年度中国慈善捐赠报告 ………………… 宋宗合 / 014
B.3 《慈善法》实施之观察（2016~2017） ……………… 马剑银 / 028

## Ⅱ 领域报告篇

B.4 2016年中国基金会发展概况 …………………… 程 刚 郭长艳 / 047
B.5 2016年中国慈善会成长报告 …………………………… 杨 刚 / 067
B.6 2016年中国志愿服务发展指数报告
　　　　　　　　　　　　　　…………… 翟 雁 辛 华 宋 煜 / 075
B.7 2016年中国宗教公益慈善调查报告 ………… 丘仲辉 朱艳伟 / 123
B.8 2016中国彩票与慈善发展报告 ……………………… 宋宗合 / 149

## Ⅲ 专题报告篇

B.9 中和农信：一个中国社会企业的二十年创业之路 …… 何道峰 / 163

B.10 中国民间组织参与妇女反贫困30年概述 …… 高小贤　王　婷 / 182

B.11 "后冰桶挑战"时期罕见病公益倡导的演进

　　　　　　　　　　　　　　　　　　…… 姜尚卿　张皓宇 / 202

## Ⅳ　热点事件篇

B.12 《慈善法》公布施行　推动慈善事业规范化发展 …… 赵延会 / 218

B.13 "罗尔事件"拷问个人求助灰色地带和公众理性捐赠意识

　　　　　　　　　　　　　　　　　　　　　　　…… 程　芬 / 229

B.14 非政府组织在华境内活动管理进入法治时代 …… 张其伟 / 237

B.15 公益股权捐赠税收新政有望催生大额捐赠 …… 黄浠鸣 / 247

B.16 网络捐赠成为慈善金矿　良性发展呼唤透明化 …… 孙叶竹 / 256

B.17 首例慈善组织单受托人慈善信托设立税制改革或成瓶颈

　　　　　　　　　　　　　　　　　　　…… 马剑银　杜　源 / 264

B.18 12家民政部注册基金会年检拟不合格　基金会必须依法运作

　　　　　　　　　　　　　　　　　　　　　　… 游海霞 / 272

B.19 中国社会组织主动参与全球治理 …… 李春燕 / 279

B.20 民政部指定13家慈善信息平台　规范互联网慈善发展

　　　　　　　　　　　　　　　　　　　　　　… 吴艾思 / 288

B.21 国务院发文引导社会关爱保护农村留守儿童 …… 张　柳 / 297

## Ⅴ　境外慈善篇

B.22 全球志愿服务发展前沿：发展定位与价值测度 …… 张　强 / 306

## Ⅵ　附录

B.23 2016年公益慈善年度大事记 …… / 318

B.24 2016年公益慈善政策法规摘要 …………………………………… / 332

B.25 慈善免税急需解决的焦点问题在哪里？ ……………… 金锦萍 / 379

B.26 后记 …………………………………………………… 杨 团 / 384

皮书数据库阅读使用指南

# CONTENTS

## I  Overview

**B**.1  Philanthropic Development in 2016　　　　　　　　*Dong Qiang* / 001
**B**.2  Annual Analysis of Charitable Donations in 2015-2016　　*Song Zonghe* / 014
**B**.3  A Hard Look at *Charity Law* Implementation (2016-2017)
　　　　　　　　　　　　　　　　　　　　　　　　　*Ma Jianyin* / 028

## II  Basic Reports

**B**.4  Foundation Development in 2016　　*Cheng Gang, Guo Changyan* / 047
**B**.5  Growth in Charitable Associations in 2016　　　　*Yang Gang* / 067
**B**.6  Report on the Value of Volunteering in 2016
　　　　　　　　　　　　　　　*Zhai Yan, Xin Hua and Song Yu* / 075
**B**.7  Report on Religious Charity in 2016　*Qiu Zhonghui, Zhu Yanwei* / 123
**B**.8  TheChina Welfare Lottery and Philanthropic Development
　　in 2016　　　　　　　　　　　　　　　　　　　*Song Zonghe* / 149

## III  Special Reports

**B**.9  CFPA Microfinance: A Twenty Year Path for PRC SocialEnterprise
　　Business Formation　　　　　　　　　　　　　　*He Daofeng* / 163

# CONTENTS

B.10 Thirty Years of PRC Civil Organization Participation in Women's Fight Against Poverty  *Gao Xiaoxian, Wang Ting* / 182

B.11 Evolving Charity Advocacy for Rare Diseases in the 'Post Ice-Bucket Challenge' Era  *Jiang Shangqing, Zhang Haoyu* / 202

## IV  Hot Topics

B.12 Promulgation and Implementation of the *Charity Law* Promotes Standardized Philanthropy Development  *Zhao Yanhui* / 218

B.13 The 'Luo Er Incident' highlights a Gray Zone in Individual Help Seeking and Public Awareness about Rational Charity  *Cheng Fen* / 229

B.14 Management of NGO Activities in the PRC Enters the Rule by Law Era  *Zhang Qiwei* / 237

B.15 New Tax Policy on Equity Donations is Expected to Yield Large Contributions  *Huang Ximing* / 247

B.16 Internet Donations Become a Charity Goldmine but Healthy Development Calls for Transparency  *Sun Zhuye* / 256

B.17 First Single TrusteeCharitable Trust Created by a Philanthropic Organization: Tax System Reform MayBecome a Bottleneck  *Ma Jianyin, Du Yuan* / 264

B.18 Twelve Foundations registered with the Ministry of Civil Affairs Fail Their AnnualInspections: Foundations Must Operate According to Law  *You Haixia* / 272

B.19 PRC Social Organizations Proactively Participate in Global Governance  *Li Chunyan* / 279

B.20 Ministry of Civil Affairs Designates Thirteen Charitable Information Platforms to Standardize Online Charity Development  *Wu Aisi* / 288

B.21 State Council Issues Guidance for Social Care and Protection of Rural Left-behind Children  *Zhang Liu* / 297

## V  Overseas Philanthropy

**B**.22  The Cutting Edge in Global Volunteer Services Development:
Positioning and Measuring Value　　　　　　　　*Zhang Qiang* / 306

## VI  Appendix

**B**.23  Major Philanthropic Events in 2016　　　　　　　　　/ 318
**B**.24  Summary of Philanthropy Policies and Regulations in 2016　/ 332
**B**.25  What key issues of Charitable Exemptions Need Solving?
　　　　　　　　　　　　　　　　　　　　　　　*Jin Jinping* / 379

**B**.26  Postscript　　　　　　　　　　　　　　　　　*Yang Tuan* / 384

# 总 论
Overview

## B.1
## 2016年中国慈善事业发展综述

董 强*

摘 要： 2016年9月1日,《中华人民共和国慈善法》正式实施。《境外非政府组织境内活动管理法》、《红十字会法》、《志愿服务条例（征求意见稿）》、《社会服务机构登记管理条例》(《民办非企业单位登记管理暂行条例》)、《基金会管理条例（修订草案征求意见稿）》、《社会团体登记管理条例（修订草案征求意见稿）》相继出台。中国慈善事业进入法治时代。国家在规制慈善事业的同时，更大程度上激发了社会组织与志愿服务的活力，真正实现了慈善事业服务国家与社会的功能。与此同时，慈善领域在《慈善法》的引导下，在互联网募捐、慈善信托、社会组织国际化、企业社会责任方面都呈现

---

* 董强，中国农业大学人文与发展学院副教授，博士。

出了新气象,不断显示出慈善组织的活力。

**关键词:** 志愿服务 社会组织 慈善事业

根据民政部2016年第四季度全国社会服务统计数据,2016年的慈善公益事业成果丰硕。截至2016年12月底,全国共有社会组织69.9万个。其中社会团体33.5万个,基金会5523个,民办非企业单位35.9万个。据基金会中心网实时观测统计,截至2016年12月31日,全国基金会总数达5545家,较2015年增加674家,年增长率为13.84%。其中,公募基金会1565家,占全国基金会总数的28%;非公募基金会3980家,占全国基金会总数的72%。与2015年相比,非公募基金会在全国的占比增加4个百分点。已有27个省区市成立了946家市县级基金会。全国共有企业基金会763家,占非公募基金会的19.17%。其中,广东省企业基金会高达179家,位居全国第一。全国学校基金会数量已达712家。

2016年度,根据民政部门第四季度统计数据,各级民政部门共接收款物约60.13亿元。根据年度社会服务发展统计公报的规律测算,2016年度民政部门共接收社会捐赠70.83亿元。2016年,中华慈善总会全年筹募款物达187.89亿元,其中货币资金为5.78亿元,物资折合人民币达182.11亿元。依照慈善会系统捐赠额增比均值可以测算2016年慈善会系统捐赠额约为348亿元。根据历年基金会行业矫正数据测算,2015年基金会行业捐赠接收总额为439.3亿元。由于基金会行业总收入呈上升趋势,但是随着经济下行及社会组织登记成立政策的改革,预测基金会行业2016年度接收总量在489亿元左右。扣除单独计算的基金会行业,2016年民政登记民办非企业单位和社会团体接收捐赠测算为194亿元。根据历年慈善捐赠总额的测算方法,除了政府系统和慈善会系统之外,除民政部门之外的政府捐赠、事业单位、宗教机构、人民团体等接收捐赠主体均是从网络监测数据抽样样本测算所得,根据中国慈善联合会历年监测测算的变动幅度和比例,可以测算这四类捐赠接收主体接收捐赠的数额约为 244 亿元。因此，2016 年中国社会捐赠额约为 1346 亿元。

2016 年，5806.61 万名志愿者通过 116.17 万家志愿服务组织参与了帮老、助残、扶贫、社区等 18 种主要领域的志愿服务活动，捐赠服务时间达 15.97 亿小时，为国家贡献经济价值 495.65 亿元。总体看来，2016 年中国志愿服务呈现三个主要特征：一是志愿服务的信息化管理在《慈善法》的催生下加速整合；二是志愿者服务的人均服务时间和专业志愿服务比率有较大提升；三是通过城市比较发现北京及东南部省份志愿服务的时间总数、常态化水平普遍高于东北部省份。

## 一 国家塑造慈善

**1. 国家密集出台《慈善法》配套的法律及政策文件，正在形成塑造慈善的完整制度环境**

2016 年中，中办、国办印发了《关于改革社会组织管理制度促进社会组织健康有序发展的意见》。这一意见将《慈善法》无法涉及的发展目标得以清晰呈现，阐述了国家对于社会组织发展的总体设想。该意见清晰地界定了社会组织的定位：服务国家、服务社会、服务群众和服务行业。国家对于社会组织的管理原则就是坚持党的领导、坚持改革创新、坚持放管并重、坚持积极稳妥推进。该意见也描绘出了社会组织管理的发展蓝图：到 2020 年，统一登记、各司其职、协调配合、分级负责、依法监管的中国特色社会组织管理体制建立健全，社会组织法规政策更加完善，综合监管更加有效，党组织作用发挥更加明显，发展环境更加优化；政社分开、权责明确、依法自治的社会组织制度基本建立，结构合理、功能完善、竞争有序、诚信自律、充满活力的社会组织发展格局基本形成。

《慈善法》颁布之后，民政部积极修订完善三大条例。2016 年 5~8 月，民政部先后就《社会服务机构登记管理条例》（《民办非企业单位登记管理暂行条例》）、《基金会管理条例（修订草案征求意见稿）》、《社会团体登记

管理条例（修订草案征求意见稿）》三大条例征求意见。在修订的《社会服务机构登记管理条例》中规定，民办非企业单位修改为社会服务机构，并将社会服务机构的组织类型统一为非营利法人。按照修订的《基金会管理条例》，将不再区分公募和非公募基金会，成立满两年后可以依法申请公开募捐资格。2017年3月，十二届全国人大五次会议表决通过了《中华人民共和国民法总则》。在总则中，将过去的社会团体法人调整为非营利法人，将过去比较模糊的法人主体——基金会和社会服务机构（原民办非企业单位）纳入其中。在修订的《社会团体登记管理条例》中，主要的变化就是免去筹款审批、世界及国字头社团名称需要审批等方面。由于三大条例尚未最终修订完成，民政部出台了《民政部关于慈善组织登记等有关问题的通知》，作为过渡阶段直接登记的管理依据。

2016年中，民政部发布《慈善组织认定办法》。在该办法中规定，存量社会组织可以通过认定获得慈善组织属性。新增的社会组织可以将法人登记和慈善组织属性认定合并，在成立登记阶段一并审核。通过这一政策，存量与增量的社会组织都可以获得慈善组织的属性。民政部出台了《关于加强和改进社会组织薪酬管理的指导意见》，为改善社会组织工作人员的薪酬待遇提供制度依据。三部门联合制定了《关于慈善组织开展慈善活动年度支出和管理费用的规定》。该规定取消了过去对于活动年度支出和管理费用一刀切的做法，根据不同类型和不同规模的社会组织提出了差异化的管理思路。2016年8月，四部门联合印发了《公开募捐平台服务管理办法》。该办法重点就管理范围、平台行为规范以及各部门的监管职责等方面予以规范。互联网募捐信息平台负有验证慈善组织真伪的责任。个人求助信息的真伪由个人负责。随后，民政部确定了13家首批慈善组织互联网募捐信息平台。同月，民政部公布了《慈善组织公开募捐管理办法》。在该办法中对慈善组织公开募捐资格和公开募捐活动管理予以规范。之前设立的非公募基金会和具有公益性捐赠税前扣除资格的社会团体，登记满两年，经认定为慈善组织的，可以申请公募资格。对于公开募捐活动管理主要是实行备案制。关于税收优惠政策方面，三部门发布《关于公益性捐赠税前扣除资格确认审批有关调整事项的通知》、两部门发布《关于进一步明确公益性社会组织申领公益事业捐赠票据有关问题的通知》。通过这两个政策，社会组织享受税收优惠的门槛进一步降低。2016年，财政部和国家税务总局出台了《关于公益股权捐赠企业所得税政策问题的通知》，该通知避免了因股价较高而产生税负过重的问题。2017年十二届全国人大常委会第二十六次会议通过《企业所得税法修正案（草案）》，将过去允许企业捐赠在当年利润总额的12%以内的部分准予税前扣除，改为当年超过年度利润总额的12%部分的捐赠支出，准予结转以后三年内扣除。民政部为了担负起对慈善组织和慈善活动的监管职责，先后制定了《社会组织登记管理机关行政执法约谈工作规定（试行）》《社会组织登记管理机关受理投诉举报办法（试行）》《社会组织抽查监督办法》。在慈善信托方面，民政部和银监会联合出台了《关于做好慈善信托备案有关工作的通知》，对慈善信托的管理提出了具体的方案。

**2. 公安部落实《境外非政府组织境内活动管理法》相关的实施细则，境外非政府组织登记进度缓慢**

2016年初，常委会通过了《境外非政府组织境内活动管理法》。直到2016年底，公安部才出台了多个配套政策，但是并不够全面。2016年底，公安部发布《境外非政府组织代表机构登记和临时活动备案办事指南》。该指南就境外非政府组织在中国境内设立代表机构登记和开展临时活动备案进行了详细的规定。紧接着，公安部又发布了《境外非政府组织在中国境内活动领域和项目目录、业务主管单位名录》。这一名录的出台，可以帮助境外非政府组织根据自身的宗旨和业务范围确定哪些政府部门可以做业务主管单位。其存在的问题主要是按照国家相关业务部门进行分类，如果境外非政府组织出现跨领域的业务，将无法确定业务主管单位。此外，这些确定的业务主管单位是否能够转变过去的回避态度，积极履行其责任，还有待观察。

截至2017年4月，根据已公开的数据，上海市有6家境外非政府组织，北京有20家境外非政府组织，云南有9家境外非政府组织，四川有2家境外非政府组织，广东有11家境外非政府组织，山东有1家境外非政府组织获得代表机构登记证书，合计共有49家境外非政府组织获得代表机构登记

证书。据不完全统计，在中国境内开展活动的境外非政府组织数量在8000~10000家。由此来看，目前审核发放登记证书的数量还偏少。

**3. 民政部加强对离岸社团、山寨社团的监管**

离岸社团、山寨社团主要是内地居民在境外，特别是在香港地区注册，并在境内开展活动的组织。离岸社团、山寨社团在2007年之后产生了一系列社会问题，社会公众受到欺骗，合法的社会组织利益受损。离岸社团、山寨社团之所以直到2017年民政部才加以监管，是因为一直以来相关的法律法规不健全。2016年《境外非政府组织境内活动管理法》出台，使治理离岸社团、山寨社团从事后阶段前移到事前阶段，有效地压缩了这两类社团的生存空间。此外，离岸社团、山寨社团难以根治，更为深层次的原因是社团与政府利益关联没有加以隔离。2015年以来，国家对社团进行去行政化改革，相继开始了全国性行业协会商会与行政机关脱钩的试点工作。这无疑将离岸社团、山寨社团存在的牟利机制彻底根除。从2016年3月起，民政部开始连续曝光离岸社团、山寨社团的名单。截至目前，民政部已经曝光的离岸社团、山寨社团数量达到了1293家。民政部与百度公司合作，在百度百科中对被曝光的离岸社团、山寨社团专门加以标注。新浪微博根据民政部名单通告，对2169个与离岸社团、山寨社团有关的账号进行了处理。

**4. 国家以提升志愿服务组织的能力为切入点，以志愿服务促进慈善事业的发展**

2016年5月，国务院法制办公布了《志愿服务条例（征求意见稿）》。该条例征求意见已经近一年。从目前已公开的讨论意见来看，认为该条例无疑将会对志愿服务产生更多的规范作用，但是在促进志愿服务方面的支持力度不足。这样的规范主要体现在对公众参与志愿服务的门槛提高，同时对于志愿服务组织的要求增加。

在中央全面深化改革领导小组第二十四次会议上，国家明确提出要支持和发展志愿服务组织。随后，八部门联合出台了《关于支持和发展志愿服务组织的意见》。这一意见是近年来国家相关部门（党的部门、政府部门、群团组织）联合下发的重要文件。在该意见中，提出了近期目标：基本建成与经济社会发展相适应、布局合理、管理规范、服务完善、充满活力的志愿服务组织体系。由此，激发社会组织活力涵盖了志愿服务这一重要成分。该意见着重于志愿服务组织的培育、志愿服务组织的能力提升、志愿服务组织的深化服务、志愿服务发展的组织领导。

2016年，团中央与教育部联合出台《关于加强中学生志愿服务工作的实施意见》。这一意见的目的是将中学生的德育教育与志愿服务相融合，推动志愿服务成为德育教育的有效载体。该意见对开展中学生志愿服务提出了一系列的工作规定。

## 二 社会塑造慈善

**1. 99公益日、轻松筹、罗尔事件成为互联网募捐的关注热点，互联网成为慈善组织与公众有效联结的载体**

在中国的互联网公益中，领先机构无疑是腾讯公司。腾讯公益慈善基金会在2015年发起创办了99公益日，旨在将指尖公益融入每个国人的日常生活中。通过两年的配捐，99公益日的效果不断显现。2016年，腾讯发起的99公益日共有677万人次参与捐款3.05亿元，3643个公益项目参与了筹款。与2015年的99公益日200万人次捐赠1.27亿元相比，2016年的筹款金额和捐款人次都有大幅的增加。2015年，腾讯公益慈善基金会拿出了9999万进行1∶1配捐。2016年，腾讯公益慈善基金会投入1.9999亿元进行配捐，同时还动员了其他企业1.01亿元进行定向或者非定向配捐。我们无法判断99公益日对于腾讯公司的商业回报，但是这一公益活动无疑提升了腾讯公司在中国公益界的影响力。国内的社会组织纷纷将这一筹款日看作其一年来最为重要的筹款节点。公益领域对于99公益日的评价无疑是积极肯定的，特别是缓解社会组织在筹集公众资源的困境方面价值巨大。同时，公益界也对99公益日的规则设计提出了质疑。就在99公益日如火如荼地展开之际，一篇关于99公益日筹款资金去向不明的文章发布且迅速引发公益界的关注。这篇文章关注的是99公益日筹款资金的使用效率和透明度问题。

这不是一个新问题，但贴上99公益日的标签，无论是腾讯公司还是参与筹款的社会组织都予以关注。这无疑对腾讯公司如何更好地监督公众善款的使用提出了要求。此外，经过两年的参与，99公益日的筹款分化也开始引起关注。大型基金会以及关注社会救助类的机构成为99公益日最大的赢家，环保类的社会组织在99公益日上的筹款非常不理想。从这两年99公益日来看，公益界对互联网筹款新形式认识不足，更多地将其看作动员公众筹款的新渠道，并没有上升到如何借助这一新形式塑造社会组织与公众良性公益互动的层面。

2016年，一家名为轻松筹的网络众筹公司引起了公益界的关注，特别是在9月获得了民政部批准的13家互联网募捐信息平台之后。该众筹公司一项重要业务就是个人救助。自2014年12月上线到2016年11月，轻松筹已经积累了8847万用户，平台发起个人救助项目近7万个，总支持近1500万人，筹款金额超过6亿元。公益界对于轻松筹的质疑主要有三个方面：第一，轻松筹发起的个人求助筹款项目是否合法？第二，轻松筹是否有公募资格？第三，如何监管个人求助的捐款？按照2016年颁布的《慈善法》，轻松筹的个人求助并不是募捐行为，不属于《慈善法》的调整范围。因为轻松筹发起的大病筹款是为特定主体筹款，并不需要与公募基金会合作。轻松筹平台上的骗捐行为并没有杜绝，但是该平台也在不断予以规范，尽可能地消除骗捐行为。

罗尔事件是2016年网络个人求助最受关注的筹款事件，引发了公益界、政府部门、媒体和公众的广泛关注与讨论。2016年11月，深圳市民罗尔在微信公众号发布了《罗一笑，你给我站住!》，同时深圳市小铜人金融服务有限公司的微信公众号同样发布《耶稣，请别让我做你的敌人》。这两篇文章都是讲述罗尔女儿因白血病有病危的风险而带来的全家人的悲痛。小铜人微信公众号的文章中宣布：转发该文章1次，公司将捐款1元钱，上限50万元。这两篇悲情文章迅速占领了微信朋友圈，最终共收到微信用户的赠予款2626919.78元。当通过微信公众号获得巨额筹款之后，罗尔事件发生了翻转。罗尔女儿所在医院曝出其不需要那么多医疗费用，同时媒体也透漏出罗尔并没有到困难重重的地步，同时小铜人公司的公益营销也受到了社会的批评，等等。这一系列的争议直接导致了深圳民政局的介入，最终这笔巨额捐款按照要求退回到各捐款人手里。罗尔事件在中国公益界引发的关注，直接与《慈善法》没有对于个人求助进行法律限制从而留出了一定的法律空白相关。罗尔事件一方面让公益界看到了悲情故事对于社会公众的强大动员能力，同时对于专业化公益没有引发出如此大的公众热情而困惑。2017年"两会"期间，全国人大常委会法工委社会法室主任认为罗尔事件是变相募捐，是违法的。这与公益界认为罗尔事件是个人求助行为，不属于《慈善法》规制行为，产生了法理解释上的冲突。

**2. 慈善信托在《慈善法》的促进下，尽管目前发展缓慢，但未来潜力巨大**

2001年出台的《信托法》对公益信托做出了规定。经过十多年，公益信托没有发展起来。根本原因在于公益信托实行的是审批制。2016年《慈善法》明确慈善信托属于公益信托，并将慈善信托的设立改为备案制。这一制度的调整，向信托公司、慈善组织释放出积极的信号。根据中国慈善联合会发布的《2016年中国慈善信托发展报告》，截至2016年底，全国范围内共有18家信托公司和慈善组织成功备案了22单慈善信托产品，初始规模达0.85亿元，合同规模为30.85亿元。从合同金额来看，千万元以上的占23%，百万元级别的占41%，百万元以下的占36%。在22单慈善信托产品中，促进科教文卫事业发展的慈善信托数量最多，有7单；扶贫济困的有4单；扶老、救孤、恤病、助残、优抚的有4单；防治污染、保护和改善生态环境的有3单；实现综合慈善目的的有4单。在已备案的22单慈善信托产品中，受托人以信托公司为主，慈善组织作为单一受托人或者信托公司+慈善组织作为双受托人的信托产品比例过低。2016年底，阿拉善SEE公益金融班环保慈善信托成为自《慈善法》实施以来首例备案成功的单受托人慈善信托。该慈善信托在北京市民政局和广发银行的推动下突破了受托人必须要有信托账号的法律障碍。2017年3月，海南弘毅扶贫慈善基金会的弘毅1号——社区养老公益组织扶持慈善信托在海南省成功备案。这也是全国第二例慈善组织作为单一受托人的慈善信托。信托公司和慈善组织共同作为受托

人的慈善信托目前也并不多见，主要有鄞州银行公益基金会作为受托人的华龙慈善信托、阿拉善 SEE 基金会作为受托人的中信·阿拉善 SEE 华软资本环保慈善信托、中国扶贫基金会作为受托人的中航信托·中国扶贫慈善信托计划。

慈善信托未来必将成为中国公益界重要的资金来源渠道。从目前来看，尽管《慈善法》相比于《信托法》，对于慈善信托的规定降低了门槛，但依然面临着诸多的挑战。从信托公司的角度来看，慈善信托业务中兼顾慈善目标与赢利诉求。从慈善信托产品来看，大多的慈善信托产品都是试水，特别是慈善信托的资金规模偏小，使信托公司在慈善信托方面赢利微薄。当然，有远见的信托公司依然对于未来的慈善信托业务充满信心。此外，从慈善组织的角度来看，开展慈善信托非常陌生。目前来看，只有三家慈善组织成为慈善信托的受托人，这充分说明了慈善信托并没有成为慈善组织获得资金的主要渠道。慈善组织面临的最大困难就是管理信托财产的能力，特别是在保值增值方面。因此，从信托公司和慈善组织现有状况来看，慈善信托的双受托人模式应该是中国慈善信托未来发展的主要模式，可以将信托公司与慈善组织双方的优势充分结合。

**3. 慈善组织正在以高端论坛、灾害救援、国际认证、国际颁奖等方式快速融入全球慈善版图**

2016 年二十国集团民间社会会议是在国内召开的规模最高的国际性公益会议，共有来自 50 多个国家和地区的 170 多个民间组织参与。该会议是二十国集团峰会重要配套活动，是民间社会向二十国集团领导人和社会提出民间建议的制度性平台。国内包括以中国扶贫基金会等为代表的相关民间组织参与了此次重要会议。2016 年，另外一场重要的国际公益会议就是由阿里巴巴公益基金会发起的全球首届"XIN 公益大会"。这场峰会邀请到了潘基文、布朗等人参与，体现了马云倡导的公益全球化的理念。在公益学术界，清华大学等多家机构发起了世界公益慈善论坛，聚集了 400 多名来自世界各国的学者讨论在新公益时代下的全球参与、企业参与、社会参与。中国与美国慈善家的国际交流日益加深，双方日益认识到相互之间的合作越发重要。第三届东西方慈善论坛于 2016 年初在美国夏威夷召开。该论坛正在成为中美慈善家的高端对话平台。2016 年 7 月，美国华人精英机构百人会在国内举行了全球华人公益慈善高端论坛。此论坛在联合国前秘书长潘基文的推动下，旨在在中国启动联合国全球慈善计划，支持可持续发展议程。2016 年，海峡两岸及港澳之间建立了常态化交流机制，连续举办"两岸三地"慈善研讨会。深圳国际公益学院与乐施会合作启动了内地与香港慈善交流平台。在"一带一路"的契机下，云南省地方公益组织与缅甸果敢地区的公益组织积极互动，为未来的合作进行了有效铺垫。

2016 年初，台湾南部发生地震。大陆的社会组织积极参与了救援行动。中国红十字会、爱德基金会、基金会救灾协调会等多家关注灾害的机构提供了救援支持。浙江省公羊会公益救援队到台南灾区参与救援。2016 年 4 月，厄瓜多尔发生 7.8 级地震，国内的社会组织迅速启动了应急响应机制。浙江公羊队、中国扶贫基金会中扶人道救援队、爱德基金会爱德地震救援队、明珠救援队四支国内民间救援组织赴厄瓜多尔进行现场救援。中国慈善联合会救灾委员会在厄瓜多尔灾区动员当地华人机构对接国内的救援力量。此外，爱德基金会与台湾基督教两岸交流协会、台湾安德烈慈善协会、香港爱心机构共同在厄瓜多尔开展了国际援助。壹基金向救助儿童会捐赠，支持其在灾区开展儿童相关的公益项目。

2016 年，中国有两家社会企业——第一反应、叫板比萨 GungHoPizza 获得 B 型企业认证。B 型企业认证是由美国非营利机构 B-Lab 建立，让所有企业运用商业之效力，实现世界之美好的愿景。认证的内容主要有企业的社会和环境业绩、透明度和法律公信力。目前全世界范围内共有 1900 多家企业通过 B 型企业认证。第一反应是国内领先的急救培训和赛事生命救援机构，是国内首批民间认证的社会企业。叫板比萨 GungHoPizza 是由两位来自新西兰的外籍人士在北京创办的一家社会企业。该机构是一家从事健康美食的连锁企业，采用了可持续发展商业模式。

2016 年 5 月，腾讯创始人之一的陈一丹捐赠 25 亿港元设立全球奖金额度最高的教育奖项"一丹奖"。该奖项旨在寻找那些在全球范围内为教育领

域做出卓越贡献的人士。该奖项由慈善信托基金执行,确保能够持续运行。

**4. 企业社会责任正在与国家战略、慈善发展、全球环境、高校捐赠有效结合,展示出中国企业家的慈善理念越发宽广**

精准扶贫、精准脱贫成为十八大以来本届政府最为重要的工作。央企、民企、外企等各类企业纷纷将精准扶贫作为其企业社会责任的重要方向。中央企业及地方国有企业在扶贫系统对口帮扶政策推动下,成为精准扶贫的重要社会力量。中国石油天然气集团公司在2016年首次发布《中国石油扶贫开发(2006~2015)企业社会责任专题报告》。2014年以来,万达集团捐赠14亿元通过产业、教育、基金三个扶贫项目帮助贵州丹寨县精准脱贫。截至2016年底,丹寨县已经整体脱贫。2015年底,恒大集团结对帮扶贵州大方县,无偿投入30亿元,主要通过产业扶贫、异地搬迁等措施帮助该县18万贫困人口在三年之内稳定脱贫。2016年初,海航集团联合海南省慈航公益基金会宣布将连续投入10亿元用于海南省生态保护及扶贫开发事业。2016年,中国互联网发展基金会、中国扶贫基金会联合,包括阿里巴巴、腾讯、百度等15家网络信息企业,成立了网络公益扶贫联盟,协同网络公益资源,促进精准脱贫。2014年以来,韩国三星集团在中国启动了分享村庄计划,先后在陕西富平、河北涞水等贫困地区建设三星分享村庄。

2016年,马化腾捐出一亿股市值138亿元的腾讯股票,注入正在筹建中的个人慈善基金会,未来将投放到国内的教育、医疗、环保等公益慈善项目以及全球前沿基础学科的研究。同年,马云将在一年之内减持阿里巴巴990万股股票价值约240亿元人民币用于兑现公益捐款的承诺。2015年以来,中国民生银行连续两年与中国扶贫基金会共同发起ME公益创新资助计划,支持国内的基层社会组织。该计划两年共资助了41家基层社会组织。2016年,腾讯公司发布"云+公益"计划,为社会组织提供免费云服务、云镜像、IT公益培训、专业技术志愿者四大专业服务,并发起了中国首个信息技术公益联盟。此外,阿里云正式推出了公益云计划,为社会组织提供云计算以及大数据,目前,中国扶贫基金会、壹基金、公众环境研究中心等社会组织参与了这一计划。

2016年，巧女基金会宣布捐赠1亿元人民币成立种子基金，支持全球气候变化应对和可持续发展。这笔捐赠是巧女基金会未来投入10亿美元用于可持续发展的系列计划之一。2016年，国内企业家马云、潘石屹、张欣参与了由20位全球商业领袖发起捐赠的突破能源基金。该捐赠基金希望推动全球范围内的能源转型。老牛基金会通过近几年与英美知名公益机构在环保、教育、动物保护等领域的深度合作，已经成为民间公益国际化的典型。老牛基金会于2016年在蒙特利尔大学设立特鲁多教育基金，纪念加拿大前总理特鲁多为中加建交做出的重要贡献。2016年，盛大创始人陈天桥和雒芊芊夫妇向加州理工大学捐赠了1.15亿美元。这仅仅是陈天桥和雒芊芊脑科学研究学院捐赠的第一个项目。这笔捐赠是近年来国内企业家向海外学术机构第一个资助基础科学前沿的项目。携程CEO孙洁在美国佛罗里达大学设立了奖学金，用以培养中美下一代。

2016年，国内电子科技大学获得校友10.3亿元的捐赠承诺，将分十年完成捐赠。这是迄今为止中国高校收到的单笔捐赠款的最高纪录。2015年校友捐赠最多的是复旦大学企业家校友卢志强，他通过泛海公益基金会向学校整体捐赠7亿元。近三十多年的高速经济增长，各个高校都涌现出一批财富暴涨的校友。这些校友在事业进入稳定发展期之后，希望回馈社会，母校无疑是这一群体极为看重的捐赠对象。目前，各个高校的财政拨款很难再有大的突破。从教育部门乃至各个高校，都认识到高校未来的办学资金增加只能来自社会捐赠。校友这个群体无疑成为各个高校基金会优先筹资的对象。

《慈善法》实施以来，中国的慈善事业正处于变革时期。《慈善法》的效应尽管还不显著，但无疑已经开始出现一些新的发展趋势，比如慈善信托引发信托公司、慈善组织的高度重视。2016年，中国慈善制度环境还存在着不成熟、不完善、没有完全落地的诸多问题，同时慈善行业对于相关的制度环境非常陌生，没有充分地认识到制度环境所带来的巨大机遇和契机。由此，我们对2017年慈善事业的发展充满信心。相信在国家相关部门可操作性政策的不断推动下，慈善行业充分利用好这些政策红利，中国慈善事业的边界将会不断扩大，慈善事业的发展质量也将不断提升。

# B.2
# 2015~2016年度中国慈善捐赠报告

宋宗合*

**摘　要：** 矫正后的2015年度社会捐赠数据为1215亿元，而依据当期已经公开的数据测算出2016年社会捐赠总额超过1346亿元。从整体捐赠情况来看，政府作为接收捐赠主体的地位逐步减弱，慈善会系统和基金会行业继续发力，其中慈善会系统的组织发展能力和募捐能力都在稳步提升，而基金会行业发展则由于受经济发展形势和政策影响，逐步朝小型化、基层化发展。中国社会捐赠在保持稳定发展的基础上进入创新升级阶段。

**关键词：** 慈善捐赠　捐赠数据　捐赠分析

目前采用的社会捐赠汇总数据，建立在民政系统整体接收社会捐赠基础上，汇总慈善行业主体机构（包含基金会系统、慈善会系统）以及日常监测数据测算所得。主要数据来源包括民政部统计年鉴、社会服务公报、统计季报、社会组织年度审计报告和网络公开数据等。在计算总量的方法上，由于接收捐赠主体的多元化、统计规则的多部门化，不可避免存在重复统计和疏于统计的情况，本报告只对相对清晰的免交叉统计结果进行加和计算，而不予计算样本数据中来源及接收机构不清楚的数据，同时减去明确重复统计的数据，比如民政系统接收其他政府部门转赠等。

---

* 宋宗合，中民社会救助研究院执行主任。

# 一 2015年中国慈善捐赠概况

随着公益慈善逐步融入并成为社会治理和社会创新的重要组成部分,政府新公共服务和企业发展战略逐步将公益慈善纳入常态发展步伐,公众理性捐赠也成为生活潮流,新科技也及时应用到公益慈善募捐领域,2015年的社会捐赠在持续传统公益慈善发展的基础上整体呈现出转型升级趋势。根据矫正后的中国慈善捐赠数据,2014年中国实际社会捐赠总额为1058亿元,2015年实际捐赠额为1215亿元,中国社会捐赠在慈善文化步入理性时代后逐步进入稳步发展阶段(见图1)。

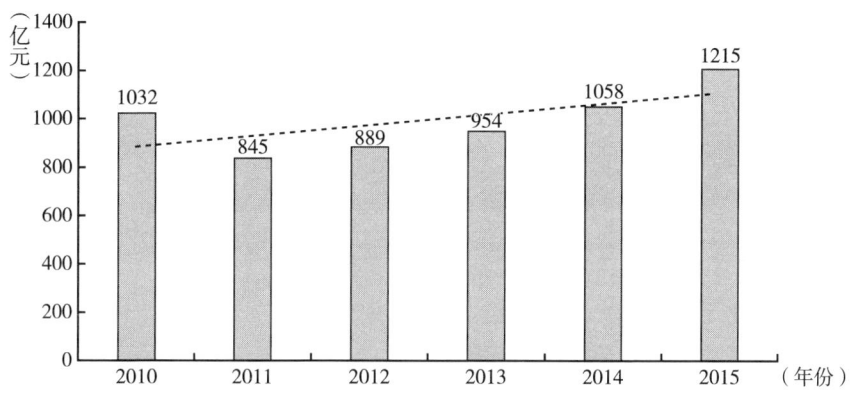

**图1 2010~2015年社会捐赠总量**

## (一)年度慈善资源总量分析

2015年度实际接收现金及物资捐赠量为1215亿元,其中现金和有价证券占比为76.2%,物资折价占比为23.8%。另有彩票公益金募集量为1039亿元,各类志愿服务的折算价值约495.65亿元①。

2015年度,全国各级民政部门接收社会各界款物54.32亿元,其中民

---
① 2017年中国志愿服务指数报告。

政部门直接接收社会各界捐款44.2亿元,全年各地接收捐赠衣被4537万件,捐赠物资价值折合人民币5.2亿元。间接接收其他部门转入的社会捐款4.3亿元,衣被172.5万件,捐赠物资折款6164.4万元①。

中华慈善总会和团体会员中的200余家慈善会2015年度年接收现金和物资总额为326.47亿元,比2014年的330.64亿元减少4.17亿元,减少1.26%。其中,中华慈善总会的捐赠收入为128.05亿元,相比2014年的174.82亿元减少46.77亿元,减少26.75%。②

2015年度,作为接收社会捐赠的主体社会组织类型,全国基金会系统捐赠收入总额为439.3亿元③。其他社会团体接收社会捐赠总额为69.6亿元,民办非企业单位接收社会捐赠总额为101.3亿元。

其他测算数据:除民政部门以外的政府部门社会捐赠总额为169.49亿元;事业单位接收社会捐赠总额为36.03亿元;人民团体和免登记组织接收社会捐赠9.05亿元;宗教机构等接收社会捐赠13.96亿元;其他机构和对象等接收社会捐赠39.72亿元④(见图2)。

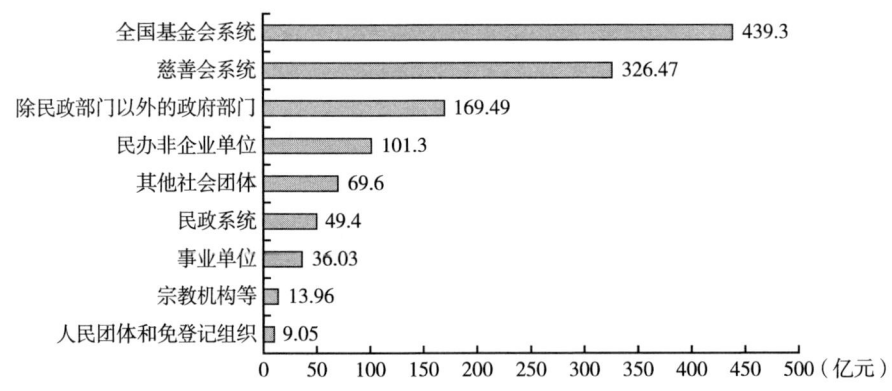

**图2 2015年中国社会捐赠总量构成**

---

① 民政部:《2015年社会服务发展公报》。
② 中华慈善总会:2015年度《中华慈善年鉴》。
③ 民政部:《2015年社会服务发展公报》。
④ 中国慈善联合会:2015年度《中国慈善捐助报告》。

## （二）2015年度捐赠来源及捐赠途径分析

**1. 捐赠主体来源**

根据中国慈善联合会监测数据抽样测算，2015年，企业仍然是我国社会捐赠的最主要力量，并保持了上升的势头，捐赠金额占总额的70.70%，同比增加了1.45个百分点；而个人捐赠占比约为16.38%，民众通过新技术手段进行小额捐赠的规模不断扩大、参与比例不断增长（见图3）。

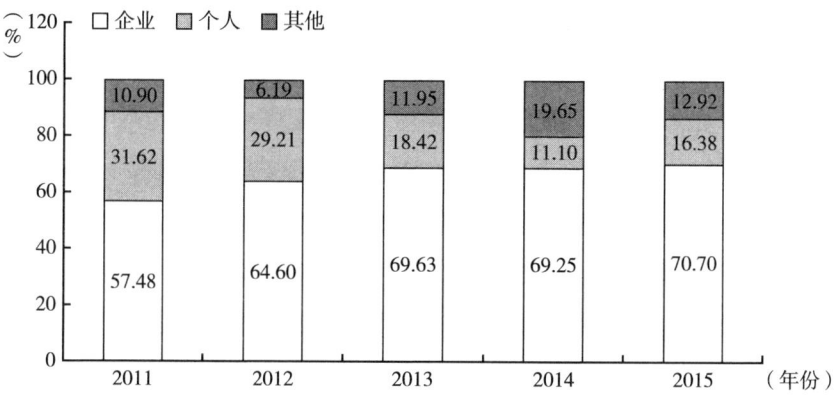

**图3　2011~2015年捐赠主体来源占比**

企业捐赠一直是中国慈善捐赠的最大供给方，根据其中的样本分析，2015年度国有及国有控股企业、民营企业、港澳台资和侨资企业、外资（合资）企业四类企业捐赠分别占企业总体捐赠的比例为32.77%、52.24%、2.00%、12.99%。可以看出，民营企业的中坚主体地位没有发生变化。民营企业和国有企业构成了企业捐赠的主力，而外资企业由于受国际环境的影响，总体波动较大，呈断崖式下降，相比2014年减少了近2/3（见图4）。

**2. 捐赠主体意向**

捐赠者对于善款的使用领域多有限定性指向，随着捐赠者对公益慈善文化的深入了解和社会现实对社会政策所产生的影响，捐赠意向往往印证了社

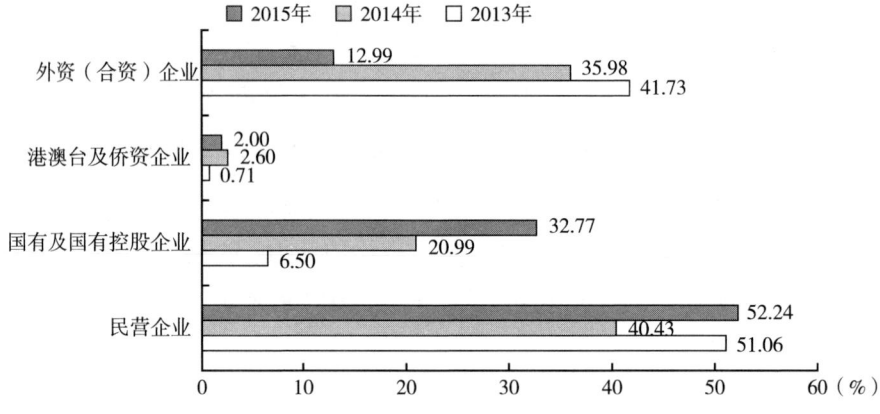

图4　2013～2015年企业捐赠构成占比

会需求的现状。2015年，捐赠者的捐赠意向领域与往年保持一致，扶贫、教育、医疗健康、文化等领域一直是公众关切的重要慈善领域。

根据中国慈善联合会采集的11万条社会捐赠样本分析，2015年度社会捐赠最集中的几个领域分别是教育、医疗健康和扶贫等。其中，教育因大额捐赠占比较高超过医疗健康跃居第一位，但是大多数捐赠资源流入了少数特定高校，其他教育机构并没有获得额外的捐赠（见图5）。

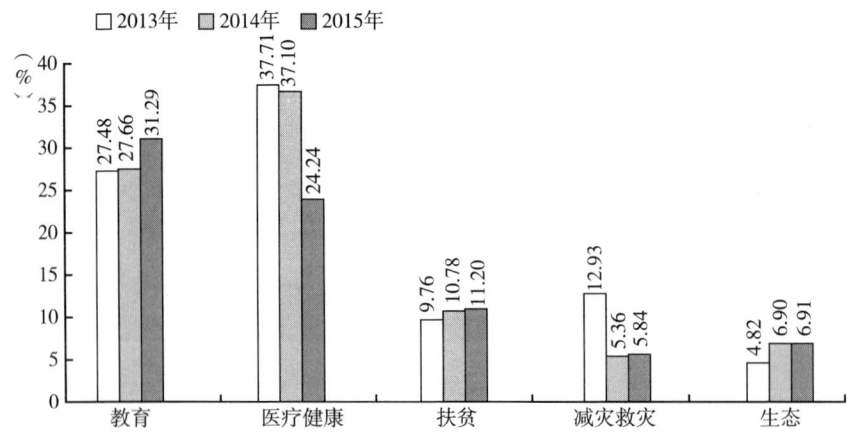

图5　2013～2015年主要捐赠意向分布占比

### 3. 捐赠途径

《公益事业捐赠法》赋予了社会组织、政府和事业单位等主体的捐赠接收资格，在政策的引导下，社会捐赠的选择方向体现了公共服务的特性，其中社会组织是接收社会捐赠的主体，政府次之，事业单位顺次。2015年，企业和公众等通过社会组织捐赠款物达到959.68亿元，占整体社会捐赠数量的79%，其中又以基金会系统、慈善会系统和民办非企业单位为主，分别占总量的36%、27%和8%；捐赠给政府的款物达到218.89亿元，占18%；捐赠给事业单位的款物为36.03亿元，占3%（见图6）。

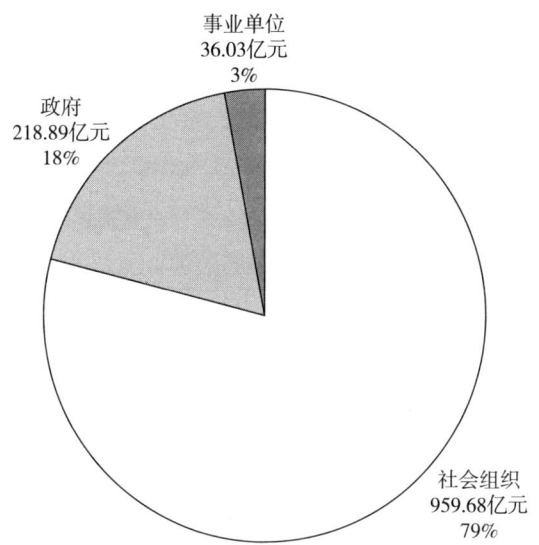

**图6　2015年社会捐赠途径选择占比**

随着互联网技术的发展，社交平台、手持终端、支付手段等工具和科技不断丰富，小额捐赠也随着科技改变生活的风潮进行迁移，互联网公益概念应声而起并且越来越规范化，民众也逐步放弃了之前传统的邮局汇款、银行转账等捐赠方式，互联网金融工具为善心的释放提供了便捷的通道。当然互联网平台也仍然在进化，公众会随着技术的魅力选择心仪的捐赠平台。以国内三家最主要的互联网公益平台为例，微公益在2013年随着微博的兴盛达到捐赠顶峰,之后却因为手持终端社交平台的兴起走向衰落,腾讯公益和阿里公益则不断创新,并依附于腾讯系和阿里系的不断革新拓展使其影响力日益增强。2015年,微公益、阿里公益和腾讯公益的捐赠量分别达到3094万元、39508万元、54000万元(见图7)。

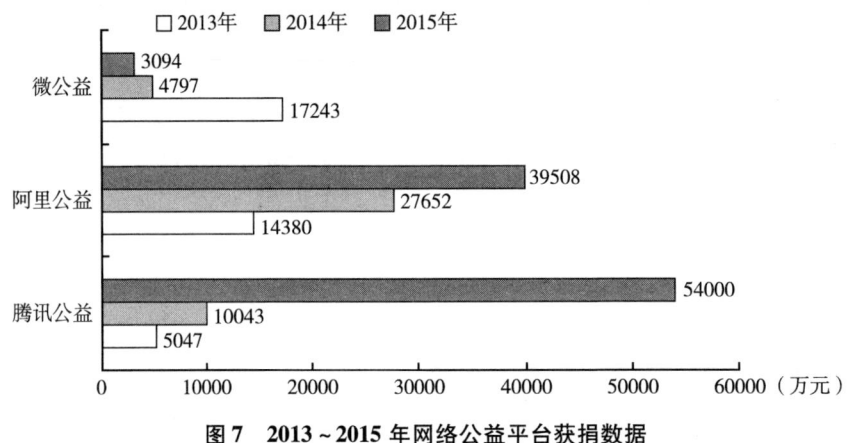

图7　2013～2015年网络公益平台获捐数据

互联网公益平台发展的特点是依赖于技术手段的便捷性和自身平台的黏着力,以公募机构公信力为支撑,以既有公益项目或者设计案例式捐赠为内容,吸引互联网用户关注并支付爱心。其公益领域取决于互联网公益平台与合作公募慈善机构的协同性,三大平台尽管有差异,但仍然遵循慈善事业的发展规律,与整体社会热点和需要解决的痛点相吻合,以扶贫济困、社会救助为主。捐赠者则与互联网用户的总体人群特征匹配,以中青年人为主,值得注意的是,"90后"虽然个体捐赠额相对小,但人群总数占据捐赠人群的半数。

### (三)2015年度善款使用分析

**1. 善款投入区域**

根据2015年各省民政部门接收社会捐赠(含其他政府部门转捐)情况分析,排在前5位的依次是江苏、北京、广东、重庆和四川。这五个省份民政部门所获得的社会捐赠额占各省民政部门接收社会捐赠额总和的78.29%(见图8)。

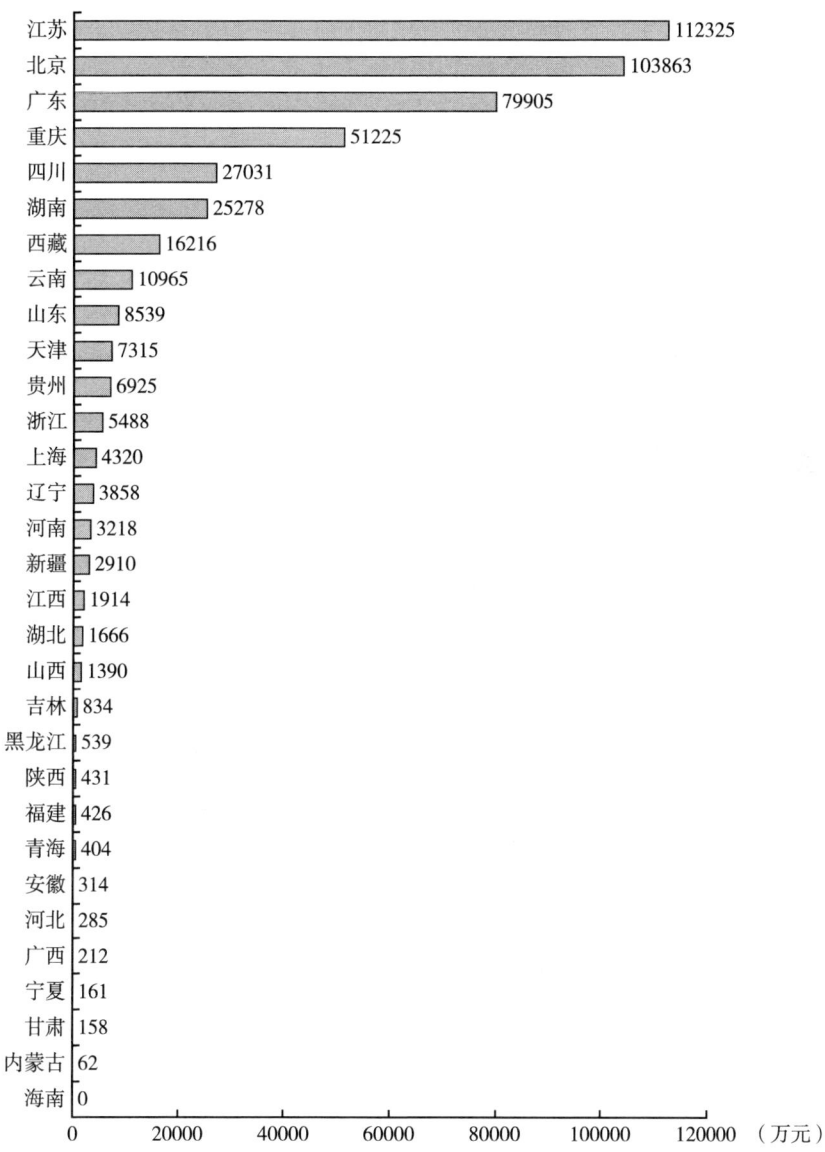

**图 8　2015 年度各省份民政系统接收捐赠额**

### 2. 善款支出效率

民政系统作为重要的社会捐赠接收部门，在社会发展趋势中逐步将募捐

主体地位释放给社会组织。特别是2013年后，民政部发布公告，提倡社会捐赠通过依法登记的、有救灾宗旨的公益慈善组织和灾区民政部门进行，政府不再指定特定的捐赠机构接收捐赠。民政部门接收社会捐赠量从2008年起就一直处于下降趋势。但是民政部门形成的社会捐赠接收和支出的工作机制相对较为完整，从2015年各省民政部门接收社会捐赠和年度支出的数据来看，年度支出比例较高的省份有重庆、江苏、青海、广东、山东等，青海、山东、吉林、湖北等省份甚至支出超出了本年度接收社会捐赠额（见图9）。

虽然受益人数并不是衡量慈善效率的唯一指标，但是受益人数覆盖面却是慈善工作需要关注的重要内容之一（见图10），其数量体现了社会服务的需求面、使用机构的工作方向等，这些内容有必要进一步深入研究。

## 二 2016年度中国慈善捐赠概况

2016年，根据部分已统计数据和测算数据可得当年总社会捐赠量约为1346亿元，彩票公益金募集量为979亿元。

### （一）2016年度捐赠测算

2016年度，根据民政部门第四季度统计数字，2016年各级民政部门共接收款物约60.13亿元，其中直接接收现金41.9亿元，各地接收捐赠衣被6067.6万件，转入捐赠衣被531万件，大约折合11.89亿元。来自其他部门转入民政部门的现金捐赠为4.9亿元，其他捐赠物资为1.44亿元。[①] 根据年度社会服务发展统计公报的规律测算，2016年度民政部门共接收社会捐赠为70.83亿元。

---

① 2016年民政部规划财务司季报数据。

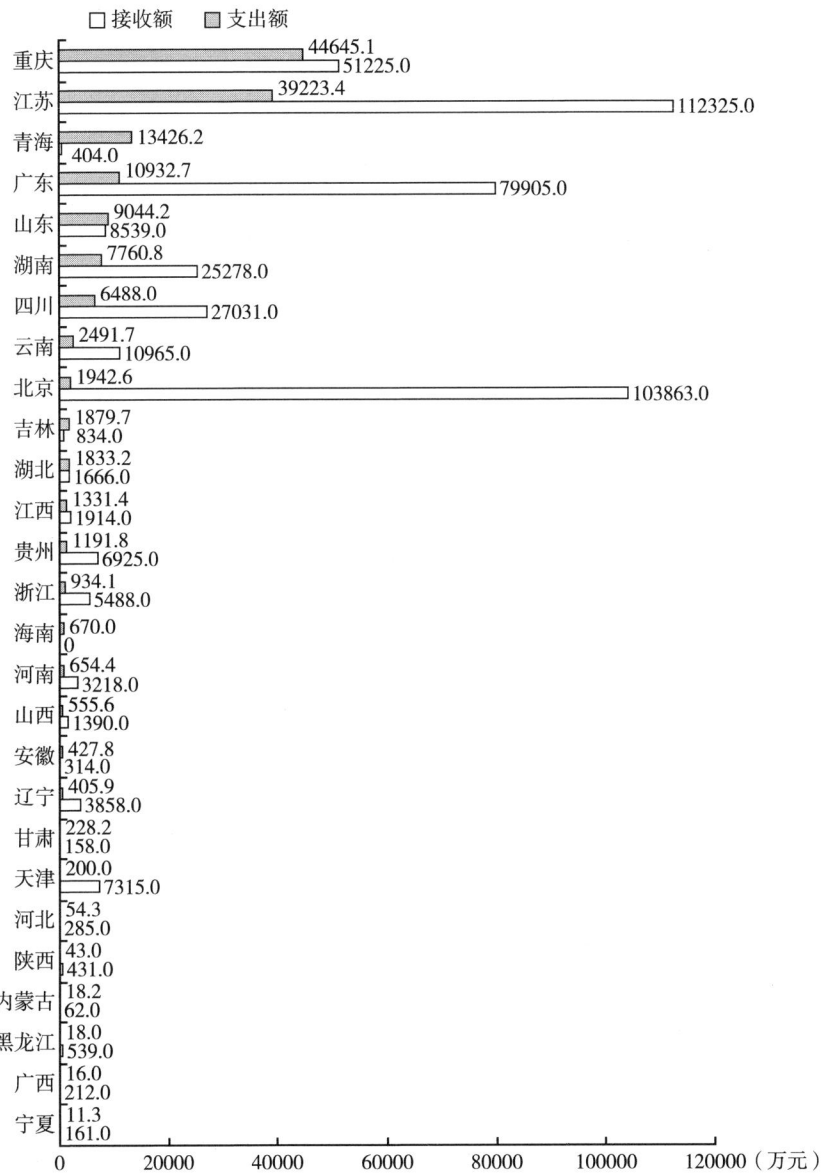

图9 2015年度各省份民政接收捐赠及支出捐赠

2016年，中华慈善总会全年筹募款物达187.89亿元，其中货币资金为5.78亿元，物资折合人民币达182.11亿元。依照以慈善会系统增比来测算

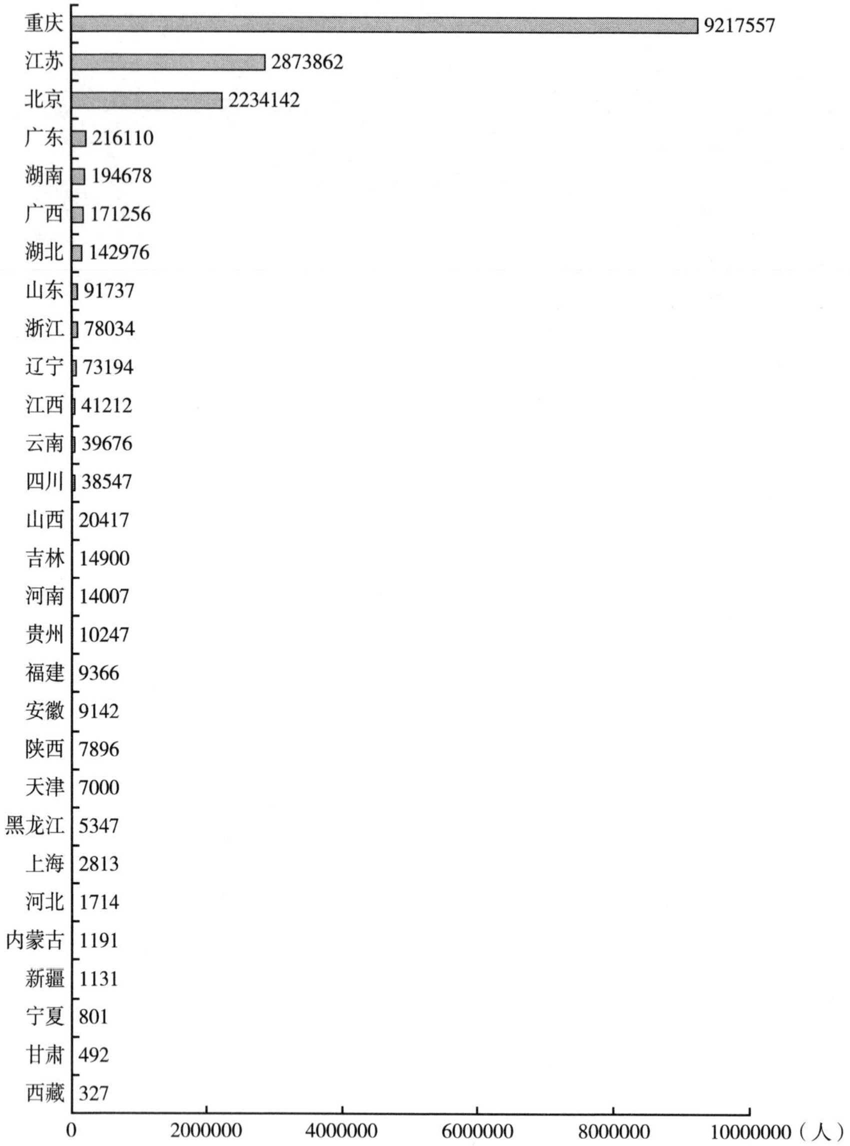

图 10 2015年各省份民政捐赠支出受益人数

慈善会系统捐赠额增比均值可以测算2016年慈善会系统捐赠额约为348亿元（见图11）。

根据历年基金会行业矫正数据测算，2011年度基金会行业捐赠接收总

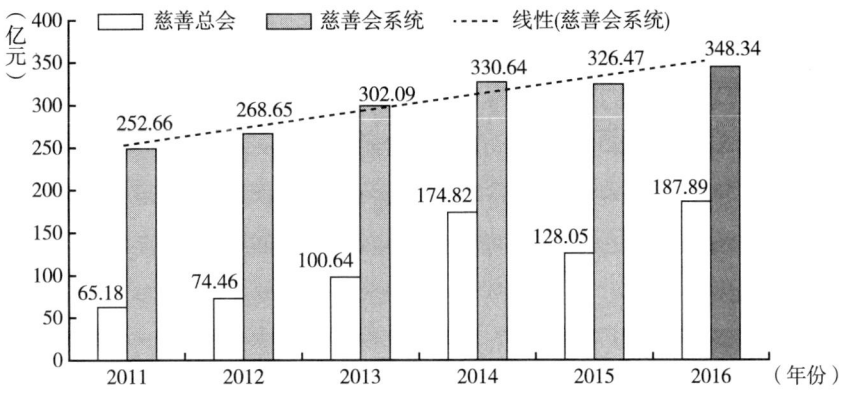

图11　2011~2016年慈善会系统捐赠收入趋势

额为400.67亿元，2012年基金会行业捐赠接收总额为376.19亿元，2013年基金会行业捐赠收入为373.45亿元，2014年基金会行业捐赠接收总额为374.3亿元，2015年基金会行业捐赠接收总额为439.3亿元。基金会行业总收入呈上升趋势，但是随着经济下行及社会组织登记成立政策的改革，预测基金会行业2016年度接收总量在489.4亿元左右（见图12）。

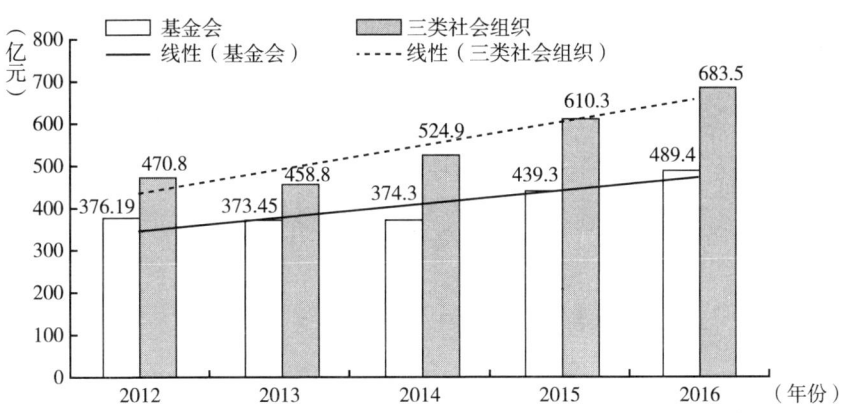

图12　2012~2016年基金会系统、三类社会组织系统接收捐赠趋势

除去基金会行业的其他社会组织，包含民政系统登记的民办非企业单位和社会团体，年度捐赠收入采用民政部公布的社会服务发展统计公报进行测

算。2011年三类社会组织接收捐款393.6亿元,2012年接收470.8亿元,2013年接收458.8亿元,2014年接收524.9亿元,2015年接收610.3亿元。扣除单独计算的基金会行业,2016年民政登记社会团体和民办非企业单位接收捐赠测算约194.1亿元(见图13)。

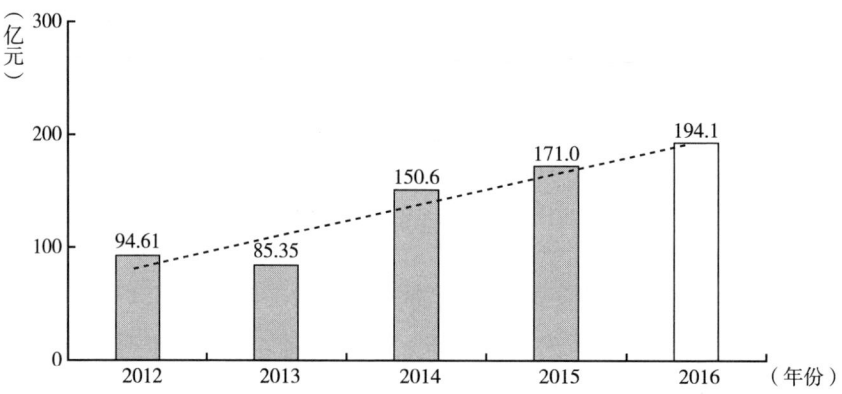

图13 2012～2016年社会团体和民办非企业单位接收捐赠趋势

根据历年慈善捐赠总额的测算方法,除了政府系统和慈善会系统统计来源之外,除民政部门之外的政府捐赠、事业单位、宗教机构、人民团体等接收捐赠主体均是从网络监测数据抽样样本测算所得,根据中国慈善联合会历年监测测算的变动幅度和比例,可以测算这四类捐赠接收主体接收捐赠的数额约为244亿元。

因此2016年中国社会捐赠可得数据测算约为1346亿元。

## (二)中国社会捐赠状况分析及建议

### 1. 政策响应式捐赠

在2016年9月1日生效的《慈善法》中,明确界定了慈善服务是指慈善组织和其他组织以及个人基于慈善目的,向社会或者他人提供的志愿无偿服务以及其他非营利服务。《慈善法》所界定的慈善内容,则超越了一般性的引导,包含的内容相当广泛:扶贫、济困;扶老、救孤、恤病、助残、优抚；救助自然灾害、事故灾难和公共卫生事件等突发事件造成的损害；促进教育、科学、文化、卫生、体育等事业的发展；防治污染和其他公害，保护和改善生态环境等。这就为此前或广义或狭义的慈善活动指明了活动空间，慈善服务也有章可循。许多具有社会情怀的企业家择机而动，看好《慈善法》所带来的良好政治慈善环境。当然企业与公众作为捐赠资源的主体，主要是基于一种市场契约关系建立起来的，市场化色彩比较浓厚，其合作伙伴关系取决于捐赠方的公益代理意愿和慈善机构服务价值等。如果要实现政策引导下的良性捐赠，还需要公益慈善行业提供优良的着陆平台。

**2. 当互联网成为基础设施**

互联网首先作为一种技术奢侈品进入中国，经过近二十年发展，它改变了人和信息的关系，改变了人和商品的关系，改变了人和服务的关系，改变了人和钱的关系，当这四种关系改变时，互联网已经从一种稀缺品转变为一种社会发展的基础设施，融入了生活方方面面。公益慈善行业作为社会领域的创新者，理所当然地充分应用这种基础设施，将数字化、信息化应用融入机构运作的每一个环节。电子邮件募捐时代过去，微博募捐式微，微信募捐方兴，圈子众筹如火如荼，基于互联网模式的互助形态此起彼伏，新的形态不断出现，娱乐和休闲元素连接互联网融入新募捐时代。公益慈善机构在这种氛围下能否搭车借势、自组圈子、联合众筹，归根结底还在于是否能够引领一种慈善精神，提供一种互联网形态下的服务形态。

**3. 精准供给**

当精准扶贫作为国家口号响彻社会发展进程，如何实现精准成为社会参与者要仔细思考的问题。精准、滴灌所讲究的都是在数据控制论下的个性化服务，这对习惯了运动式、高蹈式的公益慈善机构是一种挑战，慈善服务的供给侧纳入每一个公益慈善机构的议事日程。其中心仍然是回归到公益初衷、回到机构设立时试图解决的社会问题的机构愿景、回到社会均等化政策方向中如何发挥自身的作用、回到受益人权益的公平实现上去。这些价值问题和理念问题解决了，中国公益慈善行业的发展问题会得到根本性转变。

# B.3
# 《慈善法》实施之观察（2016~2017）

马剑银*

**摘　要：** 2016年3月，十二届全国人大第四次会议通过了《慈善法》，并于当年9月1日正式施行。此后，与《慈善法》相关的法律相继出台和修改，例如《境外非政府组织境内活动管理法》《红十字会法》《民法总则》《企业所得税法》等，民政部和其他相关部门出台了不少配套制度与措施，但也有一些重要的配套制度，例如社会组织三大条例、志愿服务条例等迟迟未能完成修订或制定，国家又通过一些与《慈善法》理念有差异或张力的政策文件影响《慈善法》的实施。因此，《慈善法》的实施略显尴尬，半年以来，也出现了一些遗憾。

**关键词：** 慈善法　法律实施　配套措施　观察

"这么重要的法律并没有落实到位，普及情况并不理想"。[①] 2017年3月10日，全国政协委员、清华大学公益慈善研究院院长王名教授在接受记者采访时说了这句话。此时，距离《中华人民共和国慈善法》通过将近一年，距离这部公益慈善事业的基本法律的正式施行已然半年有余。

---

\* 马剑银，法学博士、公共管理学博士后，北京师范大学法学院讲师，清华大学公益慈善研究院《中国非营利评论》执行主编。本文写作得到教育部人文社会科学研究青年基金项目"公共领域与立法正当性研究"（批准号：12YJC820071）的支持，特此感谢。
① 郑超：《普及慈善法　迎接人人慈善新时代——专访全国政协委员、清华大学公益慈善研究院院长王名》，《中国社会报》2017年3月10日。

王名教授这一论断相比较《慈善法》在2016年的热度，显然有些冷，虽未到冰点，但确实值得大家反思。《慈善法》通过一年多来，是否实现了其立法之目标，其施行效果如何？各方对其的态度又是如何？本文从《慈善法》通过之后各方对《慈善法》施行的期待与愿望、官方对《慈善法》施行所做的准备与配套以及《慈善法》实践与落地的成就和遗憾等方面进行观察，以期反思《慈善法》乃至当代中国的法律实施过程中的一些重要问题。

## 一 《慈善法》的高调登场与先天不足

《慈善法》的立法过程，彰显了其作为社会领域基本法律的地位，也为社会领域进行其他法律的创制提供了一个样板。虽然这部法的前期准备过程非常漫长，但公众参与度非常之高，堪称开门立法的典范，尤其是后期，也就是2013年由全国人大内司委接替国务院成为法律起草机构后，官方与民间关于慈善立法的互动非常频繁，而且有不少积极成果，例如出现了多部"慈善法专家建议稿"。可以说，《慈善法》的立法过程，同时也是一次慈善理念向社会传播普及的过程。

《慈善法》是当前我国立法体制改革和《立法法》修改以来第一部由全国人大全体会议进行审议的法律，其意义非常深远。全国人大常委会副委员长李建华在"慈善法草案说明"中提到："《慈善法》是社会领域的重要法律，是慈善制度建设的基础性、综合性法律"，"是发展慈善事业、规范慈善活动的客观需要"，"是加强社会领域立法、全面推进依法治国的重要举措"，"是打赢脱贫攻坚战、全面建成小康社会的实际举措"，甚至是"弘扬中华民族传统美德、培育和践行社会主义核心价值观的内在要求"。[①]《慈善法》表决通过之后，无论是媒体、官员还是学者、从业者，都纷纷赞扬这

---

① 李建国：《关于〈中华人民共和国慈善法（草案）〉的说明——2016年3月9日在第十二届全国人民代表大会第四次会议上》，《人民日报》2016年3月10日，第4版。

部法律的成果。笔者列举了《慈善法》的亮点与创新，认为从基本法律的视角为公益慈善事业构筑了法律底线，使慈善法治有了基本的法律教义学基础。①

当然，《慈善法》的最终文本并非尽善尽美，虽然这一文本的形成带有开门立法的民主特征，但是也存在一些"先天不足"，这些先天不足有多重原因，主要有以下几点。

第一，《慈善法》并未完全清晰地解决基本定位问题，而这是长期以来对《慈善法》到底用以规制什么与如何规制产生争论的核心问题。作为社会法，无论从历史上还是从逻辑上，其基本功能是在修复平衡形式上平等但实质上不平等的所谓平等主体之间的法律关系，以实质正义、具体正义作为法律追求的目标，也就是说，社会法是由"私法公法化"演变而成。但当代中国的社会法，却是在高度集中统一的计划经济体制向市场经济体制转变过程中，逐步简政放权而产生的，也就是说，中国社会法的发展伴随着"公法私法化"的过程，至今尚未结束。② 国家对待慈善事业的治理态度，亦是如此。虽然，私法也零星规定了公益慈善领域的一些规则，③ 但慈善事业的治理主要属于行政管理范畴，政府与慈善组织之间的行政法律关系是这一领域的主要法律关系。此外，长期以来，政府对"慈善"的界定是以"救灾、扶贫"为核心的帮助弱势群体的事业，而这一点也符合中国官方对"社会法"的界定，即"调整劳动关系、社会保障和社会福利关系的法律"。④ 从

---

① 马剑银：《中国慈善法立法观察》，载杨团主编《慈善蓝皮书：中国慈善发展报告（2016）》，社会科学文献出版社，2016，第19~37页；马剑银：《"慈善"的法律界定》，《学术交流》2016年第7期，第87~93页。
② 董保华等：《社会法原论》，中国政法大学出版社，2001，第21~22页。
③ 例如《合同法》第180条规定"具有救灾、扶贫等社会公益、道德义务性质的赠予合同或者经过公证的赠予合同，赠予人不交付赠予的财产的，受赠人可以要求交付"。
④ 从九届全国人大开始，我国官方开始定义社会法，"调整劳动关系、社会保障和社会福利关系的法律，我国已经在这方面制定了劳动法和一批保障社会特殊群体权益的法律"，社会法逐渐成为一个法律部门，但这是狭义的"社会法"概念。李鹏：《全国人民代表大会常务委员会工作报告——2001年3月9日在第九届全国人民代表大会第四次会议上》，中国人大网，2017年4月7日，http://www.npc.gov.cn/wxzl/wxzl/2001 - 03/19/content_134510.htm。

《慈善法》的最终文本来看，公法优位主义和组织法的痕迹明显，政府对慈善组织的行政管理而形成的慈善行政法律关系重于由捐赠人、受赠人与受益人形成的慈善法律关系，慈善组织成为《慈善法》规制的核心与重点，对其他慈善活动当事人的法律规范都围绕慈善组织来进行，这两点造成《慈善法》基本定位的认知错位。① 也正因为如此，一种惯性的对慈善社会功能的狭隘认知与对组织化慈善的偏颇态度一直伴随着《慈善法》制定与施行的全过程，而这与《慈善法》最终文本中"大慈善"的观念与促进慈善组织发育的精神形成了鲜明对照和立场冲突。

第二，慈善社会功能的狭隘认知。虽然在《慈善法》中，确立了"大慈善"的观念，第3条所容纳的慈善领域基本上已经和国际接轨，也就是说，慈善即公益事业，是促进社会发展与进步，共享社会发展的成果，创建美好与和谐的社会。但现实中对何谓慈善，并未达成真正意义上的共识，作为国家社会保障义务一部分的慈善观念依旧非常盛行。长期以来，国家将慈善事业作为社会保障的一个子项，与社会保险、社会救助和社会福利并称，甚至慈善与社会救助不加区分，国家对于慈善的社会功能认知，主要涉及"扶贫济困"，用以"保障群众基本生活"。不仅很多官员的理念如此，在不少官方文件中也或多或少体现了这种观念。例如，2006年，中共中央十六届六中全会《关于构建社会主义和谐社会若干重大问题的决定》中就体现了这种小慈善的观念。这种小慈善观念一直存在。在《慈善法》起草过程中，2014年11月，国务院发布《关于促进慈善事业健康发展的指导意见》，该意见将"突出扶贫济困"作为基本原则，强调慈善组织和其他社会力量要"在扶贫济困、为困难群众救急解难等领域广泛开展慈善帮扶，与政府的社会救助形成合力，有效发挥重要补充作用"；强调"鼓励和支持以扶贫济困为重点开展慈善活动"，"慈善事业对社会救助体系形成有力补充"。这种关于慈善的社会功能认知，与《慈善法》有关慈善领域表述形成了一定

---

① 马剑银：《中国慈善法立法观察》，载杨团主编《慈善蓝皮书：中国慈善发展报告（2016）》，社会科学文献出版社，2016，第19~37页。

的张力,从而对慈善事业发展方向、甚至社会培育的基本趋向也产生分歧,关于慈善社会功能的两种认知的存在和竞争,使《慈善法》在具体实施过程中遇到了种种障碍。

第三,对组织化慈善的偏颇态度。在《慈善法》的立法过程中,组织法定位的认知一直占据优势地位,虽然在总则的法律条文中,有一些行为法的痕迹,包括对从事慈善行为主体范围的广泛性认定,包括对捐赠人的捐赠行为的自主权(直接捐赠),包括对慈善服务和慈善信托的规定等,但整体而言,组织法定位的痕迹依然很重,例如对慈善组织章节、慈善募捐章节的突出重视,对慈善捐赠、慈善服务章节的轻视等,一种想在《慈善法》中解决原本需要社会组织基本法去解决的问题的尝试,使慈善行为多元化的趋势受到了限制,慈善活动中的捐赠人、受益人、志愿者等当事人的规范条款缺失严重,慈善法律关系的权利义务设置详略轻重并不十分合理。

因此,虽然《慈善法》获得了社会广泛的好评,但是也因为先天不足,而留下了不少后遗症,在《慈善法》实施的过程中,这些后遗症也显现了出来。

## 二 《慈善法》实施的制度衔接与配套

作为社会领域基本法律的《慈善法》,其立法是一个系统工程。虽然曾经出现过慈善立法与社会救助立法、社会保险立法孰先孰后的争论①,虽然到目前为止,慈善与社会救助之间的关系依旧没有完全厘清,《慈善法》所确定的慈善与公益的关系也未完全被社会所接受,但《慈善法》表决通过之后,就出现了法律融贯性的问题,一方面,与《慈善法》有冲突的旧法律需要调整;另一方面,也为新的相关立法提供依据与参考。当然,在这个制度衔接与配套的过程中,也或多或少出现了一些新的观念分歧与制度张力。

(一)境外慈善组织与境内慈善组织的分类管理

在《慈善法》立法的同时,《境外非政府组织境内活动管理法》(以下

---

① 何忠洲:《慈善立法峰回路转》,《中国新闻周刊》2007年第3期,第32~33页。

简称《境外 NGO 法》）也在制定过程中，该法启动较《慈善法》要晚，2014 年 12 月和 2015 年 4 月进行了两次审议，并在不到两年的时间，于 2016 年 4 月 28 日，由第十二届全国人大常委会第二十次会议表决通过，2017 年 1 月 1 日开始施行。该法的制定对《慈善法》的适用范围有影响，形成了境内慈善组织和境外慈善组织分类管理的局面。

虽然《慈善法》并未明确排除对境外慈善组织从事慈善活动的管辖，但该法第 2 条也规定"其他法律有特别规定的，依照其规定"。《境外 NGO 法》全文并未出现"慈善"字样，但其第 3 条规定"境外非政府组织依照本法可以在经济、教育、科技、文化、卫生、体育、环保等领域和济困、救灾等方面开展有利于公益事业发展的活动"。除了"经济"之外，其他领域都可以囊括于《慈善法》第 3 条的范围之内。因此，境外慈善组织在中国境内活动，主要依据《境外非政府组织境内活动管理法》，而不是《慈善法》；但《境外 NGO 法》却规定了"中国境内任何单位和个人"的义务，如果一项慈善活动涉及境外慈善组织，那么对于境内组织和个人而言，两个法律都要遵守，尤其要遵守《境外 NGO 法》，而境外慈善组织在中国境内所遵守的法律，《境外 NGO 法》有明确管辖权，而《慈善法》却因为其第 2 条的规定，放弃了管辖权。

《境外 NGO 法》是十八大以来中国全面加强国家安全，完善国家安全体制和国家安全战略的措施之一，该法将境外非政府组织的登记管理部门从民政部转移到公安部，就是一个明证。在全球化的语境中，《慈善法》与《境外 NGO 法》的立法思路有所不同，《慈善法》强调继续深入改革开放，而《境外 NGO 法》则强调加强国家安全，这是在新的国际环境下中国倡导全球化运动的大环境影响。一方面，继续保持开放的姿态，另一方面，面对全球出现的反全球化运动，加强国家安全也是题中之意。因此，《慈善法》和《境外 NGO 法》的双重目标，形成了一定的张力，是当下中国国家治理逻辑的体现。①

---

① 马剑银：《〈境外非政府组织境内活动管理法〉的制定与实施》，载龚维斌主编《社会体制蓝皮书：中国社会体制改革报告 No. 5（2017）》，社会科学文献出版社，2017，第 262 ~ 272 页。

### (二)《红十字会法》与《慈善法》的衔接

2016年6月,在《慈善法》表决通过3个月之后,《红十字会法》的修订工作也有了一定的进展,该法由全国人大教科文卫委员会负责起草,自2014年2月启动2年之后,形成了修订草案,于2016年6月和10月进行了两次审议,并公开征求意见,2017年2月,十二届全国人大常委会第二十六次会议表决通过。前几年,中国红十字会丑闻不断,尤其是"郭美美事件",以及在此前后曝出的各地红十字会违规操作、多吃多占等丑闻,中国红十字会备受公众质疑与诟病,遭遇了巨大信任危机。[①] 2012年,国务院发布《关于促进红十字事业发展的意见》(国发〔2012〕25号),要求着力推进红十字会事业改革创新,创新红十字会体制机制,打造公开透明的红十字会,全面建立综合性监督体系。因此,《红十字会法》的修订在某种意义上是回应社会信任危机,重建中国红十字会的公信力的重要举措。[②]

《红十字会法》的最后文本中体现了与《慈善法》的衔接,该法第19条规定,"红十字会可以依法进行募捐活动。募捐活动应当符合《中华人民共和国慈善法》的有关规定"。此外,对于红十字会的治理结构、红十字会接受捐赠的监督以及信息公开等方面的内容与《慈善法》也有了一定的衔接。当然,此次《红十字会法》的修订力度并不大,仅仅是微调,许多重要问题都没有触及,例如"社会救助团体"定位无法涵盖红十字会的性质和职能,社会救助的含义已经特定化,红十字会不仅承担救灾、救助、救护等职能,还具有包括重要的人道主义精神和红十字文化的传播以及其他公益慈善、社会福利领域的功能。此外,红十字会与政府、慈善组织的关系,红十字总会与地方红十字会、行业红十字会的关系定位也不清晰。尤其是对于

---

[①] 马剑银:《破解中国公益组织的治理困境——从"郭美美事件"中的红十字会谈起》,载国家民间组织管理局编《2011年中国社会组织理论研究文集》,中国社会出版社,2012,第341~360页。

[②] 《红会法修改与此前社会事件有关?人大法工委回应》,中新网,2017年2月24日,http://www.chinanews.com/gn/2017/02-24/8159010.shtml。

社会公众而言，对于红十字会从事慈善活动要承担的职责与义务，法律普及工作任重而道远。

### （三）慈善税制的微调

《慈善法》对慈善活动税收优惠的规范设计非常原则和笼统，这一点在《慈善法》的制定过程中就有争议。①然而有关部门对"税收法定主义"进行了狭义解释，即税收由专门的税收法律规定，这一表述出现在党的十八届三中全会《中共中央关于全面深化改革若干重大问题的决定》之中的"税收优惠政策统一由专门税收法律法规规定，清理规范税收优惠政策"。这一狭义解释与学界关于税收法定主义的通说有差异。后者强调税法主体（包括纳征主体）的权利义务、税法的各类构成要素皆必须且由法律予以明确规定，并不强调专门的税法。② 2015年修改的《立法法》，强调落实税收法定原则，同样强调"税种的设立、税率的确定和税收征收管理等税收基本制度""只能制定法律"（第8条），也并没有强调税收法定主义就是税收基本制度由专门税法来定。因此，关于税收法定主义的狭义解释，并没有学理依据和法律依据，只是现实中财税部门的行政惯例，2015年6月，国家税务总局发布了《关于发布〈税收减免管理办法〉的公告》（国家税务总局公告2015年第43号），该办法就有"有关税收法律、法规对减免税的规定"表述。③ 就目前而言，税法的起草权限主要集中于国务院（财政部），④ 因此，强调税收法定主义的狭义解释，实际上是争夺有关税收法律问题的立法

---

① 不仅仅是学界和慈善业界对此有意见，人大常委会委员也有不少意见。张媛：《税收优惠政策要更具体实在》，《法制日报》2015年12月25日。
② 张守文：《论税收法定主义》，《法学研究》1996年第6期，第57~65页。
③ 该办法的前身是以国家税务总局通知的形式印发的（国税发〔2005〕129号）《税收减免管理办法（试行）》（2005）。
④ 从《十二届全国人大常委会立法规划》（2015年6月1日）涉及的法律草案来看，涉及税收的专门法有8部，其中7部的起草部门是国务院（通常由财政部和国家税务总局先行起草）（环境保护税法、增值税法、资源税法、关税法、船舶吨税法、耕地占用税法和税收征收管理法，另一部"房地产税法"的起草部门是全国人大常委会预算工作委员会和财政部）。

（起草）权，在当下中国立法体制改革和全国人大常委会主导立法的制度构建过程中，国务院财税部门对于税收立法的主导权争夺，体现着新旧立法体制的张力。

在这种背景下，财税部门在《慈善法》立法过程中态度消极，除了反对慈善法规定具体税收优惠制度之外，也没有提出相应的慈善税制设计。《慈善法》表决通过之后，甚至正式施行之后，财税部门依旧对慈善税制态度冷淡，除了不得不的微小动作，慈善税制改革进展缓慢。

《慈善法》原则性规定了慈善组织、捐赠人、受益人以及境外捐赠物资、慈善信托的税收优惠制度，并且规定"国家对开展扶贫济困的慈善活动，实行特殊的优惠政策"，《红十字会法》也规定了"捐赠人依法享受税收优惠"。作为慈善税制领域几乎是唯一的突破，第80条规定了"企业慈善捐赠支出超过法律规定的准予在计算企业所得税应纳税所得额时当年扣除的部分，允许结转以后三年内在计算应纳税所得额时扣除"，为了保持法律的融贯性，2017年2月24日，十二届全国人大第二十六次会议相应修改了《企业所得税法》，将第9条表述为"企业发生的公益性捐赠支出，在年度利润总额的12%以内的部分，准予在计算应纳税所得额时扣除；超过年度利润总额的12%的部分，准予结转以后三年内在计算应纳税所得额时扣除"。

此外，2016年4月，财政部与国家税务总局联合发布《关于公益股权捐赠企业所得税政策问题的通知》（财税〔2016〕45号），规定企业向慈善组织实施股权捐赠，"以其股权历史成本为依据确定捐赠额，并依此按照企业所得税法有关规定在所得税前予以扣除"，结合《慈善法》和《企业所得税法》的规定，企业的股权捐赠不仅可以享受所得税前扣除资格，而且还可以通过结转的方式进行扣除。因此，有学者认为，该通知"有望催生大额捐赠"。①

---

① 黄浠鸣：《公益股权捐赠企业所得税破题，有望催生大额捐赠》，第252~260页。

### （四）社会组织三大条例修订等工作的进展与停滞

《慈善法》制定过程中，一直有声音要借《慈善法》来完成有关社会组织基本制度的建构，因此，社会对《慈善法》表决通过之后社会组织三大条例的修改抱有很高的期望，希望三大条例的修改能够在之前一系列社会组织培育、管理体制改革的政策基础上结合《慈善法》有新的突破，为制定一部统一、完善、健康的社会组织基本法提供法律规范基础。《慈善法》制定过程中，社会组织三大条例的修改理念也同步有所发展，例如《慈善法》的条文已经将"民办非企业单位"表述为"社会服务机构"，《慈善法》最终文本无一处提及业务主管单位或者双重管理体制，这些年国家一直在倡导的"直接登记制度"的政策试点有望成为正式法律制度，笔者曾认为"这次《慈善法》明确了慈善组织采取直接登记的制度，取消了对业务主管单位的限制，真正改变了慈善组织的双重管理体制"。[①]

《慈善法》表决通过之后，民政部负责进行社会组织三大条例的修订工作，于2016年5月和8月，分别公开《基金会管理条例（修订草案征求意见稿）》、《民办非企业单位管理暂行条例（修订草案征求意见稿）》[②]和《社会团体登记管理条例》（修订草案征求意见稿），向社会征求修改意见，并准备在《慈善法》正式施行的日子——2017年9月1日前出台。但是从社会组织三大条例的条文表述上来看，虽然根据《慈善法》的规定，进行了大幅修改，也有一些进步的制度，例如下放基金会的登记权限、开放公募资格等，但是一些重要的制度设计与《慈善法》之间存在差异和张力。最突出的是三大条例的修订草案中并未推进双重管理体制的改革，较之前的政策试点——社会组织直接登记的范围反而有所缩小，尤其对慈善组织直接登记的范围大大限缩，与《慈善法》第3条规定的慈善范围有很大差别。

就基金会而言，修订草案一方面要求设立基金会必须"以开展公益慈

---

[①] 马剑银：《中国慈善法立法观察》，载杨团主编《慈善蓝皮书：中国慈善发展报告（2016）》，社会科学文献出版社，2016，第26页。

[②] 该草案有两个标题，另一个即《社会服务机构登记管理条例》（草案征求意见稿）。

善活动为宗旨"（第8条），也就是说，基金会完全包含在慈善组织范围之内；但另一方面保留了基金会业务主管单位，也就是说，并不是所有作为慈善组织的基金会都可以不需要业务主管单位，这与之前的政策试点，并经《国务院机构改革与职能转变方案》确定的四大类型社会组织（行业协会商会类、科技类、公益慈善类、城乡社区服务类社会组织）"直接向民政部门依法申请登记，不再需要业务主管单位审查同意"的表述有差别。

就社会团体和社会服务机构（即民办非企业单位）而言，两个修订草案对四大类型社会组织进行了相同的解释性界定，其中公益慈善类社会组织的表述为"提供扶贫、济困、扶老、救孤、恤病、助残、救灾、助医、助学等服务的公益慈善类社会服务机构"，这个表述与《慈善法》第3条有关慈善（即公益）的界定有很大差异，范围大大缩小，也就是说，民政部起草的，准备由国务院审议通过的这些社会组织的行政法规，直接违反由全国人大制定的《慈善法》对慈善的界定，自行限缩解释"公益慈善"的概念。

当然，社会组织三大条例对"公益慈善"的限缩性解释并非源自民政部自身，2016年8月，《慈善法》正式施行前夕，中共中央办公厅和国务院办公厅印发了《关于改革社会组织管理制度促进社会组织健康有序发展的意见》，其中提到对"公益慈善类社会组织"的解释性界定，并要求"民政部要会同有关部门尽快制定直接登记的社会组织分类标准和具体办法"。因此可以看到，对于公益慈善的观念，确实有两种不同的界定标准和治理思路，而这两种标准和思路体现在多个领域与各个层面，存在着差异和张力，影响着《慈善法》的实施效果。然而，社会组织三大条例并未按照最初的时间表出台，甚至在《慈善法》正式施行半年有余，依然不见它们的身影。

此外，国务院法制办还于2016年5月公布了《志愿服务条例》（征求意见稿），向社会公开征求意见，而这个条例也可以视为《慈善法》的配套法规，体现慈善立法和志愿服务立法相互区分，又相互衔接的立法思路。

（五）正式制定并实施的《慈善法》配套制度与措施

虽然社会组织三大条例迟迟未能出台，使《慈善法》的配套措施存在极大的缺陷,也影响了《慈善法》的实施效果,但民政部门与相关部门依然出台了不少规范性文件,保证了《慈善法》的正常施行。以2016年9月1日为界,可以分为《慈善法》施行准备阶段和《慈善法》正式实施阶段。两个阶段分别有多部配套规范性文件出台。

在《慈善法》施行准备阶段,民政部单独或会同相关部门陆续公布了至少10部规章或其他规范性文件,包括《民政部关于慈善组织登记等有关问题的通知》(民函〔2016〕240号)、《慈善组织认定办法》(民政部令58号)、《慈善组织公开募捐管理办法》(民政部令第59号)、《公开募捐平台服务管理办法》(民政部、工信部、国家新闻出版广电总局、国家网信办联合发布通知印发,民发〔2016〕157号)、《关于做好慈善信托备案有关工作的通知》(民政部、银监会,民发〔2016〕151号)、《社会组织登记管理机关行政执法约谈工作规定(试行)》(民发〔2016〕39号)、《社会组织登记管理机关受理投诉举报办法(试行)》(民发〔2016〕139号)、《民政部关于加强和改进社会组织薪酬管理的指导意见》(民发〔2016〕101号)、《关于社会团体和基金会办理进口慈善捐赠物资减免税手续有关问题的通知》(民政部、海关总署,民发〔2016〕64号)、《关于指定首批慈善组织互联网募捐信息平台的公告》(民政部公告第379号)等。

此外,中办、国办印发《关于改革社会组织管理制度促进社会组织健康有序发展的意见》,财政部发布《关于公益股权捐赠企业所得税政策问题的通知》,中宣部、民政部等8个机构联合印发《关于支持和发展志愿服务组织的意见》,这些或多或少与《慈善法》的施行有关。

2016年9月1日《慈善法》正式施行后,民政部也出台了一些《慈善法》的配套措施,包括《申请慈善组织认定办事指南》、《慈善组织申请取得公开募捐资格办事指南》、《关于社会组织成立登记时同步开展党建工作有关问题的通知》(民函〔2016〕257号)、《关于慈善组织开展慈善活动年度支出和管理费用标准的规定》(民政部、财政部、国税总局联合印发通知,民发〔2016〕189号)、《社会组织抽查暂行办法》(民发〔2017〕45号)等。

此外,国家网信办和民政部联合下发《关于加强网信领域社会组织建设的通知》(中网办发文〔2016〕9号),其中涉及网信领域的公益慈善组织;环保部和民政部联合发布《关于加强对环保社会组织引导发展和规范管理的指导意见》(环宣教〔2017〕35号)。

2017年3月15日,《民法总则》经过三次人大常委会审议,三次公开征求意见之后,由十二届全国人大五次会议表决通过,该法确立了营利法人、非营利法人和特别法人的分类制度,确立了"捐助法人"、"基金会法人"和"社会服务机构法人"等概念,也为《慈善法》的施行提供了制度衔接。

## 三 《慈善法》的落地实践及其遗憾

由上文可以获知,《慈善法》表决通过并正式施行之后,虽然存在配套制度和措施上的缺失,但确实也有一大批相关的法律、规章和其他规范性文件正式施行,使《慈善法》能够正常落地。当然,在《慈善法》正式施行期间,依然有一些实践上的遗憾,略显尴尬,有的与配套制度与措施的不力有关,有的与配套制度与措施的缺失有关,而有的是《慈善法》自身文本设计和表述的原因所致。

### (一)慈善组织的认定与登记

《慈善法》正式施行半年以来,根据研究数据,民政部门依据《慈善组织认定办法》和《关于慈善组织登记等有关问题的通知》,截至2016年底,民政部和15个省、自治区和直辖市进行了慈善组织的认定和新设立工作,共认定慈善组织389家,新设立慈善组织111家,新设立的慈善组织占所有慈善组织的22.2%;在上述500家慈善组织中,基金会461家,社会团体23家,民办非企业单位(社会服务机构)16家。①

---

① 北师大中国公益研究院:《中国慈善法元年实施报告》(摘要版),2017年4月。

从这一数据来看，《慈善法》施行的第一要事，即对慈善组织的认定和设立工作开展并不算太顺利，有一半以上的省、自治区和直辖市尚未开展实质性工作。而开展相关工作的民政部和15个省、自治区和直辖市，工作进展也不一致，基金会的慈善组织认定和新设立工作开展相对比较顺利，而对于社会团体和民办非企业单位来说，要获得慈善组织的身份确认并不容易。据调研，各地在落实《慈善法》的过程中，由于业务能力和工作态度等多方面原因，对于民办非企业单位认定慈善组织或新登记为慈善组织的民办非企业单位诸多挑剔，甚至直接告知不让当事人申领带有"慈善组织"字样的法人证书。由于社会组织三大条例的修订尚未完成，不少地方民政部门对于慈善组织的认定和设立工作尚处于观望阶段，态度颇为保守，这从民办非企业单位和社团认定为慈善组织或新登记为带有慈善组织属性的非营利法人的数量就可以看出。

《慈善组织认定办法》根据《慈善法》的规定，只认定《慈善法》公布前已经设立的基金会、社会团体和民办非企业单位（社会服务机构）等非营利组织，而2016年9月1日《慈善法》正式施行之后，采取新设立非营利组织时同时获得慈善组织的属性认定的方式。在社会组织三大条例尚未修订完成之前，按照《关于慈善组织登记等有关问题的通知》进行登记工作，但是这里存在两个问题。

第一，《慈善法》的条文表述有一处错误，即第10条第2款"本法公布前已经设立的"的措辞。在《慈善法草案（一审稿）》和《慈善法草案（二审修改稿）》中，没有"本法公布前"字样。因为《慈善法》并非公布之日施行，因此，在公布之日（2016年3月16日）至正式施行日（2016年9月1日）设立的社会组织到底采取何种方式来获得慈善组织身份，缺乏法律依据。

第二，《慈善法》正式施行之后，新设立的慈善组织和不具备慈善组织属性的社会组织之间缺乏转换机制，《慈善法》并未规定这种转换机制。因此，当申请设立慈善组织未被批准被要求设立不具备慈善组织属性的社会组织，或者先申请设立了不具备慈善组织属性的社会组织之后，如果要转换成慈善组织，必须先注销原组织，再申请成立慈善组织。

当然，对于第二个问题，如果制度正常运行倒也没什么。但据调研，基

层民政部门在《慈善法》施行之后接受慈善组织设立申请时,由于业务能力和工作态度的原因,也由于当事人缺乏对《慈善法》相关内容的知识的原因,致使当事人申领错误的社会组织登记证书的事例也时有存在。

### (二)慈善募捐与个人求助

在《慈善法》制定的过程中,曾经出现过对于"个人募捐"的争议,因此,有关人士曾区分个人求助和个人募捐,前者是为私益进行求助,而后者是为不特定公众进行募捐,对前者不禁止,但对后者因为缺乏有效监管而不被法律所许可。①

《慈善法》并未提及个人求助,但是禁止个人募捐并设置法律责任。但在实践中,个人求助和个人募捐之间依然存在灰色地带,也就是两种公益观念的冲突。第一种观点认为,慈善(个人募捐)是利他行为,个人求助是利己行为,因此,《慈善法》并不调整私益行为,也就是允许为己的个人求助。因此,人们可以为自己、家人和近亲属进行个人求助,但不能为他人进行求助,因为这已经属于公益范畴,属于募捐行为,而募捐需要许可,个人募捐在《慈善法》所禁止的范畴。② 第二种观点认为,个人求助,是为特定人求助,这个特定人可以是自己,也可以是他人,这是私益行为,《慈善法》不调整;而个人募捐是为不特定公众进行求助,属于公益范畴,因为只有《慈善法》许可的组织才可以进行募捐活动,个人不能从事此类"公益"活动;慈善组织可以通过受益人前置遴选机制为特定人进行募捐,因此,此类行为也属于公益范畴。③ 这两种观点的区别在于个人能否为他人进

---

① 蒲晓磊:《慈善法对个人求助行为不禁止》,《法制日报》2016年3月22日。
② 参见萧辉、靳海莲《阚珂委员:〈慈善法〉让"罗尔事件"重重拿起,轻轻放下》,财新网,http://topics.caixin.com/2017-03-15/101066221.html;阚珂、秦前红:《谁在立法?如何立法?人民代表大会那些事儿》,《中国法律评论》微信公众号,http://mp.weixin.qq.com/s/r3duRsfp4YnYPnLLPDY5FA。
③ 马剑银:《个人求助需要公共领域的私法自治》,《中国青年报》2016年12月6日;金锦萍:《罗尔事件疑云 公众最关注的几个核心问题》,凤凰公益,http://gongyi.ifeng.com/a/20161201/44502823_0.shtml。

行求助,"他人"一词,在自己、家人和亲属与陌生人之间存在很大的灰色地带,例如,是否可以为朋友、同学、老师学生、同事进行求助?第一种观点认为不可以,第二种观点认为可以。

这两种观念体现了不同的文化背景,利己/利他在传统中国文化语境中容易被接受,公,即背私,即利他,至于"他"是否特定,在此不论;在现代慈善的语境中,不特定公众作为受益人是公益慈善的特征,而针对特定受益人的帮助行为,属于私人之间的赠与行为,不具有慈善法上的意义。

也正是这两种观念的差别,《慈善法》的条文表述出现了观念杂糅。根据《慈善法》第35条的规定,捐赠人可以直接捐赠给受益人。"直接"加"受益人"明确了这里的受益人是"特定的",因此,《慈善法》允许针对特定他人实施的慈善行为(捐赠),并不排除管辖,但对特定人的求助,却不予以调整,那么试问,当一个人为自己求助,而另一个人直接给予"捐赠"时,《慈善法》到底管还是不管?

也正是这种观念的杂糅,使个人求助和个人募捐在现实中很难被区分。《慈善法》一方面要照顾慈善的传统意义,另一方面又要进行法律的抽象,但恰恰是第35条的条文表述,使《慈善法》出现了一个逻辑悖论,而这一悖论,在个人求助问题上,产生了观念冲突。

因此,似乎要对公益与私益的标准进行重构,将为特定人利益而进行的求助行为和以不特定公众利益而进行的募捐作为类型化的区分标准,前者属于一般合同法管辖,后者才纳入《慈善法》的调整范围,对于前者,民政部门可以进行行政指导,但不能进行《慈善法》意义的行政管理。

### (三)公开募捐信息平台的服务及其监管

《慈善法》第23条第3款规定,"慈善组织通过互联网开展公开募捐的,应当在国务院民政部门统一或者指定的慈善信息平台发布募捐信息,并可以同时在其网站发布募捐信息"。根据这一规定,民政部与工信部、新闻出版广电总局、国家网信办于2016年8月30日联合发布了《公开募捐平台服务管理办法》,指定了首批13家互联网募捐信息平台。

13家平台数量非常少,因此,有关这13家平台的监管相对比较容易,但是在互联网募捐问题上,依然有不少问题。

例如,何谓网络募捐行为?不具有公募资格的慈善组织在自己的官网上宣传自己所从事的慈善项目,或者在非指定平台的其他网站宣传自己的组织,算不算募捐行为?宣传之后提供联系方式呢?不具有公募资格的慈善组织能否在自己的官网上、微信公众号、微博主页等公布自己的银行账号,但并不进行直接的"募捐"话语,这是否被允许?

非指定的网络平台对于不具有公募资格的慈善组织进行上述行为时有什么审核义务,他们是否具有判断募捐行为的能力?他们能否区分募捐行为和广告行为?是否可以收取管理费用?又有谁对此进行监管?民政部门还是网信部门?基于什么法律规定进行监管?

这些现实问题都影响着互联网募捐行为的服务和监管活动,而目前的制度配套远远不足以支撑一个完善的互联网募捐市场,网络募捐的各类骗局层出不穷。执法者无能为力,当事人无所适从,网络平台无可奈何。

**(四)慈善信托的实践与困境**

慈善信托作为有别于慈善捐赠的一种制度安排,历史悠久,是推动现代公益慈善事业发展的重要途径之一。《慈善法》专章规定了"慈善信托"。随着法律的施行,慈善信托也正式开始实践,一时间热闹非凡,仅2016年的4个月内,由18家信托公司和慈善组织在全国11个省(或市)成功备案了22个慈善信托,初始规模0.85亿元,合同金额规模30.85亿元,涉及教育、扶贫、留守儿童等多个慈善公益领域。① 在这些慈善信托

---

① 参见中国慈善联合会慈善信托委员会《2016中国慈善信托发展报告》,2017年2月;但也有报告称,2016年实际成功备案的是21单,参见北师大中国公益研究院:《中国慈善法元年实施报告》(摘要版),2017年4月。分歧在于由光大兴陇信托有限责任公司作为受托人的一单慈善信托在甘肃省民政厅的备案时间,从该公司官网上来看,有两个时间,公司号称该信托成立时间为2017年2月;但同时该公司又称是2016年12月进行了备案,因为笔者未能看到该单信托的备案回执,因此做注存疑。该公司官网网址为https://www.ebtrust.com。

中,绝大多数是信托公司作为单一受托人,只有2单由信托公司和慈善组织作为共同受托人,唯一一单慈善组织作为单一受托人的慈善信托是"2016阿拉善SEE公益金融班环保慈善信托",由阿拉善SEE基金会在北京设立。① 北京市还出台了《北京市慈善信托管理办法》（京民慈发〔2016〕385号）,这是目前全国首个,也是唯一一个地方性慈善信托制度配套文件。北京市民政局还成立了慈善信托专家研判机制,对每一单慈善信托进行案例分析与研判。

从慈善信托的实践来看,目前尚处于初期,尚不能判断这些慈善信托从事慈善活动的有效性。从设立过程来看,由于慈善信托的税收优惠制度尚不明朗,因此这些慈善信托在设立时都或多或少将慈善组织作为通道来解决税收优惠的问题,但这容易造成慈善信托与捐赠行为的杂糅,虽然各地民政部门对慈善信托设立过程中的行为保持着宽容的态度,但具体实施效果如何,还需要时间进行观察。

信托公司作为慈善信托受托人,主要存在的问题就是如何在设立过程中使委托人获得税收优惠,此外,如何寻找专业的慈善组织作为项目执行的伙伴,也成为信托公司是否成功履行受托人职责的关键所在,而这些问题目前仍是未知数,有待实践的展开。

慈善组织作为受托人,先前最大的问题是"专用资金账户"的开设难题,但实际这一难题只不过是认知不足所致,② 目前,北京市民政局备案的这一单慈善组织单一受托人慈善信托已经破冰,中国银行北京分行也与北京市民政局达成协议,愿意为慈善组织受托人开设信托财产专户。

当然,对于慈善信托的发展远景而言,现金型慈善信托绝非主流,而股权或不动产设立慈善信托,却依然困难重重,没有完备的慈善税制设计,慈善信托很难有规模效应。

---

① 马剑银、杜源：《首例慈善组织单受托人慈善信托设立 税制改革或成瓶颈》,第269~276页。
② 马剑银、杜源：《首例慈善组织单受托人慈善信托设立 税制改革或成瓶颈》,第269~276页。

## （五）社会救助与政府募捐

《慈善法》实施过程中的尴尬很多是由于观念的惯性所致。在《慈善法》立法的漫漫长路中，政府不能成为慈善主体这一观念逐渐变成常识，进而在慈善立法过程中成为共识。政府作为社会保障的义务主体，负责社会救助、社会保险和社会福利，而慈善的主体来自民间、来自非官方、来自社会。

但是，因为长期以来的观念惯性，虽然《慈善法》已经正式施行，但是很多与《慈善法》不相适应或者观念相悖的政策文件并没有完全失效，甚至有的依旧以各种方式产生实际的效果。例如，2001年，民政部曾经发过一个文件，即《民政部关于进一步开展经常性社会捐助活动的意见》，该文由中办和国办转发（厅字〔2001〕33号），此外还有1996年《中共中央办公厅、国务院办公厅关于转发〈民政部、国务院扶贫开发领导小组关于在大中城市开展经常性捐助活动支援灾区、贫困地区的意见〉的通知》（中办发电〔1996〕1号），这两个文件要求各级民政部门在全国范围内广泛开展以"扶贫济困送温暖"为主题的经常性社会捐助活动，实际上这就是公开募捐。这两个文件并没有因为《慈善法》的施行而废止，目前，某地基层民政部门和街道办事处以这两个文件为依据，进行公开募捐活动，广泛动员辖区居民捐款捐物，甚至将通知贴到小区，同时，民政部门曾经设立的相应机构也没有进行职能转变，"负责动员社会力量，组织扶贫济困募捐月活动"依旧是政府部门的一项职能。这显然与《慈善法》的宗旨相违背。

从上文可以看出，虽然《慈善法》已经正式施行半年有余，但是其效果并不理想，虽然民政部门、慈善行业、学术界也非常积极地进行着《慈善法》的相关培训、宣传、普法工作，但现代慈善观念的普及，尤其是政府官员对于现代慈善观念的接受依旧困难重重，慈善与社会救助的关系，作为社会保障补充的慈善观念，小慈善的观念并没有因为《慈善法》确立的大慈善观念而消失，甚至在某种意义上更加顽固了。观念的转变需要时间，法律的实施也需要时间，制度配套同样需要时间，时间检验着实践，边实践边观察，由冷变暖……

# 领域报告篇
Basic Reports

## B.4
## 2016年中国基金会发展概况

程 刚 郭长艳*

摘 要： 2016年《慈善法》正式实施，中国基金会行业进入了新的发展阶段。据民政部"2016年4季度全国社会服务统计数据"，2016年的慈善公益事业成果丰硕。截至2016年12月底，全国共有社会组织69.9万个。其中社会团体33.5万个，基金会5523个，民办非企业单位35.9万个。① 基金会数量和资产规模增长迅速，同时中小型基金会的发展也非常抢眼。政策方面，《慈善法》自9月1日正式实施，这改变了过去无法可依的状况，将中国慈善行业发展带入了新的发展阶段，《中华人民共和国境外非政府组织

---

\* 程刚，基金会中心网执行副理事长；郭长艳，基金会中心网合作部部长。
① 摘自民政部"2016年4季度全国社会服务统计数据"，相关数据是民政部根据直辖市及省级民政部门报送数据统计。

境内活动管理法》的通过，进一步规范和保障了境外非政府组织的境内活动。社会方面，"99公益日"效应继续扩大，大众小额捐款继续激增，成为基金会尤其是公募基金会新的收入增长点。在《慈善法》时代，基金会行业面临着新的机遇与挑战，也将在中国慈善行业中发挥更大的作用。

关键词： 基金会慈善中小型基金会　公募基金会　非公募基金会

基金会中心网（http://www.foundationcenter.org.cn）的数据来源是各级民政部门网站和基金会官网，实时观测的信息包括基金会成立公告、变更信息和注销公告等，目前观测范围包括全国32个省级民政部门、150多个市级民政部门、120多个区县级民政部门的官方网站。基金会数量、年度财务数据等都是根据已经公开在线发布的相关信息采集、处理后统计得出，这些数据可以通过基金会中心网数据中心查看。下文中涉及2016年基金会数量、财务数据统计结果的部分都是采用这一统计口径。因为统计口径不同，难免与民政部统计数据略有差异。

## 一　2016年发展状况数据概览

### 1. 2016年全国基金会数量超过5500家

据基金会中心网数据中心实时统计，截至2016年12月31日，全国范围内已经注册的基金会数量达5545家，比2015年同期的基金会数量增加674家，年增长率为13.84%。其中，全国共有1565家公募基金会，占全国已注册基金会总数的28%；还有3980家非公募基金会，占全国已注册基金会总数的72%。同2015年相比，非公募基金会数量在全国已注册基金会总数中的占比增加4%（见图1）。

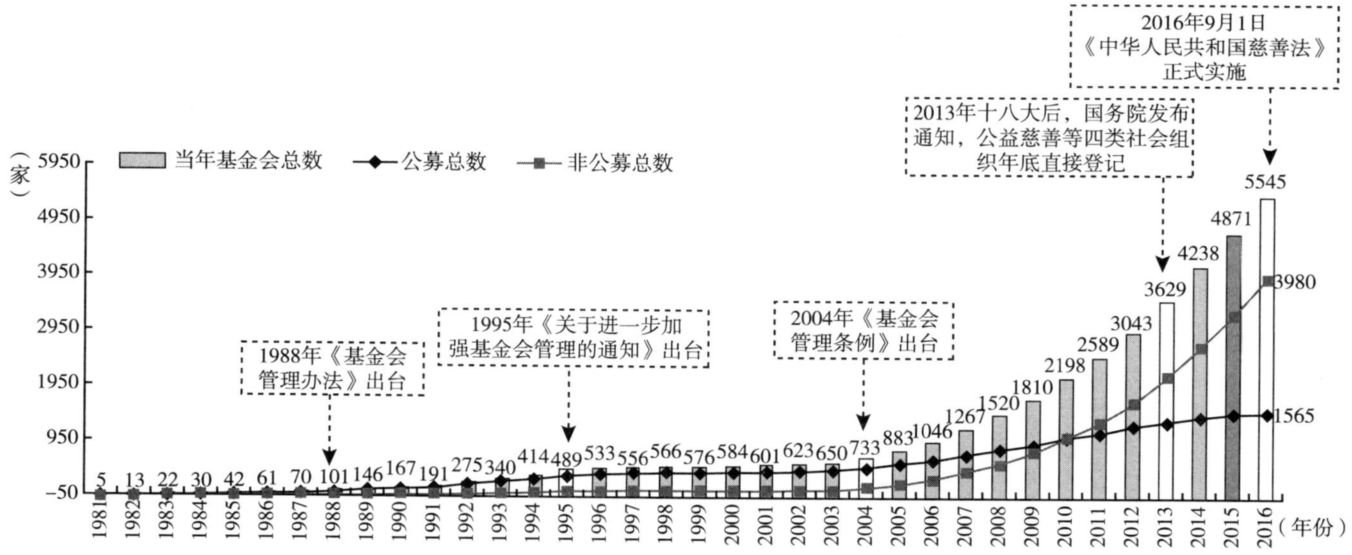

2016年中国基金会发展概况

图1 全国范围内已注册基金会数量变化（1981~2016年）

资料来源：基金会中心网，数据中心，中基透明指数FTI。截止日期：2016年12月31日。

从基金会数量增长趋势可以看出,《慈善法》通过后,公募基金会数量增加的速度大幅下降;同时,非公募基金会登记成立的审批权下放、取消业务主管部门要求,进一步降低了注册门槛,大大加快了非公募基金会的发展。

2005~2016年,非公募基金会数量年均增长率达到29%,其在全国已注册基金会总数中的比重不断上升。截至2016年底,全国共有非公募基金会3980家,占全国基金会已注册总数的72%(见图2)。

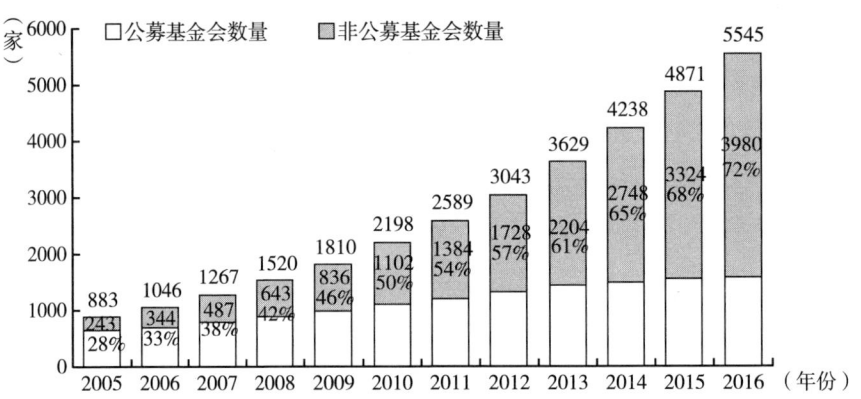

图2  全国范围内已注册数量变化(2005~2016年)

资料来源:基金会中心网,数据中心、中基透明指数FTI。截止日期:2016年12月31日。

尽管2016年新成立的基金会总数与2015年度基本持平,但与2015年相比,非公募基金会的增长速度明显更快,这种变化与《慈善法》生效密不可分。2016年共有674家基金会注册成立,其中仅有18家公募基金会,比2015年注册成立的数量少了39家;而其中656家新成立的基金会是非公募基金会,占当年新成立基金会总数的97.33%,比2015年注册成立的数量有所增长(见图3)。

自2009年以来,基金会登记管理权限下放的政策改革更加深入,非公募基金会可以在市县级民政部门注册,而且登记注册的流程进一步简化,这也带来了市县级基金会数量的迅速增长。截至2016年12月31日,已有27个省区市成立了946家市县级基金会(见表1)。

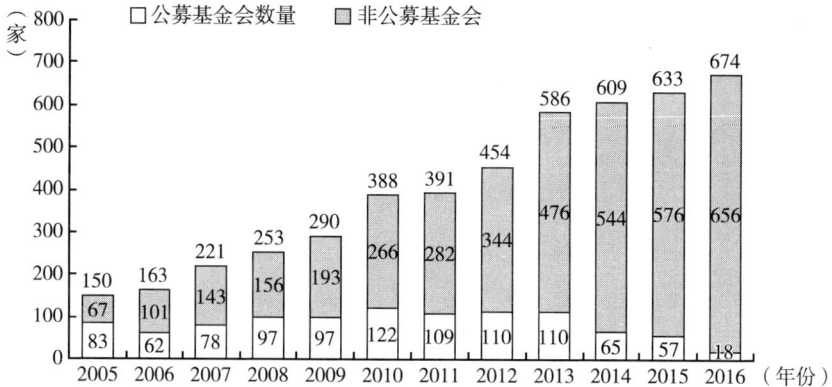

**图 3　新成立基金会数量变化（2005～2016 年）**

资料来源：基金会中心网，数据中心、中基透明指数 FTI。截止日期：2016 年 12 月 31 日。

**表 1　各部门登记基金会数量情况（2012～2016 年）**

单位：家

| 登记部门 | 2012年底数量 | 2013年底数量 | 2014年底数量 | 2015年底数量 | 2016年底数量 |
|---|---|---|---|---|---|
| 民政部 | 179 | 190 | 198 | 204 | 213 |
| 省级民政部门 | 2793 | 3262 | 3623 | 3978 | 4386 |
| 市县级民政部门 | 71 | 177 | 417 | 689 | 946 |
| 合　计 | 3043 | 3629 | 4238 | 4871 | 5545 |

资料来源：基金会中心网，数据中心、中基透明指数 FTI。截止日期：2016 年 12 月 31 日。

在 2016 年新成立的 674 家基金会中，市县级基金会数量为 257 家，占当年新成立基金会的 38%，较 2015 年的 272 家略有下降；省级基金会数量为 408 家，占当年新成立基金会数量的 61%，比 2015 年的 355 家有所增长（见图 4）。

## 二　2016 年全国基金会主要财务数据总量持续增长

从整体上看，全国基金会当年底净资产总量持续增长。截至 2015 年底，全国基金会净资产总量已超过 1100 亿元。此外，全国基金会的捐赠收入和公益支出总量也保持平稳增长，截至 2015 年底，全国基金会本年度捐赠收

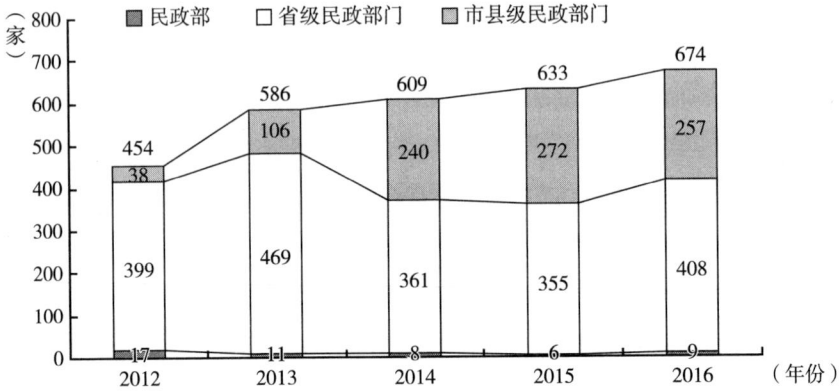

**图 4　不同登记部门注册的新基金会数量变化（2012～2016 年）**

资料来源：基金会中心网，数据中心、中基透明指数 FTI。截止日期：2016 年 12 月 31 日。

入总量已超过了 370 亿元，公益支出总量也已超过了 310 亿元。

**1. 资产变化情况**

截至 2015 年底，中国基金会净资产总额为 1188.14 亿元，比 2014 年增长了 12.97%，其中公募基金会净资产总额为 509.26 亿元，占全国总额的 42.86%，较上一年增长 9.48%，非公募基金会净资产总额为 678.88 亿元，占总额的 57.14%，较上一年增长 15.73%（见图 5）。

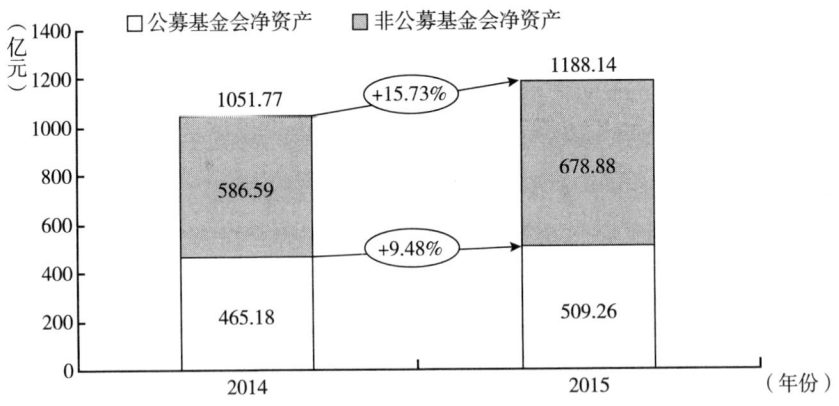

**图 5　2014～2015 年度基金会净资产变化**

资料来源：基金会中心网，数据中心、中基透明指数 FTI。截止日期：2016 年 12 月 31 日。

通过分析净资产排名前一百的基金会，我们发现这部分数量仅占全国基金会数量的2%，净资产总量588.01亿元占到全国基金会净资产总量的49.49%，平均每家基金会净资产达到5.88亿元。较上一年度同期增长13.85%（2015年度净资产排名前100位的基金会净资产总量为516.48亿元，平均每家基金会净资产5.16亿元）。其中非公募基金会数量为53家，略多于公募基金会数，非公募基金会的净资产为372.49亿元，是公募基金会净资产215.52亿元的1.73倍。总体来看与上年度结构基本相同，但非公募基金会净资产总量都有所增加（见图6）。

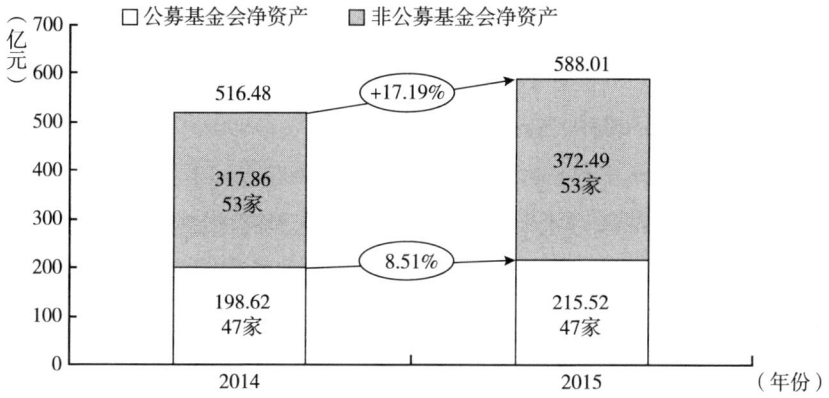

**图6 2014~2015年度净资产TOP100的基金会净资产总量变化**

资料来源：基金会中心网，数据中心、中基透明指数FTI。截止日期：2016年12月31日。

### 2. 收入变化情况

2015年全国基金会收入总额为480.83亿元，同比增长13.04%。其中公募基金会总收入为251.80亿元，占当年总收入的52.37%，同比增长8.64%；非公募基金会总收入为229.03亿元，占当年总收入的47.63%，同比增长18.31%（见图7）。

2015年全国基金会总收入主要由以下几个部分构成。捐赠收入378.46亿元，占总收入的78.71%，较上年同期增长6.87%；政府补助收入3786亿元，占比7.87%，较上年同期增长5.90%；投资收入36.48亿元，占比7.59%，较上年同期增长了29.41%；其他收入28.03亿元，占比5.83%，

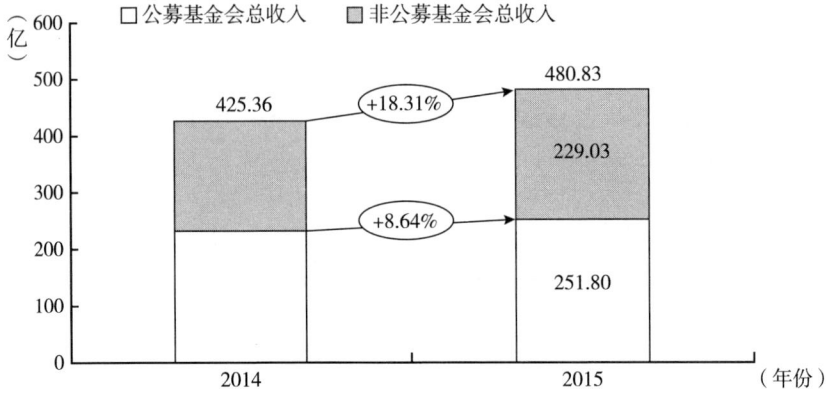

图7 2014~2015年度全国基金会收入总量变化

资料来源：基金会中心网、数据中心、中基透明指数FTI。截止日期：2016年12月31日。

较上年同期增长285.03%（见图8）。

**3. 支出变化情况**

2015年全国基金会支出总额为335.63亿元，同比增长12.52%。公募基金会的支出总额约211.92亿元，较上一年度减少2.83%。非公募基金会的公益支出为123.71亿元，比上一年增长6.65%（见图9）。

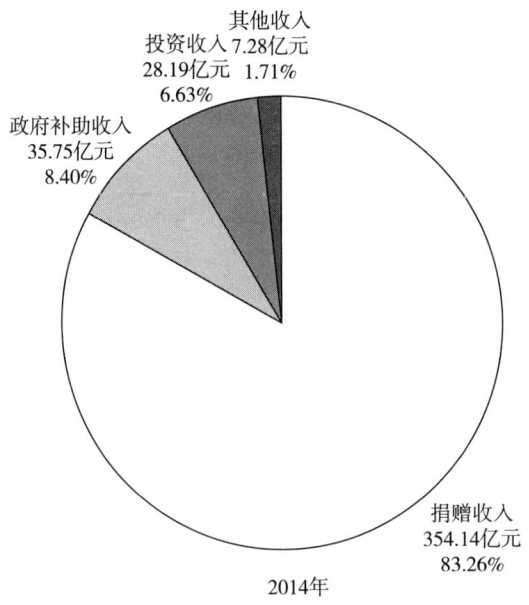

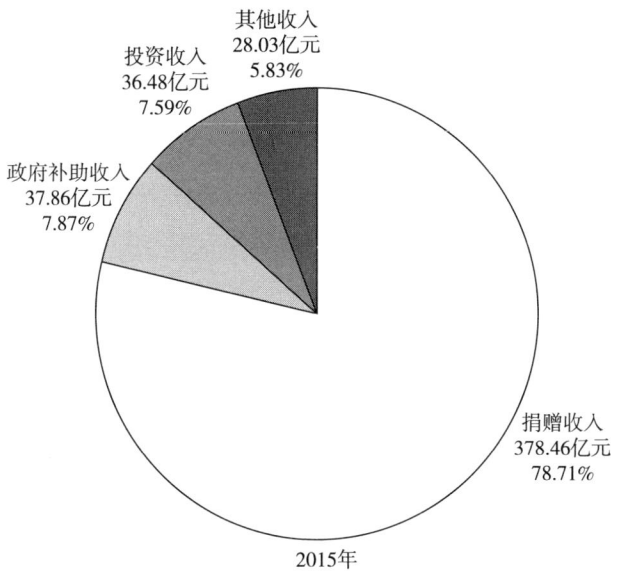

**图 8　2014～2015 年度基金会收入构成变化**

资料来源：基金会中心网，数据中心、中基透明指数 FTI。截止日期：2016 年 12 月 31 日。

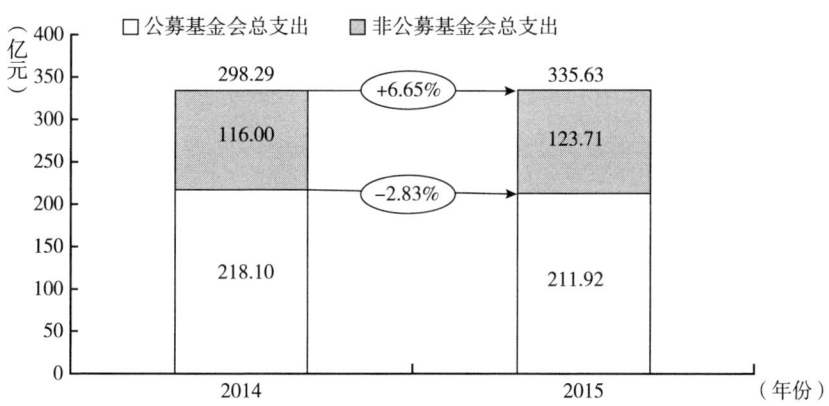

**图 9　2014～2015 年度基金会公益支出总量变化**

资料来源：基金会中心网，数据中心、中基透明指数 FTI。截止日期：2016 年 12 月 31 日。

2015 年度全国基金会支出总量可以按照类型进行细分。其中公益支出总额为 314.37 亿元，较上一年度下降 2.57%，占总支出的 93.50%；2015 年全国基金会行政办公费用总额为 4.01 亿元，较上一年度下降 2.91%，占

总支出的1.20%；2015年全国基金会人员工资福利略有增长，总额为5.46亿元，较上一年度增长13.75%（见图10）。

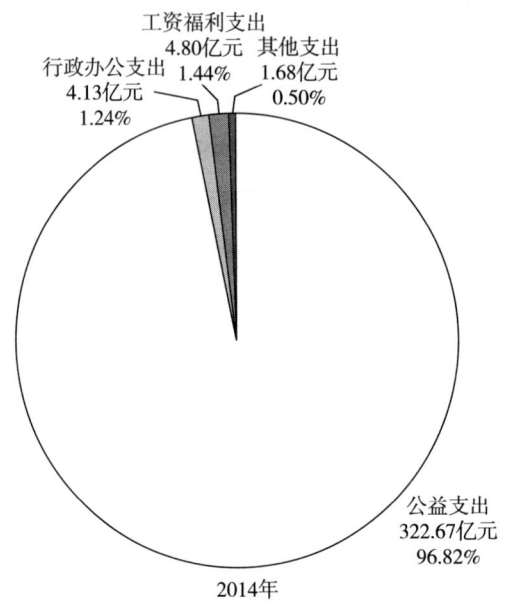

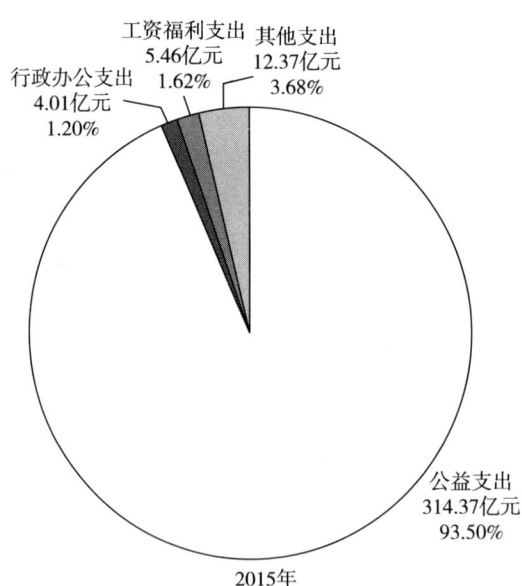

图10　2014~2015年度基金会支出构成变化

资料来源：基金会中心网，数据中心、中基透明指数FTI。截止日期：2016年12月31日。

## 三 企业型、高校型基金会表现抢眼

截至2016年12月31日,全国3980家非公募基金会中,企业和高校发起的基金会表现非常抢眼。2016年底,企业发起成立的基金会共有763家,占全国非公募基金会总数的19.17%(见图11)。其中,广东省企业发起设立的基金会总数高达179家,是全国企业基金会数量最多的省份。

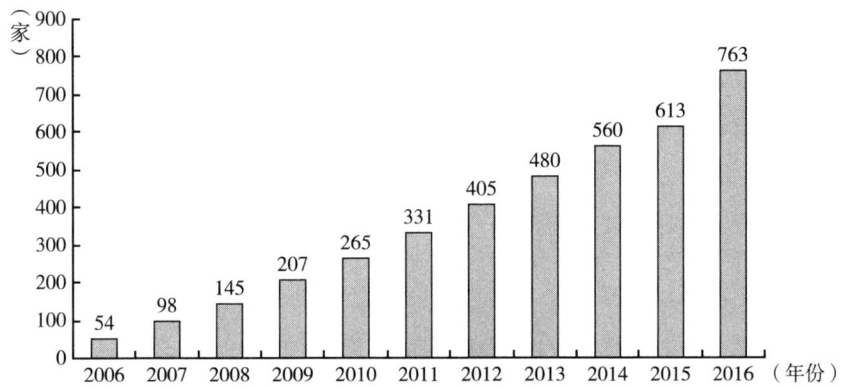

**图11 企业发起成立的基金会数量变化(2006~2016年)**

资料来源:基金会中心网,数据中心、中基透明指数FTI。截止日期:2016年12月31日。

全国第一家学校发起成立的基金会是在1992年注册的,以高校为代表的学校发起成立的基金会在数量和资产上表现突出,也是全国非公募基金会增长的主要部分。这几年,全国学校发起成立的基金会数量持续增长。截至2016年底,全国学校发起成立的基金会数量已达712家(见图12)。

学校类别不同,其发起成立的基金会数量也有所不同,就2016年、2015年情况来看,几类学校发起成立的基金会数量比例大体相同。截至2016年12月31日,大学发起成立的基金会数量最多,达到了466家,占全国学校基金会总数的66%,是中小学发起成立的基金会总数(165家)的2.8倍之多。其次为中小学基金会,约占学校基金会的1/4(见图13)。

高校基金会财务规模增长迅速,其中净资产总量的增长非常突出。根据

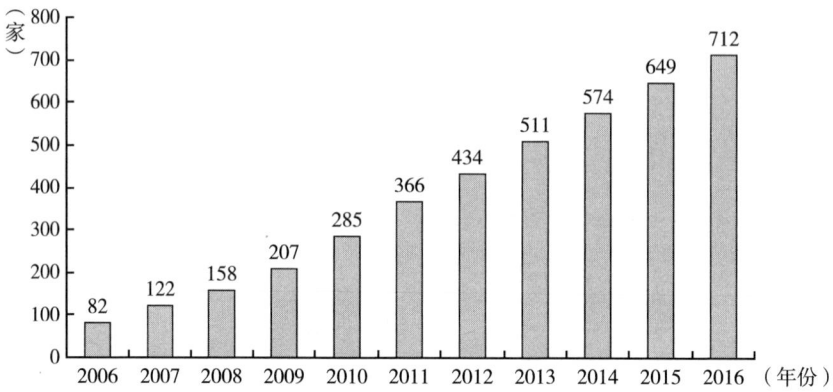

**图 12　学校发起成立的基金会数量变化（2006~2016 年）**

资料来源：基金会中心网，数据中心、中基透明指数 FTI。截止日期：2016 年 12 月 31 日。

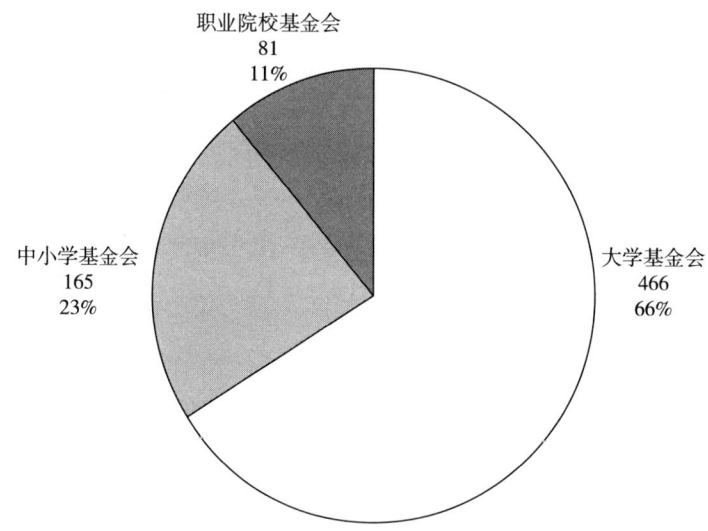

**图 13　2016 年全国学校发起成立的基金会数量构成**

资料来源：基金会中心网，数据中心、中基透明指数 FTI。截止日期：2016 年 12 月 31 日。

2015 年净资产排名，清华大学教育基金会年底净资产为 51.73 亿元，北京大学教育基金会年底净资产为 40.25 亿元，分布位居全国所有基金会的第一、二位，这也进一步拉高了北京地区的非公募基金会净资产总量，继续位列全国不同地域的基金会净资产总量的排名之首。同时，全国学校基金会的净资产总量也占非公募基金会净资产总量的一半以上。根据基金会中心网数据中心统计，截至 2015 年 12 月 31 日，全国学校基金会净资产总量为 309.57 亿元，占全国非公募基金会净资产总量的 45.60%（见图 14）。拥有汇集校友资源的天然优势，学校基金会为推动教育事业发展发挥了重要作用，如开展学校建设、进行奖学助学等。

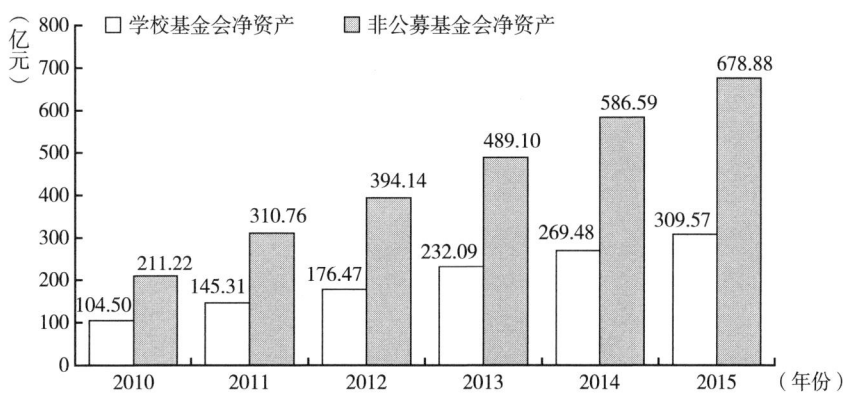

图 14 学校发起成立的基金会和非公募基金会净资产总量变化（2010～2015 年）

资料来源：基金会中心网，数据中心、中基透明指数 FTI。截止日期：2016 年 12 月 31 日。

## 四 中小型基金会影响力初现

"中小型基金会"是指那些净资产在 3000 万元以下的非公募基金会。① 基金会中心网总裁程刚在一次采访中提到，在非公募基金会中，有一些中小型基金会十分活跃，相对其他基金会组织，它们更加注重整合社会资源，刻意提升品牌影响力，更加重视创新能力培养，也更加坦然面对和接受竞争，已经成为当前国内非公募基金会发展的一种新的驱动力量。它们发展规范，

---

① 此处是根据基金会 2015 年底净资产数额进行统计的，仅限于已经公布 2015 年度财务信息的基金会。

可圈可点，为中国基金会行业增添了活力，使现代公益慈善生态系统变得更加良好。① 近年来，随着非公募基金会的快速发展，社会力量的不断介入，中小型基金会影响力不断显现。基金会中心网数据显示，中小型基金会数量已经超过1887家，占基金会总数的48.22%，占非公募基金会的70.60%（见图15）。根据2016年底的统计，这些基金会占全国基金会总量的34%。可以看出，中小型基金会数量占有明显优势。

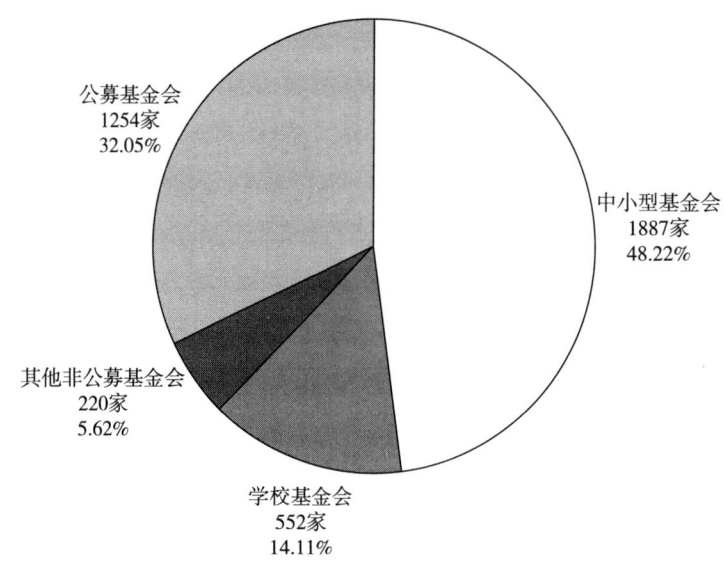

**图15　2016年中小型基金会数量占比**

注：由于学校基金会一般都只开展针对学校建设的活动，比较特殊，而此处分类主要是为了探讨中小型基金会的社会影响力，故将学校基金会独立出来、归为一类。

资料来源：基金会中心网，数据中心、中基透明指数FTI。截止日期：2016年12月31日。

2016年数据显示，全国中小型基金会的净资产总量仅为92.00亿元，占全部基金会净资产的7.74%，可以看出这些基金会的资产规模相对较小（见图16）。

---

① 公益时报，基金会中心网总裁程刚：2015年基金会行业的七大关键词，2016年1月6日，http://www.gongyishibao.com/html/zhuanlan/2016/0106/9234.html。

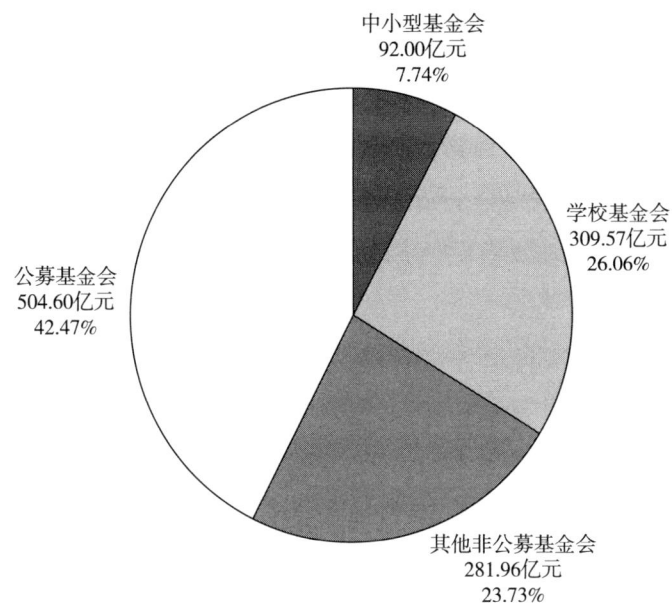

**图 16　2015 年中小型基金会净资产全国占比**

资料来源：基金会中心网，数据中心、中基透明指数 FTI。截止日期：2016 年 12 月 31 日。

中小型基金会的净资产差别也比较大。净资产≤500 万元的数量最多，为 1369 家，占到中小型基金会总数的 72.94%，其净资产合计 31.21 亿元，占中小型基金会总资产的 33.92%。数量上来看，净资产≤500 万元的基金会虽是中小型基金会的主力，但资产总量仍然较少。500 万元＜净资产≤1000 万元、1000 万元＜净资产＜3000 万元规模的基金会数量相当，分别为 258 家与 250 家，两者的净资产合计分别为 17.79 亿元与 43.00 亿元，分别占中小型基金会的 19.34% 与 46.74%，可以看到慈善资产还是掌握在少部分基金会手中（见表 2）。

中小型基金会公益支出达到 31.90 亿元，占全部基金会公益支出的 10.15%（见图 17）。

表2 2015年中小型基金会净资产数额分布情况

| 净资产规模 | 基金会数量（家） | 数量占比（%） | 资产总量（亿元） | 资产总量占比（%） |
| --- | --- | --- | --- | --- |
| 净资产≤500万元 | 1369 | 72.94 | 31.21 | 33.92 |
| 500万元<净资产≤1000万元 | 258 | 13.75 | 17.79 | 19.34 |
| 1000万元<净资产<3000万元 | 250 | 13.32 | 43.00 | 46.74 |

资料来源：基金会中心网，数据中心、中基透明指数FTI。截止日期：2016年12月31日。

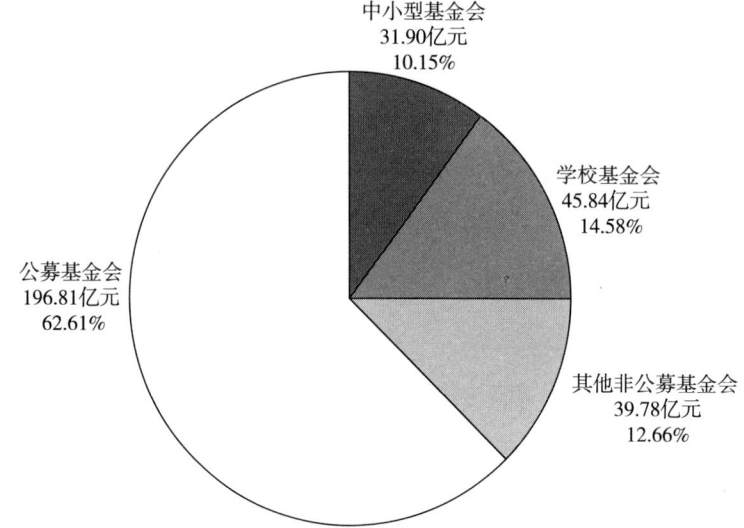

图17 2015年全国中小型基金会公益支出全国占比

资料来源：基金会中心网，数据中心、中基透明指数FTI。截止日期：2016年12月31日。

随着政策开放，市县级基金会数量不断增长，这也带动了中小型基金会的增长。可以看到，中小型基金会对基金会数量增长有很大影响，多元化的背景也进一步活跃了基金会行业。同时，我们也要看到，中小型基金会的发展也面临着众多挑战。例如，资产规模限制了机构的支出和团队规模，基金会很难雇用专业人才，这不利于基金会的可持续发展；一批中小型基金会是由公益组织发起成立，也一直坚持着自我运作项目的发展模式，在很大程度上依靠捐赠收入维持，这不利于基金会的专业化发展。

## 五 2016年行业发展热点分析

**1.《慈善法》带来的机遇与挑战**

中国社会正迎来前所未有的社会创新活跃期，慈善事业越来越受到政府的重视，并被定位为2020年全面实现小康社会的重要力量。作为捐赠方的慈善资源供给越来越多，释放潜力依旧巨大。随着中国经济的发展，中国亿万富豪的数量名列全球第二，仅次于美国，众多知名富豪都已经在过去几年间成立了基金会或亲自参与慈善事业。同时，伴随移动互联网和移动支付的快速普及，公众得以更容易地了解慈善和参与慈善。2016年9月1日《中华人民共和国慈善法》正式生效，将中国基金会行业带入新的发展阶段。《慈善法》对基金会的发展也必将带来深刻的影响。

第一，开放公募权，推动基金会明确自身定位。《慈善法》第二十二条规定，依法登记满二年的慈善组织，可以向其登记的民政部门申请公开募捐资格。开放公募权对基金会的影响将是多方面的。不同类型的基金会将根据自己的情况做出调整。首先，开放公募权对很多NGO型基金会是利好消息，这类基金会多由公益组织发起成立。在登记注册难度过大的背景下，成立非公募基金会成为相对可行的方式。《慈善法》给这些基金会新的发展可能性。其次，很多非公募基金会将会有更清晰的定位。徐永光在接受《公益时报》记者采访时表示："我觉得非公募基金会有相当多的数量不会申请公募权，它自己有钱做事。"[①] 最后，公募权开放对很多公募基金会也是挑战，更多的基金会将进入募捐市场，只有真正专业、运作透明的基金会才能脱颖而出。

第二，重视信息公开有利于推动行业透明度和公信力提升。2004年，《基金会管理条例》出台，首次对信息披露做出要求。《慈善法》将信息披

---

① 《徐永光：5年内获得公募权的社会服务机构数量将超公募基金会》，《公益时报》2016年12月6日。

露提升到了新的高度。其中,第七十一条规定,慈善组织、慈善信托的受托人应当依法履行信息公开义务。信息公开应当真实、完整、及时。第七十三条规定,具有公开募捐资格的慈善组织应当定期向社会公开其募捐情况和慈善项目实施情况。公开募捐周期超过六个月的,至少每三个月公开一次募捐情况,公开募捐活动结束后三个月内应当全面公开募捐情况。慈善项目实施周期超过六个月的,至少每三个月公开一次项目实施情况,项目结束后三个月内应当全面公开项目实施情况和募得款物使用情况。这意味着未来需要履行信息公开责任的慈善组织将从基金会拓展到社会团体和社会服务机构,以及慈善信托。同时,公募项目信息披露的要求对基金会和公益组织也提出了新的挑战。为了应对这些挑战,慈善组织需要多方面的支持,包括使用专业信息披露平台、提升信息披露能力等。推动《慈善法》时代基金会信息披露,既需要基金会行业的努力,也离不开政府的支持。8月份,民政部指定了13家平台作为首批慈善组织互联网募捐信息平台,包括"腾讯公益"网络募捐平台、淘宝网、新浪微公益、蚂蚁金服公益平台、京东公益、基金会中心网、广州市慈善会慈善信息平台等。① 这对推动慈善行业信息披露有重要意义。随着各级民政部门对《慈善法》细则的贯彻和落实,信息披露的重要性将更加凸显。

第三,管理费用10%的规定引起行业的担忧。《慈善法》第六十条规定,年度管理费用不得超过当年总支出的10%。这与2004年《基金会管理条例》中的规定是一致的。管理费用比例的限制对基金会发展有很多不利影响,包括无法聘请专业人才、限制业务发展等。同时,目前《慈善法》中对"管理费用"并没有明确界定,这也让很多公募基金会有所担忧。相关部门管理细则如何制定将对行业未来发展产生深远影响,业内也在普遍关注。

**2. 网络筹款对公募基金会的影响**

继2015年"99公益日"火爆开展后,2016年再次引燃了网络捐款。

---

① "首批慈善组织互联网募捐信息平台遴选结果公示",民政部,http://www.mca.gov.cn/article/zwgk/tzl/201608/20160800001529.shtml。

2016年，自9月7日至9月9日，共有677万人次通过腾讯公益"99公益日"平台捐款3.05亿元，为3643个在筹公益项目献出力量，涉及3643个在筹公益项目，加上腾讯公益基金会的1.9999亿元配捐和企业的1.01亿元配捐，总计善款超过6亿元，刷新了国内互联网的募捐纪录。与2015年相比，2016年的捐款金额达到去年的2.4倍，参与人次达到去年的3.3倍。据统计，2016年"99公益日"期间共有3643个在筹公益项目获得捐款，涵盖扶贫、助学、疾病救助、助残、妇女儿童、环境保护、动物保护、传统文化保护、公共建设、人文关怀、社会创新等各大领域。其中，扶贫救灾类项目317个，疾病救助393个，教育助学1382个，环保动物保护305个，其他共计1246个项目。①

很多公募基金会成为这次活动中的募捐巨头。据中华少年儿童慈善救助基金会（下文简称"中华儿慈会"）平台运营部初步统计，今年"99公益日"期间，中华儿慈会自主项目、专项基金、合作项目、童缘联合劝募项目共筹得善款8982万余元，是此次筹款最多的基金会。中华儿慈会在这几天筹得的款项总额已经达到2015年全年筹款额（1.90亿元）的47%。中国社会福利基金会（下文简称"福基会"）累计募集善款7903万元，其中公众捐赠约3489万元，各项配捐累计约4414万元。福基会此次筹款额已经达到2015年全年筹款额（2.70亿元）的29%。截至9月9日晚上10点，上海真爱梦想公益基金会59个真爱联盟公益项目（其中5个自主项目，54个联合劝募项目）共获得35万余人次支持，共筹集2873万元善款，29个项目达成了筹款目标，取得了非常瞩目的成绩。

从以上数据可以看出，"99公益日"带动的大众小额捐款效应推动了基金会收入的增长，尤其是公募基金会。而这次"99公益日"的实际操作过程中，基于对2015年情况的反思，也做了一些积极地调整：首先，紧急救灾、个人救助/扶贫类项目不可以参与"99公益日"配捐；其次，对不及时

---

① "99公益日3天善款破6亿 677万人次网民共创新纪录"，http://gongyi.qq.com/a/20160918/035289.htm。

进行项目反馈和迟迟不执行项目的机构,将取消申请资格;最后,不建议新注册的公益机构参与"99公益日"。这些新的规则反映了公众关注项目反馈、期待善款使用效率提升等需求,也对保证"99公益日"持续开展有重要的意义。

对公募基金会来说,"99公益日"无疑是一次对自身进行检验的机会。能否在几天的活动中调动公众参与、寻找合适的项目执行机构都考验着基金会能力,这归根到底是基金会能力的竞争。将公益项目交给草根公益组织执行也是公募基金会新的尝试,这些都有利于慈善行业的良性发展。同时,如此大范围、集中式的募捐,也让大家担心这种模式的可持续性。捐款事后能否公平公正落实也将直接影响这些公募基金会的持续发展。因此,不论是公募基金会,还是参与的草根公益组织,在筹款之外,都应明晰定位,发挥机构能力,保证善款有效使用,及时进行信息披露,这样才能真正地持续发展。

# B.5
# 2016年中国慈善会成长报告

杨 刚*

**摘 要：** 2016年慈善会秉承慈善资源充分利用、激发公众慈善活力准则，积极筹措款物，不断成长进步。各地深入贯彻《慈善法》，助推精准扶贫，践行人人慈善，因地制宜设立慈善项目，使项目发展更具系统性和针对性，保障慈善事业环境优化，获得可持续的生命力。

**关键词：** 慈善资源 慈善法 优化

2016年，慈善会秉承慈善资源充分利用、激发公众慈善活力准则，积极筹措款物，中华总会共接收捐赠款物187.89亿元，其中货币资金5.78亿元，物资折合人民币182.11亿元。同期社会捐赠款物支出总计174.88亿元，其中支出货币资金4.41亿元；发放捐赠物资折合人民币170.47亿元，全年捐赠款物支出占收入的93.61%。在慈善捐赠、慈善项目、慈善资讯、信息公开、救助办法等方面不断提升，慈善会的先导转型也在积极推进中。

## 一 各地慈善会把助推脱贫攻坚作为首要任务，认真贯彻精准扶贫

慈善会正在逐步成长为具有独立法人治理结构和社会服务能力的慈善组

---

\* 杨刚，东北财经大学公共管理学院教授。

织，其汇聚资源的吸纳与拓展能力也在不断增强，成为慈善经济与资产建设的中枢。

2016年，各地慈善会把助推脱贫攻坚作为首要任务，所筹物资主要用于精准扶贫。提出了医疗扶贫、教育扶贫等多种扶贫精准化。重庆慈善总会接收慈善捐赠金额：募集款物达到5.49亿元。为尽力防止因病致贫，全年争取药品援助价值达3.77亿元，点对点地为15503人次的重症癌病患者发放药物。积极开拓扶贫新机制，试水产业扶贫；多方位探索健康扶贫；全面推动教育扶贫。

湖南省慈善总会发动了138家慈善组织参与精准扶贫；慈善助学。"爱心改变命运"慈善助学项目资助贫困大学新生700多名，资助金额200万元；"衣恋阳光班"资助贫困高中生1200名，资助金额达197万元；"劲牌阳光班"资助贫困高中生150名，资助金额122万元。济困帮扶。"两节"期间慰问困难家庭2万多户；争取福彩公益金400万元建设"慈善超市"60家；开展"暖冬行动"募集慈善款物300多万元。慈善助医。"金叶慈善医疗卡"项目捐赠1300万元，发放金叶卡2.6万张；"善行湖南万人眼健康公益行"项目救助1.38万名贫困眼疾患者；"微笑列车"项目引进资金285万元；与中华慈善总会合作"格列卫""多吉美"等项目，引进药品价值3.8亿多元，救助15898名贫困大病患者。

为充分调动社会力量参与扶贫攻坚计划，针对全市146个贫困村的现状，长春市慈善会与相关部门共同发起了"精准扶贫慈善募捐"活动，设立了重大疾病救助、特色产业扶持、牵手助学、危房捐建、急难救助、慈善助春耕、慈善光明行、公益文化扶贫和结对帮扶等9个扶贫项目，拓展扶贫资金渠道，定向募集资金，扩大扶贫资金规模。截至11月末，共筹募专项资金403.63万元用于精准扶贫。此外，今年长春市慈善会还继续实施了爱心助学、康复助残、仁心助医、慈心敬老和扶贫济困五大救助工程、15个救助项目。在对贫困家庭癫痫病患者、高危新生儿及产妇、自闭症儿童、血友病儿童等需要帮助人员的救助方面，长春市慈善会共设立实施"益脑爱心基金""博大喜宝爱心基金""十分关爱基金"等21个冠名爱心基金开展慈善帮扶,资金余额2594.43万元。深圳市"十一五"以来,全市募集社会捐赠资金逾200亿元,筹集物资1555万余件,年均捐赠额逾20亿元,人均年捐赠额约700元。同时,深圳市积极开展广东扶贫济困日活动,累计筹集扶贫专项款物约10亿元,为扶贫开发涉及的480个贫困村,约11万户贫困户的近万个扶贫项目提供了有力的资金支持。

## 二 深入践行《慈善法》,运用互联网等拓展公益众筹、人人慈善

《慈善法》的出台意味着民间与政府将在社会公益活动、社会服务提供和社会治理等方面协同努力。《慈善法》对慈善组织既是约束又是保护。目前在全国拥有366个会员单位的中华慈善总会获得《社会团体法人登记证书》和《慈善组织公开募捐资格证书》,由此成为9月1日《慈善法》实施后,首批获得慈善组织资格证书的社会团体,也是首批获得公开募捐资格证书的慈善组织类社会团体。

湖南省慈善总会2016年,深入践行《慈善法》,主动投身精准扶贫实践,共筹募慈善款物4.34亿元,与42个单位合作实施慈善项目30多个,与35家志愿服务机构合作开展慈善志愿服务活动200多次,救助帮扶困难群众10万余人次。2016年,重庆市慈善总会积极争取多方慈善力量汇聚资源;依托《慈善法》这一新出台法律,探索"指尖上的公益众筹"。通过与邮电大学等机构合作,推进互联网捐赠工作,先后开通微信捐赠平台、官方网站在线捐赠、支付宝二维码捐赠,并接通腾讯乐捐平台,为人人慈善开辟了快捷通道。2016年末,初步试水互联网捐赠,就达25万余元捐赠金额。创新运用"互联网+慈善募捐"手段进行线上线下募捐。利用民政部公布的13家公益众筹平台,发布众筹项目在线筹款。多地慈善会将"慈善一日捐"活动打造成全体公民参与慈善的平台。

对《慈善法》最好的贯彻是施行,全国的慈善会系统在领会慈善法宗旨、原则、大政的前提下,根据《慈善法》以及关于社会组织党建、慈善组织资格认定、年度支出和管理费用标准等各项具体政策规定,进行相关申报、调整和规范,对内部工作制度和工作方法逐一修订完善。特别是对于信息公开、资产管理、捐赠人查询等更加细致规范,对慈善项目、募捐、活动以及相关协议、报告更加严格审查,做好社会组织依法自治。这些都是做好慈善公众参与的良好基础。

## 三 因地制宜设立慈善援助项目新载体,稳定持续有效发展

因地制宜设立慈善项目,满足本土问题需求。解决因病致贫的问题是慈善项目中非常重要的领域。如辽宁省瓦房店市的"贫困骨病患者救治项目"是连续实施了 5 年的一个精品慈善项目。该地区海岸线长达 460 多公里,特殊的地质和气候条件,造成当地居民股骨头坏死病多发,其中贫困骨病患者有数百人。由于经济条件和医疗条件限制,很多患者得不到及时、有效治疗,把小病拖成了大病,由小康变成了贫困。这个情况得到市委市政府高度重视,几年来将贫困骨病患者救治作为重点扶贫项目来抓。瓦房店市慈善总会也将这项工作作为慈善救助的重点来运作。从 2011 年 6 月开始,他们请来北京军区某部骨病专科医院院长宫恩年和他的医疗团队,使 103 位贫困股骨头坏死和膝关节病患者得到医治,并全部恢复了劳动能力,一些人重新走上了致富路。这个救治项目已花费 700 多万元。所用资金来自从瓦房店走出的骄子——北京军区原政委谷善庆上将和宫恩年等爱心人士的 200 万元捐款设立的贫困骨病患者救治基金。后续资金由大连壹桥海参股份有限公司、大连永宁机械厂和大连齿轮箱厂的定向捐赠补充。整个医疗费用的 90% 由医疗保险、新农村合作医疗和慈善机构承担,受助患者只需承担治疗费用的 10%。瓦房店市慈善总会、市劳动与社会保障局、市卫生局、医保和新农合机构、瓦

房店市中心医院,与北京军区某部骨病专科医院互相协调,密切配合,共同实施了这项重点扶贫工程,"救治了一个患者,就扶起了一个劳力,挽救了一个家庭,使更多人摆脱贫困。这是改善民生、精准扶贫的成功范例"。

将传统的扶弱济困转变成为更具社会价值的源泉,夯实慈善根基,保证可持续发展,既是战略设计,同时又是发展路径,形成生态发展的长链条和强联结。

中华慈善总会设立"关爱留守儿童慈善家委员会"。例如,"为了明天——关爱儿童"项目,就是由中华慈善总会与"全球联合之路(UWW)"共同发起,而实施的全国性的慈善援助项目,这个项目以建立"关爱儿童之家"为载体,通过提供亲情连线、课业辅导、绘本阅读、心灵关怀、安全教育,及动员社会志愿者组织开展各种形式的帮扶活动,让孩子们得到更有舒心的关爱。陕西省实施的"为了明天——关爱儿童"项目计划首批募集1000多万元,建设了20个"关爱花蕾"项目、50个"慈善筑巢"、50个"儿童之家"项目,力争在五年内完成对全省留守儿童相对集中区域的全覆盖,并实现长期的、可持续的、稳定的运行。

## 四 信息公开、加强公信力和品牌运营,规范使用资金提升效益

信息公开是慈善事业的生命线。各地慈善会不断深化发展阳光慈善,积极借鉴和学习现代传播理念和技术,加强公信力建设和品牌运营相结合,做好信息自主发布和媒体推广相结合。适度融合公益宣传和商业合作,将慈善传播融入现实生活。如广东省顺德慈善会等机构每月收支情况都在其网站公开(见表1)。作为一个区(县)级的慈善组织,始终坚持因地制宜和创新务实的发展思路,大力发展现代慈善、全民慈善和阳光慈善。

表 1　顺德慈善会 2016 年度 9 月收支情况

单位：元

| 项目 | 收入 | 支出 |
| --- | --- | --- |
| 助医 | 12959.02 | 148400.00 |
| 助学 | 6505.32 | 725275.00 |
| 助残 | 395.15 | 1887600.00 |
| 助困 | 4929.00 | 1469207.80 |
| 冠名基金 | 1619617.99 | 3963980.00 |
| 资助福利机构和福利事业 | 0.00 | 120000.00 |
| 赈灾扶贫济困 | 886540.70 | 0.00 |
| 其他定向捐款 | 20000.00 | 104573.44 |
| 其他不定向捐款项目 | 42106.35 | 0.00 |
| 合　计 | 2593053.53 | 8419036.24 |

资料来源：顺德慈善会网站，http://www.sdcsh.com/multiPage/42。

湖北省慈善总会 2016 年募集款物 79846.31 万元，拨付款物 75883.65 万元。总会现有专项冠名基金 62 只，现有小额冠名基金 1775 只。昆明市慈善总会共募集善款善物 1057.41 万元，比 2015 年增加 553.25 万元。募集到各类善物 5.9 万件。长春市慈善总会接受捐赠金额：截至 11 月末，累计募集款物 4253.07 万元。其中 1718.25 万元属于资金捐赠，物资折合人民币 2534.81 万元，合计支出款物 3372.55 万元，约两万人次的困难群众受益，为帮扶困难群众、改善民生、促进社会和谐发挥了积极作用。深圳市募集社会捐赠资金逾 200 亿元，1555 万余件物资筹集，年均捐赠额逾 20 亿元，人均年捐赠额约 700 元。

开展各种形式的定向捐赠活动，设立慈善冠名基金。探索捐赠知识产权收益、技术、股权、有价证券等新型捐赠方式。通过慈善超市等形式，扶持慈善志愿服务组织，提供回归社区的就近的便捷的慈善服务。

## 五　慈善会协同发展慈善事业的政策环境和法制环境不断优化

不断优化慈善事业发展的政策环境和法制环境，是慈善事业发展的不竭的动力。如本土化的慈善立法工作继续推动,制定并出台《社会组织异常名录管理办法》《社会组织年度报告管理办法》,《慈善组织内部治理指引》《重大事项报备指引》等一系列政策法规,规范慈善组织行为。在信息公开和综合监管方面,进一步推动建立多元化的慈善组织信息网络平台,建立健全慈善组织综合监管制度,不断加大慈善组织执法监察力度。

在政策和法制环境不断优化,慈善信托等新型慈善也获得更大进展,根据《2016年中国慈善信托发展报告》显示,"截至2016年底,全国已有12个省区市开展慈善信托备案,共有18家信托公司和慈善组织成功备案了22单慈善信托产品,初始规模达0.85亿元。"从慈善信托的慈善目的来看,范围已从救灾、扶贫、医疗等传统慈善领域向教育、环保、科技、儿童福利等更广泛领域发展。

"从备案地来看,东部地区和西部地区备案的慈善信托数量相对较多,中部地区备案数量相对较少,主要原因是我国东部地区慈善资源丰富,西部地区对慈善资源的需求较多,中部地区慈善信托未来有较大发展空间。"深圳等前沿省份备案落地一批慈善信托计划,在实践中还着重建立健全慈善信托制度设计,慈善信托实践对规则创新的需求得到积极回应,慈善信托发展中的突出问题得以解决,从而促进慈善信托健康快速发展,释放社会做慈善信托的活力。具体工作包括建立健全慈善信托等方面的备案管理制度、做好慈善信托受托人的培育扶持工作以及完善慈善信托信息公开与监督机制等方面,力求使慈善会更多项目和事业获得更优发展。

## 六 慈善会系统的进一步发展趋势

第一,关于慈善会应转型为社区基金会的观点。支持者认为,定位为社区基金会的慈善会是"使用本土资源链接本地利益相关者,做本土社会创新,解决本土社会问题"的最佳组织。认为要实现国家层面从"社会管理"到"社会治理"的治理结构转型,主渠道基金会有使命去推动这一进程。资助者应承担起第三部门发展的成本,等等,以深圳慈善会为先。深圳定位

是中国首个城市级的社区基金会，承接了民政局相关的工作，负责全市基层社区基金会的培育、孵化、规范和监管。全市10个区，已经有几十家社区基金会。

第二，慈善会全面推动社会化专业化运作。全力探索符合本土实际的现代慈善发展道路，推动构建以"政府规范引导，社会广泛参与，慈善专业运作"为核心的慈善事业运作机制。通过推动构建区、镇（街道）慈善会、村（社区）福利会，并不断完善三级慈善体系，实现慈善组织覆盖基层，三级慈善组织确立了既独立运作又密切配合的合作方式，形成实体化、规模化、体系化的慈善事业发展载体。加强专业能力建设，支持慈善组织建设专职人员队伍，建设独立办公场所，建设自主管理网站，推动各镇（街道）慈善会建立或完善秘书处，确立社团化运作模式。组织区、镇（街道）慈善会参加社会组织等级评估。支持慈善组织申报"税前列支"，获得公益性捐赠税前扣除资格等，都是地方慈善会的好探索。

第三，慈善的项目优化以及第三方评估愈加显示重要性。慈善组织要实现透明公开、规范运转，赢得公共信任，前提是有一套专门的行业标准和规范，政府发挥监管作用。合理设计慈善项目，优化实施流程，降低运行承包，提高慈善资产使用效益。建立健全慈善项目的决策、执行、监督机制，对慈善项目的立项、审查、执行、控制、评估、反馈等环节建立科学、规范、有效的要求，设立项目管理机构、配备专职人员。《慈善法》要求建立慈善组织的第三方评估制度，鼓励和支持第三方机构对慈善组织进行评估，并向社会公布评估结果，这是慈善会未来发展中要考虑的重要议题。

一个具有独立法人治理结构和社会服务能力的慈善组织，在慈善公益组织转型过程中，必将会成为战略发展和社会价值引领经济价值的新型合作体。

# B.6
# 2016年中国志愿服务发展指数报告

翟雁 辛华 宋煜*

**摘 要：** 为摸清我国志愿服务的实际发展状况，建立独立客观的基线测评机制，本课题组2017年的调研进行了国际前沿专题研究，开发了志愿服务发展指数及其测量标准，并在全国12个城市进行调查，重点对志愿者的注册率和服务率、志愿服务时间及其贡献价值、志愿服务组织数量及其服务领域进行测量。经课题组调查发现，在2016年实际有5806.61万名志愿者通过116.17万家志愿服务组织参与了帮老、助残、扶贫、社区等18种主要领域的志愿服务活动，捐赠服务时间达15.97亿小时，志愿者贡献经济价值495.65亿元。总体看来，2016年中国志愿服务呈现三个主要特征：一是人均志愿服务时间和专业志愿服务比率有较大提升；二是通过地区比较发现，北京和东部省份的志愿服务发展指数普遍高于其他地区；三是国家对志愿服务的信息化建设投入加大。

**关键词：** 志愿服务记录率 志愿服务记录重叠率 服务参与率 服务时间 贡献价值

2016年《慈善法》实施之后，中国慈善服务基础环境有了很大的改善，国家党政有关部委加强了志愿服务信息化管理与大数据建设，并且陆续开展

---

\* 翟雁，北京惠泽人公益发展中心理事长，北京博能志愿公益基金会联合创始人，北京志愿服务发展研究会志愿服务组织委员会主任；辛华，清华大学公共管理学院博士后，助理研究员，博士，北京志愿服务发展研究会专家；宋煜，中国社会科学院社会学研究所助理研究员，北京窦珍志愿服务联合会副会长。

了全国和一些领域的志愿服务测量①。为了能够更加真实地反映中国志愿服务发展状况，本课题组②召开了中国志愿服务测量专家研讨会③，在征求了国家志愿服务管理部门和有关专家学者意见和建议的基础上，进行了全球志愿服务测量前沿研究④并开发了中国志愿服务发展指数⑤，于2017年1~3月联合了12个城市⑥志愿者领袖开展了对志愿者和志愿服务组织的问卷调查和访谈，同时继续对全国志愿服务数据和文献进行追踪调研。本报告以志愿部门视角，重点对活跃志愿者及其贡献价值进行描述。本调研以专业志愿服务方式开展，由于课题组经费和人员专业能力及水平有限，不当之处敬请读者指正。

（一）对志愿服务的定义

本报告所调研的志愿服务，是指志愿者通过参与志愿服务组织或其他公益组织所开展的志愿服务活动，而不包括志愿者个人所从事的无偿服务以及邻里之间个体互助。

根据2016年5月9日发布的《志愿服务条例（征求意见稿）》⑦ 第十条规定，志愿者是指以自己的时间和知识、技能、体力等从事志愿服务的自然人。志愿者从事志愿服务，应当具有相应的民事行为能力。本调研调查的志

---

① 比如，民政部委托社科院开展志愿服务参与率标准开发，并将用于全国抽样调查；卫计委人口发展研究中心的流动人口及其志愿服务调查；中国志愿服务联合会委托北师大开展全国志愿服务价值测量，北京志愿服务联合会开展北京地区志愿服务测量研究等。
② 2017年本课题组成员有专家顾问杨团、沈杰，课题研究人员有辛华、张强、宋煜、翟雁，项目管理人员曹蕊（惠泽人行政官员）、彭艳（博能志愿基金会秘书长）。
③ 本课题组于2016年11月16日在北京召开了中国志愿服务测量专家研讨会，到会共有28名国家部委管理者、专家学者和行业资深人士，围绕志愿服务测量的概念定义、方法论等进行激烈讨论，并征集了相关调研数据。
④ 全球志愿服务发展前沿研究，由张强教授（北京师范大学社会发展与公共政策学院副院长、风险治理与社会创新中心主任，博士生导师）撰写《全球志愿服务发展前沿介绍：定位与价值测量》，参见本书境外慈善篇。
⑤ 中国志愿服务发展指数，由沈杰教授（中国社科院青年人文社会科学研究中心研究员、中国青年政治学院教授）主持开发，并试用于2017年1~3月开展的中国志愿服务发展指数调研。
⑥ 开展志愿服务指数调研的12个省份有：北京、山东、湖南、吉林、广东、甘肃、安徽、内蒙古、辽宁、陕西、浙江、江苏。
⑦ 中国志愿服务网：http://www.chinavolunteer.cn/show/1033182.html。

愿者主要是18岁以上的公民。

志愿服务组织，是指依法成立，以开展志愿服务为宗旨的非营利性组织①，是组织和支持志愿者从事志愿服务的重要载体。鉴于中国还有众多社会组织，以及许多尚未登记注册和备案的社区自组织和社群也在开展志愿服务，因此本调研也将其纳入志愿服务组织调研之中。

### （二）志愿服务发展指数

本课题组认为，开发能够从本质上反映志愿服务发展的敏感指标，主要从志愿者和志愿服务组织中产生。其指标应该是具有较高共识度、较强专业性、较稳定的持续性以及较大的数据可获取性。指标数量不在多，而在于精准。因此，确定了以下五个关键指标作为本调研所测量的中国志愿服务发展指数：

（1）志愿者数量：包括"注册志愿者"，即在官方管理部门、管理平台或机构注册的志愿者，以及当年实际参与了志愿服务10小时以上的"活跃志愿者"，活跃志愿者数量是本调研重点关注的指标。

（2）志愿服务参与率：其体现国家人口中参与了志愿服务的人口比率。志愿服务参与率＝活跃的志愿者数量/人口总数②。

（3）志愿服务组织数量：这是反映志愿服务行业发展的重要指标，本报告反映的志愿服务组织是在过去一年中开展过志愿服务活动的组织，包括正式注册和备案的志愿服务组织，以及活跃的社区自组织和公益性社会组织。重点报告组织数量及其所服务的领域和类型。

（4）志愿服务时间：在过去一年中志愿者从事志愿服务的时间，其测量单位为小时。本调研的"活跃志愿者"提供服务时间不少于（含）10小时/全年。

（5）志愿者贡献价值：反映提供无偿志愿服务的劳动人口在社会服务行业中所贡献的经济价值。本报告采用国际劳动组织（ILO）推荐的"替代

---

① 中国志愿服务网：http://www.chinavolunteer.cn/show/1033182.html。
② 根据世界劳工组织对志愿服务参与率的定义，主要是指参与服务的志愿者与本国15周岁以上劳动人口数量之比。本文为了方便与往年比较，今年继续采用全国总人口数作为志愿服务参与率的比较数据。

成本计算法"（The Replacement Cost Approach）①，即志愿者贡献价值＝社会服务行业雇员平均工资（元/小时）×志愿服务小时数。

### （三）记录率、重叠率

目前中国的志愿服务记录存在两个显著现象：

一是已经注册登记的志愿者，只有部分进行了服务记录。已经记录的志愿者与注册志愿者之比称之为"记录率"。调查发现官方注册志愿者的记录率平均在20%左右。

二是部分志愿者同时在多家志愿服务组织或国家部委所属机构进行注册和服务记录，而目前我国各部委的志愿服务注册与记录尚未完成合并，民间志愿服务组织中存在着部分活跃志愿者也有在官方注册，因此，各部委之间、官方与民间之间均有记录重叠现象。同时在2个以上机构进行注册的志愿者与该注册机构的志愿者总数之比，称之为"重叠率"。本调查显示：在近1万名被调查的志愿者中，服务于2~4家以上机构的志愿者为51.8%，在2205家志愿服务组织中，约有40.3%组织中的志愿者同时也在官办机构有重复注册登记现象。为方便计算，本报告取46%作为志愿者重叠率。

### （四）2016年志愿者贡献价值计量标准为31.04元/小时

志愿者贡献价值计量标准采用国家统计局发布的"公共管理、社会保障和社会组织的平均工资值"。按照2015年度为62323元（比上年提高17.3%）计算，② 社会服务领域的平均每小时工资为31.04元，③ 比上一年度工资增长每小时4.48元④。

---

① 《志愿工作测量手册》，2011年3月23日，国际劳工组织官网：http://www.ilo.org/wcmsp5/groups/public/—dgreports/—stat/documents/publication/wcms_162119.pdf。
② 国家统计局：《2015年各行业工资标准》，2016年5月13日，http://www.stats.gov.cn/tjsj/zxfb/201605/t20160513_1356091.html。
③ 公共服务、社会保障和社会组织平均小时工资＝人均年度工资62323元/251个工作日/8小时＝31.04元。
④ 2014年度公共服务、社会保障和社会组织平均工资为53110元，按照2015年度250个工作日计算，则小时工资为26.56元。

# 一 2016年度中国志愿服务发展指数概述

## （一）调研说明

本课题组为解决中国志愿服务测量的精准化问题，自2016年下半年开始，在社科院、友成基金会、北京博能志愿公益基金会的小额资助下，召开了全国志愿服务测量专家研讨会、全球志愿服务测度前沿研究、中国志愿服务发展指数研发等基础研究和开发，旨在不断完善和改进本调研方法，推动数据接近真实和精准。囿于课题经费等客观因素限制，本调查无法在全国范围内开展大规模普查或者系统抽查。在此困难之下，我们通过专业志愿服务方式，于2017年1~3月，采用理论抽样、滚雪球抽样和网络调查方式对全国志愿者和志愿服务组织进行调查，共回收了来自中国大陆地区31个省区市的有效问卷16252份，其中志愿者和公众14047份，志愿服务组织2205份。考虑到网络问卷的局限性，课题组重点委托北京、山东、湖南、吉林、广东、甘肃、安徽、内蒙古、辽宁、陕西、浙江、江苏等12个省份志愿者组织和专业志愿者在当地发放问卷和访谈。同时，课题组成员还对共青团中央、中国志愿服务联合会、中国红十字总会、中国文艺志愿者协会、中慈联救灾委员会等全国性志愿服务组织进行访谈作为补充和交叉验证。

本调查报告重点从志愿者、志愿服务参与率、志愿服务组织、志愿服务时间及其贡献价值等五个指标进行分析。

## （二）关键指标

**1. 志愿者总数为13480万人，活跃率32.3%**

志愿者指标中包含三个类别：注册志愿者、非注册志愿者、活跃志愿者（见图1）。

图1 2016年中国志愿服务发展指数

(1) 注册志愿者为7259.08万人，注册率为5.25%

注册志愿者，是指在党政有关部门和人民团体注册登记的志愿者。

中国实行志愿者注册登记管理制度，在中央精神文明委协调指导下，由民政部门主管全国志愿服务工作。《国民经济和社会发展第十三个五年规划纲要》也明确提出到2020年全国注册志愿者人数占居民人口比例达到13%。2016年7月1日开始实施的《慈善法》第六十一条规定，慈善组织应当对志愿者实名登记。《志愿服务条例（征求意见稿）》的第十一条也提及志愿者可向志愿服务组织注册登记其身份信息、服务技能、服务时间、联系方式等个人信息。

中国志愿服务管理工作由民政部负责，其主办的"中国志愿服务网"（http://www.chinavolunteer.cn）已经成为中国志愿服务信息化管理的权威平台，由中国志愿服务联合会运营的全国志愿服务管理系统"志愿云"提供技术支持，进行全国各省份的数据整合工作。[1] 截至2017年3月底的注册志愿者近4011万人[2]（包含了31个省区市的社区、青年、文化、医疗、文明、教育、助残、巾帼和消防志愿者）。

据调查，在志愿云系统之外还有其他一些部委和全国性志愿服务机构，如

---

[1] 中国志愿服务网的技术支持：中国志愿服务联合会志愿云，http://www.chinavolunteer.cn/。

[2] 中国志愿服务信息系统"志愿云"。

团中央的"志愿中国"（http://www.zyz.org.cn）注册志愿者4700多万人，志愿服务组织40多万家[①]；中国红十字总会注册志愿者177.9614万人[②]；全国妇联注册巾帼志愿者1000万人，巾帼志愿服务队35万支[③]；中国文艺志愿者约50万人，志愿服务队10万支[④]；中国文化志愿者87万人，文化志愿服务队3.2万支[⑤]。由于这些数量与志愿云系统存在重叠登记现象，根据本调研从志愿者注册中发现其双重注册率在40.3%~51.8%[⑥]，根据这一重叠率估算[⑦]，未在"志愿云"系统中注册的志愿者实际约有3248.08万人[⑧]。

2016年可查证的中国官方注册志愿者人数总计约为7259.08万人[⑨]，志愿者注册率为5.25%[⑩]。

（2）非注册志愿者为6221.13万人

非注册志愿者，是指在志愿服务组织中有记录，但没有在官方管理系统中正式注册的志愿者。本次调查共有14047名调查对象填写了志愿者问卷，在过去一年中，参与志愿服务的活跃志愿者10308名，占调查总数的

---

[①] 数据提供：团中央宣传部。参考网站：志愿中国，http://www.zyz.org.cn/，2017年3月31日。

[②] 数据提供：中国红十字总会青少年与志愿服务处。

[③] 中国中央政府官网，2016年12月5日，http://www.gov.cn/xinwen/2016-12/05/content_5143503.htm。

[④] 数据提供：中国文艺志愿者协会。

[⑤] 《中国文化志愿服务发展蓝皮书（2016）》，2016年12月16日，中国文艺评论：http://www.zgwypl.com/ll/2016/1216/30552.html。

[⑥] 本调查显示：在近1万名志愿者中，服务于2~4家以上机构的志愿者为51.8%，在2205家志愿服务组织中，约40.3%的组织中的志愿者同时也在官办机构有重复注册登记现象。

[⑦] 按照重叠率46%进行计算。

[⑧] 未在志愿云系统注册的志愿者总数＝各部门志愿者之和6014.961万人×志愿者重叠率（1-46%）＝3248.08万人。

[⑨] 本调查收集的数据截止日期为2016年12月底。根据中国志愿服务联合会志愿云注册志愿者数量4011万众＋（在志愿云系统之外的注册志愿者数量－扣除志愿者注册重叠率）之总和。

[⑩] 志愿者注册率＝注册志愿者人数/国家人口总数。根据全国人口138271万人计算，人口数据来源：中华人民共和国2016年国民经济和社会发展统计公报，国家统计局官网，2017年2月28日，http://www.stats.gov.cn/tjsj/zxfb/201702/t20170228_1467424.html。

73.4%，没有参与志愿服务的人员占 26.6%。在参与志愿服务的 10308 名志愿者中，有 69.3% 的志愿者在过去一年中进行过注册，还有 30.7% 的志愿者未进行任何注册登记。尽管本次调查并非概率抽样，调研结果也不能推广至全国，但本次调查也显示了在志愿者中存在着"注册"与"非注册"两种情况并存的现象。如果官方数据只是统计正式注册志愿者的话，则还有一部分的事实志愿者很可能被官方统计数据所遗漏。

根据本调查志愿服务组织的相关数据，在所调查的志愿服务组织中，大约有 35.7% 的组织未在官方正式登记注册或备案。由于未能发现近两年的民间志愿服务组织数量更新数据，由此本课题组将 35.7% 的未注册率作为估算值，得出全国未在官方注册的志愿服务组织可能有 44.1 万家①。

扣除志愿者注册重叠率之后，每个非注册的志愿者组织平均有 150 名志愿者②，由此推算出未注册志愿者大约为 6221.13 万人③。

在官方正式注册志愿者与未注册志愿者的合计为 13480 万人，占全国人口的 9.75%。

（3）活跃志愿者总数为 5806.61 万人

活跃志愿者，是指在 2016 年度中实际提供 10 小时以上志愿服务的人员，其中包括注册志愿者和未注册的志愿者。后者通常在民间志愿服务组织、自发的社群和一些企业中志愿服务团队。活跃志愿者一直是本调研重点，我们通过网上滚雪球式问卷调查、志愿服务组织调研、官方公布的数据和文献资料等来发现活跃的志愿者，并通过访谈进行验证。

调研发现，在正式注册的志愿者中，志愿服务记录率在 15% ~ 20%，北京地区记录率约有 30%。④ 还有一些志愿者参与了志愿服务，但是并没有进行记录，可能是志愿服务组织未能将偶尔或零星参与志愿服务统计在内。

---

① 未注册志愿服务参与率 35.7%，计算公式为：未注册志愿服务组织数量 = 注册志愿服务组织数量万家/（1 - 35.7%） - 注册组织万家。
② 有关本调研的志愿服务组织数据及其分析，请详见本报告之二。
③ 未注册志愿者数量 = 每个组织平均志愿者人数 150 人 × 41.47 万家组织 = 6221.13 万人。
④ 根据"中国志愿服务网"的记录时间人数/注册志愿者总数得出，中国志愿服务网，2017 年 3 月 30 日，http://www.chinavolunteer.cn/。

而本调查主要是关注年服务时间 10 小时以上的活跃志愿者，因此，为了方便计算我们将服务 10 小时以上的注册志愿者活跃率定为 20%，由此推算出注册志愿者中的活跃志愿者人数约为 1451.82 万人①。

未在官方注册登记的民间志愿服务组织中，约有 70% 的人参与了 2016 年度的志愿服务活动，其活跃志愿者人数为 4354.79 万人②。

在注册与非注册志愿者中，约有 5806.61 万名活跃志愿者参与了 2016 年志愿服务活动，志愿者活跃率为 32.3%。

**2. 志愿服务参与率为4.2%**

根据 2016 年度活跃志愿者总数 5806.61 万人来计算③，2016 年度中国志愿服务参与率为 4.2%。

特别说明，本文认为，2016 年统计的志愿服务参与率较低，可能是以下原因：一是 2016 年度中国志愿服务管理系统在统合全国志愿者信息时加强了实名注册制度与规范化，这些可能导致一些失真、重复数据和零星偶尔服务的志愿者未被纳入活跃志愿者数据中；二是目前志愿云系统正在进行数据补录和更新之中，一些记录信息可能尚未被统计进来；三是本调查对活跃志愿者的服务时间进行了不少于 10 小时服务记录的界定，并加强了访谈交叉验证核实数据，确定更为精准的重叠率来清洗数据；四是可统计的中国活跃志愿者的增长数量没有超过中国人口增长的数量。

**3. 志愿服务组织为116.17万家**

志愿服务组织也包括两类：一是在官方依法注册登记或备案的志愿服务组织；二是未注册登记或者备案，但是在 2016 年开展了志愿服务活动的公益性社会组织；企业志愿者组织和社区社群。

---

① 注册活跃志愿者人数 = 注册志愿者数量 7259.08 万人 × 活跃率 20% = 1451.82 万人。
② 非注册活跃志愿者 = 志愿者数量 6221.13 万人 × 活跃率 70% = 4354.79 万人。
③ 根据全国人口 138271 万人计算，人口数据来源：中华人民共和国 2016 年国民经济和社会发展统计公报，国家统计局官网，2017 年 2 月 28 日，http://www.stats.gov.cn/tjsj/zxfb/201702/t20170228_1467424.html。

调研发现，全国依法在民政部门登记的志愿服务组织有30.6万家，2016年新登记的志愿服务组织达到59537个，比2015年增长了106%①；未在民政部门登记的其他部委统计的志愿服务组织共有44.1万家②，调查发现与志愿者重复注册相同的是，志愿服务组织也存在着各部门之间重复统计的情况，根据访谈估算重叠率在50%~60%，因此本报告按照50%的志愿服务组织重叠率进行扣除，得到上述注册志愿服务组织数量。两者合计在官方登记或注册的志愿服务组织约有74.7万家。

未在官方注册和备案的民间志愿服务组织，根据35.7%的未注册率推算出大约为41.47万家③。

全国志愿服务组织总计116.17万家④。

**4. 志愿服务时间为15.97亿小时**

根据调查，志愿者服务时间较去年有所增加，一方面，由于"中国志愿服务管理系统"和官方管理机构加强了全国各地和各领域内的志愿服务组织管理，提升了志愿服务记录率，同时去除了一些可能重复的注册数据，因此人均服务时间有所增加。注册志愿者服务时间从去年的人均16小时提高到2016年的20小时；另一方面，从民间志愿者的服务时间来看也从上一年的人均20小时，提升到2016年的30小时。⑤

官方注册志愿者服务时间29036.32万小时，民间志愿者服务时间130643.7万小时。两者合计，全国活跃志愿者贡献志愿服务时间为159680万个小时⑥。

---

① 高晓兵，民政部副部长，在全国学习雷锋志愿服务工作座谈会上的发言。中国志愿服务网，2017年3月9日，http://www.chinavolunteer.cn/show/1034422.html。
② 未在志愿云系统注册的志愿服务组织总数=各部门志愿服务组织之和88.2万家×志愿服务组织重叠率（1-50%）=44.1万家。
③ 计算公式：未注册的志愿服务组织数=注册志愿服务组织数74.7万家/（1-35.7%）-74.7=41.47万家。
④ 全国志愿服务组织总数量=注册组织数74.7万家+未注册组织数41.47万家=116.17万家。
⑤ 杨团主编《中国慈善发展报告（2015）》，社会科学文献出版社，2016。
⑥ 志愿服务时间总数=20小时×注册活跃志愿者1451.82万人+30小时/人×未注册活跃志愿者4354.79万人。

**5. 志愿者贡献价值为495.65亿元**

按照志愿者贡献价值计量标准31.04元/小时计算，2016年度中国活跃志愿者贡献价值为495.65亿元①，比2015年增长19.7%，占第三产业增加值384221亿元②的0.13%，志愿者为社会服务行业提供了相当于80万名全日制雇员，占到社会组织从业人员734.8万人③的10%。

**（三）志愿服务发展指数比较**

**1. 比较说明**

为了与2013年、2014年、2015年中国志愿服务数据进行比较，首先需要对2013年到2016年四年来我国志愿服务的发展指标进行说明。

第一，为了与国际志愿服务统计指标接轨精准反映志愿者个人贡献价值，2016年课题组对原"志愿者捐赠价值"进行更新。2015年以前我们采取了"结果产出方法"，以国民劳动生产率作为计量标准，2016年使用"志愿者贡献价值"表述，将计量标准变更为"替代成本计算法"（The Replacement Cost Approach），采用社会服务行业人均小时工资。按照新的计量标准，2015年志愿者的贡献价值为414.07亿元，2016年志愿者的贡献价值为495.65亿元；如果根据"结果产出方法"即以国民劳动生产率作为计量标准，2015年志愿者的贡献价值为599.53亿元，2016年志愿者的贡献价值为754亿元。

第二，2016年使用了"活跃志愿者"和"志愿服务参与率"这两个指标。而2013~2015年，与这两个指标分别对应的是"捐赠志愿者"和"志愿者捐赠率"④。活跃志愿者与捐赠志愿者两者的差别在于，活跃志愿者指

---

① 志愿者实际贡献价值=公共服务、社会保障和社会组织平均工资31.04元/小时×志愿服务时间（小时）。
② 国家统计局，2017年1月20日，http://www.stats.gov.cn/tjsj/zxfb/201701/t20170120_1455942.html。
③ 《2015年社会服务发展统计公报》，民政部官网，2016年7月11日，http://www.mca.gov.cn/article/sj/tjgb/201607/20160700001136.shtml。
④ 杨团主编《中国慈善发展报告（2016）》，社会科学文献出版社，2016。

年志愿服务小时超过10小时，而捐赠志愿者对志愿者的服务时间没有明确要求。与之对应，志愿服务参与率针对的是活跃志愿者，而志愿者捐赠率对应捐赠志愿者。

第三，由于技术进步，包括中国志愿服务信息管理系统的开发与各系统志愿服务数据的整合，增加了志愿者服务时间记录使对活跃志愿者的统计成为可能，2016年课题组采用10小时以上作为活跃志愿者的核算标准。为统一标准，便于清晰比较，本研究对2013~2015年数据进行了回溯和调整（见表1）。

表1　2013~2016年志愿服务指数调整比较*

| 志愿服务指数内容 | 2013年 | | 2014年 | | 2015年 | | 2016年 | |
|---|---|---|---|---|---|---|---|---|
| | 原统计 | 调整值 | 原统计 | 调整值 | 原统计 | 调整值 | 旧标准 | 新标准 |
| 志愿者总量（万人） | 10340 | — | 11800 | — | 15000 | — | | 13480 |
| 捐赠志愿者总量（万人） | 8534.63 | — | 9000.75 | | 9487.5 | | | — |
| 志愿者捐赠率（%） | 6.27 | — | 6.58 | | 6.9 | | | — |
| 活跃志愿者（10小时以上/人均年度，万人） | — | | — | | — | | | 5806.61 |
| 志愿服务参与率 | | | | | | | | 4.23 |
| 志愿服务组织数量（万家） | 73 | — | 220.3 | 53.3** | 104 | 85*** | | 116.17 |
| 志愿者时间（亿小时） | 11.3 | 9.32 | 14.82 | 12.23 | 15.59 | — | | 15.97 |
| 志愿者贡献价值（亿元） | 308.57 | 214.73 | 442.11 | 301.1 | 599.53 | 414.07 | 754 | 495.65 |
| 志愿者价值实际增长率**** | | | 36 | 40 | 29 | 37.5 | 25.77 | 19.7 |

　　* 本表保留小数点后两位，采用四舍五入进制。2013~2015年的数据均来自杨团主编《中国慈善发展报告（2015）》，社会科学文献出版社，2015。
　　** 为方便比较，将2014年志愿服务组织数量中的167万家社会服务机构扣除，而得出53.3万家。参见杨团主编《中国慈善发展报告（2015）》，社会科学文献出版社，2015。
　　*** 为方便比较，将2015年志愿服务组织数量中的19万家社区志愿服务站扣除，而得出当年志愿报务组织总数为85万家。参见杨团主编《中国慈善发展报告（2016）》，社会科学文献出版社，2016。
　　**** 2014~2015年原值是扣除当年全国劳动生产值的年度增长率之后，为志愿者捐赠实际增长率。

在表1中，（1）志愿者贡献价值的原统计计量标准是"国民劳动生产率"，调整值是按照社会服务行业"平均工资"，2013年为23.04元/小时，

2014年为24.62元/小时,2015年为26.56元/小时,2016年为31.04元/小时。参考国家统计局,每年度的《城镇非私营单位就业人员平均工资》公告。

(2)捐赠志愿者和捐赠率是2013~2015年概念,2016年分别调整为"活跃志愿者"和"志愿服务参与率"。由于应用了中国志愿服务信息系统数据,调整了概念的定义,因此无法回溯比较之前三年。

(3)本报告2016年志愿服务发展指数主要对志愿者总数、志愿服务组织、服务时间及其贡献价值四个关键指标进行往年比较。

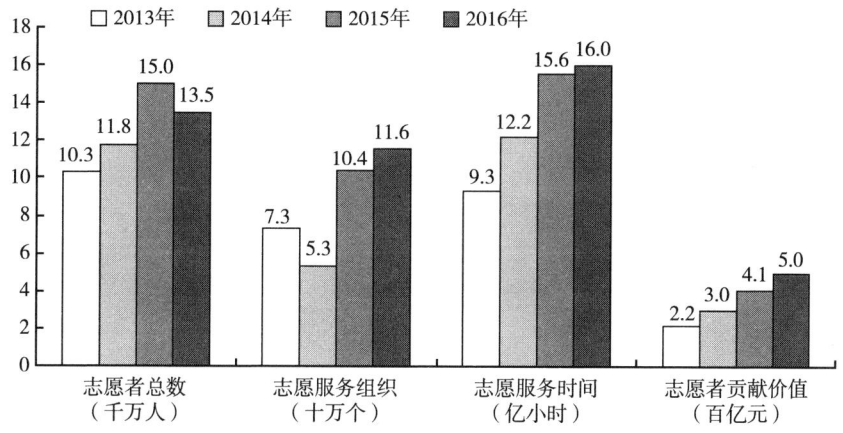

图2 2013~2016年志愿服务发展指数四项比较

**2.志愿者总数平均年增长10%**

本报告调研注册志愿者人数、非注册志愿者人数和活跃志愿者人数,而未能纳入国家统计系统中的后两者数据,是本课题组更为关注的。

(1)比较2013~2016年的志愿者总数,总体发展呈现增长趋势,四年共增长30%,平均年度增长率约为10%①(见图2)。

(2)民间志愿服务组织中的活跃志愿者数量一直是本调研直接测量的数据,比较2013~2016年这一组数据,发现其从3000万人逐渐发展到4000

---

① 志愿者总数平均年度增长率 = 比较年度增长率之和/比较年度数。

多万人,每年保持平均约5%的速度发展。由于民间志愿者的活跃率始终保持在70%以上,其服务时间也比较多,他们占中国活跃志愿者总数的百分比逐年递增至50%以上,为中国志愿服务参与率贡献半壁江山(见图3)。

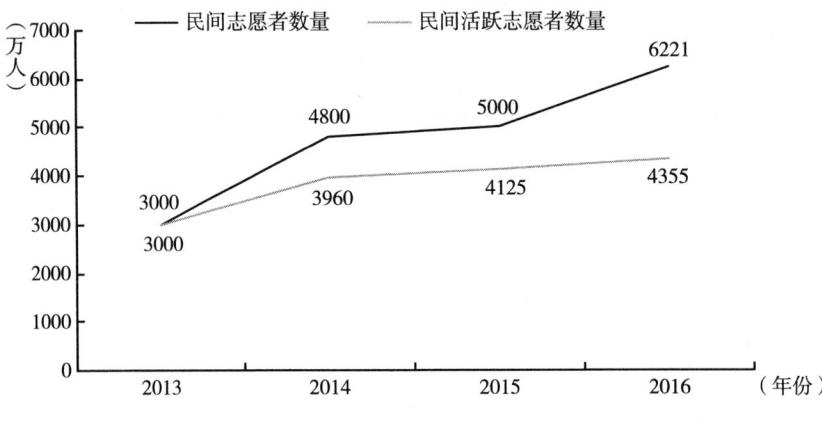

图3 2013~2016年民间志愿者数量比较

(3)中国注册志愿者的人数因为各部委之间尚未完成数据合并,因此难以精确推算实际注册增长率,大致观察近四年可统计的注册志愿者率在5%~6%。

### 3.志愿服务组织年均增长率26%

由于对志愿服务组织的定义于2016年5月才正式出台相关政策[①],各部委对志愿服务组织的界定不同,本调查也无法统计全国真实的志愿服务组织总量。从可获得的数据比较分析,志愿服务组织数量也呈现逐年增长态势,平均年度增长率为26%[②]。2016年度在民政部门注册登记或在社区备案的志愿服务组织占比65.3%,比上年的53.7%提升了12个百分点。这反映出在《慈善法》和志愿服务相关法规和政策出台之后,志愿服务组织的注册率开始提高。

### 4.志愿服务时间平均年增长率20%

近四年来中国志愿服务时间增长比较显著,平均年增长率约为20%。

---

① 参见《志愿服务条例(征求意见稿)》,中国志愿服务网,2016年5月,http://www.chinavolunteer.cn/show/1033182.html。
② 志愿服务组织平均年度增长率=年度增长率之和/比较年数。

值得关注的是在本调查逐渐去除非活跃志愿者数据之后,活跃志愿者人均贡献志愿服务时间从人均10小时增长到2016年的27小时。本课题组无论是在志愿服务组织、社会服务机构还是社区的调研访谈中,均有发现活跃志愿者对参与志愿服务的时间投入与志愿服务的满意度有所增加,这可能导致更多的活跃志愿者个体贡献更多的服务时间。

**5. 志愿者贡献价值年均增长率为30%**

与志愿服务时间同比增长的是志愿者贡献价值,在将2013~2016年的志愿者贡献价值全部按照社会服务行业平均工资换算之后进行比较:四年间共增长130%,平均年增长率约30%,共为国家贡献了1425亿元的经济价值的劳动,节省了相当于社会服务行业200多万名全职人员的工资成本。

总体比较2013~2016年志愿服务指数发展数据,显示中国志愿服务事业呈现较快速的发展态势,特别是志愿者在服务时间及其所贡献价值的增长更为显著。

### (四)国际比较

中国志愿服务尚处在发展的初级阶段,与全球其他国家相比依然差距很大。

**1. 世界捐赠指数(WGI)比较**

英国慈善基金会(Charities Aid Foundation)[①] 连续七年在全球140多个国家开展捐款、帮助陌生人和志愿服务三个指数调查并发布世界捐赠指数(Word Giving Index,WGI)报告。[②] 2016年10月底发布的《世界捐赠指数报告2016》[③] 显示,在全球被调查的145个国家中,中国以捐赠指数11%排名最后(第140名),其中的志愿服务参与率为4%,志愿者人数5100万

---

① CAF 介绍详见其官网:http://www.cafonline.org。
② 《世界捐赠指数报告》的调查方法是,每年在140多个国家通过随机抽样调查,采访平均不少于1000名公众一个月前是否有过向慈善组织捐款、帮助陌生人和参与有组织的志愿服务三个问题,作为全球捐赠排行指标。
③ *World Giving Index 2016*,https://www.cafonline.org/docs/default-source/about-us-publications/1950a_wgi_2016_report_web_v2_241016.pdf?sfvrsn=4。

人，比2015年的4700万人增加了400万人，但与2015年中国人口增长率相近，因此志愿服务参与率仍然为4%，在全球排名第138位（倒数第三位）。志愿服务最活跃的前五名国家是：土库曼斯坦60%、缅甸55%、印度尼西亚50%、斯里兰卡49%、美国46%，这些国家均比中国的志愿服务参与率高出十倍以上。

表2 全球2016年志愿服务排名比较

| 国家名称 | 志愿服务全球排名 | 志愿服务参与率(%) | 帮助陌生人(%) | 捐钱(%) | 捐赠总指数(%) |
| --- | --- | --- | --- | --- | --- |
| 土库曼斯坦 | 1 | 60 | 49 | 40 | 50 |
| 缅甸 | 2 | 55 | 63 | 91 | 70 |
| 印度尼西亚 | 3 | 50 | 43 | 75 | 56 |
| 斯里兰卡 | 4 | 49 | 61 | 61 | 57 |
| 美国 | 5 | 46 | 73 | 63 | 61 |
| 中国 | 140 | 4 | 24 | 6 | 11 |

**2.志愿者人均服务时间比较**

以美国为例，其2015年度的志愿服务统计数据显示[1]，共有6260万名志愿者开展了79亿小时志愿服务，年度人均志愿服务时间为126小时，其志愿服务小时的经济价值逐年增长到23.56美元/小时，当年贡献了1840亿美元的经济价值。这与中国人均年服务27小时相比，是中国的5倍。

由霍普金斯大学萨拉蒙（Lester M. Salamon）和索克洛斯基（S. Wojciech Sokolowski）开发的"非营利部门国际指数"，其中一个指标是"志愿者人数占经济活动人口比例"（即测量符合志愿者信义的人群在有劳动能力参加社会经济活动的人口中比例）。根据"萨拉蒙标准"，按照志愿者年度服务的小时数来计算志愿者人数，即：1个志愿者的年服务小时数＝

---

[1] 张强：《发展定位与价值测度：志愿服务全球发展前沿介绍》，2017年4月6日。

1个全职雇员的年工作小时数 2080 小时 × 20% = 416 小时。而以此标准在 17 个发展转型国家的测量均值为 0.77%。① 据此测算 2016 年度中国志愿者人数为 384 万人,占经济活动人口②比为 0.38%,仅及其他发展转型国家均值的一半。

通过与我国自身的纵向比较,志愿服务发展指数平均年增长率约 20%,但是与全球其他国家横向比较,我国尚处在末位。志愿服务还未成为公民的常态化生活方式,志愿服务发展之路依然需要加快步伐。

## 二 2016 年志愿服务发展调研分析

本调查在中国大陆地区 31 个省区市针对志愿者和志愿服务开展问卷调查,共回收了有效问卷 16252 份,其中志愿者和公众 14047 份,志愿服务组织 2205 份。课题组还委托北京、山东、湖南、吉林、广东、甘肃、安徽、内蒙古、辽宁、陕西、浙江、江苏等 12 个省份志愿者组织和专业志愿者在当地发放问卷和访谈。根据以上调查数据,进行如下分析。

（一）志愿者情况分析

本报告主要从志愿者比例、志愿者信息、注册率、非正式志愿服务参与,志愿服务的频率、类型、志愿服务领域,满意度与捐赠方式等六个方面进行分析。

1. 2017 年度中国志愿者服务特征

（1）中国志愿者以青年群体为主。青年志愿者占 60% 以上,年龄以 18~45 岁青年人为主,大多数受过高等教育;志愿者女性多于男性,以党

---

① 马庆钰等:《中国社会组织发展指标体系建构与预测》,中国共产党新闻网,2015 年 6 月 2 日,http://theory.people.com.cn/n/2015/0602/c40531-27091528.html。
② 国家统计局:2015 年全国 1% 人口抽样调查主要数据公报,15~64 岁经济活动人口数为 100279 万人,2016 年 4 月 20 日,http://www.stats.gov.cn/tjsj/zxfb/201604/t20160420_1346151.html。

团员居多；学生和青年群体依然是我国志愿服务的主力军。这与全球志愿者中以30~49岁和男性为多数的特征不尽相同。

（2）志愿者依然以非正式志愿服务为多。调查显示，经常参加非正式志愿服务的占42.39%，偶尔参加的占47.87%，从不参加的占9.74%，由此可见，大多数的调查人员会参与非正式的志愿服务的。

（3）志愿服务领域与SDGs密切相关。中国志愿者服务领域集中于扶贫济困、帮老助残和社区服务、环境保护等公益慈善类服务。这与全球可持续发展2030议程（Sustainable Development Goals，SDGs）的17个发展目标中绝大多数一致。由于SDGs可持续发展目标需要长期的关注和行为变迁，通过志愿服务会提升意识或倡导以及分享激励来促进社会变革[①]。

（4）专业志愿服务比率提高。2016年中，虽然志愿者提供志愿服务的类型依然以体能型服务（58.9%）为主，但是技能型服务（16.1%）和智能型服务（21.7%）较去年有明显提升，增长率翻番。显示出志愿服务正在向专业服务迈进。

（5）志愿者面临的三大挑战：集中在缺少培训过程（19.5%），服务不够专业化（17.1%）以及活动经费不足（15.4%）。

（6）志愿者对服务满意度提升。2016年参与过的志愿活动的总体满意度为78%，不满意占1.3%。绝大多数志愿者对志愿服务组织（40.4%）最为满意。

**2. 活跃志愿者比例73.4%**

本次调查共有14047人填写了问卷，其中参与志愿服务的志愿者为10308名，占调查总数的73.4%，没有参与志愿服务的占26.6%。

**3. 志愿者信息**

（1）男女比例：在接受调研的人群中，女性占57.8%；男性占42.2%。综上数据可见，女性参与志愿服务更积极。

---

① 张强：《全球志愿服务发展前沿介绍：定位与价值测量》。

（2）年龄：17岁及以下占2.9%，18~24岁的占71.5%，25~34岁的占9.5%，35~44岁的占9.2%，45~54岁的占5.4%，55~64岁的占1.1%，65~74岁的占0.3%，75岁及以上的占0.1%，综上数据，可以看出本次调查志愿者年龄主要集中在18~24岁（见图4）。

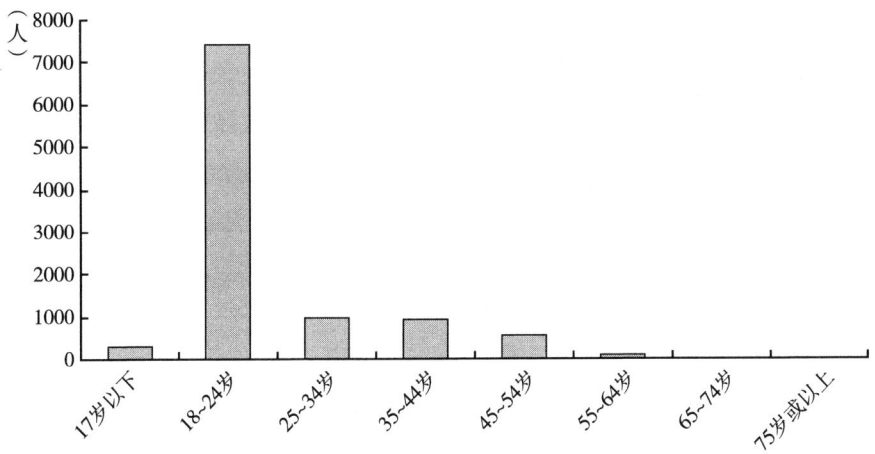

图4　志愿者年龄分布

（3）婚姻状况：未婚人员占77.2%，已婚人员占20.0%，离异的占1.6%，丧偶的占0.3%，其他的占0.8%。

（4）受教育程度：初中及以下占3.2%，高中、技校、中专占17.2%，大专及大学占76.8%，硕士及以上文化程度占2.8%，综上数据，志愿者主要文化程度为大专及大学。

（5）政治面貌：中共党员占10.1%，共青团员占73.5%，民主党派占1.0%，群众占15.3%。显示出在青年志愿者中，大学生和党团员参与志愿服务更多。

（6）志愿者宗教信仰：调查发现，86.5%的调查者无宗教信仰，信仰佛教的占8.4%，信仰基督教的占2.8%。除此之外，信仰伊斯兰教及其他宗教的也各占微弱比例。综上可见，中国志愿者的志愿服务情况与个人的宗教信仰关系不大（见表3）。

表3 志愿者宗教信仰

| 宗教信仰 | 频数 | 百分比(%) |
|---|---|---|
| 佛教 | 867 | 8.4 |
| 基督教 | 292 | 2.8 |
| 伊斯兰教 | 107 | 1.0 |
| 其他宗教 | 126 | 1.2 |
| 无宗教信仰 | 8916 | 86.5 |
| 合计 | 10308 | 100 |

（7）志愿者职业：在接受调研的人群中，学生为绝大多数，占63.9%；其次是专业技术人员占8.8%，事业单位、国有企业管理人员占6.7%；此外，自由职业人员占4.2%；服务行业普通员工占2.8%，志愿者为国家机关、党群组织公务的占2.1%，企业家和创业者占1.5%，外企、私营企业管理人员占1.7%，体力工人占1.2%，农民占0.8%，军人占0.4%，中介组织和社会组织（包括律师、会计师、评估师、税务师、专利代理人等）提供知识性产品服务的专业机构从业人员占1.6%，新媒体从业人员占0.5%，无业人员占1.3%，退休人员占1.3%，其他占比为1.1%，综上数据，志愿者的所属行业主要是高校或院校。

（8）志愿者的家庭收入情况：在对志愿者的家庭收入状况进行调查发现，35.3%调查对象家庭每年收入3万元以下，有34.6%的调查对象收入为4万~9万元/年，有14.6%的调查对象收入为10万~49万元/年，14.1%的被调查者无收入，有1.4%的调查对象收入为50万~100万元/年以上。

（9）志愿者来源地分析：由于课题组重点委托北京、山东、湖南、吉林、广东、甘肃、安徽、内蒙古、辽宁、陕西、浙江、江苏等12个省份志愿者组织和专业志愿者在当地发放问卷和访谈。因此，回收问卷绝大多数来自以上地区。其中，居住地在山东的志愿者占27.8%，居住地为吉林的志愿者占11.9%，陕西志愿者占10.4%，安徽志愿者占9.6%，内蒙古占7.3%；其次是北京、广东、甘肃、浙江、江苏等省份，分别占比2%左右

（见表4）。由于本次调查并非概率抽样，而是通过理论抽样结合滚雪球的网络调查。因此，志愿者的来源地分析并不能代表全国志愿者的总体分布情况。

表4　志愿者居住地

| 地域 | 频数 | 百分比（%） | 地域 | 频数 | 百分比（%） |
|---|---|---|---|---|---|
| 北京 | 256 | 2.5 | 江苏 | 277 | 2.7 |
| 上海 | 62 | 0.6 | 江西 | 74 | 0.7 |
| 天津 | 63 | 0.6 | 辽宁 | 423 | 4.1 |
| 重庆 | 56 | 0.5 | 内蒙古 | 755 | 7.3 |
| 安徽 | 992 | 9.6 | 宁夏 | 26 | 0.3 |
| 甘肃 | 263 | 2.6 | 青海 | 17 | 0.2 |
| 广东 | 283 | 2.7 | 山西 | 124 | 1.2 |
| 广西 | 52 | 0.5 | 山东 | 2861 | 27.8 |
| 贵州 | 63 | 0.6 | 新疆 | 32 | 0.3 |
| 福建 | 47 | 0.5 | 云南 | 35 | 0.3 |
| 河南 | 156 | 1.5 | 浙江 | 223 | 2.2 |
| 海南 | 46 | 0.4 | 陕西 | 1070 | 10.4 |
| 河北 | 203 | 2.0 | 四川 | 54 | 0.5 |
| 黑龙江 | 107 | 1.0 | 西藏 | 4 | 0.0 |
| 湖北 | 42 | 0.4 | 港澳台 | 2 | 0.0 |
| 湖南 | 354 | 3.4 | 海外 | 12 | 0.1 |
| 吉林 | 1226 | 11.9 | | | |

## （二）志愿者服务信息

**1. 志愿者注册**

本次调研我们重点对志愿者的注册与否以及注册单位进行调查。调研发现，在过去一年中注册了志愿者的人数占69.3%，未注册的占30.7%。

在对志愿者注册单位调查显示，2016年在本学校/本单位注册的志愿者最多占53.1%，其次是在民间服务组织注册的志愿者占15.7%，在社会服务事业单位注册的占10.2%，在群团组织（工会、妇联、团委、残联、红十字会、志愿服务联合会等）注册的占10.8%，国家机关注册的志愿者占4.6%，在所居住的社区居委会或街道办事处注册的志愿者占2.7%，在其他地方注册的占3.0%（见图5）。需要说明的是，由于调查工具（调查方式采用了网络调查）等不足，导致了很大一部分老年和社区志愿者被排除在外。

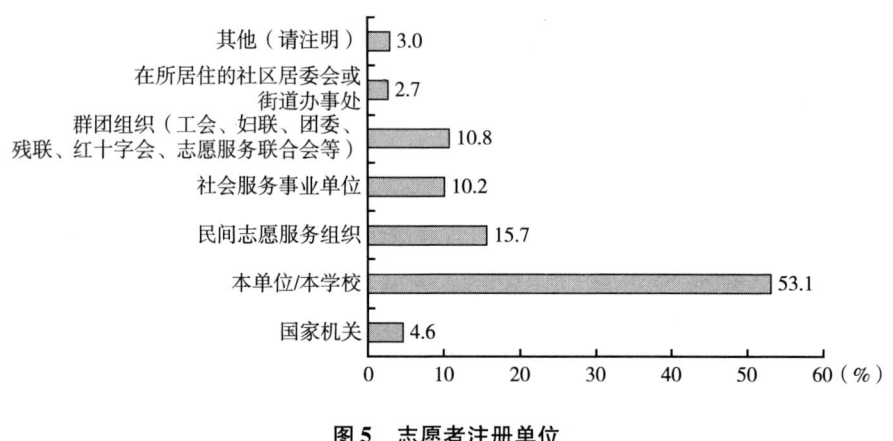

图5　志愿者注册单位

**2.志愿者的服务频率**

本次调查显示，只有在一年的特定时间或节日才参加志愿服务占29.2%，每月一次或每两月一次占34.9%，每周一次或双周一次占26.8%，每天或经常参加占9%（见图6）。可见，调查对象中，近七成志愿者参与频率较高属于活跃志愿者。

**3.志愿服务时间**

在关于志愿服务时间调查的9586份有效问卷中，有24%的填写者在过去一年中志愿服务时长少于10小时，有36.6%的填写者在过去一年中志愿服务时长在11~40小时，有17.4%的填写者在过去一年中志愿服务时长41~80小时，有10.4%的填写者在过去一年中志愿服务时长81~160小时，有11.4%的填写者在过去一年中志愿服务时长超过160小时（见图7）。

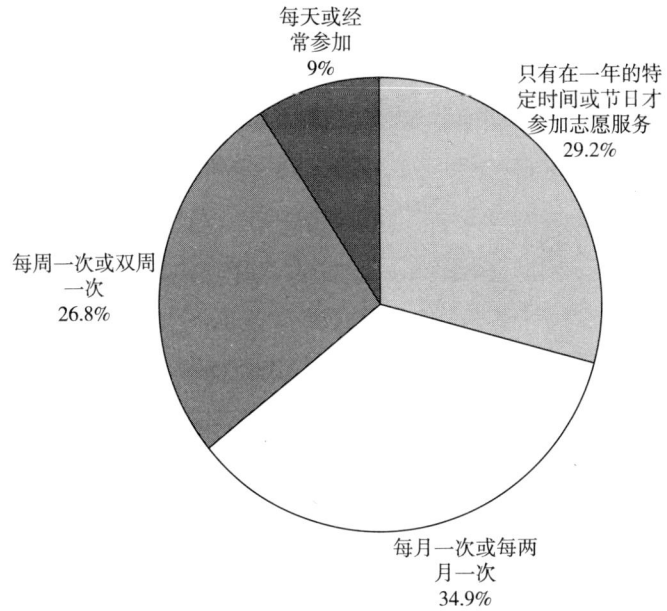

图6 志愿者的服务频率

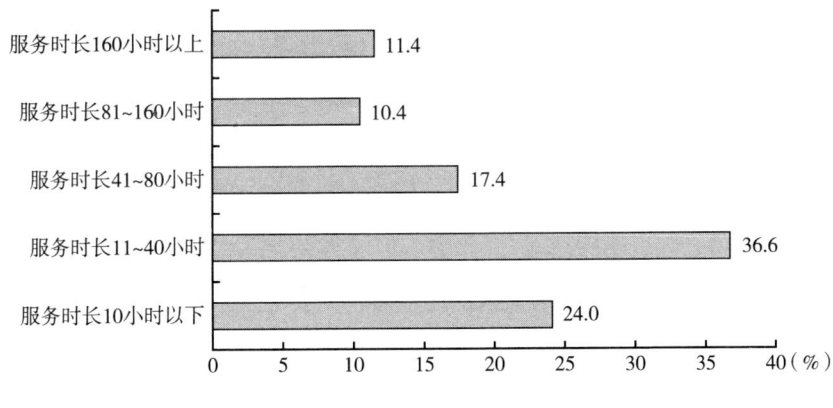

图7 志愿者志愿服务时间

**4. 志愿者所服务的机构数量及领域**

本调研发现，2016年中没有为任何机构提供志愿服务的志愿者占比

9.9%，32.5%的志愿者服务于单一机构，50.6%的志愿者服务于两个机构以上，这说明志愿者在志愿服务中的选择具有多样性，同时也反映了现有志愿者统计过程中可能存在着重叠（见图8、表5）。

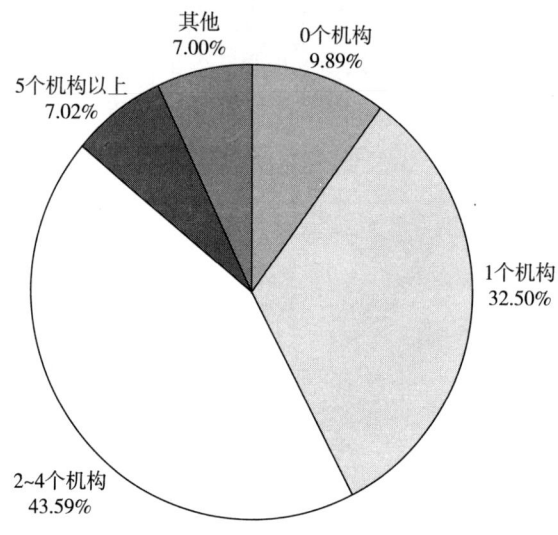

图8　服务机构数量

表5　志愿者服务领域

| 志愿服务领域 | 频数 | 百分比（%） |
| --- | --- | --- |
| 扶贫济困 | 4090 | 12.80 |
| 帮老助残 | 5750 | 18.00 |
| 拥军优属 | 485 | 1.50 |
| 支教助学 | 2451 | 7.70 |
| 法律援助 | 413 | 1.30 |
| 科普宣传 | 2215 | 6.90 |
| 科技推广 | 453 | 1.40 |
| 医疗护理 | 1174 | 3.70 |
| 心理咨询 | 706 | 2.20 |
| 社会调研 | 1300 | 4.10 |
| 环境保护 | 3181 | 9.90 |

续表

| 志愿服务领域 | 频数 | 百分比（%） |
|---|---|---|
| 社区服务 | 3374 | 10.50 |
| 治安防范 | 492 | 1.50 |
| 抢险救灾 | 492 | 1.50 |
| 大型社会活动 | 2218 | 6.90 |
| 志愿服务组织管理与运营 | 1647 | 5.10 |
| 国际援助与合作交流 | 170 | 0.50 |
| 互联网志愿服务（公益信息传播、网络公益活动等） | 968 | 3.00 |
| 其他社会公益活动 | 427 | 1.30 |
| 总计 | 32006 | 100 |

**5. 志愿者支付的志愿服务成本**

2016年在关于志愿者参与志愿服务里个人承担的服务成本（含交通费、误餐费、通信费、服务物料费等）的调查显示，有18.9%志愿者没有承担任何费用，而是由组织承担全部服务成本，或发放服务津贴；志愿者承担的服务成本金额详见表6。由此显示，81.1%的志愿者在志愿服务中均有支付服务成本或捐赠。

**表6 志愿者个人支付服务成本**

| 个人承担服务成本 | 频数 | 百分比（%） |
|---|---|---|
| 0元（由组织承担全部服务成本，或发放服务津贴） | 1948 | 18.9 |
| 50元以下 | 3177 | 30.8 |
| 51~100元 | 1672 | 16.2 |
| 101~500元 | 1535 | 14.9 |
| 501~1000元 | 624 | 6.1 |
| 1001~5000元 | 396 | 3.8 |
| 5001~10000元 | 125 | 1.2 |
| 1万~5万元 | 66 | 0.6 |
| 5万~10万元 | 10 | 0.1 |

**6.志愿服务领域**

(1) 参与服务的途径:参与调研者在过去一年中,参加志愿服务是通过亲戚/朋友、熟人/同事介绍的占13.70%;是通过单位(或学校)要求或统一安排的占39.6%;是通过广播、报纸、电视等传统媒体的渠道的占5.3%;是通过互联网络、微信、微博等新媒体占13.2%;是通过本社区居委会通知的5.7%;是自己主动寻找的19.5%;其他途径的占3.0%(见表7)。由此可见,志愿者最主要的渠道是通过单位(或学校)参与,而个人、亲友及新媒体也是志愿者参与志愿服务的重要渠道。

表7 志愿者的服务途径

| 志愿服务途径 | 频数 | 百分比(%) |
| --- | --- | --- |
| 亲戚/朋友、熟人/同事介绍 | 1683 | 13.7 |
| 单位(或学校)要求或统一安排 | 4860 | 39.6 |
| 广播、报纸、电视等传统媒体的渠道 | 650 | 5.3 |
| 互联网络、微信、微博等新媒体 | 1625 | 13.2 |
| 本社区居委会的通知 | 701 | 5.7 |
| 自己主动寻找 | 2397 | 19.5 |
| 其他(请注明) | 368 | 3.0 |
| 总　计 | 12284 | 100 |

(2) 志愿服务领域

在关于志愿服务领域的调查中,18.0%的调查对象选择帮老助残,12.8%的人选择扶贫济困,10.5%的人选择社区服务,9.9%的人关注环境保护,7.7%的人选择支教助学,还有一些在大型活动、科普宣传等领域(见图9)。可以看出,志愿者进行服务的领域基本上都是帮助弱势群体。

**7.志愿服务类型**

在志愿服务的类型方面,参与调研志愿者提供体能型服务(如打扫卫生、扶老携幼、运送物资、发放资料等)的占58.9%,技能型服务(如维修电器、科普宣传讲座、医疗保健义诊等)的占16.1%,智能型服务的占(如公益研究、培训授课、专业咨询等)21.7%,其他占3.3%(见表8)。

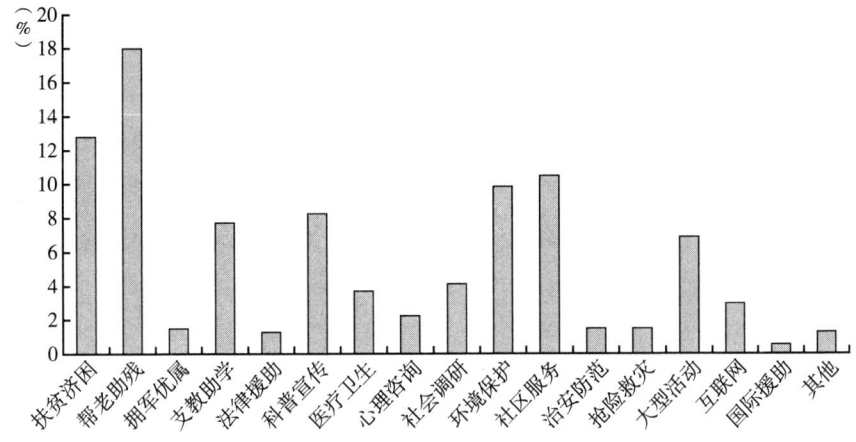

**图9 志愿服务领域**

**表8 志愿者的服务类型**

| 志愿者的服务类型 | 频数 | 百分比(%) | 志愿者的服务类型 | 频数 | 百分比(%) |
|---|---|---|---|---|---|
| 体能型服务 | 7914 | 58.9 | 其他(请注明) | 450 | 3.3 |
| 技能型服务 | 2162 | 16.1 | 总　计 | 13444 | 100 |
| 智能型服务 | 2918 | 21.7 | | | |

体能型志愿服务仍然占多数，但是志愿者从事具有技能型和智能型志愿服务的人数较上年提升超过10%，这反映了志愿服务开始向着专业化方向发展。

**8. 志愿服务的问题**

志愿服务组织是志愿者从事志愿服务的重要平台，志愿服务组织的志愿者管理水平，直接影响到志愿者参与。本调查发现组织的志愿者管理能力不足和有关功能缺失已经成为阻碍志愿者参与的重要因素之一。

在2016年调研的志愿者服务过程中遇到问题选项里，名列前三名的主要问题是：缺少培训过程，占19.5%、服务不够专业化占17.1%、活动经费不足占15.4%。另外有10.5%的志愿者认为没有激励机制，志愿服务表面化和形式化的占9.6%，缺少评估与反馈的占9.2%（见表9）。

表9　2016年志愿服务问题

| 问题 | 频数 | 百分比(%) |
| --- | --- | --- |
| 服务不够专业化 | 4073 | 17.1 |
| 志愿者招募不公正 | 1108 | 4.7 |
| 缺少培训过程 | 4634 | 19.5 |
| 没有激励机制 | 2497 | 10.5 |
| 缺少评估与反馈 | 2187 | 9.2 |
| 活动经费不足 | 3673 | 15.4 |
| 志愿者人身安全缺乏保障 | 1384 | 5.8 |
| 志愿服务表面化和形式化 | 2293 | 9.6 |
| 严重的行政化 | 990 | 4.2 |
| 得不到服务对象的认可和尊重 | 838 | 3.5 |
| 其他(请注明) | 134 | 0.6 |
| 总　　计 | 23811 | 100.00 |

## （三）非正式志愿服务

非正式志愿服务是指志愿者没有通过组织，而是个人直接无偿服务他人。虽然这不是本调研的重点，但是可以看到志愿者在从事正式志愿服务同时，也有相当多的个人在做好事。

**1.非正式志愿服务比例**

在接受调查的人数来看，经常参见非正式志愿服务的占42.39%，偶尔参加的占47.87%，从不参加的占9.74%，由此可见，大部分的人还是会参加非正式的志愿服务的（见图10）。

**2.非正式志愿服务内容**

接受调查的人在过去一年的生活中经常顺手或顺便帮扶陌生人（如让座、指路引路、帮助老弱病残等）的占68.2%，偶尔的占30.3%，从不的占1.5%，由此可见，大部分的人都有帮助其他人的行为。

经常无偿参与所在社区活动，无偿参与所在社区活动（如打扫卫生、

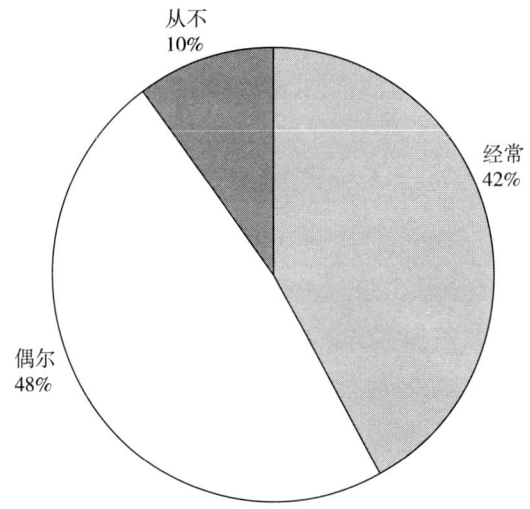

图 10　参加非正式志愿服务比例

治安巡逻、文体活动等）的人占 33.3%，偶尔参与的人占 54.3%，从不参加的人占 12.3%，由此可见，大部分的人都有参与社区活动的行为。

经常无偿帮助邻居或本社区居民，无偿帮助邻居或本社区居民（如买菜、修电器、照看孩子等）的人占 25.6%，偶尔参加的人占 59.0%，从不帮助的人占 15.4%。

由此可见，大部分的人都有帮助其他人的行为，主要是体力和关爱型慈善服务。

### （四）志愿服务满意度与捐赠

**1. 总体满意度**

参与调研的人在去年中参与过志愿服务的人数为 10308 人，其中，对去年参与过的志愿活动的总体满意度比较满意的占 45.6%，非常满意的占 32.4%，一般的占 13.6%，不满意的和非常不满意的分别占 1.0% 和 0.3%。

志愿者对志愿服务最为满意的是志愿服务组织（37.6%）和志愿者同

伴（30.8%），而对服务活动主办方（12.4%）和服务对象（11.5%）的满意度相对较低（见图11）。这说明志愿服务组织不仅对志愿者参与社会服务最为重要，而且对志愿者的管理水平也有所提升；另外，也反映了志愿服务组织在促进志愿者与服务对象的关系和服务反馈方面需要加强。

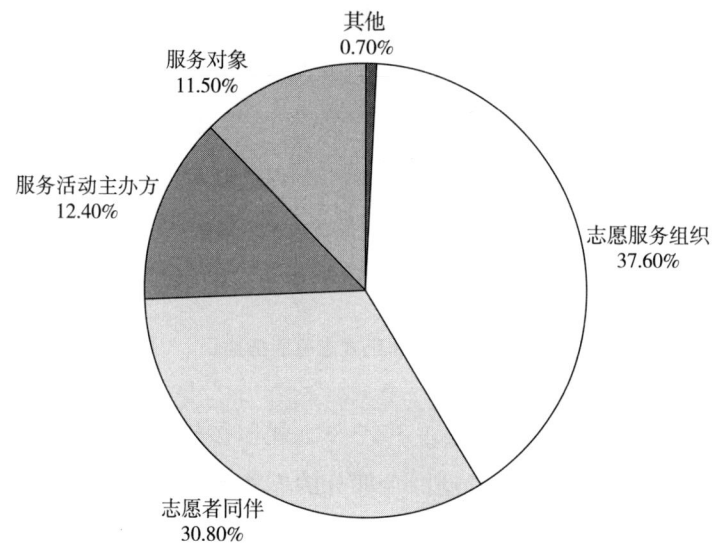

**图11　志愿者对谁最满意**

**2. 志愿者捐赠**

在被调查的志愿者中有11.8%的人承认自己在过去一年中没有为志愿服务组织或是向慈善机构捐赠过物品或现金，还有15.9%的人跳过了本问题。其他人都有不同形式的捐赠，其中，有45.1%的人捐赠价值在100元以内，捐赠价值101~1000元的人占21.8%，4.3%的人捐献额在1001~10000元，捐献1万元到10万元的有0.8%，捐赠价值10万元以上的人只有0.3%。调查显示，60%以上的志愿者在2015年进行了慈善捐赠。

捐赠物资方式：38%的人通过线下方式捐赠，15%的人线上捐赠，41%的人线上线下都采用过，还有6%的人采用其他捐赠物资方式（见图12）。这说明线下捐赠还是目前的一种主导捐赠方式，而线上捐赠已呈现出增长趋势。

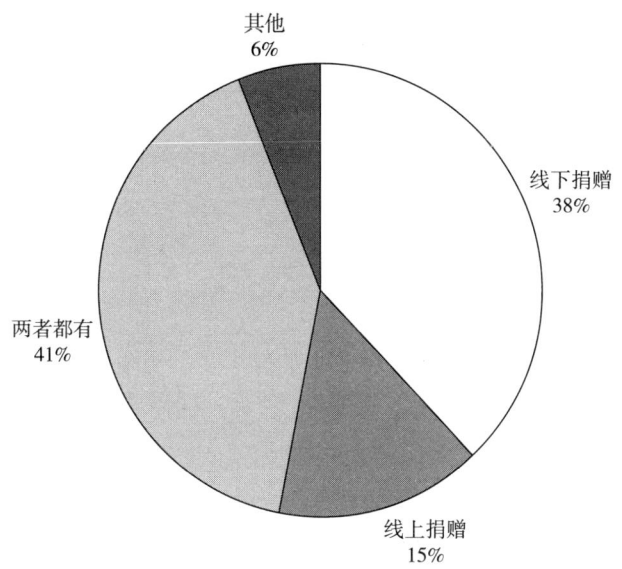

图 12　志愿者捐赠方式

（五）志愿服务组织分析

对志愿服务组织的调查主要是通过问卷和访谈。本调查共回收 2211 份志愿服务组织问卷，来自全国 29 个省份，其中来自安徽、湖南、山东、内蒙古、陕西的数量较多。与课题组重点委托北京、山东、湖南、吉林、广东、甘肃、安徽、内蒙古、辽宁、陕西、浙江、江苏等 12 个省份志愿者组织和专业志愿者在当地发放问卷和访谈密不可分。本调查关注志愿服务组织性质与规模、服务领域、开展志愿服务及其管理所面临的困难和挑战、组织发展需求和建议。

2017 年中国志愿服务组织特点：

（1）成立时间，半数志愿服务组织成立的时间超过十年（50.4%），成立时间为 2~5 年的占 27.3%，6~10 年的占 11.8%，成立的时间一年以内的占 10.4%。

（2）从志愿者组织面临挑战来看，参与调研的志愿者组织中有 51.29%

的人在开展志愿服务过程中遇到志愿服务经费不足的挑战。18.41%的人在开展志愿服务过程中遇到招募不到合适的志愿者的挑战。有8.48%的人在开展志愿服务过程中遇到志愿者自行中断服务的挑战。有5.17%的人在开展志愿服务过程中遇到志愿者人员出现人身伤害的挑战。

（3）在志愿者组织的管理方面，参与调研的志愿者组织中有20.18%的机构在志愿者管理方面提供了志愿者培训服务，有13.85%的在志愿者管理方面提供了志愿者保障服务，有13.60%的在志愿者管理方面提供了志愿者督导，有17.22%的在志愿者管理方面进行了志愿服务时间记录事宜，仅有5.24%的在志愿者管理方面提供了志愿服务协议。

1. 志愿者组织的地域分布

由于课题组重点委托北京、山东、湖南、吉林、广东、甘肃、安徽、内蒙古、辽宁、陕西、浙江、江苏等12个省份志愿者组织和专业志愿者在当地发放问卷和访谈。因此，志愿者组织回收问卷绝大部分来自以上地区。其中，居住地在内蒙古的志愿者组织占47%，居住地为山东的志愿者占14.8%，安徽的志愿者组织占8.1%，陕西志愿者占5.9%；其次是甘肃、北京、广东等省份，分别占3.1%、2.8%、2.3%（见表10）。

表10 志愿服务组织所在地

| 城市 | 频数 | 百分比（%） | 城市 | 频数 | 百分比（%） | 城市 | 频数 | 百分比（%） |
| --- | --- | --- | --- | --- | --- | --- | --- | --- |
| 北京 | 62 | 2.8 | 吉林 | 21 | 0.9 | 海南 | 1 | 0.0 |
| 上海 | 6 | 0.3 | 江苏 | 44 | 2.0 | 河北 | 11 | 0.5 |
| 天津 | 1 | 0.0 | 江西 | 3 | 0.1 | 黑龙江 | 3 | 0.1 |
| 重庆 | 2 | 0.0 | 辽宁 | 73 | 3.3 | 湖北 | 3 | 0.1 |
| 安徽 | 178 | 8.1 | 内蒙古 | 1039 | 47.0 | 河南 | 14 | 0.6 |
| 甘肃 | 69 | 3.1 | 宁夏 | 1 | 0.0 | 浙江 | 6 | 0.3 |
| 广东 | 50 | 2.3 | 青海 | 1 | 0.0 | 陕西 | 131 | 5.9 |
| 广西 | 2 | 0.1 | 山西 | 5 | 0.2 | 四川 | 6 | 0.3 |
| 贵州 | 2 | 0.1 | 山东 | 328 | 14.8 | 湖南 | 120 | 5.4 |
| 福建 | 2 | 0.1 | 新疆 | 1 | 0.0 | 其他 | 26 | 1.2 |

**2.志愿者组织的注册状况**

在调研的志愿服务组织中,59%的志愿者组织是在民政注册的社会组织,没有在相关机构正式登记或注册的组织占17%,街道和社区备案的占7%,工商注册占2%(见图13)。

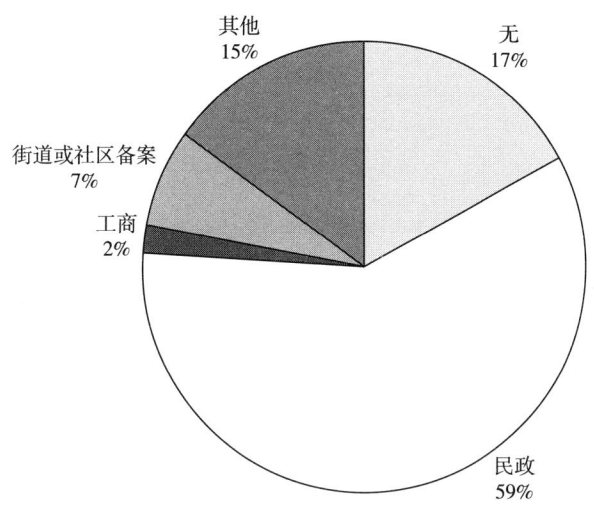

**图13 志愿服务组织注册部门**

在调研的志愿服务组织中,有国内外政府部门和群团组织作为上级主管的占88%,其中,院校为主管部门的志愿者组织51.4%,共青团为主管部门的志愿者组织占12.2%,民政部门为主管部门的志愿者组织占11.4%,党委/精神文明委/社工委为主管部门的志愿者组织占5.5%,妇联/工会/残联为主管部门的志愿者组织占2.2%,政府其他部门为主管部门的志愿者组织占4.5%,国际组织为主管部门的志愿者组织占0.5%;而无上级主管单位的占7.6%(见图14)。

参与调研的组织中没有全职工作人员的比例最高,达到43.8%(这些主要是院校大学生社团组织),全职工作人员1~500人占比为49.9%,其中,100~500人的组织占12.0%,31~100人的占10.5%,11~30人的占9.3%,6~10人的占4.7%,3~5人的占7.1%,1~2人的占6.3%;500

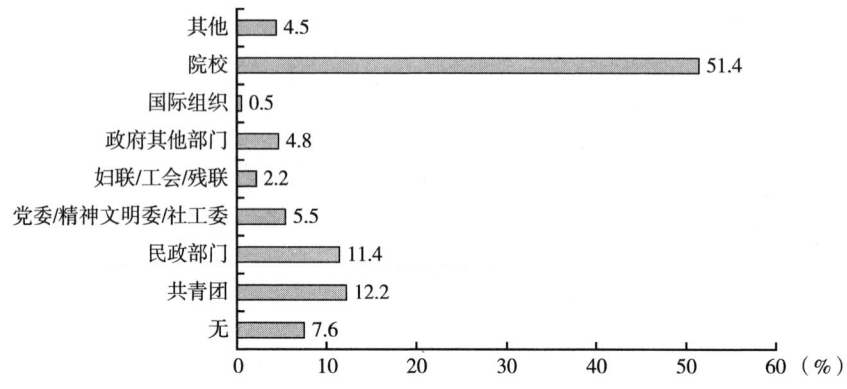

图14 志愿服务组织主管部门

人以上的占6.3%。

3.志愿者的注册率

参与调研的组织中注册志愿者数量为5001～10000人的占34.8%，101～500名的占比18.4%，51～100名的占比12.2%，501～1000名的占比8.5%，1001～5000名的占比8.0%，10名以内的占比5.7%，11～50名的占比10.8%，1万～10万名的占比1.1%，10万名以上的占比0.5%（见图15）。

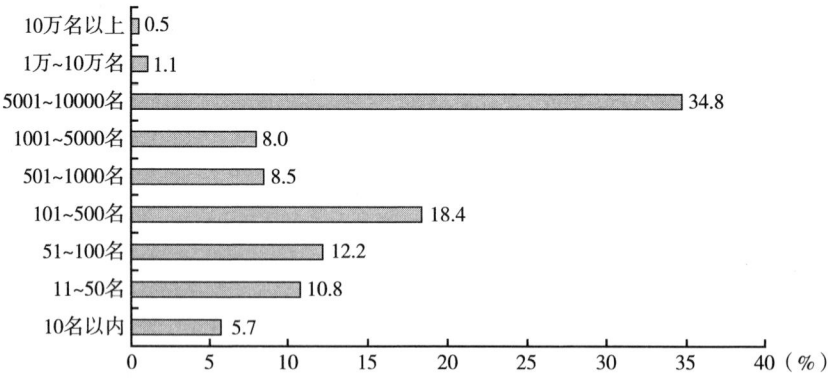

图15 志愿者组织中注册志愿者人数

在关于志愿者的重复注册问题中,没有在多个单位注册的注册志愿者的居多,比例为45%,其中,同时在民政部门注册的占10%,同时在文明办、共青团、工会、妇联、残联注册的占20%,同时在红十字会注册的占5%,同时在企事业单位注册的占2%,还有18.0%的组织不知道注册志愿者是否在其他地方注册或其他情况(见图16)。

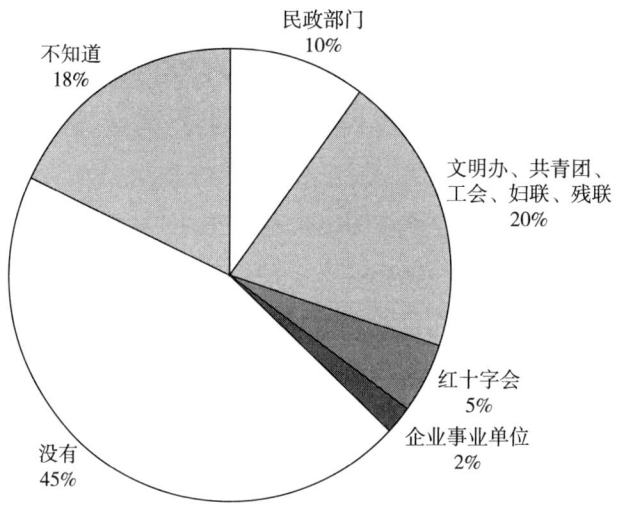

图16 志愿服务组织中志愿者的重复注册情况

在过去一年中,参与调研的组织实际参与服务的志愿者占注册志愿者数量的71%以上,其中,71%~90%与91%以上分别占28%和26%,10%以下的占7%,11%~30%的占14%,31%~50%的占13%,51%~70%的占12%(见图17)。

在过去一年中,参与调研的组织中志愿者的流失率(离职志愿者÷志愿者总数×100%)占比20%以下的占绝大多数,占82.5%,21%~40%的占9.7%,41%~60%的占3.9%,61%~80%的占2.0%,81%以上的占1.9%。

在过去一年中,参与调研的组织中组织志愿服务总时长100小时以下的占17.2%,101~1000小时的占26.3%,1000~5000小时的占37.0%,

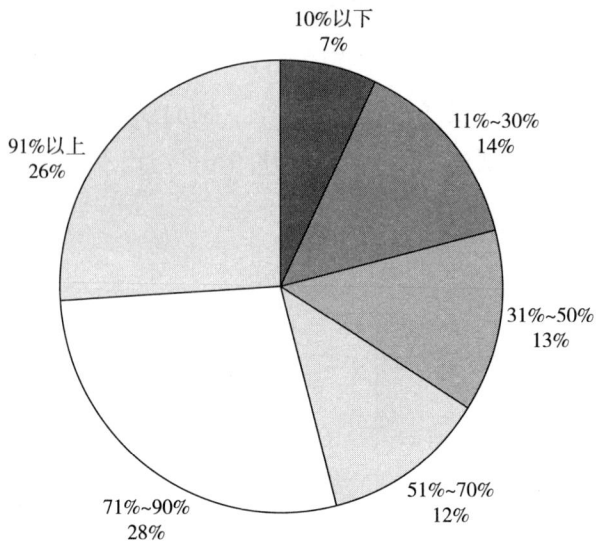

图17 志愿服务组织中的活跃志愿者占比

5001~1000小时的占14.1%,1万~10万小时的占3.8%,10万小时以上的占1.6%。

**4. 组织服务领域**

志愿服务组织所从事的服务领域与志愿者调查结果相同(见图18),主要集中在扶贫济困、帮老助残、支教助学、科普宣传、环境保护、社区服务等,也有一些志愿者从事志愿服务组织管理与运营和互联网资源服务。

**5. 志愿者管理**

本次接受调研的机构中,有4.08%的通过政府动员招募志愿者,有14.68%的通过社会招募志愿者,有39.34%的通过学校招募志愿者,有12.38%的通过亲友和志愿者相互介绍招募志愿者,有10.65%的通过网上招募志愿者,有6.00%的通过其他志愿服务组织推荐招募志愿者,有5.00%的通过合作单位员工招募志愿者,有6.26%的通过社区动员招募志愿者,有1.61%的通过其他方式招募志愿者,那么可以观察到,大多数的志愿者招募是通过学校招募来的。

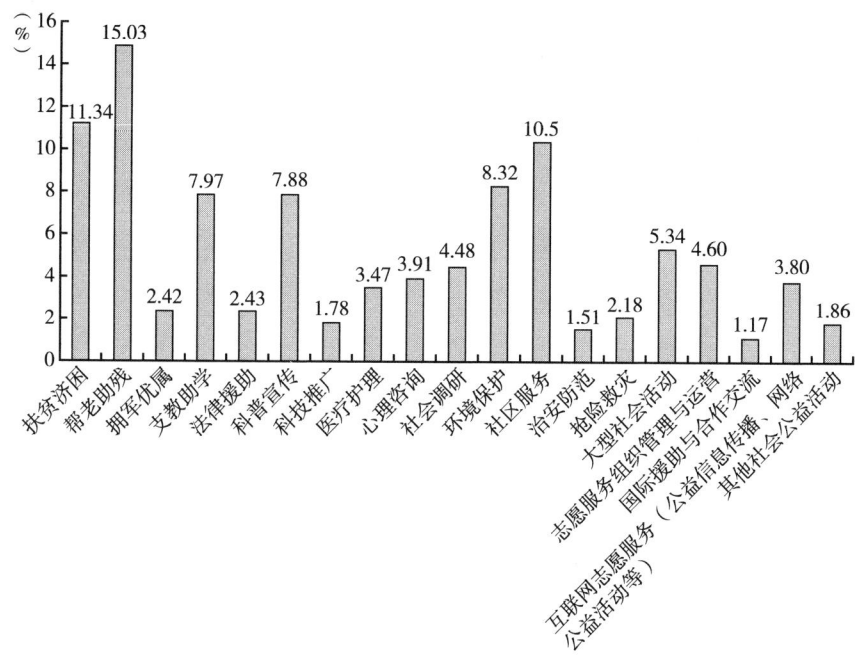

**图 18　志愿服务组织服务领域**

本次接受调研的机构中，有 18.41% 的在开展志愿服务过程中遇到招募不到合适的志愿者的挑战。有 51.29% 的在开展志愿服务过程中遇到志愿服务经费不足的挑战。有 3.45% 的在开展志愿服务过程中遇到志愿者与服务对象发生纠纷的挑战。有 5.17% 的在开展志愿服务过程中遇到志愿者人员出现人身伤害的挑战。有 8.48% 的在开展志愿服务过程中遇到志愿者自行中断服务的挑战。有 2.02% 的在开展志愿服务过程中遇到被当地政府部门终止项目的挑战。有 2.90% 的在开展志愿服务过程中遇到志愿者与志愿组织间发生纠纷的挑战。有 5.58% 的在开展志愿服务过程中遇到服务对象拒绝接受服务的挑战。有 1.34% 的在开展志愿服务过程中遇到与资方发生纠纷的挑战。有 1.37% 的在开展志愿服务过程中遇到其他的挑战。那么可以观察到，大多数在机构存在志愿服务过程中志愿服务经费不足、招募不到合适的志愿者以及志愿者自行中断服务的情况。

本次接受调研的机构中，有 5.52% 的志愿服务频率是只有在一年的特定时间内进行志愿服务，有28.45%的志愿服务频率是不定期组织，有8.19%的志愿服务频率是每月一次或每两月一次，有50.25%的志愿服务频率是每周一次或双周一次，有7.60%的志愿服务频率是只每天或者经常。那么可以观察到，大多数组织的志愿服务频率是每周一次或双周一次（见图19）。

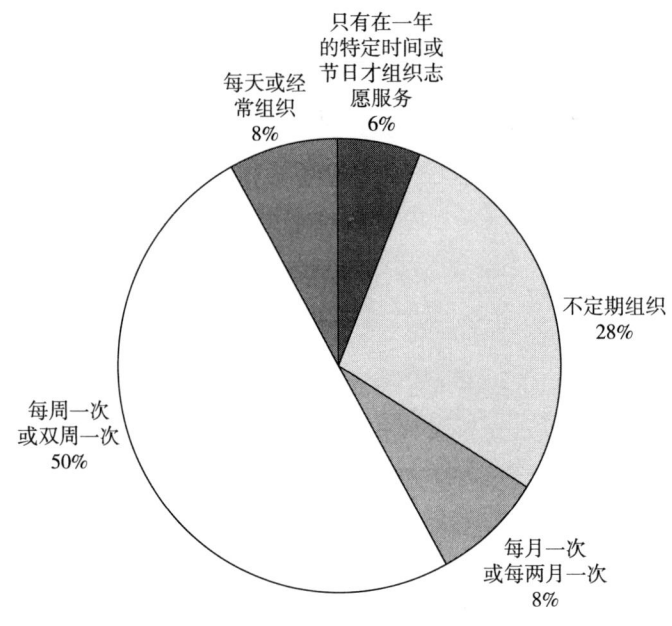

**图19 志愿者组织组织志愿者活动频率**

**6.志愿服务的资金来源**

在组织开展志愿服务的资金来源调研中，有12.58%资金来自政府购买服务或财政支付，有7.43%的资金来自基金会或基金资助，有15.73%的资金来自企业赞助，有6.10%的资金来自与支持型组织联合筹资，有20.06%志愿者自行承担或捐赠，有13.08%的资金来自社会个人捐助，有0.55%的资金来自国际援助，有1.23%的资金来自接受志愿服务的受益人购买，有1.78%的资金来自移动互联网众筹，有3.48%的资金来自服务收入，有1.50%的资金来自承接外包服务，有16.50%的资金来自其他赞助，大部分组织开展志愿者服务的资金来源于志愿者自行承担（见图20）。

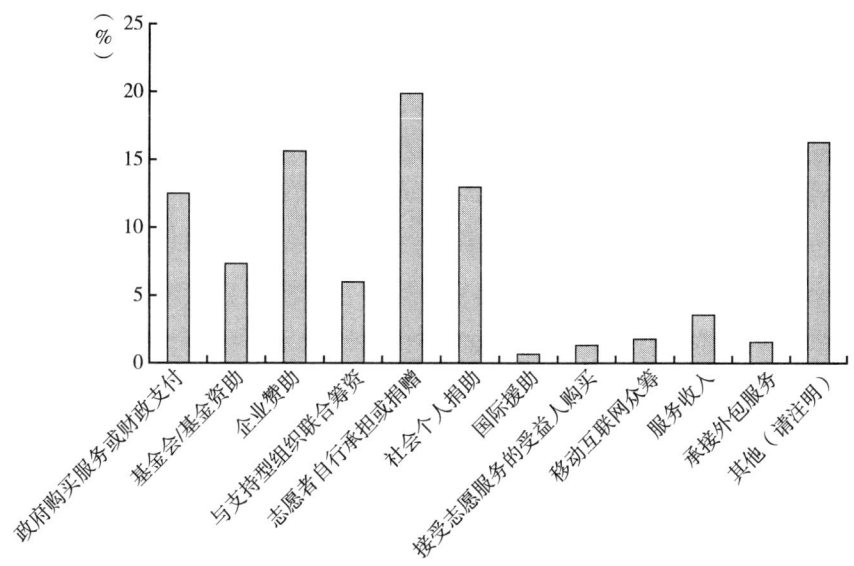

图20 组织开展志愿服务经费来源

在过去一年中,组织为志愿者支出的管理成本,由志愿者个人承担全部服务成本的占12.0%,1000元以下的占24.8%,1001~10000元的占48.0%,1万~5万元的占8.5%,5万~10万元的占3.1%,10万~50万元的占2.0%,50万~100万元的占1.1%,100万元的占0.4%,大部分组织为志愿者支出的费用是1001~10000元。

(六)城市志愿服务发展指数比较

2016年志愿者调查中课题组重点还选取了部分城市调查,尽管各省份的调研样本数量不尽相同,有的城市问卷多,有的城市问卷少。但课题组成员分别对不同省份进行计算,根据目前获得数据重点对全国的东、中、西部不同省份的志愿者参与频率、服务时间、服务机构和服务成本进行比较,通过不同区域比较,可以看出全国不同城市志愿服务的发展情况。下面重点呈现北京、安徽、甘肃、广东、湖南、吉林、江苏、内蒙古、山东、浙江、陕西等地区,对以上四个指标进行比较。

### 1. 不同省份志愿者的参与频率比较

通过对以上11个省份进行志愿者服务频率比较，我们发现只有在特定时间参与志愿服务的省份中山东占比最高，41.43%志愿者选择仅只有在一年的特定时间或节日才参加志愿服务。相比而言，陕西、甘肃、北京、浙江四地区志愿者每天或经常参加志愿服务的频率较高（见表11）。

表11 不同省份志愿者参与频率比较

| 城 市 | 您在过去一年中参与志愿服务的频率 | | | | 合计 |
|---|---|---|---|---|---|
| | 只有在一年的特定时间或节日才参加志愿服务 | 每月一次或每两月一次 | 每周一次或双周一次 | 每天或经常参加 | |
| 北 京 | 32.27 | 29.08 | 23.11 | 15.54 | 100.00 |
| 安 徽 | 28.66 | 31.86 | 30.31 | 9.18 | 100.00 |
| 甘 肃 | 31.98 | 30.77 | 21.05 | 16.19 | 100.00 |
| 广 东 | 33.33 | 36.88 | 20.21 | 9.57 | 100.00 |
| 湖 南 | 32.75 | 39.13 | 20.87 | 7.25 | 100.00 |
| 吉 林 | 30.25 | 37.94 | 25.76 | 6.05 | 100.00 |
| 江 苏 | 24.37 | 31.18 | 35.84 | 8.60 | 100.00 |
| 内蒙古 | 31.56 | 34.29 | 27.07 | 7.07 | 100.00 |
| 山 东 | 41.43 | 29.84 | 21.94 | 6.79 | 100.00 |
| 浙 江 | 26.58 | 39.19 | 19.82 | 14.41 | 100.00 |
| 陕 西 | 8.67 | 37.61 | 33.02 | 20.71 | 100.00 |

通过比较志愿者的服务频率均值，我们也可以看到陕西、江苏、北京、浙江的服务频率居全国志愿服务前三名（北京与浙江并列），山东、湖南等地志愿者服务频率较低。这反映了陕西、江苏、北京、浙江四地区的志愿服务的常态化水平比较高，而山东、湖南等地区的志愿服务可能更多是运动式特点，常态化服务有待于进一步发展（见图21）。

### 2. 不同省份志愿者的参与时间比较

通过对以上11个省份进行志愿者服务时间比较，我们发现北京、广东、甘肃等地志愿者的服务时间超过320小时占比最高，相比而言，山东、内蒙古、吉林等地志愿者服务时间少于10小时较普遍（见表12）。

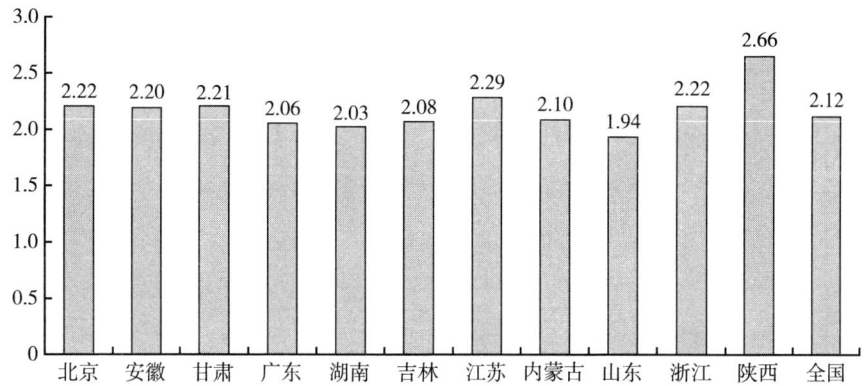

图 21　不同省份志愿者参与频率均值比较

表 12　不同省份志愿者参与时间分布比较

| 城市 | 您在过去一年间志愿服务的时间 | | | | | | 合计 |
|---|---|---|---|---|---|---|---|
| | 少于10小时 | 11~40小时 | 41~80小时 | 81~160小时 | 160~320小时 | 320小时以上 | |
| 北京 | 20.72 | 25.10 | 19.52 | 13.55 | 9.16 | 11.95 | 100.00 |
| 安徽 | 22.68 | 37.84 | 17.84 | 10.10 | 5.67 | 5.88 | 100.00 |
| 甘肃 | 22.67 | 30.77 | 18.22 | 10.53 | 7.29 | 10.53 | 100.00 |
| 广东 | 21.63 | 23.05 | 21.28 | 13.83 | 8.16 | 12.06 | 100.00 |
| 湖南 | 24.64 | 38.55 | 15.94 | 8.41 | 6.38 | 6.09 | 100.00 |
| 吉林 | 26.90 | 37.69 | 14.06 | 10.96 | 4.50 | 5.89 | 100.00 |
| 江苏 | 22.22 | 33.69 | 16.49 | 12.54 | 9.68 | 5.38 | 100.00 |
| 内蒙古 | 28.30 | 37.96 | 17.96 | 7.48 | 4.35 | 3.95 | 100.00 |
| 山东 | 32.35 | 33.44 | 16.92 | 8.58 | 4.34 | 4.37 | 100.00 |
| 浙江 | 19.82 | 35.14 | 20.27 | 10.36 | 7.21 | 7.21 | 100.00 |
| 陕西 | 21.84 | 39.60 | 15.08 | 11.09 | 5.72 | 6.67 | 100.00 |

比较各地与全国志愿者的服务时间均值，我们也可以看到北京、广东、甘肃、浙江、江苏等地的服务时间远远高于全国平均时间，山东、吉林等地志愿者服务时间低于全国平均时间。尽管山东、吉林的志愿者问卷回收份数相对较多，但通过志愿服务时间的比较，也验证了北京及广东、浙江、江苏

等东南部省份志愿服务相对发达,而北方的山东、吉林等地的志愿服务呈现出临时性特点(见图22)。

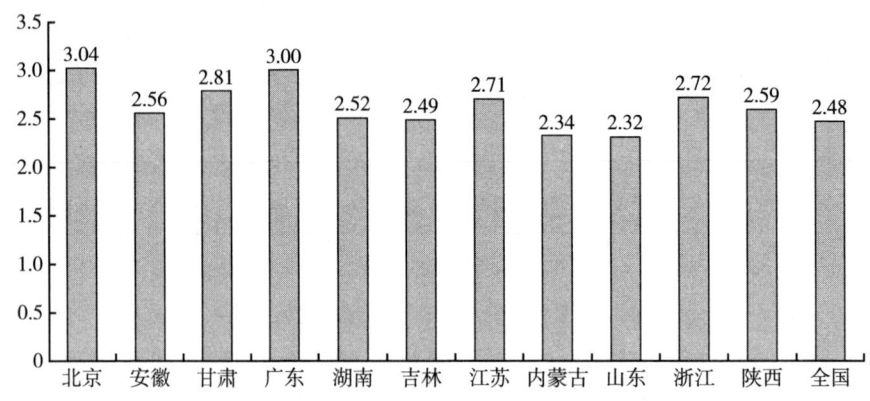

图22 不同省份志愿者参与时间均值比较

**3. 不同省份志愿者的服务机构数量比较**

通过对以上11个省份进行志愿者的服务机构数量比较,我们发现北京、甘肃、江苏等地服务机构最多,服务五个机构的志愿者占比最高超过10%,相比而言,山东、吉林等地超过15%的志愿者服务机构数量为零。说明这两地志愿者有可能参加临时性或运动式志愿服务较多(见表13)。

表13 不同省份志愿者服务机构数量分布比较

| 城市 | 过去一年中您为多少家机构提供了志愿服务 | | | | 合计 |
|---|---|---|---|---|---|
| | 0个机构 | 1个机构 | 2~4个机构 | 5个机构以上 | |
| 北京 | 12.75 | 23.51 | 52.59 | 11.16 | 100.00 |
| 安徽 | 9.48 | 35.67 | 48.87 | 5.98 | 100.00 |
| 甘肃 | 6.48 | 30.77 | 51.01 | 11.74 | 100.00 |
| 广东 | 8.16 | 32.62 | 49.29 | 9.93 | 100.00 |
| 湖南 | 8.70 | 38.55 | 48.12 | 4.64 | 100.00 |
| 吉林 | 16.76 | 35.32 | 41.37 | 6.54 | 100.00 |
| 江苏 | 7.53 | 29.39 | 51.61 | 11.47 | 100.00 |
| 内蒙古 | 8.84 | 36.46 | 48.71 | 5.99 | 100.00 |

续表

| 城市 | 过去一年中您为多少家机构提供了志愿服务 | | | | 合计 |
|---|---|---|---|---|---|
| | 0个机构 | 1个机构 | 2~4个机构 | 5个机构以上 | |
| 山东 | 15.46 | 37.62 | 40.66 | 6.26 | 100.00 |
| 浙江 | 7.66 | 29.28 | 54.50 | 8.56 | 100.00 |
| 陕西 | 10.57 | 30.94 | 49.83 | 8.67 | 100.00 |

比较各地与全国志愿者的服务机构数量均值，我们也可以看到甘肃、浙江、江苏等地的服务时间远远高于全国平均机构数量，而山东、吉林等地志愿者服务机构数量低于全国平均服务机构数量。通过不同省份志愿者的服务机构数量，也能一定程度上反映当地的志愿服务发达水平（见图23）。

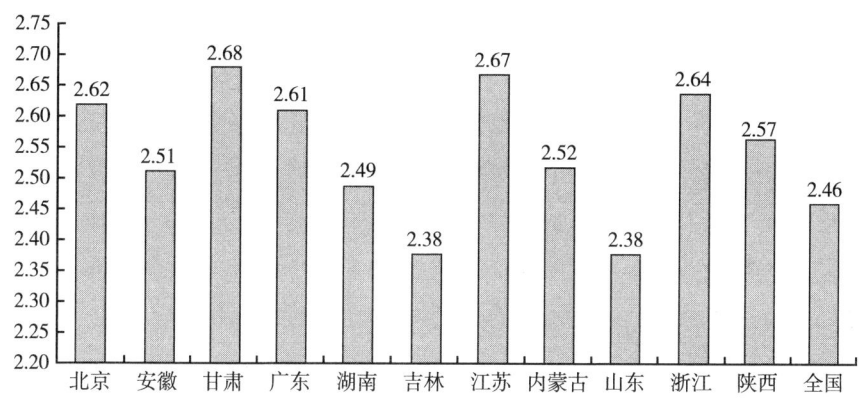

图23　不同省份志愿者的服务机构数量均值比较

**4. 不同省份志愿者个人支付服务成本比较**

通过对以上11个省份志愿者的个人承担成本比较，我们发现北京、广东等地个人承担成本甚至超过10万元以上，相比而言，山东、吉林等地志愿者个人承担成本为0元比重较高，超过25%的志愿者承担费用为零。比较各地与全国志愿者的个人承担成本均值，我们也可以看到广东、甘肃、北京、浙江、江苏等地的个人承担成本远远高于全国平均个人承担成本，而山东、安徽、吉林等地志愿者个人承担服务成本低于全国个人承担成本的平均水平（见表14）。

表14 不同省份志愿者个人支付服务成本比较

| 城市 | 0元 | 50元以下 | 51~100元 | 101~500元 | 501~1000元 | 1001~5000元 | 5001~10000元 | 1万~5万元 | 5万~10万元 | 10万元以上 | 合计 |
|---|---|---|---|---|---|---|---|---|---|---|---|
| 北京 | 20.32 | 21.12 | 20.32 | 19.12 | 7.17 | 6.77 | 1.59 | 0.40 | 0.80 | 2.39 | 100.00 |
| 安徽 | 21.96 | 37.32 | 19.18 | 12.58 | 4.85 | 2.37 | 1.13 | 0.52 | 0.00 | 0.10 | 100.00 |
| 甘肃 | 14.17 | 30.36 | 14.17 | 18.62 | 9.72 | 7.69 | 4.05 | 1.21 | 0.00 | 0.00 | 100.00 |
| 广东 | 15.96 | 23.05 | 18.09 | 21.63 | 9.93 | 6.38 | 2.48 | 1.77 | 0.00 | 0.71 | 100.00 |
| 湖南 | 17.39 | 31.59 | 19.71 | 17.97 | 8.41 | 3.48 | 0.87 | 0.29 | 0.29 | 0.00 | 100.00 |
| 吉林 | 26.17 | 34.91 | 16.35 | 13.41 | 4.58 | 2.70 | 0.98 | 0.41 | 0.08 | 0.41 | 100.00 |
| 江苏 | 21.86 | 25.81 | 11.47 | 19.71 | 10.39 | 7.53 | 2.15 | 1.08 | 0.00 | 0.00 | 100.00 |
| 内蒙古 | 20.95 | 35.78 | 18.23 | 12.11 | 6.26 | 4.35 | 1.36 | 0.95 | 0.00 | 0.00 | 100.00 |
| 山东 | 25.60 | 31.30 | 17.29 | 14.29 | 6.54 | 3.07 | 1.02 | 0.40 | 0.15 | 0.34 | 100.00 |
| 浙江 | 16.67 | 21.17 | 20.72 | 23.42 | 9.01 | 6.31 | 1.80 | 0.45 | 0.45 | 0.00 | 100.00 |
| 陕西 | 12.65 | 32.93 | 17.16 | 20.97 | 7.11 | 6.33 | 1.21 | 1.47 | 0.09 | 0.09 | 100.00 |

通过个人承担成本再一次验证了广东、甘肃、北京、浙江、江苏等地的志愿者参与服务的主动性与积极性比较强，而山东、安徽和吉林等地有可能是通过组织动员来参加志愿服务。与此前的不同省份在志愿者服务频率、时间和服务机构等指标的发现较为一致。再次验证了东南部发达省份志愿者的活跃程度超过了东北部省份。同时志愿服务与地区的经济发达程度之间也呈现一定的相关性（见图24）。

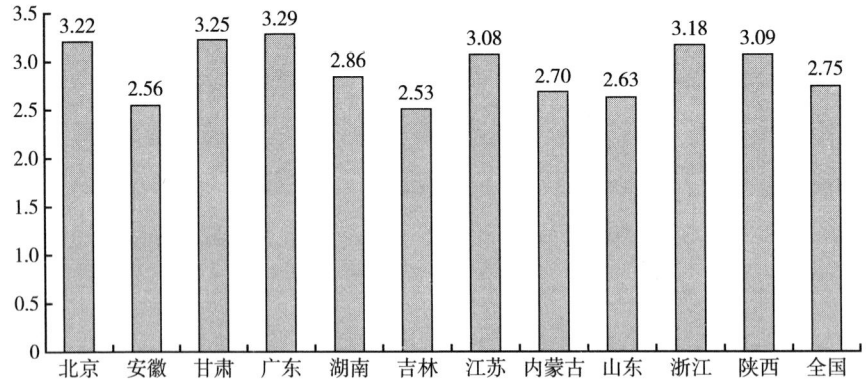

图24 不同省份志愿者个人承担成本均值比较

城市志愿服务发展比较特征总结如下。

由于网络问卷与滚雪球抽样在研究方法上存在着难以克服的代表性问题,调研样本在地域分布上呈现出不均衡性。针对以上研究方法的不足,本次调查通过访谈对志愿服务总量进行估算,从样本量的绝对差异中寻求地区志愿服务发展的相对比较值。比如,通过对城市志愿服务参与时间、频率等指标的比较,消除调查误差,反映全国志愿服务发展的部分情况。还通过理论抽样对一些省份进行比较,通过对比不同省份志愿服务参与时间等指标方法来消除调查中误差。

尽管2016年《慈善法》正式颁布实施,但是国内在志愿服务的现实环境、基础条件和政策保障等方面还有待于进一步提升。通过比较不同省份志愿服务的相关指标,可以发现我国志愿服务过程中存在着行政动员与自主服务程度不一的地区特征。

## 三 2016年志愿服务发展特征

2016年,中国志愿服务发展主要呈现出三大特征:一是志愿者人均服务时间得到较大提升,东部地区的志愿服务发展指数普遍高于其他地区,西部地区潜力巨大;二是社会力量参与热情高涨,专业志愿服务获得更多关注;三是政策环境日益完善,特别是在志愿服务的信息化建设上投入加大。

**1. 志愿者人均服务时间得到提升,但区域发展不平衡**

本调查显示,官方注册志愿者和民间志愿者的服务时间分别达到20小时和30小时,其增长幅度分别为25%和50%,增幅明显。这意味着志愿服务精神正逐步深入到中国社会的价值意识中去,特别是获得了志愿者的积极认可。中国正在接近国际平均水平(40小时),但与发达国家水平(150小时)相距甚远,还有很大的提升空间。

从区域比较的调查发现,北京和东部省份的志愿服务发展指数普遍高于其他地区。北京、浙江、江苏、广东等经济发达地区在志愿服务频率、志愿服务时间和机构数量上都居于前列,这也反映出经济社会综合发展对志愿服

务事业的正向作用。此外,以甘肃、陕西为代表的西部地区在数据上颇具亮点,发展潜力巨大。对于发展相对薄弱的地区,需要将志愿服务工作从强调注册率和组织运动式的活动,向实现常态化服务的方向转变,让志愿服务融入学习、生活和工作之中,成为一种社会风尚,加强志愿服务组织建设,方可推动志愿服务的可持续发展。

**2. 社会力量参与热情高涨,专业志愿服务获得更多关注**

从 2016 年发生的诸多志愿服务事件来看,社会力量参与志愿服务已成趋势,创新发展逐步落地:一是全国平台类志愿联合体的出现,为中国志愿服务提供供需信息对接与专业支持;二是专业志愿服务获得更多民间参与,积极开展国内外交流。

共青团中央、中央文明办、民政部等单位在宁波举办第三届中国青年志愿服务项目大赛暨志愿服务交流会,提升全国志愿服务的项目化运作水平,为各地志愿服务组织搭建项目展示、资源配置、组织交流的全国平台。① 3月,北京和众泽益志愿服务中心联合 12 家行业平台机构共同发起成立民间志愿服务全国联盟网络,开展志愿者供需对接的民主管理和自主运作。② 6月,由爱德基金会等民间救灾网络在中国慈善联合会成立救灾委员会,其使命是建立民间救灾备灾体系,搭建慈善救灾信息沟通平台,开展教育培训。③ 12 月,大陆首个专注于推动专业志愿服务的基金会——北京博能志愿公益基金会获得批准设立。该基金会以"引领专业力量,推动跨界合作,实践社会责任,促进社会创新,共创美好社会"为使命,资助中国专业志愿服务研究与实务。

专业志愿服务在 2016 年的志愿服务类型中占到 21.7%,较去年翻番,同时特别值得关注的是,新阶层和知识分子参与专业志愿服务者居多。对专

---

① "以青春和奉献之名 搭建志愿服务的梦想舞台"——第三届中国青年志愿服务项目大赛暨 2016 年志愿服务交流会顺利闭幕,2017 年 4 月 1 日,http://news.youth.cn/gn/201612/t20161203_8912015.htm。
② 中国民间志愿服务联盟,2017 年 4 月 1 日,http://www.51vol.org/list-16-1.html。
③ 中国慈善联合会救灾委员会成立,2016 年 6 月 13 日。http://www.charityalliance.org.cn/news/7444.jhtml

业志愿服务的关注还表现在日趋深入的国际交流活动。无论是在第31届里约奥运会、G20领导人杭州峰会等大型国际活动，还是国家"一带一路"战略实施、官方和民间国际志愿服务交流等活动，中国志愿者用自己的倾情投入展示最美的"中国名片"。中国扶贫基金会、中国志愿服务联合会、北京市志愿服务联合会等机构受商务部委托选拔具有专业经验、技能和技术的优秀中国志愿者，参与缅甸、尼泊尔等地开展的援助发展类项目，从事为期12个月的国际专业志愿服务工作。[①] 北京惠泽人公益发展中心、北京博能志愿公益基金会、友成基金会等代表中国社会成为全球专业志愿服务联盟的核心缔约国之一。这些交流活动对传播中国特色的志愿服务，激发全民参与热情都大有裨益。

**3. 政策环境日益完善，信息化获得高度重视**

在《慈善法》颁布施行的背景下，各地区着力推进志愿服务发展，加大资金投入，加强志愿者登记注册，推进志愿服务组织的发展，志愿服务的政策环境和制度体系日益完善。调查显示，志愿者人数占全国总人口的9.75%，其中注册志愿者数量达到全国总人口的5%以上。此外，志愿者和志愿服务在官方注册的比率均增加了近10%，提升幅度明显，而这些都为未来志愿服务发展奠定了政策和制度基础。

长期以来，中国志愿服务发展的理论与实践都是建立在其作为"雷锋精神在新时期的发展和延续"的合理性基础上的，迫切需要在法理上为其保驾护航。《慈善法》中对志愿服务的规范要求，对于中国志愿服务发展的影响深远。此外，中央在2017年也高度重视志愿服务工作。中央全面深化改革领导小组审议通过了《关于支持和发展志愿服务组织的意见》，由中宣部等8个单位联合印发，明确了当前和今后一段时间我国志愿服务组织发展的总体目标、原则要求和具体举措，指明了志愿服务组织的发展方向。[②] 国

---

[①] 中国扶贫基金会网站，中国扶贫基金会国际志愿者出征仪式在北京成功举行，2017年4月1日，http://www.cfpa.org.cn/news/news_detail.aspx?articleid=238。

[②] 中央政府门户网站，关于支持和发展志愿服务组织的意见，2017年4月1日，http://www.gov.cn/xinwen/2016-07/11/content_5090259.htm。

务院法制办对《志愿服务条例（征求意见稿）》公开征求意见，配套的部门规章研究的制定稳步推进。调查显示，志愿服务组织和志愿者的注册率有所提升，但当前政策扶持的对象仍是以"官办"的志愿服务组织为主，政策效果仍需等待一定时间。同时，距离"十三五"规划纲要和民政事业"十三五"规划的2020年志愿服务参与率达到20%的要求①，仍然有较大的距离，未来四年工作艰巨，提升空间巨大。

2016年，党和政府高度重视志愿服务的信息化建设。以"志愿云"技术为基础升级的"全国志愿服务信息系统"顺利通过项目初步验收，正式启动试运行。② 此外，共青团中央、红十字会、全国妇联等组织也加大了在信息化领域的投入。国家提出的大数据战略和"互联网＋"行动计划已经进入落地实施阶段。互联网技术发展和社会治理模式创新无疑为志愿服务创造了实现跨界合作的机会，而科技创新在推动志愿服务的全面创新中所起到引领作用将越发明显，这也为构建全社会积极参与志愿服务奠定了坚实的基础。

---

① 民政部和国家发展改革委员会联合印发的《民政事业发展第十三个五年规划》中提出"2020年力争志愿服务参与率达到20%"。
② 民政部社会工作司，全国志愿服务信息系统用户使用手册，中国志愿服务网站2016年11月1日，http://www.chinavolunteer.cn/show/1032162.html。

# B.7
# 2016年中国宗教公益慈善调查报告

丘仲辉 朱艳伟*

**摘　要：** 以宗教团体和宗教场所为主的宗教界开展的公益慈善活动，近年来呈现出积极发展的趋势。宗教界开展公益慈善活动，有着传统和信仰方面的独特优势，另外，受法律政策环境和社会公众认知影响，宗教界在活动开展过程中也存在不少问题和障碍。进一步推进宗教公益慈善事业的发展，有赖于政策的积极扶持和宗教界自身的努力，以及行业建设。

**关键词：** 宗教界　公益慈善　调查

## 前　言

慈善行为古已有之，宗教界从事公益慈善活动，有深刻的信仰基础、悠久的历史传统和较高的社会公信度。当代宗教界开展公益慈善活动的情况可根据1982年《关于我国社会主义时期宗教问题的基本观点和基本政策》（19号文件）、2012年《关于鼓励和规范宗教界从事公益慈善活动的意见》（简称《意见》）两个文件为时间节点大致分为三个阶段。第一阶段是宗教公益慈善的沉寂时期。新中国成立后30多年的时间里，由于国家实行计划经济，公益慈善作为宗教的社会功能被剥离出宗教事业，成了政府计划供给

---

* 丘仲辉，爱德基金会常务副理事长兼秘书长，江苏省宗教公益培训基地管委会主任；朱艳伟，爱德基金会研究倡导总监。

的一部分。第二阶段是从1982年到2012年的萌芽时期。1982年3月，中央印发的19号文件，确立了党和政府在新时期的宗教政策。这一时期一直延续到21世纪初，宗教界主要侧重于场所的修复和重建、神职人员的培养自身建设等方面，在公益慈善活动方面投入较少。第三阶段是2012年2月，国家宗教事务局、中共中央统战部、国家发展和改革委员会等六部门联合发布《意见》之后到现在。《意见》颁布以来，全国各地宗教界及信教群众广泛开展各项社会公益慈善活动，积极响应参与"宗教慈善周"活动，取得了积极成效和良好社会影响，宗教公益慈善事业得到了进一步发展，呈现出活动组织化、项目开展常态化、组织运作机构化、资金募集大众化的特点，标志着当代中国宗教公益慈善事业进入了发展时期的起步阶段。

宗教公益慈善的主体覆盖社会各个层面，主要包括宗教团体、宗教活动场所、有宗教背景的公益慈善组织、信教群众四类。本研究所定义的宗教公益慈善，主要是指以宗教团体和场所为主开展的扶贫济困、恤病、救孤、助残等《中华人民共和国慈善法》（简称《慈善法》）界定范围内的公益慈善活动。

一段时期以来，宗教公益慈善事业的发展，与中国社会公益慈善事业的发展是脱节和割裂的。除了"慈善周"这样带有行政干预性质的活动和大灾大难时的社会广泛动员参与外，宗教界开展的公益慈善活动，呈现出各自为战、自成体系的特点，不但外界难窥其全貌，即使是宗教界内部，对其教内总体上的公益慈善活动也鲜见系统的总结和报告。社会公众对宗教团体的关注，也存有疑虑。"在我国，宗教团体是否能够胜任社会慈善事业的各项工作，宗教慈善团体本身的制度化管理和专业能力如何提升，日益受到关注"①。

发展宗教公益慈善事业对于推动社会发展、促进社会和谐具有重要意义。但在实践中，由于各级政府管理部门对政策的理解差异，在基层的微观政策执行层面，仍然存在着对宗教界从事慈善活动会扩大宗教社会影响的担忧，在宗教界从事公益慈善活动时，遇到的登记注册难、优惠政策享受不到位等不该发生的尴尬。此外，由于地区及教派之间的差异，随着活动的开

---

① 邱永辉：《中国宗教报告（2015）》，社会科学文献出版社，2016，第36页。

展,宗教公益慈善事业发展的地区、城乡和教派的不平衡性进一步加剧。

为了对全国宗教界从事公益慈善活动的总体情况做一概览,2016年,江苏宗教公益培训基地通过实地调研、座谈会和个人半结构访谈的形式,对江苏、贵州、辽宁、河北、湖南和重庆等6个省份,进行了实地调研和方便抽样方式的问卷调查,共回收863份问卷,其中宗教活动场所类371份、宗教团体类231份、政府类261份。问卷发放的对象为场所的教务负责人,如方丈、道长、阿訇、主教或本堂神父、主任牧师等,以及团体的负责人,如主席、会长、秘书长等。

表1 宗教界受访人员基本特征

| | 样本特征 | 频数 | 百分比(%) |
| --- | --- | --- | --- |
| 性别<br>($N=587$) | 男 | 450 | 76.7 |
| | 女 | 137 | 23.3 |
| 年龄<br>($N=569$) | 1930~1939 | 4 | 0.7 |
| | 1940~1949 | 25 | 4.4 |
| | 1950~1959 | 77 | 13.5 |
| | 1960~1969 | 203 | 35.7 |
| | 1970~1979 | 169 | 29.7 |
| | 1980~1989 | 81 | 14.2 |
| | 1990~1999 | 10 | 1.8 |
| 民族<br>($N=586$) | 汉族 | 472 | 80.5 |
| | 蒙古族 | 4 | 0.7 |
| | 满族 | 12 | 2.0 |
| | 回族 | 80 | 13.7 |
| | 藏族 | 4 | 0.7 |
| | 维吾尔族 | 1 | 0.2 |
| | 其他 | 13 | 2.2 |
| 国民教育程度<br>($N=587$) | 小学及以下 | 12 | 2.1 |
| | 初中 | 74 | 12.6 |
| | 高中或中专、技校 | 168 | 28.6 |
| | 大专 | 160 | 27.3 |
| | 本科 | 139 | 23.7 |
| | 硕士 | 28 | 4.8 |
| | 其他 | 6 | 1.0 |

续表

| 样本特征 | | 频数 | 百分比(%) |
|---|---|---|---|
| 宗教教育<br>(N=515) | 函授班 | 53 | 10.3 |
| | 在线教育 | 14 | 3.6 |
| | 宗教培训班 | 150 | 29.1 |
| | 宗教大专班 | 115 | 22.3 |
| | 宗教本科班 | 116 | 22.5 |
| | 宗教研究生班 | 56 | 10.9 |
| | 其他宗教教育 | 11 | 2.1 |
| 宗教类型<br>(N=598) | 佛教 | 192 | 32.1 |
| | 道教 | 58 | 9.7 |
| | 伊斯兰教 | 81 | 13.5 |
| | 天主教 | 69 | 11.5 |
| | 基督教 | 198 | 33.1 |

## 一 宗教公益慈善发展状况

本次调研的问卷主要侧重于宗教界对公益慈善活动的组织、参与、资金投入、项目类型和信息披露等方面的信息收集。

### （一）宗教界对公益慈善活动的认知

对于公益慈善活动，94.7%的宗教界受访者认为"公益慈善是宗教的本质属性和主要社会功能，应积极参与"（见表2），另有11人表示"与宗教界和宗教界人士没有必然关系，但可以参与"，还有1人表示"不应该从事这样的活动。"对于"不应该从事慈善活动"，一位基督教牧师的说法可以对此态度做出解释："不少信徒对教会做慈善存在误读，认为做慈善是世俗的事情，甚至连学生也有这些误解。这种观念也成为做慈善的一个阻碍。需要更多的宣传，让大家知道做慈善也是自己信仰的表白。"①

但座谈中我们发现,绝大多数宗教界代表都充分认识到宗教慈善的重要性,有代表这样反映近些年的变化:

"我们从教会建设到建设信仰转变。以前教徒的精力都放在建设教堂上,进入新时期以来,现在各个教会都有处所,设施和环境都在不断改善,现在信徒都在建设信仰,就是通过做公益慈善活动,好多信徒转变了信仰,现在更认识到我们基督徒也是公民,在社会大家庭之中应该来建设我们的信仰。让人们能更好地认识基督教,让基督教也能被社会更好地接纳。"②

可见,绝大多数宗教界的代表对从事公益慈善活动持积极参与态度。

表2 宗教界对从事公益慈善活动的认知（$N=525$）

| 观点 | 频数 | 百分比(%) |
| --- | --- | --- |
| 公益慈善是宗教的本质属性和主要社会功能,应积极参与 | 497 | 94.7 |
| 与宗教界和宗教界人士没有必然关系,但可以参与 | 11 | 2.1 |
| 与宗教界和宗教界人士没有必然关系,参加是为了响应号召 | 10 | 1.9 |
| 不应该从事这样的活动 | 1 | 0.2 |
| 不确定 | 6 | 1.1 |

对于宗教界开展慈善活动的形式,有七成的代表认为应该"直接从事公益慈善活动"（见表3）,45.9%的人同时还选择了"通过成立基金会或其他形式的社会服务机构专业运作",但也有17.7%的人同时选择了"把资金交予宗教主管部门,由其统一处理"。由此可见,对于如何开展公益慈善活动,宗教界的想法是存在矛盾的,一方面认为宗教界应该自己直接从事慈善活动,另一方面又认为应该交予宗教管理部门统一协调,缺乏较为一致的想法。

---

① 引自无锡市基督教协会座谈代表。
② 引自徐州市基督教协会座谈代表。

表3　宗教界对从事公益慈善活动形式的认知排序（$N=564$）

| | 频数 | 百分比(%) |
|---|---|---|
| 直接从事公益慈善活动 | 415 | 73.6 |
| 通过成立基金会或其他形式的社会服务机构专业运作 | 259 | 45.9 |
| 与社会上专业的社会服务机构合作 | 178 | 31.6 |
| 宗教背景相对敏感,应为社会专业机构提供资金支持,不必直面社会 | 24 | 4.3 |
| 把资金交予上级协会或团体,由其运作公益慈善活动 | 116 | 20.6 |
| 把资金交予宗教主管部门,由其统一处理 | 100 | 17.7 |
| 其他 | 4 | 0.7 |

大部分受访的宗教界人士都看到了宗教与慈善的内在渊源，63.3%的人认为宗教界有"较高的社会公信度"。对于宗教界开展活动的优势，63.9%的人认为在养老、助孤等方面，"有信仰支持，在服务上更有优势"（见表4）。

表4　宗教界对开展公益慈善活动的优势判断排序（$N=559$）

| 优势 | 频数 | 百分比(%) |
|---|---|---|
| 有信仰支持,在服务上更有优势 | 357 | 63.9 |
| 较高的社会公信度 | 355 | 63.3 |
| 悠久的历史传统 | 265 | 47.4 |
| 义工动员能力强 | 243 | 43.5 |
| 募集善款更容易得到支持 | 204 | 36.5 |

而对于宗教界开展慈善的劣势，超过一半的受访者提出个别宗教人士不当行为带来的负面社会效应和媒体对宗教界从事的公益慈善活动报道少是主要的问题所在，还有一部分人提出"法律所禁止的传教类型未细化，不利于宗教界开展公益慈善活动"（见表5）。

表5 宗教界对开展公益慈善活动的劣势判断排序 （$N=519$）

| 劣势 | 频数 | 百分比(%) |
|---|---|---|
| 社会上假借宗教人士身份进行诈骗活动对宗教界产生不利影响 | 283 | 54.5 |
| 对于宗教界人士开展的慈善活动,媒体报道少,不利于社会传播 | 275 | 53.0 |
| 个别宗教界人士的负面影响被社会认知扩大化 | 153 | 29.5 |
| 法律所禁止的传教类型未细化,不利于宗教界开展公益慈善活动 | 129 | 22.5 |
| 教内对从事公益慈善活动的意见不统一 | 105 | 20.2 |
| 其他 | 26 | 5.0 |

《意见》中明确提出"不得在公益慈善活动中传播宗教"。有人认为"宗教界开展慈善活动是为了扩大宗教影响",宗教界和相关政府部门的受访者对于这个问题的认识,持否定态度的分别为66.1%和60.2%,持肯定态度的分别为22.5%和25.1%（见表6）。

表6 对"宗教界开展慈善活动是为了扩大宗教影响"宗教界/政府部门受访者的态度 （$N=546/N=231$）

| 态度 | 频数 | 百分比(%) |
|---|---|---|
| | 宗教界/政府部门 | 宗教界/政府部门 |
| 非常不同意 | 236/58 | 43.2/25.1 |
| 比较不同意 | 125/81 | 22.9/35.1 |
| 不确定 | 62/34 | 11.4/14.7 |
| 比较同意 | 88/48 | 16.1/20.8 |
| 非常同意 | 35/10 | 6.4/4.3 |

## （二）宗教界的公益实践

**1. 广泛开展公益慈善活动**

（1）公益慈善活动的数量、区域和受益人数

2015年,宗教界开展的公益慈善活动,如慰问、义诊等劳务形式的服务,以及助学、助困、救灾等专项公益慈善活动,73.7%的在5次及5次以

下,88.4%的在10次及10次以下,92.4%的在15次以下。佛教、道教、伊斯兰教和天主教团体活动次数比较集中在10次以下,基督教的一些团体和场所的活动比较频繁。

2015年宗教界开展的公益慈善活动中,受益群体的数量在100人以下的占55%,100人以上1000人以下的占32.5%,1000人以上的占12.6%(见表7)。

表7 2015年公益慈善活动受益人数（$N=404$）

|  | 频数 | 百分比(%) |
| --- | --- | --- |
| 30人以下 | 122 | 30.2 |
| 30~100人 | 100 | 24.8 |
| 101~200人 | 54 | 13.4 |
| 201~500人 | 54 | 13.4 |
| 501~1000人 | 23 | 5.7 |
| 1001~2000人 | 24 | 5.9 |
| 2000人以上 | 27 | 6.7 |

2015年宗教界开展的公益慈善活动中,27.2%的是在中国大陆区域内活动,18.9%的在本省份内活动,只有9.8%的是在本场所服务区域内活动(见表8)。

表8 公益慈善活动面向的区域（$N=523$）

|  | 频数 | 百分比(%) |
| --- | --- | --- |
| 无地域限制,世界范围内 | 74 | 14.1 |
| 中国大陆 | 142 | 27.2 |
| 本省/自治区/直辖市 | 99 | 18.9 |
| 本市/县/区 | 157 | 30.0 |
| 仅限于本场所服务区域 | 51 | 9.8 |

宗教界开展的公益慈善活动中,58.3%的是面向社会,37.5%的是兼顾信徒和一般群众,只有4.2%的是只为本宗教信徒服务(见表9)。

表9  公益慈善活动面向的对象（$N=530$）

| | 频数 | 百分比(%) |
|---|---|---|
| 只为宗教信徒服务 | 22 | 4.2 |
| 信徒为主,也服务于普通民众 | 199 | 37.5 |
| 面向全社会 | 309 | 58.3 |

（2）宗教界开展公益慈善活动的资金来源、发起方式及公益慈善活动支出比例

关于宗教界开展公益慈善活动的资金，84.3%的是向信众募集，其次是从收入中支出，占58.7%，向社会募集的占15.7%，政府购买服务资金也占有一部分比例，仅有2%（见表10）。

表10  公益活动资金募集渠道（$N=542$）

| 资金来源 | 频数 | 百分比(%) |
|---|---|---|
| 向信众募集 | 457 | 84.3 |
| 从本团体/场所的收入中支出 | 318 | 58.7 |
| 向社会募集 | 85 | 15.7 |
| 企业捐款 | 67 | 12.4 |
| 财政拨款 | 24 | 4.4 |
| 合作机构提供资金 | 25 | 4.6 |
| 政府购买服务资金 | 11 | 2.0 |
| 其他 | 11 | 2.0 |

宗教界发起公益慈善活动的方式主要是为了响应"宗教慈善周"的号召，占比75.6%，其次是"由信徒发起，本团体/场所支持"的，占48.5%，"与同宗教组织合作开展"的，占39.5%，成立基金会开展活动的，占9%（见表11）。这一方面说明宗教慈善周活动对场所开展公益慈善活动还是有非常大的促进作用的，另一方面说明在开展活动时，信徒更为主动，这或许得益于整个社会公益慈善氛围的影响。

表11 公益慈善活动发起方式（$N=344$）

|  | 频数 | 百分比(%) |
| --- | --- | --- |
| 尚未开展过活动 | 14 | 4.1 |
| 成立基金会 | 31 | 9.0 |
| 设立民办非企业单位 | 16 | 4.7 |
| 与同宗教组织合作开展 | 136 | 39.5 |
| 与其他宗教组织合作开展 | 40 | 11.6 |
| 由信徒发起,本团体/场所支持 | 167 | 48.5 |
| 响应"宗教慈善周"发起的活动 | 260 | 75.6 |
| 与公益组织合作 | 90 | 26.2 |
| 其他 | 8 | 2.3 |

宗教界2015年的公益慈善的支出，在1万元以下的占28.6%；1万元到3万元的占30.6%，3万元到10万元的占20.6%，超过100万元的占2.9%（见表12）。

表12 公益慈善活动支出（$N=315$）

|  | 频数 | 百分比(%) |
| --- | --- | --- |
| 1万元以下 | 90 | 28.6 |
| 1万~3万元 | 96 | 30.6 |
| 3万~10万元 | 65 | 20.6 |
| 10万~20万元 | 26 | 8.3 |
| 20万~50万元 | 22 | 7.0 |
| 50万~100万元 | 7 | 2.2 |
| 100万元以上 | 9 | 2.9 |

从2015年公益慈善活动支出占总支出比例来看，50.5%的支出比例在10%以内，28.9%的支出比例在10%~30%；8.3%的支出比例在50%以上（见表13）。支出占比20%以上的多为基督教的聚会点，这些场所本身自养能力比较差，没有全职的教职人员，收入大部分都用在了公益慈善活动上。

表 13　公益慈善支出百分比（$N=204$）

| | 频数 | 百分比(%) | | 频数 | 百分比(%) |
|---|---|---|---|---|---|
| 5%以下 | 56 | 27.5 | 15%~30% | 26 | 12.7 |
| 5%~10% | 47 | 23.0 | 30%~50% | 25 | 12.3 |
| 10%~15% | 33 | 16.2 | 50%以上 | 17 | 8.3 |

### 2. 及时全面对外发布信息

2015年宗教界开展的公益慈善活动中，只有34.8%的被电视、报纸杂志和新闻广播等媒体报道过，其中报道过1次的占45.8%，5次以内的占93.1%，10次以上的占4.6%。

宗教界对自身开展的公益慈善活动，21.6%的不宣传，40.7%的通过讲经/讲道进行宣传，34.1%的通过微信公众号宣传，23.9%的通过场所官网宣传，使用传统大众媒体进行宣传的比例比较低（见表14）。

表 14　宣传途径（$N=528$）

| | 频数 | 百分比(%) |
|---|---|---|
| 不宣传 | 114 | 21.6 |
| 本团体/场所的官网 | 126 | 23.9 |
| 本团体/场所的微信公众号 | 180 | 34.1 |
| 新闻广播 | 17 | 3.2 |
| 报纸杂志 | 63 | 11.9 |
| 电视媒体 | 31 | 5.9 |
| 通过讲经/讲道 | 215 | 40.7 |
| 其他 | 56 | 10.6 |

宗教界开展的公益慈善活动中，88.6%的会公开相关公益慈善活动的信息，其中70.3%的团体/场所公开信息的对象是本团体/场所信众，45.2%的针对主要捐赠人，38.1%的是上级团体（见表15）。

表15 信息公开的对象（$N=509$）

| | 频数 | 百分比(%) | | 频数 | 百分比(%) |
|---|---|---|---|---|---|
| 主要捐赠人 | 230 | 45.2 | 本团体/场所信众 | 358 | 70.3 |
| 主管部门 | 223 | 43.8 | 上级团体 | 194 | 38.1 |
| 社会公众 | 199 | 39.1 | 其他 | 6 | 1.2 |

这些公益慈善活动的信息，71.6%和59.4%的分别通过本团体/场所的年度报告和公告栏公开信息，通过微博或者微信公众号公布的占24.2%，通过官网公布的为16.1%（见表16）。

表16 信息公开的渠道（$N=483$）

| | 频数 | 百分比(%) |
|---|---|---|
| 官方指定媒体 | 55 | 11.4 |
| 机构官网 | 78 | 16.1 |
| 机构微博或微信公众号 | 117 | 24.2 |
| 本团体/场所公告栏 | 287 | 59.4 |
| 本团体/场所的年度报告 | 346 | 71.6 |
| 其他 | 19 | 3.9 |

在公布的内容上，73.5%的公布收支总数，70.8%的公布活动的具体情况，活动的收支明细、受益人数等公布的比例也都比较高（见表17）。

表17 信息公开的内容（$N=487$）

| | 频数 | 百分比(%) | | 频数 | 百分比(%) |
|---|---|---|---|---|---|
| 活动的具体情况 | 345 | 70.8 | 活动的管理费用 | 194 | 39.8 |
| 活动的收支总数 | 358 | 73.5 | 活动的受益人数 | 340 | 69.8 |
| 活动的收支明细 | 296 | 60.8 | 其他 | 16 | 3.3 |

**3. 探索加强海外交往交流**

对于海外交往情况，12.8%的团体/场所在2014~2015年与海外机构有过交往的经历,其中只有4.8%的接受过海外机构的国际资金援助。五大宗教团体/场所中,道教对外交往最为频繁,有过海外交往经历的占19.6%,其次是天主教,占15.5%,佛教占14.6%,伊斯兰教占12.9%及基督教占8.2%。

在项目合作上,421家从没有与海外机构合作过,占82.2%;正在开展合作的有20家,占3.9%;经常开展合作的仅有5家,占1%;准备开展合作的有16家,占3.1%(见表18)。

表18 与海外机构合作情况($N=512$)

|  | 频数 | 百分比(%) |  | 频数 | 百分比(%) |
|---|---|---|---|---|---|
| 从没有 | 421 | 82.2 | 经常开展合作 | 5 | 1.0 |
| 以前有,目前已结束 | 50 | 9.8 | 准备开展合作 | 16 | 3.1 |
| 正在开展合作 | 20 | 3.9 |  |  |  |

在合作的项目类型上,宗教界与海外机构合作最多的是环境保护类,占55.6%;其次是助残助困类的,占44.4%,合办论坛、研讨会的占7.4%(见表19)。

表19 与海外机构合作的项目类型($N=54$)

|  | 个案数 | 百分比(%) |  | 个案数 | 百分比(%) |
|---|---|---|---|---|---|
| 环境保护类 | 30 | 55.6 | 合办论坛、研讨会 | 4 | 7.4 |
| 助残助困类 | 24 | 44.4 | 其他 | 4 | 7.4 |
| 技能培训类 | 9 | 16.7 |  |  |  |

## 二 宗教公益慈善活动的困境

宗教公益慈善事业整体滞后于社会公益慈善事业的发展,其服务社会的潜在正能量远未得到释放。

## （一）宗教界从事公益慈善活动的问题表现

### 1. 发展现状：整体发展不平衡

首先是地区间的不平衡。东部和西部之间、市与市之间、县与县之间，都存在发展不平衡的问题。宗教界经济条件好，宗教活动场所经济实力强，公益慈善项目就多，规模也大；经济条件不好，自养能力不足，公益慈善活动就少，形式单一。其次是城乡之间的不平衡。地处城区的宗教场所活动开展基本正常，势头良好。而农村的宗教活动场所，因地处偏僻，无固定收入，信徒捐款有限，生存困难，对公益慈善则是心有余而力不足。最后是五大宗教之间的不平衡，佛教、基督教的经济条件相对较好，更有实力开展公益慈善活动；道教、伊斯兰教和天主教大多自养困难，开展公益慈善活动有较大难度。

### 2. 计划实施：工作缺乏长期规划

首先，活动主体的分散性导致活动开展时大多各自为政，相互间合作较少，制约了宗教公益慈善事业的深入发展；其次，善款募集具有临时性，当前，除已成立公益慈善组织的宗教团体和场所外，他们开展活动的资金大都为临时筹措或在自养资金中提取，募集、管理和使用善款都缺乏规范；最后，活动开展具有随意性，规划性、谋划性不强。

### 3. 特征：活动组织化程度低

"小、散、乱"是宗教界从事公益慈善活动的明显特征[1]。"小"指宗教界从事公益慈善活动投入的资金额度小，由于多数宗教活动场所自养能力差，宗教教职人员社会保障差，宗教界自身还需要社会的扶持，所以参与社会公益慈善活动捐助的资金有限。"散"指多数宗教活动场所没有形成专门从事公益慈善事业的组织、制度和管理体系，组织形式比较松散，慈善活动缺乏科学规划和管理，大多是临时的应对捐助活动。"乱"指宗教界参与社会公益慈善活动的管理制度不健全，管理主体和监

---

[1] 泰州市民宗局：《着眼服务社会，着力利益大众 积极引导宗教界从事公益慈善活动》。

管体系不完善，造成宗教界参与社会服务的水平不高，从事社会服务的技能和经验缺乏，专业从事公益慈善活动的人才稀少，社会影响不够，发挥作用有限。

**4. 开展形式：宗教界参与公益慈善事业的途径和方式不灵活**

宗教界参与社会公益慈善事业的主要途径和方式是捐款捐物，在救灾扶贫、捐资助学、公共设施建设和参与新农村建设等各方面的慈善活动都以捐款、捐物为主要参与方式。一是缺少大型项目作支撑。宗教界的捐款较为分散，没有进行资源整合，建设大的援建项目，建立大型的援建基地，缺乏统一协调、统一谋划和统一执行。二是缺少有力的宣传手段。从整个社会大环境看，新闻舆论、社会成员和有关部门对宗教界从事公益慈善事业还存在认识不统一、认可程度较低的状况。宗教界在开展社会公益慈善活动过程中，还没能辅之以有效的宣传手段，以提高宗教界参与慈善事业的社会知晓度，推动慈善事业朝着更为良性的方向发展。三是缺少专业的经营手段。慈善事业要实现可持续发展，也必须要有专业的经营能力和营运手段。宗教界缺少社会慈善专业知识人员和志愿者相结合的社会服务和慈善工作者队伍，造成宗教界参与社会公益慈善事业的经济效益和社会效益最大化，制约了宗教公益慈善事业的发展。

## （二）宗教界开展公益慈善活动的制约因素

**1. 政治法律环境**

（1）政策的影响

《意见》明确规定：宗教界从事公益慈善活动时，"不得传播宗教"。在我国目前的法律框架下，"禁止传教"条款主要面临着两个问题：其一为规定的法制化程度有所欠缺；其二是为法律所禁止的传教行为类型并未一一细化[①]。禁止传教规定的模糊带来了更多的现实问题。在法律没有明

---

① 冯玉军、薛敏惠：《中国宗教慈善法制建设研究》，《武汉大学学报》（哲学社会科学版）2014年第6期。

确规定的情况下,宗教慈善活动难免有传播宗教之嫌,其发展空间很难获得突破性进展。

另外,《意见》虽然鼓励宗教界开展公益慈善活动,但是具体的鼓励措施不够明确,比如在宣传、表彰、扶持、政府购买服务等方面。对于"开展公益慈善活动主要面临哪些困难"这一问题,31.5%的宗教界人士认为"缺少政策支持"(见表20)。有的地方在社会组织购买政府服务中,有明确要求相关组织内部党建组织健全,制约了宗教公益慈善组织的同等条件竞争。

表20 开展公益慈善活动面临的困难 ($N = 534$)

| | 个案数 | 百分比(%) |
| --- | --- | --- |
| 无计划开展 | 50 | 9.4 |
| 缺少资金 | 373 | 69.9 |
| 场所基建任务重,无暇顾及其他 | 81 | 15.2 |
| 缺少专业服务技能 | 186 | 34.8 |
| 缺少专职人员 | 212 | 39.7 |
| 缺少义工 | 73 | 13.7 |
| 缺少政策支持 | 168 | 31.5 |
| 不具备独立法人资格,场所不能登记注册服务机构 | 72 | 13.5 |
| 其他 | 10 | 1.9 |
| 以上都没有 | 10 | 1.9 |

(2) 部分宗教场所法人资格缺失

虽然《宗教事务条例》在第五章对"宗教财产"作了专章规定,但却并未明确宗教财产归属这个最根本的问题。实践中宗教财产权行使面临法人主体缺位、行使主体多元化、房产登记多元化等诸多问题,归根结底是因为没有明确宗教场所法人资格问题[①]。

---

① 董慧凝:《解决宗教活动场所法人资格 保护宗教界合法权益》,《中国宗教》2014年第11期。

2014年，国家宗教局与国家质量监督检验检疫总局联合下发《关于宗教活动场所和宗教院校申领组织机构代码证的通知》。但由于自2016年开始，采用社会组织信用登记管理办法，《关于宗教活动场所和宗教院校申领组织机构代码证的通知》已经失效，已无法申请法人资格登记。

对于场所开展公益慈善活动的困难的调查问题，13.5%的受访场所提出"不具备独立法人资格，场所不能登记注册服务机构"（见表20）。场所若不具有法人资格，则不能以场所为名开设对公账户、注册社会服务机构，享受不到相关政策优惠。而以宗教界个人名义登记注册的社会服务机构，若出现人事变动，则影响工作的正常开展，不利于公益慈善活动长期、持续、健康发展。

**2. 政策执行偏差**

由于前述的禁止传教条款的模糊，基层政府部门的办事人员以及电视、电台和广播等大众传媒，把握不住宗教传播和宗教渗透的尺度和限度，从而在出现了相关部门执行相关政策时的"法无规定不可为"与宗教界开展活动时的"法无禁止即可为"之间的偏差，造成了事实上的不公平差别待遇。这主要表现在登记注册、政策优惠以及社会公共资源使用等方面。

（1）登记注册及政策优惠

宗教界从事公益慈善活动，难以登记注册为社会服务组织，而以教职人员或信徒的个人身份登记注册，又对公益慈善活动的规划和可持续性产生不利影响。

此外，在用水、用电，以及养老机构的床位建设费、补贴费等方面，宗教背景的社会服务机构也难以享受到社会上其他的机构同等条件的待遇和优惠。

宗教界面临的另外一个难题是对捐赠人的票据开具问题。这个问题比较普遍，不但宗教场所不能或者很难为捐赠人开具合法有效票据，甚至团体也不能解决这个问题。这也是社会上的民办非企业单位经常遇到的问题，不过在宗教界这个问题更为普遍一些（见表21）。

表21 宗教界开展公益慈善活动的障碍（$N=519$）

| | 频数 | 百分比(%) |
|---|---|---|
| 没有障碍 | 218 | 42.0 |
| 养老、助孤机构等难以享受政策优惠 | 151 | 29.1 |
| 水、电不能享受优惠 | 155 | 29.9 |
| 不能为捐赠者开具合法有效的捐赠凭证 | 116 | 22.4 |
| 不能享受税收政策的优惠 | 76 | 14.6 |
| 不被相关部门认可(评奖、荣誉等) | 93 | 17.9 |
| 其他 | 12 | 2.3 |

（2）社会公共资源使用

宗教界参与和从事社会公益事业，势必要在社会中亮相，要与社会各界公开打交道，要与群众发生互动，因而也需要使用社会的公共资源。但在现实生活中，宗教界往往得不到与其他社会组织一样使用公共资源的平等待遇，尤以大众媒体为突出。宗教界开展的一些公益慈善项目，经过多年的运营，逐步实现了规模化和专业化，透明度高，社会效益好，解决了部分群众的实际困难，为地方政府分担了压力，得到了各方面的肯定。但这些成绩的肯定，一般局限在宗教界内部，很少向社会、大众进行宣传。政府部门、新闻媒体在宣传方面的谨慎态度，使社会各界对宗教界的社会服务工作缺乏了解，难以营造良好的舆论氛围。

**3．宗教界自身局限**

（1）认识上的局限

当国家发生大灾难时，宗教界都能积极组织信教群众捐款捐物，但这种活动多属于政府部门号召下的被动参与。不少宗教界人士和信教群众从事公益慈善事业的出发点主要是践行宗教基本教义，与现代社会公益服务理念还有一定差距。宗教公益慈善活动的资金少、规模小、组织化程度低等特点，一定程度上也反映出宗教界对开展活动的必要性认识不足。

此外，对于开展活动的困难，比较突出的是缺少资金（69.9%）、缺少专职人员（39.7%）和缺少专业服务技能（34.8%），实际上缺钱、缺人、缺技术是任何行业从事任何一项工作都面临的挑战。从当前的实际来看，在场所建设上，无论在资金、人力或者技术上存在多大的困难，宗教界人士都会积极解决困难。但是从他们对开展公益慈善活动面临的困难认识来看，对通过公益慈善这一途径融入社会，从而提高宗教界参与社会建设的积极形象这一社会作用，宗教界人士的认识还有待进一步加强。

（2）能力上的局限

公益慈善是现代社会越来越具有公共性、群众性和影响力的社会活动[①]。现代公益慈善活动的开展，在项目立项、善款募集、项目管理，以及宗教政策法规的解读、宗教公益慈善事业的引导和推进等都需要专业的人才和专门的技能，这些都与宗教界面向的人群以及需要的工作方式是不一样的，宗教界从事公益慈善活动普遍缺少专职人员，缺少专业人员。

（3）运作上的局限

宗教界从事公益慈善活动，面临的最大障碍，从宗教界自身来说，首先是透明公开问题，这也是公益慈善行业的首要要求。但是公益慈善行业的活动，相关的政策法律制度比较完善，因而运行机制比较健全。而宗教界的活动，不仅是宗教公益活动，还包括宗教活动，缺少制度性的对于财务公开的要求，从长远发展来看，这不只是影响宗教界公益慈善活动的良性发展的问题，还是关系宗教事业的长期健康发展的关键问题。

从受访情况来看，只有61.7%的宗教团体和场所进行第三方财务审计（见表22）。一是比例不是很高，二是从实际情况来看，即使审计出了问题，也是自查自纠，存在"审而不计"的问题。

---

① 王名：《方兴未艾的中国公益慈善：发展、改革与趋势》，http：//www.npc.gov.cn/npc/xinwen/2015－09/07/content_ 1945947. htm。

表22　是否进行第三方财务审计（$N=540$）

|  | 频数 | 百分比(%) |
| --- | --- | --- |
| 是 | 333 | 61.7 |
| 目前没有,但是愿意接受第三方财务审计 | 124 | 23.0 |
| 否 | 83 | 15.4 |

（4）宗教养老事业的发展障碍

中国进入老龄化社会，宗教界同样面临教职人员和信徒的老龄化问题。对于"若条件许可，您希望贵团体/场所在哪些方面开展公益慈善活动"的回答，48.5%的希望"开办老人院"（见表23）。

表23　宗教界希望开展的活动（$N=334$）

|  | 频数 | 百分比(%) |
| --- | --- | --- |
| 不打算开展 | 1 | 0.3 |
| 开办老人院 | 162 | 48.5 |
| 开办孤儿院 | 48 | 14.4 |
| 开办托儿所 | 33 | 9.9 |
| 开办医院/诊所 | 54 | 16.2 |
| 设立慈善基金 | 108 | 32.3 |
| 开展助学活动(贫困学子) | 193 | 57.8 |
| 开展助困活动(困难家庭) | 213 | 63.8 |
| 开展助残活动 | 122 | 36.5 |
| 其他 | 7 | 2.1 |

尽管有巨大的需求和强烈的意愿，并且有独特的优势，但是宗教界在从事养老服务时首先面临养老机构的场所问题。由于财力所限及政策导向，宗教界从事养老服务不容易得到规划用地。因此很多宗教场所是在场所内开展养老服务，这些现成的建筑用房在审批时很难达到消防要求，也没有土地证等申办养老机构时的构成要件，获得不了正当身份。因为现实的养老需求，政府既取缔不了，也无法给予正当身份。宗教界养老处于一种尴尬状态，不但存在巨大的管理风险，机构因为无正当身份也享受不到优惠政策。

## 三 建议与对策

随着经济的发展，寺、观、教堂的场所工程建设逐渐完善，宗教界从事公益慈善活动的资金将越来越充裕，这为其进一步开展公益慈善事业活动提供了基本保障。宗教公益慈善事业的发展，首先需要政府在政策方面的引导，其次需要宗教界自身的努力。对于公益慈善活动开展，宗教界希望从政府相关部门获得的支持主要是社会宣传，占52.9%，同时也希望有"项目支持"（见表24）。

表24 宗教界希望获得的支持（$N=503$）

|  | 个案数 | 百分比（%） |
|---|---|---|
| 消除地方政府部门在政策执行时的差别待遇 | 155 | 30.8 |
| 项目支持 | 238 | 47.3 |
| 社会宣传 | 266 | 52.9 |
| 政府购买服务资金向宗教界开放 | 138 | 27.4 |
| 专业技能培训（如项目管理、活动策划、筹款等） | 173 | 34.4 |
| 政府对公益慈善活动的先进个人、集体进行表彰时,应考虑宗教界的贡献 | 186 | 37.0 |
| 其他 | 8 | 1.6 |

宗教公益慈善的进一步发展，需要从政府政策引导、宗教界的能力建设和行业倡导三个方面入手。

### （一）消除差别待遇和政策歧视，明确政府以及社会对宗教公益慈善的正确认同

一是要加强顶层设计、推动部门协作，共同营造良好的社会环境。宗教公益慈善事业的发展，牵涉到各级政府的不同职能部门，宗教界反映出来的现实中的困难和障碍，远非宗教管理部门能够协调处理的。

调研中发现，73%的受访者表示所在单位组织过对《意见》的学习和传达（见表25）（座谈和问卷调查由宗教管理部门协助组织和发放，由于宗教管理部

门在政府体系内的协调能力有限,因而有些部门未能参加座谈和问卷调查)。推动宗教公益慈善的发展,进一步发挥宗教界的积极作用,有必要对顶层设计进行完善,密切部门协作,推动政策落实。在现行行政体制中,宗教公益慈善组织、活动的管理登记多在市、县两级。而这两级一些发改委、民政、财政部门表示,只有国家部门宏观文件,没有省级具体落实政策,也难以进一步执行落实。应当加强各职能部门协调机制,建立国家、省级两层面的宗教公益慈善工作联席会议制度,定期研究解决实践中遇到的困难矛盾,认真贯彻《意见》的相关规定。要依据《慈善法》基本精神,适时颁布专门针对推进宗教公益慈善组织优惠政策实现的政策法规,以激发宗教界开展慈善活动的积极性。

表25 对《意见》的学习和传达情况

|  | 所在部门 | | | | | 总计 |
| --- | --- | --- | --- | --- | --- | --- |
|  | 统战 | 宗教局 | 民政 | 财政 | 其他 |  |
| 有 | 12 | 148 | 8 | 1 | 4 | 173 |
| 没有 | 7 | 46 | 9 | 0 | 2 | 64 |
| 总计 | 19 | 194 | 17 | 1 | 6 | 237 |

二是肯定宗教界走出宗教活动场所外的公益慈善活动的合法性,消除宗教界从事公益慈善活动时的差别待遇。《慈善法》对从事慈善活动的主体以及慈善活动的类型,都有清晰、明确的范围界定。尽管目前传教行为与慈善活动在法律法规层面都没有明确的划分,但是宗教界的机构和个人完全可以按照《慈善法》的规定,以自然人或法人身份登记注册慈善组织,或从事公益慈善活动。至于在公益慈善活动中传播有神论思想,散发宗教宣传品等属于宗教传播行为,可依据《宗教事务条例》进行约束,若有违反可按规定处罚,还可视情况取消慈善组织机构资质。有以上法律和条例的约束和调整,对于宗教公益慈善活动,政府职能部门应该消除疑虑,在登记注册、政策优惠、税收减免、政府购买服务、宣传表彰等方面给予平等待遇。

要引导宗教团体、宗教活动场所等依法登记公益慈善组织。对于目前有需要、有条件的宗教团体、宗教活动场所设立专门的慈善机构,应帮助其顺利登记,依法将宗教公益慈善活动纳入制度框架内,不仅有助于宗教界聘请专业的公益人员在机构内任职,更有利于确保善款与宗教活动场所的资金区分开来,促进慈善活动的规范管理。

三是规范宗教公益慈善行为,使之与社会公益事业发展的要求相适应。

现代社会对公益慈善事业的最基本要求是透明公开,社会监督的方式之一是第三方审计。为此《慈善法》设专章对"信息公开"做了规定。宗教界开展的公益慈善活动中,捐赠者群体主要是信众。信仰产生的信任,使宗教界面临的信息公开的压力要小于社会上的公益慈善组织。

公益慈善活动是宗教界日常活动中的一部分内容,其活动水平受限于宗教界整体活动的开展。宗教管理部门要求宗教界开展财务审计,但是执行情况并不乐观。建议宗教管理部门进一步推进有关政策条例的落实执行,逐步推进财务审计制度,从而加强宗教公益慈善的制度化建设,提高宗教公益慈善的社会公信力。

四是减少行政干预,通过政策引导和市场配置促进宗教公益事业发展。

目前慈善周活动时,各级宗教管理部门都在发动,多头开展,给宗教界带来压力。此外,调研中也发现有地方要求宗教界善款集中,在慈善中心设立专项账户,协调统一使用的现象。这种出于集中管理、扩大公益慈善活动社会影响的做法,操作过程中如果方式不当,极易激发宗教界人士的反感,适得其反。通过行政干预争夺资源,势必对宗教界开展公益慈善活动产生负面影响。从长期发展来看,宗教界从事公益慈善活动,要政社分开、政教分开。

宗教公益慈善事业要健康、良性地发展,就一定要通过市场机制来优化公益资源配置。发展必须要有竞争机制,必须靠市场这只"看不见的手",如果没有竞争,就不可能优胜劣汰。同时,"看得见的手"十分需要,要让政府监管保障宗教公益慈善事业健康发展。

(二)宗教界要加强自身能力建设,自觉接受社会监督,提高从事公益慈善活动的专业能力

一是借助贯彻落实《慈善法》契机,学习《慈善法》,努力提升宗教界

从事公益慈善活动的专业化水平。作为社会公益慈善的重要组成部分，宗教公益慈善活动也必须依法依规开展。宗教界人士，尤其是宗教活动场所的上层人士对于宗教公益慈善事业的认识，也必然影响到一般教职人员和信教群众对公益慈善的认识。因此，可以通过举办培训班，对宗教团体及活动场所的负责人等教职人员进行公益慈善事业方面的专题培训；加强公益慈善活动方面的互访和交流，在讲经、讲道中加入对政策法规的解读及公益慈善活动的实践认识，全面提高对公益慈善活动的整体认识。

二是要淡化宗教身份，突出社会功能，积极回应社会关注。淡化宗教色彩，做到开展公益慈善活动与宗教活动相分离，自觉将公益慈善活动与宗教目的脱钩，确保公益慈善活动的纯洁性。遵守人道、公正和中立的原则，在开展公益慈善活动时不将公益慈善援助用于政治和宗教目的，这是目前国际社会普遍认同和遵循的行为准则，也是保证宗教界公益慈善活动正常开展、争取社会认可的基本前提。虽然"宗教信仰"是宗教组织或信徒的重要属性，但宗教界在组织与参与慈善公益活动中一定要清晰把握好"慈善"与"宗教信仰"的边界，避免在慈善行为中带有明显的宗教语言与行为乃至传教目的，将活动重点放在与服务接受者的沟通与交流，对需求者的情感慰藉，而要实现这一目标，培育与发展专门的公益慈善组织是主要的努力方向，其可以较为有效地解决宗教界从事慈善活动的宗教属性与社会属性的矛盾问题。

三是要因地制宜、因势利导，实行精准化、差异化政策。宗教界开展公益慈善活动，要善于发现社会需求，善于创新方法和手段以满足社会需求，找准公益慈善活动的社会意义，发掘开展公益慈善活动的价值。

鼓励和推动有条件的宗教团体和场所注册成立专门的公益慈善组织，条件不具备的可以通过内设专门机构或直接从事公益慈善活动，打造多元化的宗教公益主体。注重引导宗教公益慈善组织加强能力建设，增强活动的计划性、针对性和规范性。只有专业化、差异化发展，才能实现资源多元化和服务可持续性。宗教界从事公益慈善活动不一定要全部依靠信徒捐赠，服务能力提升后的一定收费也是被法律允许、行业规范和社会接受的。

四是要透明公开。对善款的募集和使用要严格管理,单独核算,接受社会监督。"我国一些法律法规和部门规章对公益慈善组织的信息披露做了规定,但由于条文粗疏、覆盖面窄而成为'空壳'规定"。公益界如此,宗教界也需要进一步提高。《慈善法》的颁布实施,对公开和定向募捐方式的信息公开有了明确的规定。要严格按照相关规定,对善款的来源、流向、用途、核算等进行透明化管理,定期向社会公布财务信息,接受捐赠人和社会各界的监督。对于尚未成立专门公益慈善组织的宗教团体和场所,做到公益慈善资金专款专用、单独核算,定期向信教群众公布公益慈善资金的捐赠和使用情况。

（三）宗教界要加强公益慈善事业的互动与合作,整合公益资源,进行行业监督和管理

全国宗教界从事公益慈善的组织动员体系和能力,与当前的社会公益慈善组织水平差距较大,也与宗教界积极从事慈善的能力、愿望不相适应。宏观上来说,无组织动员体系、无相关信息发布平台、无组织协调机制,也无过程监督和活动评估机制,基本处于自发自觉、自我运行、自我管理状态。宗教界的"自律"要求是远远不够的,同时也需要行业的"他律"和"互律",为此,宗教界亟须对自身慈善资源进行整合,加强宗教之间和教内之间的合作,充分利用各类平台,积极探索组建全国宗教公益慈善联合会,成立行业协会,建设信息披露平台,从宏观上指导、培育、监管全国各地宗教公益慈善活动的健康发展,在"自律""他律""互律"方面加强行业监督,提升公益慈善活动的组织动员能力和社会影响力。

**参考文献**

《大陆宗教背景基金会概况》,http：//crm.foundationcenter.org.cn/html/2012－06/206.html。

《济世利人 扶危助困——五年来我国各宗教从事公益慈善活动的概况与特点》,《中国宗教》2012年第10期。

句容市民族宗教旅游局:《句容宗教界开展公益慈善事业事业状况》,2016年6月23日。

刘波:《宗教慈善若干法律问题研究》,《中国宗教》2013年第3期。

民政部:《关于规范宗教界收留孤儿、弃婴活动的通知》,http://www.mca.gov.cn/article/zwgk/jd/201405/20140500631722.shtml。

明世法:《宗教界慈善组织的"慈善透明"现状与优化治理——以宗教背景的基金会为例》,《世界宗教文化》2014年第6期。

苏州市西园戒幢律寺办公室:《常怀慈心与有情,恒求善事利群生——苏州西园戒幢律寺慈善公益事业简述》,2016年7月7日。

陶飞亚、刘义:《宗教慈善与中国社会公益》,上海大学出版社,2012,第436页。

杨团:《中国慈善发展报告(2016)》,社会科学文献出版社,2016,第159~169页。

郑筱筠:《"另类的尴尬"与"玻璃口袋"》,《世界宗教文化》2012年第1期。

# B.8
# 2016中国彩票与慈善发展报告

宋宗合*

**摘 要：** 彩票公益金取之彩票发行销售，用之社会公益，公益属性是其根本属性。2016年中国彩票销售总量达到3946.4亿元，筹集彩票公益金1039亿元。慈善事业是社会公益事业的一部分，同样也从彩票公益金中受益，从中央专项彩票公益金、两部委留成公益金和地方留成公益金中，用于购买社会组织服务、社工服务、志愿者服务和支持慈善事业发展的分配使用现象越来越明显。

**关键词：** "回头看" 公益性 购买社会组织服务

## 一 2016年彩票业发展综述

2016年全国福利彩票销量达到2064.9亿元，当年筹集彩票公益金591亿元。2016年中国体育彩票年度销量达到1881.5亿元，当年筹集彩票公益金448亿元。两者相加，2016年中国彩票销售总量达到3946.4亿元，筹集彩票公益金1039亿元（见图1）。①

彩票公益金被政府纳入非税收入管理，列入一般性预算。从2016年彩票公益金使用情况可以看出，年度中央彩票公益金执行数是528.67亿元，

---

\* 宋宗合，中民社会救助研究院执行主任。
① 来自财政部数据。

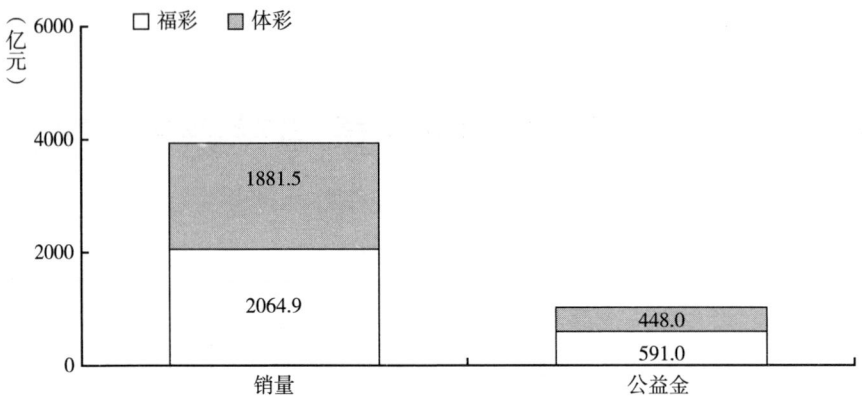

**图1 2016年中国彩票销售量及公益金筹集量**

其中中央专项执行数为356.6亿元，用于补充社会保障基金的彩票公益金支出为315.6亿元，中央对地方政府转移支付彩票公益金116.66亿元。

体育彩票公益金由于用于群众体育的资金额度逐年上升，尽管没有明示社会组织使用的资金总量，但是根据体彩公益金使用公告可以发现，其使用主题多为体育类社会组织，因此可以理解为群众体育类的公益金使用社会组织已经具有了广泛的参与性。而福彩公益金相关制度约定的四类方向中，没有特别限定用于老年人、儿童、残障人福利领域的资金比例，但是唯独限定了社会公益类项目的使用总量不得超过10%，这就使在执行过程中包含慈善领域使用资金在内的社会公益受到了很大局限，社会组织使用量因此受到限制。但是随着政府购买服务的创新发展，福彩公益金的老年人、儿童、残障人福利领域中也出现了大量的政府购买社会组织服务，加上原有的社会公益领域用于社会组织部分，有些地方如安徽等地的购买服务占比已经超过了50%。

根据测算，2015年中央专项彩票公益金中约有17.62%用于资助社会组织执行相关公益项目，健康及教育领域都有大幅度增加，2016年将超过20%，资金额度约为40亿元。"两彩"管理部门本级彩票公益金用于社会公益部分的金额约为170亿元，加上地方留成彩票公益金和中央转移支付的公益金中用于社会公益部分，2016年同比测算为360亿元用于社会公益。

从彩票销售情况来看，作为娱乐休闲业的彩票发展势头依旧迅猛，尤其是体育彩票，年度销售增幅超过了13.1%，福利彩票受2015年审计风暴影响略有下滑，但"两彩"整体增量依然达到7.3%，其中彩票玩法中的快速和手机游戏成为购彩者热衷参与的重要形式，这表明了在互联网技术成为社会基础设施之后，彩票业顺应市场新变化所带来的爆发效应。与彩票销量增幅相关的是彩票公益金的筹集量也大幅增加，以至于关于彩票公益金的支出预算攀升到新高度，以中央专项彩票公益金为例，财政部2017年将预算数调整为2016年的130.8%。其中用于其他社会公益事业的彩票公益金支出预算更是达到80倍之多，达到7978.5%。

**1. 2016年彩票发展热点**

2015年6月25日国家审计署公布的"两彩"审计结果在社会上产生巨大反响。作为"两彩"的主管部门国家体育总局和民政局分别开展了彩票资金专项审计整改"回头看"行动。

针对审计情况，共抽查彩票资金658.15亿元，占同期全国彩票资金的18.02%。审计查出虚报套取、挤占挪用、违规采购、违规购建楼堂馆所等违法违规问题金额169.32亿元，占抽查资金总额的25.73%。2016年度，两部门对审计报告中提出的问题进行了整改，大部分挪用资金已经追回或纠正。

体育总局按照"边审计、边整改、边规范、边提高"的工作要求对体育彩票管理的相关工作进行推进。对政府采购履行程序不规范问题、互联网销售等问题进行了清理整顿，对制度建设和监管不足问题进一步加强，而且还对各地体育彩票机构的工作做出规范引导，保证各项决策流程的合法、合规、合程序。

民政部开始开展"阳光福彩"专项行动，行动要求建立社会责任报告制度，制定社会责任绩效考评管理办法；完善信息定期发布机制；完善公益金使用情况公示制度，研究制定公益金公告的制式模板，进一步细化公开内容，明晰公开方式，明确公示时限；完善公益金资助项目设立标识的管理制度。

以审计风暴为节点，中国彩票事业进入一个形象重塑的发展阶段。反思与建设伴随着"回头看"行动和创新发展行动引导彩票事业进入加强制度建设和社会参与监管的新时期。

自2009年平衡财政部、民政部、国家体育总局的《彩票管理条例》以粗放型的内容公布以来，尽管随后出台了《彩票管理条例实施细则》和《彩票公益金管理办法》等，仍然远远落后于彩票事业发展和依法治彩的需求，依法管理彩票的理念未普遍建立，彩票资金使用制度的相关规范还需要进一步完善，资金分配、使用、监管环节的制度也明显滞后。在内部管控上，一些地方的项目单位重项目申报、轻项目执行管理，重资金申请、轻资金使用绩效评估，导致一些公益金资助项目执行不力，资金使用效益不高。在监督管理方面，重资金分配、轻资金监管的现象比较严重。

因此除了整改之外，制度建设成为2016年两个部门工作中的重点。以民政部为例，陆续出台了《民政部本级彩票公益金使用管理办法》《民政部彩票公益金本级项目立项和评审办法》《民政部彩票公益金预算操作规程（试行）》，即将出台《民政部本级彩票公益金项目绩效评价和督察办法》《民政部本级彩票公益金使用管理信息公开办法》等。通过制定这些制度，将形成较为完善的公益金管理制度体系，如立项和评审办法主要解决项目立项和审核这个公益金使用"第一公里"的问题；绩效评价制度主要解决的是"最后一公里"的问题，督察制度主要解决的是"中间一公里"的问题，共同构建"三公里"监管制度体系。再如本级公益金管理办法和预算操作规程主要是全面规范部门本级公益金使用的；福利彩票公益金使用管理办法主要是民政部门和财政部门规范地方民政部门公益金使用的，兼顾本级项目资金的，二者相互补充，共同构成了民政部门公益金使用监管制度体系。

财政部也于2016年3月出台了《政府非税收入管理办法》，将彩票公益金纳入政府非税收收入并提出了相关监督监管的条款。

**2. 彩票发行与公益金筹集**

2016年全国福利彩票销量达到2064.9亿元，当年筹集彩票公益金591亿元，相比上年增量49.8亿元，同比增长2.5%。2016年中国体育彩票年度销量达到1881.5亿元，当年筹集彩票公益金448亿元，相比上年增量217.8亿元，同比增长13.1%。两者相加，2016年中国彩票销售总量达到

3946.4亿元,筹集彩票公益金1039亿元,同比增加267.6亿元,增长7.3%(见图2、图3、图4)。

全球彩票销售占GDP的份额,都是在随着人均GDP的增长而增长,已经形成了休闲娱乐市场发展的规律。尽管彩票发行增幅跑赢了2016年的GDP 6.7%的增速,但是纵观2010年以来彩票发展的速度,2010年至2015年间,中国彩票市场的增速是同期GDP的2.5倍,因此总体呈现一个增幅放缓的态势。

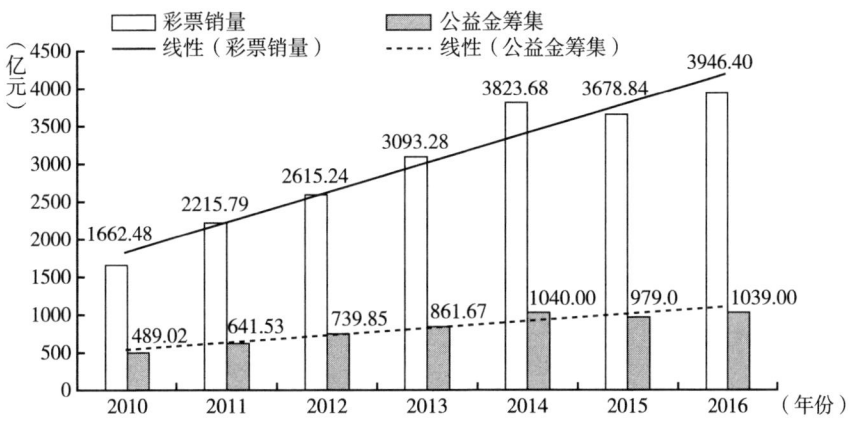

**图2　2010~2016中国彩票销量及公益金筹集**

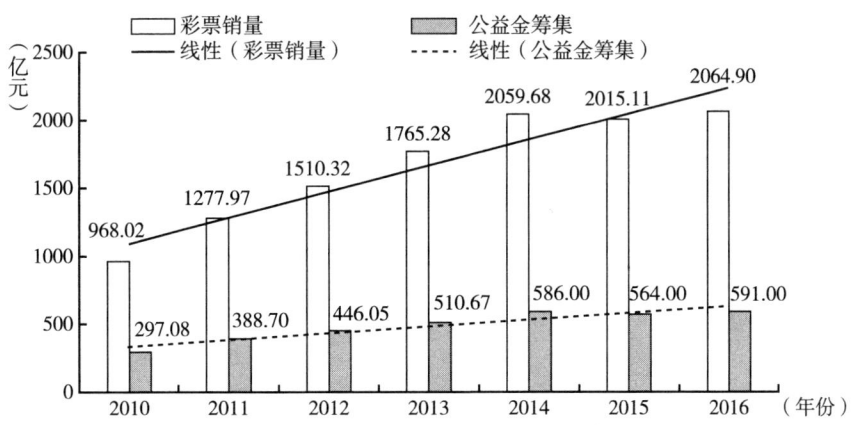

**图3　2010~2016福利彩票销量及公益金筹集**

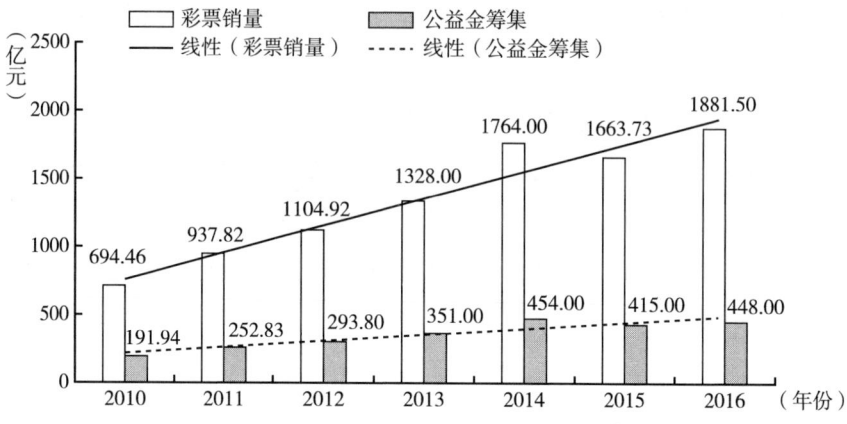

图4 2010～2016体育彩票销量及公益金筹集

自彩票诞生至2016年底,中国两种类型彩票累计发行28108亿元,共筹集彩票公益金8102亿元。其中自1987年至2016年,全国福利彩票累计销量达到15782亿元,筹集公益金约4755亿元;自1994年到2016年,全国体育彩票累计发行达到12327亿元,筹集公益金超过3347亿元。

## 二 彩票公益金使用分析

**1. 中央专项彩票公益金使用**

由于2016年度中央彩票公益金使用公告尚未公布,因此截取2010～2015年中央彩票公益金使用情况进行观察,可以看出相关分配使用情况的变化。2015年中央财政当年收缴入库彩票公益金4905546万元,加上2014年度结转收入714478万元,共5620024万元。经全国人大审议批准,2015年中央财政安排彩票公益金支出5721893万元。其中,分配给全国社会保障基金理事会3273383万元;分配给中央专项彩票公益金1903090万元;分配给民政部272730万元;分配给国家体育总局272690万元(见图5)。

根据财政部公告的2007～2015年的中央彩票公益金中,中央专项彩票

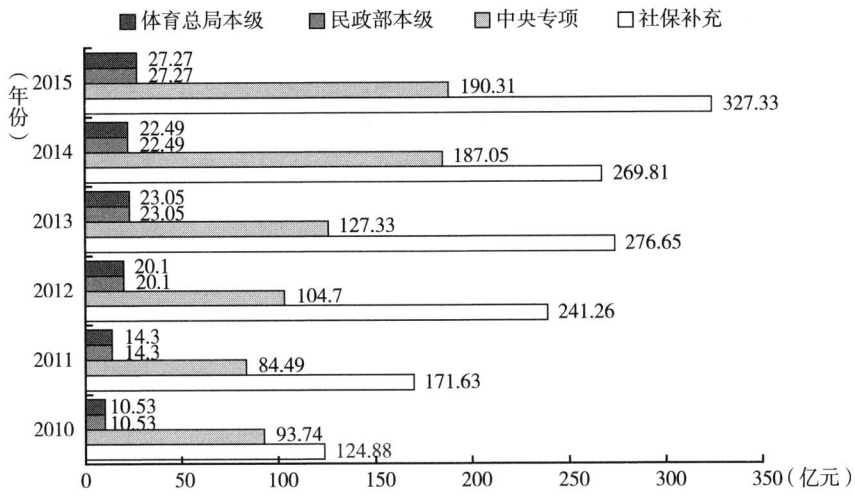

图5 2010~2015年中央彩票公益金分配使用情况

公益金使用情况显示，包含未成年人校外教育事业、教育助学、城乡医疗救助、农村养老服务、精神病人福利机构建设、扶贫事业、文化公益事业、残疾人事业、红十字会事业、法律援助、农村贫困母亲两癌救助、婴幼儿营养补助、出生缺陷干预救助、区域福利事业发展等。

其中作为社会组织身份获得中央专项彩票公益金资助的机构有中国教育发展基金会、中国残疾人联合会、中国红十字总会、中国法律援助基金会、中国妇女发展基金会、中国儿童少年基金会、中国出生缺陷干预救助基金会等。

从社会组织执行金额占比来看，2015年资助组织数量和金额总量并没有发生变化，占比减少是由于中央专项公益金增多缘故（见图6）。而2016年由于财政部中央彩票公益金使用公告尚未发布，其中最大的变化是中国妇女发展基金会农村贫困母亲两癌救助的项目获得的资助额度由1亿元提升到3亿元。2016年用于教育事业的彩票公益金支出预算数为19.70亿元，比2015年执行数7.76亿元增加了11.94亿元，增幅达到153.9%。

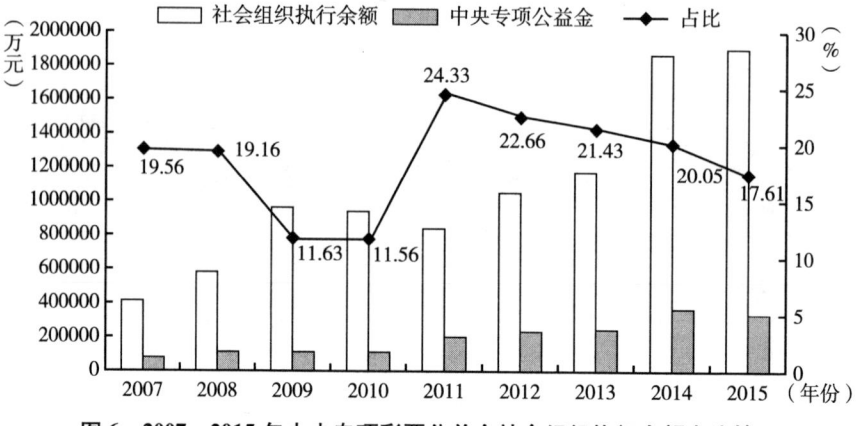

图6 2007~2015年中央专项彩票公益金社会组织执行金额占比情况

**2. 两部委本级彩票公益金使用**

对于部门本级项目,民政部坚持项目要有直接受益对象,加强了绩效评价和拨付审核,对于转移地方项目,继续采用因素法分配民政部补助地方彩票公益金,并进一步优化和规范了因素设置,在资金分配使用上突出向贫困地区倾斜。采用调整完善后的因素法分配资金,更加客观公平合理,体现了依靠制度和机制分配使用彩票公益金的精神,减少了人为因素的影响,避免了"跑部钱进"现象(见图7)。

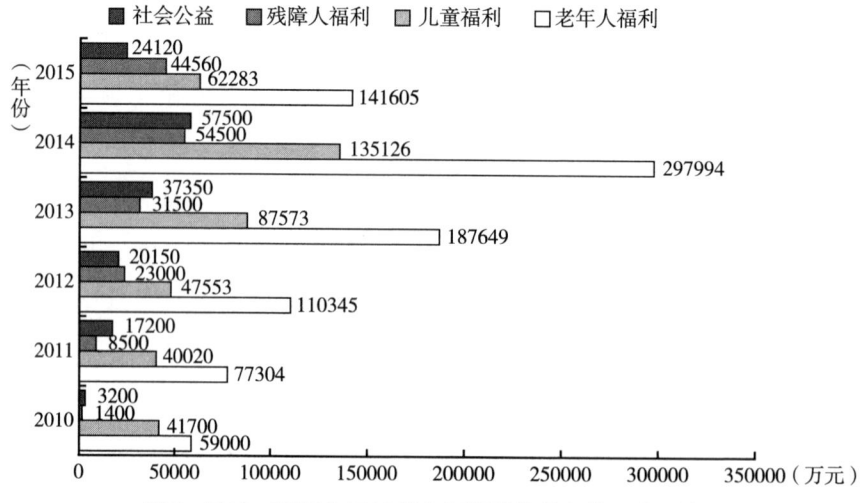

图7 2010~2015年民政部本级福彩公益金使用分配情况

福利彩票公益金的使用以事业为目标,在公示信息中并未明确列出资金的使用主体,从民政部发布的使用公告中可以分析得出,社会组织实施或者用于购买社会服务的资金隐藏于社会公益部分,2015年还特别列支了5000万元用于社会捐助体系建设和捐赠废旧纺织品综合利用,加上其他明确数据,2015年用于支持社会组织和慈善事业的资金约为6260万元(见图8)。

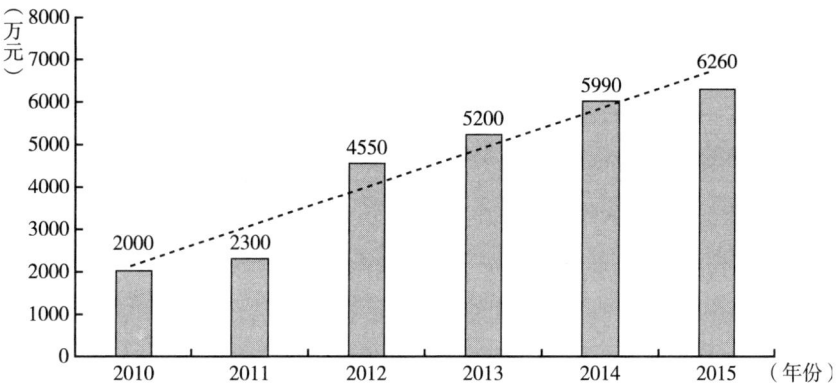

图8　2010~2015年民政部本级福彩公益金用于购买服务和慈善领域

2015年度国家体育总局本级体育彩票公益金分配额度为272730万元,占中央集中彩票公益金的4.77%。其中88.73%用于实施群众体育工作,11.27%用于资助竞技体育工作。用于群众体育的资金量占比继续增加,而竞技体育的资金使用量逐步下降(见图9)。

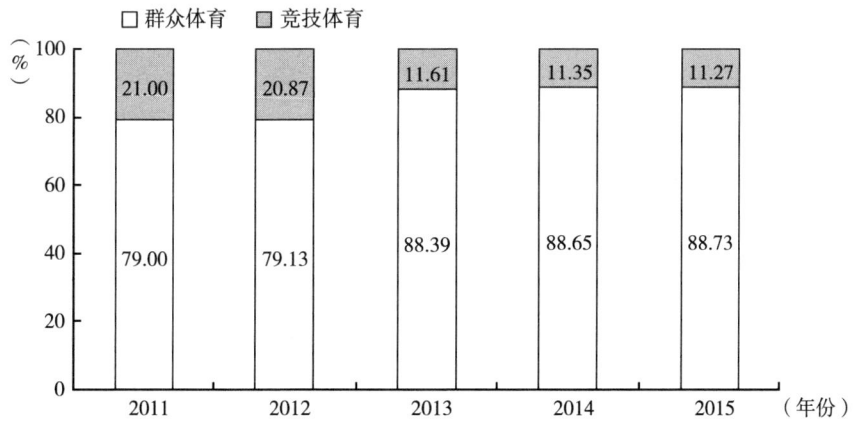

图9　2011~2015年体育总局本级公益金分配比例

在群众体育资金使用中，资助群众体育组织建设和开展全民健身活动中的资金大多委托给体育类社会组织执行。其中2015年约为23306.6万元（见图10）。

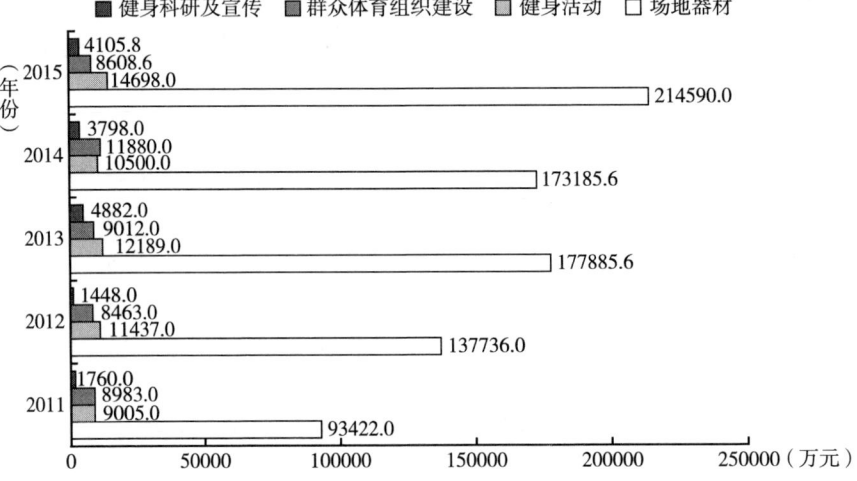

图10　2011~2015年体育总局本级公益金群众体育资金使用分配

**3. 地方留成彩票公益金使用**

2015全年民政系统共支出彩票公益金288.9亿元，比上年增加57.6亿元，增长24.9%，其中用于抚恤6.9亿元，退役安置0.2亿元，社会福利182.1亿元，社会救助30.0亿元，自然灾害救助1.9亿元，其他43.6亿元（见图11）。

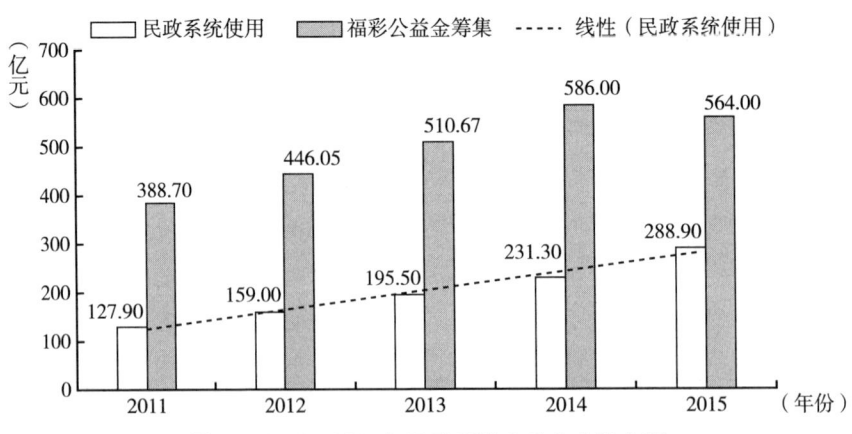

图11　2011~2015年民政系统公益金支出金额

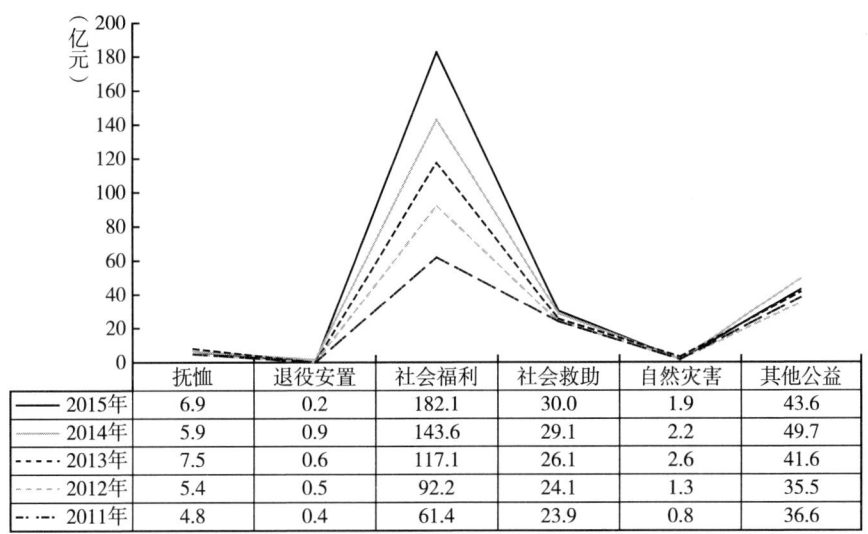

图12 2011～2015年民政系统支出公益金细分

由于福利彩票系统实行分级管理体制，福利彩票发行机构即中国福利彩票发行管理中心由民政部设立，各省（自治区、直辖市）福利彩票销售机构由各地民政部门设立。少数省区市如天津、福建、重庆、四川、宁夏等实行垂直管理体制，广西实行部分垂直、部分分级的混合管理体制，其他多数省份实行省份分级管理体制。而各省区市公益金使用管理办法是依据本省发展情况进行分配，多数省区市的留成公益金都上缴省财政然后按照分配比例进行分配，部分省区市则由民政部门保留部分资金剩余资金上缴省财政，因此使用管理中政府购买社会组织资金的情况还有待于进一步挖掘。根据2016年第四季度各省区市社会服务数据进行分析，可以看出各地福彩公益金掌握使用情况的差异，从而延伸至地方留成情况差异乃至福彩销售情况等关联因素差异（见图13）。

## 三 彩票公益属性发展趋势

依托国家公信力所形成的彩票事业的根本属性仍然是公益性，制度性缺

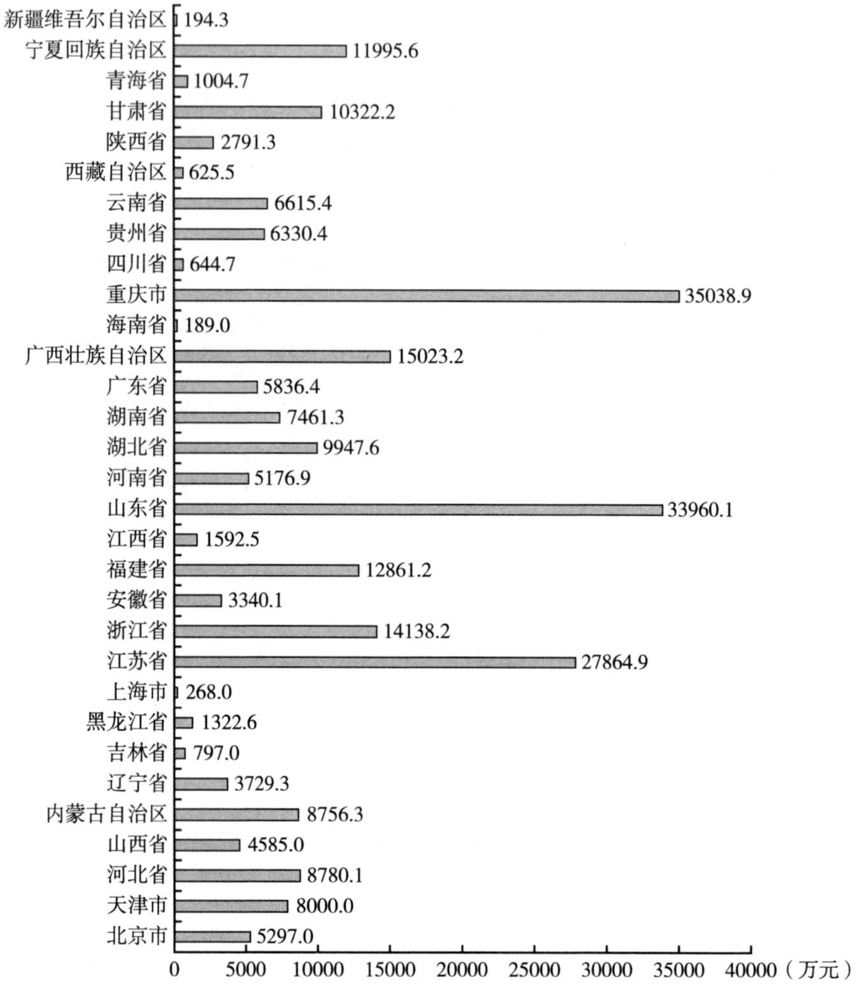

图13 2016年第四季度各省份福彩公益金支出

陷和监督管理缺失或者市场化渗透都不是可以随便改变其属性的理由。2015年审计所展示的结果是彩票事业发展近30年积习中善与恶的集中呈现,这种检阅一方面暴露了彩票事业所形成的病变和问题,另一方面也通过彩票公益性的展示证明了凡是偏离了彩票公益属性的发行、分配、使用都无法获得良性发展,凡是尊重彩票公益属性的监督管理和项目执行都会获得群众的交口称赞。

### 1. 纠偏之旅

彩票公益金审计风暴所暴露的制度和监管的缺失、缺位问题所产生的滥用职权、牟取私利等漏洞，其中有意违规、虚报套取、挤占挪用、化公为私等触犯红线的问题都迫使事关彩票事业发展的道路必须进行纠偏。

"两彩"管理者民政部、国家体育总局都在审计后整改中不断矫正和弥补制度不足、管理不足、执行不足等方面的问题，作为监管者的财政部也提出了相关指导性意见。彩票公益金管理体制的创新迫在眉睫。

而加强彩票公益金管理，建立健全资金使用决策、预算执行和有效监管的长效机制，确保资金使用管理有章可循、健康有序是解决问题的根本办法。一是需要进一步加强信息公开。依法做好政务信息公开，切实保障公众的知情权。依法向社会公告彩票公益金使用管理情况，切实把彩票公益金装进"玻璃口袋"，置于监督之下。二是需要完善资金使用管理制度。规范项目评审流程，提高资金使用效益。同时，加强对地方彩票公益金使用管理的指导。三是加强彩票公益金宣传。明确各级彩票主管部门在彩票公益金宣传管理上的职能职责，提出对项目实施单位的宣传工作要求，明晰监督检查责任及奖惩规定，加强与彩民和社会各界的沟通互动。

### 2. 体制改革建议

当前我国彩票市场已经成为仅次于美国的世界第二大彩票市场，"两彩"发行机构提供了相对丰富的彩票游戏品种和玩法，形成了中国福利彩票和中国体育彩票两大知名品牌。福利彩票始终高举"扶老、助残、救孤、济困"的发行宗旨，为我国民政工作顺利开展提供了重要的资金支持；体育彩票弥补体育事业经费不足，加快了体育事业发展。虽然"两彩"宗旨理念不同，但各自在不同的社会领域发挥了重要作用，同时，在社会保障、专项公益项目中共同承担了应有责任。

然而彩票发行机构的管理体制造成激励不够、效能不足，亟须根据《中共中央国务院关于分类推进事业单位改革的指导意见》对其进行改革，仿效西方彩票管理机构的治理方法，增加社会参与，建立一套理事会治理的带有社会企业属性的管理模式，发行销售涉及的人、财、物等有关审批权限从相关管理部门适当下放到理事会，形成理事会决策、发行机构执行的管理运行模式，增强彩票的公信力，加强社会监督，提高发行销售效率。

在行业层面，"两彩"合一的提法在实践面前证明并不可行，中国由于行政区域较多且辽阔，不适合实行单一制管理，"两彩"并存有利于竞合中优化，有利于提供精准化和精细化服务，为社会公众提供更好的产品和服务。因此也有必要设立第三方参与的彩票行业协会，充分应用市场力量和社会力量进行自律自治，从而创新出适应时代发展的彩票发展管理模式。

在法律层面，面对法律制度的漏洞不足，有必要及时起草严谨有效、科学规范的《彩票法》，提升以法治彩理念，将彩票发展纳入完善的法治轨道，一方面规制、避免以国家公信力担保的彩票事业面临风险，一方面为彩票事业发展提供制度保障和法律支持。

# 专题报告篇

Special Reports

# B.9
# 中和农信：一个中国社会企业的二十年创业之路

何道峰*

**摘　要：** 中国扶贫基金会中和农信小额信贷公司，是专门服务于难以从正规金融机构获得贷款的贫困农户的社会企业。本文以历史为经线，事件为纬线，回顾了这个在中国时间最长、最成型的社会企业成长史。2016年，中和农信公司向中国农村212个贫困县中的36.6万户（91%是贫困妇女客户）农户发放贷款67亿元，雇用了3100名乡村工作人员，贷款的回收率长期以来超过99%，机构赢利能力为1%左右。一批为中国社会影响力投资的社会企业理想而奋斗的人，用20年时间坚持做公益性小额信贷，成就了今天的中和农信社会企业。

---

\* 何道峰，中国扶贫基金会前执行会长，中和农信小额信贷创始人、前董事长。

**关键词：** 中国扶贫基金会 社会企业 中和农信 小额信贷 社会影响力投资

最近几年，一些时髦的概念——社会企业/社会影响力投资在中国公益界流行。除了谈论社会企业/社会影响力投资之外，企业界和公益界都有很多推动公益创投和创办社会企业的行动，加上学界和传媒界积极响应，使社会企业/社会影响力投资成为各种公益会场与论坛热议的话题。社会企业/社会影响力投资发端于20世纪90年代，在以英国为首的欧洲是指非营利组织用商业投资及其商业经营模式来解决社会公益问题，在美国则更加宽化为除上述定义外包括非营利组织为主创立的商业投资项目，含义是非营利组织的商业赢利最终只能用于符合其机构宗旨的公益目的。二者的差别源于两国之间产生社会企业的经济背景与未来期盼，概略说，以英国为首的欧洲饱受国家福利主义之苦，即国家福利主义在公民的纳税人角色和消费者角色之间历经半个多世纪的政策累积砌上了一堵高墙，让公民的消费者公共视角倾向于搭乘国家福利主义的便车享受无所不包的福利，而其纳税人公共视角则厌恶日渐升高的国家税收，其福利主义政策累积的结果便是使福利国家公民的奋斗意识削弱和公司避税逃离，从而成为国家竞争力下降与社会创造活力下降的双重压力。这种无所不包的国家福利主义终于在20世纪末走到穷途末路而为公共主流意识所认知。社会企业是企业界和公益界先驱们进行的一种创新与探索，其间承载着他们对以英国为首的国家福利主义困境破解的梦想，即探索一种用企业市场化经营方式来解决公共利益问题的方法，使此种公共福利走向市场化经营而非国家福利化税收，从而解构那种无所不包的国家福利主义。美国的社会保险制度始终与个人缴费及与个人责任高度相关，始终存在一种防止社会福利过度国家化的学术且舆论的强大社会张力，"奥巴马医保案"引发的全民大讨论和政治分裂就是这种强大社会张力的明证。因此美国没有如英国和欧洲那么大的国家福利主义难题需要破解，因此他们对社会企业/社会影响力投资也就没有承载那么多的梦想与期盼，而只把它视为一种解决公益问题的市场化创新或者干脆不过是非营利组织的经营性投资而已，当然，因为非营利组织的经营性投资收益只能用社会公益宗旨的法律底线，所以其对社会企业的定义也显得简单而明了。英国的定义则因其承载太多的光荣与梦想而变得复杂很多。美国公益组织创造的GDP占11%、就业占12%，其在美国公共福利领域发挥着远远大于欧洲公益组织的作用，因此其定义的宽泛化也就不难理解了。但无论如何，社会企业应该是一种公益组织用市场化经营方法解决社会公益问题的尝试和创新，至于什么样的企业能够被定义为社会企业，在美国简单，在英国则是一个稍许复杂的问题，需要仔细斟酌其各类条件而定义之。目前有英国政府2005年制定的"CIC"标准，民间第三方组织制定并流行的"SE Mark"认证标准、"SEUK"认证标准、"Senscot"认证标准等。认证标准的意义在于防止一般性商业企业宣称或冒充自己是"社会企业"，从而利用公众的道德赞许和政府的优惠政策以谋传统之商业利益。

对中国而言，公益组织处在十分弱小的发展阶段，而且官办公益组织垄断着行业主要资源，其权力巨大且横行。经济发展尚未迈过"中等收入陷阱"这个坎，存在着数量巨大的低收入人群；中产阶级作为一个有社会稳定器意义的社会主流群体远未长成；社会保险与保障业还十分幼稚，因此尚无过度的国家福利主义之困局待破解。社会企业在中国并没有像在英国那么大的历史重责与社会企盼，亦无在美国公益组织创新其公益经营模式那样巨大的社会效应，因而，明确的认知和清晰的社会企业认定标准显得十分重要，否则，往往会因为我们热衷于推广一个新理念和新方法而导致群情激昂蜂拥而至，泥沙俱下鱼龙混杂，然后政府再挥大棒一律砍杀或者纳入垄断把这个新概念彻底割掉。小额信贷这个概念在中国已变得跟它原本的国际化定义大相径庭且混乱不堪便是明证。这种中国式群体行为逻辑总像肥皂剧一样反复播演，理性回望常常令人心悸而揪心。

中国扶贫基金会中和农信小额信贷公司，无论用美国的定义还是英国的定义都是一个成型的社会企业案例。2016年，中和农信公司向中国农村212个贫困县中的36.6万户（91%是妇女客户）农户发放贷款67亿元，100%

是无抵押贷款，户均贷款11887元人民币，雇用了3100名来自当地贫困乡村的工作人员。贷款农户中的76%都没有从包括农村信用社在内的任何正规金融机构中得到过贷款。这些贷款的回收率长期以来超过99%，超过30天的逾期率为0.74%，机构赢利能力为1%左右，从而初步呈现了机构的可持续发展态势。2017年开始，中和农信放款规模超过100亿元，接受贷款的贫困农户超过100万户。因此，无论用任何国际指标衡量它都是一个规范的社会企业。为了这个社会企业的今日形塑，中国扶贫基金会的同人坚守了二十年。我们争取政府部门和相关行业中相同理念者的响应与支持，应对各种责难与挑战，在向国际国内同行学习的过程中自我革新与完善，坚守战略并动态调整经营管理制度，坚持建立公益经营的机构文化不动摇，等等。可谓半生心血执一念，不到黄河心不甘。本文主要是中国社会企业个案，目的是提供一个中国政治经济语境与法规环境下社会企业的创业尝试与动态定义，以供参考。

## 一 二十年前的机缘——中国西部中心管理的小额信贷扶贫试验项目

1995年，因着跟杜鹰和阿兰·皮阿兹（Alan Piazza）的个人历史渊源，本人误打误撞地加入中国西南及秦巴世行扶贫项目劳务输出分项目，承贷承还部分世界银行贷款并承负从西部五省六十一县向沿海地区企业安全输出6万名贫困劳动力以推动其能力提升而脱贫的责任，同时负责咨询、协调并监测整个劳务输出分项目从上述贫困乡村输出61万贫困劳动力以达能力提升扶贫的额外责任。这是一个前无古人的复杂的社会影响力投资项目，既要完成贫困劳动力输出并稳定就业以达扶贫的社会公益目标，又要保证偿还世界银行贷款的经济目标。

当时中国的小额信贷项目尚无成功模式可循，仅中国社会科学院杜晓山先生模仿孟加拉尤努斯教授的格莱珉银行模式在河北易县开始了一个约100万元人民币的项目，UNDP提出资助中国外贸部国际交流中心500万美金

(4000万元人民币)在近40个县进行试点调研。我们认真研读了尤努斯教授的著作、苏珊·霍尔卡木教授的著作以及世界银行"GAP"的有关报告，对陕西省安康市和四川省阆中市进行了农户的实地调研与需求评估，得出了如下项目调研结论：（1）存在着数量巨大的无法从信用社等正规金融机构取得信贷服务的贫困农户，同时也存在许多非粮食作物种植业、养殖业、手工业及小商业、服务业的创业机会，因此通过小额信贷服务促使农户提升能力而脱贫的潜在市场需求是存在的。（2）这些潜在的部分客户经常利用民间借贷来响应其创业需求，但直接利率加上担保等影子利率高得吓人（50%～100%），但穷人是讲信用的。"穷人不还款没信用"常常是基层信用社和国家银行的管理问题引致并向中央政府推脱责任的说辞。因此可以说"穷人不讲信用"之说，是城里的金融官僚机构加在贫困人口身上并推卸掉自身管理责任的一种社会舆论。（3）借钱给贫困农民并通过微型企业的创业培训是一种帮助贫困但有创富冲动的农民通过干中学的方法提升能力而脱贫致富的好方法。在项目的农户信贷商业模型上可得出如下结论：（1）整贷零还，一年期贷款除两个月宽限期外分20次还清，每半月还款一次，单笔贷款数额以农户的还款能为上限，风险便可控（当时从单笔1000元起贷，每年若按时还款第二年增1000元，3000元为上限）。（2）格莱珉银行的五户联保方式在中国乡村有效，等于将县农户自立服务社（SSCOP）对农户的借贷还款的信用关系转变为五个相互熟悉的农户之间的道德契约。（3）5～6个农户小组约30户形成一个农户贷款中心的格莱珉银行模式是效的，其一，可以利用选举产生的中心主任的志愿劳动扩大SSCOP信贷员的服务半径和服务农户数量，提升效率。其二，中心会议使培训和农户经验的相互借鉴与激励从而其能力提升成为可能。（4）利率是在民间高利贷与小额分散的农户服务产生占比较高的费用全覆盖之间寻求一个可持续的理性平衡，当时是名誉利率8%，若100%按时还款年利可达14%。在机构的管理模式方面可得出如下研究结论：（1）鉴于小额信贷扶贫是专业性很强的一项社会扶贫公益经营活动，必须保证有长期稳定的机构和专业人士来从事这项工作，因此机构可持续发展要作为项目设计的首要目标。而保证一个最低机构

（8人/县）可持续的项目规模底线是不低于500万元人民币，从易县与UNDP每个县100万元人民币的试点规模中看不到任何未来机构可持续发展的可能性。因此绝不接受任何兼职人员从事该项工作。（2）县机构只能作为执行机构，设计、管理与监测中心必须放在北京，且北京的管理中心必须有决定资金使用和人员调配与考核的权力，才能保证项目标准、规范并可成功复制。（3）项目的商业模式设计的经济学基础不是为了强行完成一个扶贫的政治任务，而是基于存着一个正规金融机构（包括信用社）的管理逻辑（增大单笔贷款规模以节省费用提高效率，运用抵押担保工具以降低逾期风险）无法抵达的细分市场，即存在着一个能够承受较高利率去响应微型企业创业机会的无担保抵押能力的贷款客户群体。我们只对这一细分市场的客户群体服务。这一认识对项目管理机制的设计关系重大。（4）鉴于客户规模过小且数量巨大，必须运用计算机管理系统对信贷及还款活动进行跟踪管理监测，以保证发现问题的及时性和纠错的及时性。（5）人员的管理必须以业绩为导向，业绩导向的方式就是考核，考核的方法是定量指标为主定性指标为辅，指标基于对不同岗位的责任定义、工作量定义、工作流程定义及工作交付物或绩效定义。我们相信：固定薪酬加无考核的管理只能造成说教、责任推诿与是非不清的机构文化。

根据这些调查结论和信念，我们设计了由中国西部人力资源开发中心管理的秦巴山区世行小额信贷扶贫分项目。在陕西省安康市和四川省阆中市开始世界银行各贷款100万美元即800万元人民币的项目，通过几年的奋斗，各县有4000多户贫困妇女连续得到了项目贷款的帮助并在这种贷款构建的微型企业营运中涵养了对市场需求的评估、对收入与成本的算账、对家庭收支的统筹、对经验教训的总结、对农业新技术的把握、特别是通过与他人沟通解决问题的能力。总之，一个连续4~5年从中国西部中心小额信贷项目得到信贷服务的贫困农户，其综合能力明显得到了提升，特别是这些贫困农户生活态度的积极转变、对新技术新方法的学习态度、面对困难与挑战的勇气与信心，都发生了惊人的转变与提升，项目确实涵养了贫困农户的能力，从根本上解决了他们的贫困问题。这些结论不是我们的结论，而是由第三方调查研究得出的。试验项目取得了显著的成绩。

西部中心的小额信贷项目相比于同时期在易县、虞城和南召搞的试验项目，UNDP 在赤峰等近 40 个县推开的试验项目，特别是相对于 1999 年国家及各地政府财政投入 50 亿元在全国扶贫系统推广的"商洛模式"的小额信贷项目，具有下述明显的特征：（1）强调单县的项目规模从而强调机构的可持续性，每县世行贷款 800 万元人民币并要求地方配套 800 万元，即使地方配套落实不了也不低于单县 800 万元的规模，而当时的其他模式都是我国通常的模式——单县规模 100 万元左右。（2）强调队伍建设的全职化和专业化从而为机构的可持续性奠定基础，拒绝兼职的乡镇干部协助放款，而过小的规模就很难建立专业队伍而使项目变成县城里某官僚机构的附庸。（3）坚持项目的人、财、物和经营模式及项目执行标准的决策权与考核权放在北京总部，项目县只是执行机构而没有决策权，严防地方政府和县机构负责人因获得上述权力而用"地方情况特殊"而侵蚀并改变项目的方向和标准。为此，我们与财政部协商，最后使小额信贷项目的世界银行贷款资金的到账流程，成为有史以来成为继劳务输出分项目后的第二个不从国家财政部直接拨付地方财政，而必须经扶贫办西部中心再拨付地方财政，最后到县财政的分项目。换句话说，如果地方政府或者任何机构干预项目造成项目方向或标准偏离，就拿不到世行回补资金。实践中，安康市和阆中市发生的矛盾均通过此机制的设计得到矫正。否则，项目方向和标准必在时间流变的地方干预中失控。（4）坚持对贫困农户的标准服务流程并锲而不舍地建立计算机信息追踪系统和档案系统，并用独立的监测部门定期监测以及时发现问题并纠偏，绝不依赖逐级向上的汇报系统，否则必会走向信息被选择性汇报的偏差积累。（5）坚持对执行团队培训与绩效考核不动摇，通过培训来提升其认知能力并坚定其信念，通过考核来建立机构的是非标准并激励与纠偏，否则既不可能打造总部的信息获取能力与决策力，也不可能打造分支机构的执行力。（6）西部中心在此项目中没有经济利益，该项目从一开始就是一个志愿者负责任的公益项目，因此本质上就是一个社会影响力创新项目，其机构文化就是公益文化。

慈善蓝皮书

## 二 十六年前的宿命——中国扶贫基金会小额信贷扶贫项目的移植

人的命运是很难预设的，或许是一种超自然力量的预设，本人至多不过在命运预设的机缘中做出适调性响应而已。中国扶贫基金会三届四次理事会确定了传承、改革的方向，确定了从用泛扶贫筹资转变到用品牌项目筹资的战略，确定了从大人物筹资转变为小人物筹资的技术路径。可品牌项目建设从哪儿破题呢？第一是通过市场调研与设计推出母婴平安120项目，第二是从中国西部人力资源开发中心移植小额信贷项目。因为那时候世界银行项目的执行已接近尾声，西部中心的功能已面临寿终正寝的结果，把西部中心的项目管理人员和系统加两个项目县的项目通过合约转移过来，不就实现了项目的移植吗？经过决策程序后，小额信贷项目从2000年开始了从西部中心向中国扶贫基金会全部移植并扩张的征程。

经过认真调查、研究与策划，中国扶贫基金会将小额信贷项目的愿景定义为：通过奋斗使其成为无法从正规金融机构获得贷款的贫困农户服务的乡村银行（后改为山水间的百姓银行）。将使命定义为：给穷人一个机会，涵养她们的脱贫能力（因为绝大多数是妇女）。将目标定为：贷款给村里真正的贫困农户，通过培训与干中学提升她们的能力，实现机构专业化可持续发展的目标。农户贷款的管理模式基本沿用西部中心积累起来的模式。单县的资金规模规定为每个县筹集不低于500万元的本金规模，基金会再通过公益募资或信用贷款等方式去增加其规模，以支撑可供长期就业的专业人员梦想事业之平台从而实现机构可持续。机构管理模式坚守成功的总部决策加县级分支机构执行的基本原则，并根据《基金会管理条例》给中国扶贫基金会的法律空间来进行调整与学习，并逐步形成可复制的管理模式。考虑到这个项目离开世界银行项目后其合法性会受到质疑，因此通过报批获得了国务院扶贫办2001年的小额信贷扶贫试点批文支持。

项目移植后探索过程的艰难是超乎想象的。在微观层面上坚守项目的愿景、使命、目标和管理流程与操作标准是不难的，难的是资源的动员，但更难的是受限于当时国家幼稚的《基金会管理办法》法规下形成的执行机构双重管理模式。

人们很容易认为资源动员是最难的，而本人认为战略清晰第一、经营模式可行第二、团队能力第三、资源动员顶多能排到第四。中国扶贫基金会小额信贷扶贫项目的理念和目标明确、模式清晰、权责清楚，虽然白手起家，我们依然从难到易逐渐找到了一些同道者。如秦巴两个项目县的世行贷款1600万元，华夏银行捐助贵州定点县300万元，香港嘉道理基金会提供长期无息贷款1000万元，福建林月婵主任认同基金会理念在福建福安与霞浦开点各500万元，重庆扶贫基金会刘芳仁认同基金会理念将其开县1000万元的项目并入基金会小额信贷管理等。总之，小额信贷项目移植后，很快看到了该项目在贫困县巨大的潜在公益需求而点燃了基金会同伴眼中的希望，项目县也快速扩张到十个。

但当时的中国《基金会管理办法》中明确规定：基金会不得在地方设置直属的分支机构。为了使项目在贫困县与农户发生的借贷关系合法化，必须要在当地注册一个非营利的法人主体，而这个法人主体——农户自立服务社（SSCOP）只能注册并挂靠在当地扶贫办之下，虽然从合同上约定农户自立服务社的管理权归中国扶贫基金会小额信贷部，但他们（县农户自立能力服务社的领导人）也很难拒绝县扶贫办乃至县党政主要领导在服务社人、财、物上的行政干预，何况有时他们也想利用这种双重管理的漏洞来谋取他们个人利益的最大化和责任的最小化，这就使服务社在此双重管理体制下容易出现管理责任虚置和管理人行为扭曲的现象，使项目的管理方向和标准出现日益严重的偏离，最后发展到不可收拾的地步。这应该是当时所有公益性小额信贷机构共同面临的问题，只是因为要坚持"单县资金规模足以支撑专业化可持续的底线"、坚持"人财物决策和监控管理及责任中心放在北京而县机构只能是一个标准化的执行机构"、坚持"项目的三大目标及相应标准和流程不动摇"以及坚持"对县级执行机构人员进行绩效考核不动摇"等企业化的管理而使这种双重管理的制度冲突特别凸显出来罢了。

冲突的原因主要概括为：（1）县党政（或扶贫办）主要领导往县服务社安插人员导致冲突或导致服务社内部出现人事斗争，致使信息失真和服务社主任的行为变形（如山西左权和贵州晴隆）。（2）县党政主要领导指示将项目资金调到他们认为重要的地方，在碰到服务社抵制后强行更换服务社领导人，如安康市党政主要领导人因调用资金遭到抵制而强行更换服务社主任。（3）县扶贫办领导人为谋自己或小单位利益而指令服务社主任违反项目操作规程办事，使服务社主任左右为难只好辞职，如四川阆中市扶贫办主任强行指示县服务社主任给农户发放的贷款用50元一只的长毛兔来折抵（实物抵贷），而该长毛兔则由扶贫办25元一只批量购进所赚的差价进了小金库，导致县服务社主任辞职。（4）县党政领导推荐私人企业家从服务社贷款并暗示服务社主任用大规模的借用农户身份证来"累大户"致使项目目标偏离且风险增大（如重庆开县）。（5）县党政领导人签了合同不认账或新换领导人故意为之致使中国扶贫基金会承诺资金投入运营后地方承诺资金迟迟不到账（如贵州六枝区和晴隆县、山西左权县和福建福安市）。（6）地区党政领导及县扶贫办领导上述这些行为产生的示范效应，致使县扶服务社领导和项目管理人员受其影响实质大于项目管理总部的影响，致使他们在实际操作中对中国扶贫基金会这套理念和运行标准产生怀疑而认为过于理想化，因而做了一些他们认为可以在适应当地领导和基金会管理规程之间寻求某种平衡的"变通"。这些"变通"往往会导向"劣币驱逐良币"的行为积累。2003年后，上述种种问题逐渐暴露出来，对我们的决策认知、应变能力以及信心和意志力是极大的挑战。

回望中国扶贫基金会小额信贷发展史，使我们对在中国乡村如何做强做大小额信贷扶贫有了许多刻骨铭心的认识：（1）针对农户的信贷服务模式和基本操作流程，历时越久，内功越强，其效越显。（2）坚持打造"一个总部决策管控中心"和"一个项目县执行力中心"的经营管理模式才有机会迅速扩张成中国式乡村银行的。（3）随着经济发展和财政收入的增加，每个省、县都存在许多扶贫资金不能有效可持续推动农户自立能力提升的问题，小额信贷项目创造的"涵养穷人能力的扶贫方式"，就有可能将这些资源动员起来。(4) 阻碍该项目发展的核心问题,是《基金会管理办法》限制基金会在地方设置分支机构导致的"县执行机构的双重管理"体制问题。该体制问题导致我们不能将"项目执行机构"从中国政府庞大且历史悠久的官僚主义机制与行为模式中独立出来,导致法律边界不清、经济责任不明、合作与权责混淆、推诿与扯皮俱生,"管理决策总部"的精力与激情将被耗散到"县执行中心"无休止的扯皮之中。

失败与折磨,常常是生命中最伟大的导师。正是这段时间的磨难,让我们获得了上述刻骨铭心的认识。为此,一方面我们成为"基金会管理条例"修改的最积极倡导者和推动者,特别是废除"基金会不能在地方设立分支机构"这一条,是我们社会倡导最重要的着力点。报告、会议发言、开研讨会、推动专家建言、与条例修改小组成员建言对话等,都是我们倡导工作的路径。另一方面,我们坚定不移地只与同道者相谋,不与异梦者苟且,在经过长时间协调与思考后,我们停止了与陕西安康和四川阆中这两个最初移植项目县的合作,坚定不移地终止了与重庆开县的合作并撤出了贵州晴隆,还撤出广西东兰和四川东江县,已扩张到十个项目县的项目砍掉六个。

## 三 基金会管理条例修改——趁机起航

2004年3月,《基金会管理条例》经国务院第三十九次常务会议通过并颁行,该条例在第十三至第十七条以及第四十条至第四十二条明确规定了基金会直属分支机构的设立条件、登记程序、法律责任和注销前提与程序。这对于中国扶贫基金会小额信贷项目来说,犹如诸葛亮赤壁之战的"万事俱备,只欠东风"之"东风",使我们摆脱双重管理之困境成为可能,使我们构建新型的与地方扶贫办合作模式从而构建"一个决策监管中心"和"一个项目县执行中心"的连锁经营模式成为可能。

经过调研与论证,我们形成了如下新合作架构设计:(1)县农户自立服务社按新颁布的《基金会管理条例》进行重新登记并注册成为中国扶贫基金会的直属分支机构,其人、财、物的决策管理权完全收归中国扶贫基金会。

(2)省级扶贫办或县级扶贫办注入服务社的配套资金，属于委托中国扶贫基金会管理但约定只能用于当地小额信贷扶贫目的的长期托管资金，中国扶贫基金会为此托管资金的使用目的和安全负责。(3)中国扶贫基金会承诺将服务社做强做大，吸引更多的资金进入服务社用于扩大当地小额信贷扶贫的公益目的。(4)省级扶贫办和县级扶贫办承诺不干预服务社的日常管理，而对项目的公益目的负调查监管之责任，服务社按照其配套资金的到位数量按年支付额定的监管费至对方账户，用于覆盖其监管所发生的费用。(5)县服务社的管理人员和业务人员，完全由中国扶贫基金会管理总部在当地农村公开招聘、培训、考核、升降并解聘，当地政府完全不插手不干预。服务社主任是经个人自愿申请从县党政干部中选聘的，县政府给予保留身份和基本工资的待遇但管理权和考核权移交中国扶贫基金会。(6)县服务社独立公布其财务报表，中国扶贫基金会小额信贷部出一张虚拟的合并报表（因为小额信贷部不具备独立法人资格），以衡量资产运营、费用控制和机构可持续发展状况。(7)中国扶贫基金会从国际上引入当时最先进的小额信贷计算机管理软件，保证每个贷款农户的情况及信贷人员的工作资讯登录并可按月查询、统计和追踪。

新的合作模式经过讨论、完善与沟通，达成了共识。2005年，在北京召开了项目省、县小额信贷扶贫项目合作模式转型会议，有关项目省扶贫办、县党政领导和县扶贫办领导与服务社主任参加了会议，会议各方签署了新合作模式的协议，并对新机构依法转登记注册进行了部署。新的合作模式正式形成。

经过几个月的努力，新机构转制注册登记完毕，小额信贷部主任与县服务社主任重新签订聘用合同和工作责任合同，服务社主任与员工重新签订聘用合同与工作责任合同，基金会依序重新对小额信贷部、服务社主任、信贷员、后台督导财务信息人员进行了新机制下如何调整心态开创性工作的岗前培训。2006年初，基金会在昆明召开了小额信贷全体员工的动员大会，正式提出了模拟公司化连锁经营，打造专业高效的总部决策监管中心和快速标准的县级执行中心的连锁化经营管理模式，并在实践中为实现真正意义上的连锁化经营的社会企业准备必要且充分的条件。新阶段的合作发展模式与连锁化模拟经营模式从此正式起航。

新模式解决了小额信贷发展的瓶颈与短板。这种机制对当时中央政府扶贫到户政策的内生需求很快产生响应,项目的筹资变得相对简单。到2008年底,小额信贷项目发展到11个省26个县,员工从81人增加到200人,贷款本金从2000万元增长到1.1亿元,2008当年为4万贫困农户发放贷款1.8亿元。

新合作发展模式的优势是明显的:(1)该模式对真想扶贫到户的地方领导是很有吸引力的,地方承诺出资500万元且分三期到位就能吸引1000万~2000万元资金进入当地投入扶贫到户,政治账经济账都是合算的。(2)项目为地方创造了相当数量的就业和税收。(3)省、县扶贫办与服务社的权责关系通过监管费定义清楚,责权对应且独立,中国扶贫基金会为资金使用的公益性和安全性做根本性担保即统借统还。(4)在此种模式下,小额信贷管理总部集中力量解决信贷产品创新、工作流程创新和员工招聘、培训、考核以及计算机信息系统建设和财务风险控制即可。(5)总部通过模拟财务报表管理基本可以逐渐总结出县服务社的标准模型,如县人口总数,农村人口,潜在贷款客户,潜在贷款规模,收入模型及费用模型,毛利盈亏平衡模型,总部后台人员、费用有效占比及其规模变动模型等,可以逐步摸索出一整套的成熟管理方案,为真正的公司连锁化经营做好准备。

但有人可能会问:为什么不直接注册社会企业经营呢?这涉及一个法律界限问题。我们的做法是按国务院扶贫办的扶贫试点批文只贷不存的扶贫创新尝试。

## 四 商业性小贷公司之历史机遇——御风而行

机会永远属于早有准备的人。2008年,这个机遇终于到来。2003年之后新的一轮国企通过IPO扩张,加之银行业的全面国企垄断,贷款给国企出现坏账没有责任而贷款给民企出现坏账则终身追责的制度设计,使存款只能

存入银行,银行主要贷款给国企和地方政府(另类国企),从而国进民退的趋向日趋突出,因此中小民企贷款难的问题日渐突出,农民特别是贫困农民贷款难的问题更显突出。在各种社会舆论和政治舆情的压力下,中国人民银行和银监会联合出台了《关于小额贷款公司试点的指导意见》,允许成立商业小贷公司并不受人民银行基准利率限制放贷,最高法院则通过了不超过人民银行基准利率4倍受保护的司法解释,于是全国商业小贷公司应运井喷,两年之内突破5000家,突破5000亿元。这是中国扶贫基金会小额信贷项目公司化的大好历史机遇,我们迅速成立了中和农信公司,将下属各分支机构委托中和农信管理,使决策管控总部的虚拟报表变成真实的财务报表,给十余年的社会企业创业史画上了一个有总部实体的句号。

但小贷公司的政策事实上解决不了中和农信合法性的根本问题,因为人民银行和银监会规定其他商业小贷公司只能注册成地区性的,而中和农信必须做全国性的,其他商业性小贷公司之所以能在地区存活,是因为其单笔贷款规模上限是注册资本的5%,如果注册1亿元的地区性商业小贷公司,单笔贷款规模可以达到500万元。但中和农信做的是公益性小额信贷,单笔贷款规模小和客户覆盖面大是其追求的两大本质目标。公益小额信贷通行的国际标准是单笔贷款余额规模不超过人均GDP的1.5~2.5倍,并尽可能大面积覆盖的农户规模,所以又称之为"普惠金融"。在中和农信的实践上,2008年单笔贷款规模为4000元,这意味着1亿元的贷款要服务25000户贫困农户,要做强做大必须扩大对全国贫困县的覆盖面,因此只能是全国性的。

在这种法规框架和政策背景中,我们所能做的十分有限。我们给国务院扶贫办多次打过报告得到他们的大力支持,并通过扶贫办向财政部、人民银行和银监会打过报告,银监会政策法规司和人民银行农经司还多次带队做过实地调查,各部门看后对项目都很支持,但全国性资质的问题就是解决不了。财政部税务总局下文批准免除中和农信所得税和营业税,财政部与国务院扶贫办协商批准支持中和农信2亿元彩票公益金和2亿元财政扶贫资金用作银行抵押贷款,国务院办公厅还专门开过会协调,但全国性贷款资质问题始终无法解决。当然所有这些支持对我们坚守下来十分重要,给了我们前行的信心和勇气。在这个过程中，我们通过以下方法来坚持住中和农信独特的公益小额信贷模式并寻找同道迅速扩张，做强做大。（1）始终坚持扶贫的公益小额信贷模式不动摇，核心就是坚持将款贷给那些不能从正规金融获得贷款的贫困妇女客户，提升她们的能力并保证信贷机构的可持续发展。（2）始终坚持档案可查证、客户数据和一线员工工作数据可追踪的数据化管理。具体说就是农户单笔贷款余额不超过当地人均 GDP 的 1.5~2.5 倍的国际标准。直到 2016 年，农户户均单笔贷款余额也不超过 1.2 万元，覆盖的贷款农户则接近 40 万户。（3）坚持低于最高法院司法解释 4 倍之下的底线，坚持利率只用于覆盖贷款成本（通常 7%~9%）和单笔贷款额度太小带来的高人工成本占比后略有结余。坚持略有结余（1% 左右）只是为了机构的专业化与可持续发展。（4）始终苦练管理内功，坚持风险控制第一，发展扩张第二，目前为止，我们的贷款回收率始终超过 99%，30 天逾期还款率始终低于 0.75%，而风险拨备始终保持 2%。我们深知：只有坚守底线加精细化管理不出系统性风险，才能存活下去，获得生机。

因此除了坚守之外，我们还必须创新，否则就无法保持速度，也无法达到在山水间建立一家百姓银行的理想目标。（1）理想和现实差距有点大，仅靠中国扶贫基金会的能力是很难实现的，因此我们决定引入外部股东。首先引进了世界银行国际金融公司（IFC）与红杉资本（Sequoia），将资本金分两步扩张到 2.5 亿元和 5 亿元，5 亿元资本按照 6 倍的杠杆率可以支持 30 亿元的贷款余额，加之管理效率提升可实现 1.6 倍的资金周转率可以支持 48 亿元的放款量。2016 年引入蚂蚁金服作为第二大股东，将可用资本金推升到 14 亿元的平台，加上蚂蚁运用互联网社会资本的能力背景，可以支持百亿元放款规模的初步梦想。但引入股东的道路是艰辛的，首先，要在战略和经营模式上清晰，在管理上标准化，在信息建设和披露上透明且公开，否则就吸引不了精彩的对公司有长期战略合作伙伴意义的投资人。其次，选择投资人并不仅仅看重其带来的资金，更重要的是关注他们带来的管理知识、互补性的能力和长期融资及资本经营的能力，还得思考他们的公益情结、理念和引入后对中和农信公益基金的认可及加强。我们在无数投资人中选择的

IFC、Sequoia、蚂蚁金服和天天向上基金会等,他们在类金融公司管理、互联网金融、公益理念、资本运营理解和投融资能力等方面,不论在国内甚至在国际水准上都是一流的。(2)引入新股东后,按股份比例组建董事会,经选举,本人任董事长、王行最任执行董事、刘文奎和法律顾问秦岭任董事,IFC派出极富小额信贷管理经验的资深专家赖金昌任董事,Sequoia派出互联网金融投资的一流专家沈南鹏和李阳做董事,蚂蚁金服派互联网金融专家韩歆毅和陈嘉轶任董事,天天向上基金会派出资深银行及投资专家贝多广任董事,可谓阵容强大。董事会每季度召开会议,通过刘冬文总经理领导的经营班子(李真、苏配柚、陈殿左、窦华茂、杨涛等)提供的简洁明快的数字化工作报告,来议决属于董事会该管的大事。由于董事的专业化水平高,所以决策的质量很高。一流的董事会决策必催生一流的经营团队,形成良性互动与良性博弈。(3)为了提升董事会的信息共享和会议质量,董事会决议重建跟移动互联网接轨的动态信息系统,使信贷人员的工作行为不仅在数据上而且在图片上可动态追踪与查证,防止问题的隐藏和积累。同时建立了内审部直接归董事会管理。成立董事会内部的战略委员会、审计委员会、薪酬与考核委员会和高管提名委员会,使董事会建设逐步专业化并用此方法促进经营班子经营管理水平的提升从而形成决策与执行的良性互动与良性循环。(4)适时地注册了移动互联网金融P2P公司并与线下绑定,现已发展到投资人2700人,累计委托中和农信贷款8亿元,贷款余额4.2亿元,P2P公司有效地通过线上与线下相结合的方式来控制风险,已然成为一家规模不小(年贷款余额4.2亿元)的独立社会企业。(5)进行了农村合作金融的有效试验。中国农村信用社的核心问题在于它并不是真正意义上的合作金融,因为农民被全部强制入股1~5元的信用合作社本身就是假合作社,既不分红又无法真正建立合作社管理机制。90年代兴起而又被政府强制关闭掉的农村"合作金融",因缺乏规范的管理和制约而变成了从贫困地区吸储再借给发达地区使用的筹资分红通道,其风险让贫困地区农民雪上加霜。合作金融首先是当地部分农民自愿出股份组成够规模的合作社,贷款只贷当地的农民并按一套成熟规范的风控措施进行管理,所形成的收益由当地合作社的社员当年分红。中和农信只作为一个农村金融的专业化合作组织与金融风控管理机构为当地农民合作社提供专业化服务。内蒙古五个旗八个乡镇做了三年的农村合作金融试验,支持了8家合作社,涉及人口63200人,现八家合作社共有社员2459人,贷款社员1864人,合作互助资金1343.2万元,自2014年启动以来为2800名社员贷款9346.4万元,现在贷款余额5373万元,合作社每年进行分红。合作社运行状况可持续,农民逐渐学会合作社的民主自治管理。(6)探索如何利用3000多人并正在不断增加的地面部队来探讨网上网下相结合、进行信得过农产品溯源系统的可能性。(7)对借款农民既要培植他们对中和农信的"信用"土壤,又要培植社会人文关怀。首先对贷款农户的贷款额买了意外伤残与死亡险,将每年贷款农户的意外死亡与残疾转化为公司的运作成本,如农户发生此种情形则免除其还款责任。其他绝无例外。由于有了40万以上并向100万农户发展的客户,我们开始试验大病(如癌症)等小额信用直接保险,目的是让大家共出的保费收入最大限度地用于这个群体的福利,免除保险公司介入所耗费掉的高比例的推销保险提成、管理费用和保险公司利润。(8)虽然有财政部和国务院扶贫办4亿元彩票公益金作为担保金的大力支持,但我们很快就意识到此种路经依赖的危险性,因此迅速调整到市场化筹资如发行企业债、国际公益市场融资和P2P等开放性的思路上来,以致我们现在随时可以还掉2亿元彩票公益金和2亿元的财政扶贫资金的担保金而不影响重大业务。(9)为了使公司运行更加富于激情和理性,我们设计了一套独具特色的员工培训和KPI考核制度,基层员工更加注重的是直接绩效的数据化考核,县级管理注重的是关键性业绩指标的考核和质量指标,区域一级作为奔走在县服务社之间进行指导和监督的"行商"而非坐在办公室里发号施令的"坐商",主要考核其指导业绩(正向)和督察能力(负向)指标,总部则为项目推进速度、一线效率模型、产品创新、后台人员与费用比、风险贷款率和重大风险防范与处理负责任,并锲而不舍地创造条件推动高管长期股权激励方案的出台。(10)除了一般考核之外,为了强化并促进企业的公益基因,我们设计了针对基层员工的年度大会奖励——"道峰奖",开始时每年奖励5万~10万元，后员工规模变大再调整到20万元，最近几年到50万元。主要按业绩指标评选出当年最优信贷员、最优团队、最优县服务社主任等，在年度员工大会上发奖并播放视频。我们还设立了专门关爱员工紧急情况和大病灾害的志愿捐助基金——中和基金，每年在员工大会播放救助情况。

## 五 中和农信社会影响力企业创业的启示

围绕着中和农信公益性小贷公司的绝不不仅仅是赞赏与支持。正如尤诺斯40年来一直饱受是否扶贫的质疑一样，中和农信一直饱受质疑，近年尤甚。最主要的质疑有二。

质疑之一：中和农信贷款的农户是否是贫困户也就是说中和农信是否真扶贫。根据普惠金融研究院和深圳公益研究院的调查报告，中和农信项目区166个项目县85%是贫困县，贷款对象95%以上是妇女，贷款对象初中以下文化程度者占93%，少数民族客户占25%（人口普查少数民族人口比例占8.49%），72%的贷款农户从未从正规金融机构（包括农村信用社）得到过贷款，人均单笔贷款余额从2009年4000元逐年上升到近12000元，人均贷款余额与农村居民人均纯收入的占比自2009年以来一直控制在1.2~1.4倍（国际标准是1.5~2.5倍）。这些指标充分表明：中和农信是一个符合国际标准的小额信贷扶贫机构，其所从事的活动是公益性的扶贫活动。

质疑之二：中和农信的贷款利率是否过高？这么高的利率是否还是扶贫？如果与正规金融机构的利率相比，中和农信的利率肯定高，从2009年以来实际利率在17%~19.4%，这么高的利率还是扶贫吗？如果仔细分析，首先，中和农信的利率与商业小贷公司比是低的，总体在人民银行基准利率的3倍左右，而商业小贷公司则是4倍还加其他隐性费用。其次，从需求端看其贷款客户的72%~76%是无法从正规金融机构取得贷款的客户，这些客户向私人借贷的利率更高，解决他们能贷到款可增收的问题肯定大于贷款利率高的问题。再次，利率还有一个名誉利率和实际利率的问题，正规金融机构需要考察和审贷并抵押因而需要农民无数次跑城镇、需要找担保而欠人情、需要的时候贷不到款等你贷到款又过了农时产生的资金闲置问题，等等。这些费用都会变成他们的隐性利息。因此贫困农民即使从正规金融机构拿到贷款其名誉利率也远低于他们所承担的实际利率。最重要的是中和农信的资金本就是从正规金融机构借出来的，融资成本（含担保费）常高达8%~9%，加上一个信贷员能管理的农户也就300户左右还要上门服务，每户平均贷款1万多元，费用占比自然就高了，正规金融机构可以垄断吸收储蓄的低成本融资加每个信贷员管最少几千万元、几亿元（北京城最极端的一个信贷员管1000亿元）的借款，利率当然就低，可是他们能把每笔这么小的贷款送到这么穷的客户手中吗？因此中和农信加高的利息主要是为了覆盖融资成本和服务成本，2016年中和农信（从农村高中毕业生中）用工3100人，支付给他们的薪酬和福利2.25亿元，而中和农信作为维护机构可持续经营的利润始终在1%左右而且从未分过红利。可见其利率差主要用于覆盖高占比的融资成本和乡村间对贫困农户提供上门服务的高占比服务成本。

因此，面对来自这两方面的质疑，我们一直在努力普及公益性小额信贷常识，一边在顶着压力工作。用今天的眼光来看，我们等于花了二十年的时间在干一件饱受争议的事情。那些垄断的国家银行强制居民低息存款去给国企、资本大鳄放款以至"钱太容易赚而不好意思"，而中和农信这样一个为从正规机构得不到贷款的农户提供金融服务如此饱受病诟。如果这算是一项社会影响力投资、是一个社会企业的话，相当于用了二十年来守护它。每当与数千员工在一起的时候，每当看到万千客户因项目的持续而自信自立地脱贫成长的时候，每当解决完棘手问题时，似乎从中找到了答案，是人的需要，是一群被正规金融制度设计排斥在外的最底层社会人的需要，是一个社会需要人与人享有最基本公平与尊严的需要让我们痴迷，让我们执着，让我们找不到放弃的理由。尽管世界满是泥泞，尽管饱受争议，尽管前路充满可惧而又迷人的不确定性，我们还是要在荒漠中播种，要在社会公益的哪怕充斥沙砾的土壤中创业，要在饱受争议与折磨的氛围中施肥与除草，在激情与理性的艰难平衡中寻求收获，因为这就是我们生命的逻辑与意义所在。

# B.10
# 中国民间组织参与妇女反贫困30年概述

高小贤 王 婷*

**摘 要:** 妇女反贫困是人类反贫困与可持续发展的重要组成部分,也是中国民间组织参与反贫困行动的一个重要部分。本文以妇女赋权为主线,对民间组织过往30年妇女反贫困的历史尝试做了分期,总结描述了四个时期的特征、影响因素、历史贡献,以及或隐或现的"中国经验"。希望这些探索和经验能够为社会组织面对"精准扶贫"攻坚战役和"一带一路"走出国门助一臂之力。

**关键词:** 妇女反贫困 社会性别 妇女赋权 民间组织 中国经验

党的十八大明确提出了到2020年全面建成小康社会的奋斗目标。2015年习近平总书记发出了现有7000多万贫困人口到2020年全部脱贫的总动员令,扶贫攻坚战进入"精准扶贫"的决胜阶段。贫困人口中一半是妇女,这一半的妇女能否脱离贫困也成为扶贫攻坚战役成败的关键,因此,"妇女与反贫困"的议题再次被提出与强调。遗憾的是,这个发展界的热点议题对今天的中国公益行业却显得有些陌生,很多年青一代的公益人对此知之甚少。本文试图对过去30多年中国社会组织参与妇女反贫困的历程和路径进行梳理,以服务于当前的精准扶贫并与行业中的年青一代对话。

---

\* 高小贤,陕西省妇女理论婚姻家庭研究会、陕西妇源汇性别发展中心创始人;王婷,陕西妇源汇性别发展中心研究经理。

中国社会组织在过去30年的不同时期有着不同的称谓，分别是社会团体、非政府组织（NGO）、民间组织、社会组织。在本文中这些称谓混用，以便更好地使用文献资料及真实地还原当时的历史状况。还有，受收集资料的限制，本文关于妇女反贫困行动的论述仅限于农村，不包括对城市贫困妇女的干预。

## 一 概念梳理：什么是妇女反贫困？

"妇女反贫困"是国际发展领域的一个重要议题。这个概念的提出是20世纪70年代的事情，当时国际社会在总结1961年开始的联合国第一个发展十年计划教训时，意识到反贫困项目没有穷人的参与是不行的，而妇女占到贫困人口的70%。为了改变这种状况，在联合国大会通过的由1972年开始的第二个发展十年战略中加进了"将妇女全面引入发展的整个努力之中"①，1975年被联合国定为"妇女发展年"，后又发展为1975～1985的联合国妇女发展10年。

这个国际大背景催生了"妇女与发展"（Women in Development，WID）这门学科在70年代中期问世。WID的自由派女性主义色彩受到70年代后半期兴起的新马克思主义女性主义者观点WAD（Women and Development，直译为"妇女和发展"）的挑战，这两者在80年代又共同受到一些社会主义女性主义者提出的GAD（Gender and Development，译作"社会性别与发展"）的质疑。②

为了把妇女全面引入发展与反贫困的计划与活动中去，当时有三股力量在共同推动，分别是：以联合国妇女地位委员会为代表的妇女活动家、国际发展机构、妇女研究学者。这不同的三部分人的结合使妇女/性别与发展成为女性主义和发展学的一个交叉学科，在实践层面也形成自己的特点。相继

---

① 仉乃华：《妇女与发展：理论、实践与问题》，载《西方女性主义研究评介》，生活·读书·新知三联书店，1995。
② 仉乃华：《妇女与发展：理论、实践与问题》，载《西方女性主义研究评介》，生活·读书·新知三联书店，1995。

出现五种不同的干预路线：福利路线、反贫困路线、效率路线、公平路线和赋权路线。①

1995年在北京召开的第四次世界妇女大会以及通过的《行动纲领》，将全球的妇女与发展推到一个新高度，《行动纲领》指出："女性进步和男女平等的实现是人权的内容，也是实现社会公正的条件，不应把它们孤立地视为妇女问题。它们是建立可持续发展的、公正的和发达社会的唯一途径。女性赋权和性别平等是实现人类政治、社会、经济、文化和环境安全的先决条件。"之后又将"促进两性平等并赋予妇女权力"写进联合国通过的千年发展目标中，有128个国家签署，使之成为国际社会的共识和努力方向。

妇女反贫困作为妇女/性别与发展理论重要组成部分，它的主要特征概括起来有三点。

（1）强调妇女是反贫困的主体，而不仅仅是单纯的受益者。这包括三个层面的内容：一是决策的主体，制定所有和妇女相关的反贫困的政策、计划、项目等，要有妇女的参与和声音，要尊重妇女的需求和发展意愿；二是行动的主体，妇女要参与到反贫困的项目计划当中，妇女的参与"能够带来新的能量、新的视野和新的组织基础"，② 有助于增强减贫各方面的行动；三是不断提升妇女的能力，要将赋权妇女作为反贫困的核心内容。

（2）强调要对造成贫困的原因进行分析，认为妇女之所以较男性更容易受到贫困的侵害，是因为传统的性别权力关系所致，"两性在分享经济权力方面的差异"，"僵硬的社会认定的社会性别角色，使妇女获得权力、教育、培训和生产资源的机会有限……"导致了妇女的贫困③。因此，社会性别分析便成为妇女反贫困行动中的重要环节，通过"谁做什么？谁拥有什么？谁来做决定？怎样做决定？谁得益？谁受损？"等问题的讨论，识别和理解社会性别不平等的状况，找出影响妇女贫困的社会、政治、文化等结构

---

① 仇乃华：《妇女与发展：理论、实践与问题》，载《西方女性主义研究评介》，生活·读书·新知三联书店，1995。
② UNDP. 1997. *Human Development to Eradicate Poverty*. New York.
③ 联合国：《第四次世界妇女大会〈北京行动纲领〉》，外交部网站，1995。

性原因，以发展出有针对性的政策和干预措施，在减少贫困的同时改变性别不平等的状况。实践中也发展出一系列社会性别分析框架，如哈佛分析框架、摩塞框架、能力与脆弱性分析框架、妇女赋权框架、社会关系分析法等。[1]

（3）强调赋权原则。"赋权"是英文 Empowerment 的中文翻译。赋权是使个人获得某种权利或将某种权利授予个人，使其能够思考、行为、采取措施控制并能够做出决定的过程，也有人翻译成"充权"。[2] 赋权是一种参与的过程，从广义上说是选择和行动自由的扩展。它意味着增加对影响生活的资源和决策的权力和支配能力。赋权强调的是妇女增强自己的力量，这种力量不是统治别人的权力，而是妇女提高自己自立及内在力量的能力。[3]

妇女/社会性别与发展90年代随着国际发展援助项目进入中国，和当时发展界流行的参与式发展理论，社区发展的"需求为本""权力为本""资产为本""可持续生计框架"，参与式农村评估（PRA）和参与式监测评估（PME）等，共同成为本地民间组织和人员进入发展领域的必修课程，国际机构通过举办各类参与式培训班完成了对社会组织的能力建设和启蒙，并采取请进来和送出去的办法快速培养了一批本地的发展专家和社会性别发展专家，他们成为中国民间组织从事妇女反贫困的中坚力量。

## 二 社会组织参与妇女反贫困的路径与实践

自20世纪80年代中期起中国政府开始了有组织、有计划、大规模地扶贫开发工作，早期成立的一批民间组织一开始就和反贫困紧密地交织在一起。纵观过去30多年社会组织在妇女反贫困领域的参与历程，大致可分为

---

[1] 〔英国〕坎迪·达马奇等著《社会性别分析框架指南》，社会性别意识资源小组译，社会科学文献出版社，2004，第19页。
[2] 郑宝华、张兰英主编《中国农村反贫困词汇释义》，中国发展出版社，2004。
[3] 仉乃华：《妇女与发展：理论、实践与问题》，载《西方女性主义研究评介》，生活·读书·新知三联书店，1995。

四个阶段。

**第一阶段：单纯地将妇女作为受益人群。**这一阶段从 80 年代开始到 95 世界妇女大会前，其主体是有政府背景的 NGO。

20 世纪 80 年代中国最早成立的一批民间组织多数都是有政府背景的。如 1981 年成立中国儿童发展基金会、1982 年成立的宋庆龄基金会、1988 年成立的中国妇女发展基金会，都是隶属于全国妇联的。1988 年成立的中国青少年发展基金会是归属于团中央的，成立于 1989 年的中国扶贫基金会是由国务院扶贫办催生的。这些机构当时成立的动机之一就是更好地吸收接纳社会及海外的慈善资金，以弥补政府在扶贫助弱方面的资金不足，所以这些机构从成立之日起就是政府扶贫开发系统工程的重要组成部分，紧紧围绕着政府的扶贫规划开展工作。由于资金来源的民间性，和政府相比它们在运作上更接地气，更贴近贫困人口，发起并成功地实施了一些在全国很有影响力的项目。

这一阶段妇女反贫困的概念还没有被系统地介绍到中国，这些组织和妇女反贫困的关系简单地表现为两种类型：

一类是以女童和妇女为目标人群的扶贫助困项目。这类项目大多数都是隶属于全国妇联的，以妇女儿童为其服务对象的民间组织实施的。如宋庆龄基金会于 1988 年启动的"宋庆龄女童助学计划"，[①] 中国儿童少年基金会于 1989 年启动了以资助贫困失学女童为目标的"春蕾计划"，因为有妇联系统作动员，这些项目在全国都产生了很大的影响，取得了不菲的成绩。[②]

另一类是本身无明确的性别指向，但客观上使大量女性受益的项目。如中国青少年发展基金会实施的"希望工程"，堪称中国民间组织开展的最有影响力的扶贫项目。希望工程自 1989 年启动至 2015 年已累计接受捐款 118.32 亿元，资助学生 5350560 名，援建希望小学 18982 所[③]，对缓解贫困地区儿童辍学，改善贫困地区教学条件做出了巨大贡献。这类项目尽管在目

---

① 汪三贵、李文编著《中国农村贫困问题研究》，中国财政经济出版社，2005，第 62~64 页。
② 中国儿童少年基金会官方网站：http://www.cctf.org.cn/zt/cljh/。
③ 中国青少年发展基金会官方网站：http://www.cydf.org.cn/。

标人群中没有专门指向性别,但由于中国文化中对女性的歧视与偏见致使失学儿童中女童为多,所以希望工程的客观效果是大批女童受益。

这两类项目回应了贫困妇女儿童的实际需求,改善了他们在教育、生育、健康方面的生存状况,大致都可归为妇女与发展(WID)类型的项目。

**第二阶段:社会性别视角下的妇女与反贫困**。这一阶段从1993年至2004年。受两个重大事件的影响:一是1995年第四次世界妇女大会通过的《行动纲领》,将"妇女与贫困"列为12个关注议题中的首位,提升了妇女反贫困议题在国际发展界的热度;二是《国家八七扶贫攻坚计划》出台,明确提出"充分发挥各类民间扶贫团体的作用",使扶贫发展成为这一时期民间组织的主要议题而得到高度重视。该阶段是中国民间组织参与妇女反贫困的黄金时期。其主要路径如下。

**1. 社会性别与发展理论在中国的快速传播**

妇女/社会性别与发展20世纪90年代初在中国开始传播,主要有两股力量推动。

一是民间妇女研究机构,其中由中国赴美留学生组成的"海外中华妇女学会"功不可没。1993年海外中华妇女学会与天津师范大学妇女研究中心联合举办的"第一届中国妇女与发展研讨会"是一个里程碑式的事件。这次会议上不仅社会性别理论被第一次翻译介绍进来,旅美学者仉乃华所做的《妇女与发展:理论、实践与问题》专题讲座,也第一次系统地了解妇女与发展理论,从WID(即Women in Development)到WAD(即Women And Development),再到GAD(Gender And Development)的发展过程及妇女发展的框架与概念工具[1]。之后,海外中华妇女学会依据国内发展的形势和需求,1997年在南京召开了第二届中国妇女与发展研讨会,第一次将本土妇女发展的案例带进学术研究的殿堂。1998年在成都召开了社会性别、贫困与农村发展参与式研讨会,2001年在贵阳召开了社会性别·民族·社

---

[1] 鲍晓兰主编《西方女性主义研究评介》,生活·读书·新知三联书店,1995,第203~236页。

区发展研讨会，进一步推动了国内妇女反贫困的实践与经验总结，并相继翻译出版了《社会性别与发展》《社会性别研究选译》等书籍，为国内从事妇女/性别与发展的一线实践者提供理论武器。

二是国际发展援助机构。80年代中国改革开放打开国门，最早大量进入中国的是和扶贫有关的国际多边、双边发展援助机构，如世界银行、联合国发展署（UNDP）、加拿大发展署（CIDA）等，以及一些在华的民间发展机构，如福特基金会、英国救助儿童会、香港乐施会等。95世界妇女大会之后，推动社会性别主流化成为国际发展机构的主要原则和策略，他们在中国的援助项目中强调社会性别视角，包括项目申请时的社会性别分析，项目执行阶段的妇女参与和赋权，项目评估时的社会性别指标等。项目建议书中若做不到社会性别敏感是很难获得批准的，因此接受社会性别培训、提升社会性别意识、掌握社会性别分析工具几乎是当时对所有发展工作者的基本要求。

应这种需求，1997年联合国志愿者王佐芳联合国内社会妇女/性别研究学者，在借鉴国外社会性别培训经验的基础上，开发了国内版的参与式《社会性别与发展培训手册》[①]，并在国际机构的资助下在全国推广，逐渐形成了以京津地区、陕西、云南为中心的培训者队伍。成立于1999年的京津社会性别与发展培训小组在1999～2003年，为联合国机构、其他发展机构和国内妇女组织、研究机构、基层妇女群众开展了170多场培训。据陕西妇女研究会的不完全统计，2000～2005年共承担了140余场的社会性别培训，培训对象包括所有的项目合作伙伴，有各级政府干部、民间组织和项目点的社区骨干。这些培训为中国的扶贫发展领域培养了大批的具有社会性别意识、掌握社会性别分析框架与工具的发展工作者，他们将社会性别视角带进自己的项目，使这一阶段的扶贫发展项目很多都具有社会性别敏感，也涌现了一批优秀的实践案例。

---

① 卜卫、王佐芳、冯媛、张李玺、杜洁、李慧英：《社会性别发展培训手册》，联合国开发署驻华代表处，2001。

## 2. 国际 NGO 在中国的反贫困实践

国际 NGO 有一定规模地参与中国的扶贫发展工作始于 20 世纪 80 年代中期。1984 年联合国开发计划署驻华代表向中国政府建议，希望在接受国际官方援助的同时接受国际非政府组织的援助。1985 年中国国际经济技术交流中心成立了国际民间组织联络处（后于 1992 年重组为中国国际民间组织合作促进会，简称"民促会"）。据不完全统计，至 2004 年至少有 36 个致力于反贫困的国际 NGO 在大陆工作，此外还有数百家 NGO 涉及扶贫。[①]"国家八七扶贫攻坚计划"期间，国际、国内的 NGO 和其他社会力量动员的扶贫资源超过 500 亿元人民币，占整个社会扶贫总投入的 28%。[②] 国际民间组织对中国反贫困的贡献不只是带来资金，更重要的是他们将国际社会自 70 年代始积累的妇女/性别与发展的理论与经验通过自己的项目资助和实践带进中国。

福特基金会 90 年代初实施的生育健康项目。这个项目当时很有冲击力的原因是提出了许多新的概念与理论：如第一次提出了"以妇女为中心、以社区为基础"理念；从妇女的健康权利入手首次提出生育健康的概念，将传统的孕产期保健扩展到妇女的整个生命周期；首次提出多部门合作的概念，让社会科学、妇联与非政府组织进入传统的属于卫生系统的项目；在研究方法上强调质性研究，将田野调查、行动研究的概念引入项目……这个项目和云南省政府、全国妇联研究所等单位合作，项目地点以云南省为主，辐射到北京、山东、陕西、四川、江苏等地，在长达 10 多年的时间里，不仅改善了项目所在地妇女及社区的健康状况，也影响到政府卫生和计生部门的相关政策，并为国内培养了一批具有社会性别视角、了解健康促进理论、熟悉质性研究方法和政策倡导的发展工作者和健康专家。

香港乐施会的社区综合发展项目（以下简称乐施会）。乐施会是一个以

---

[①] 赵群、王云仙主编《社会性别与妇女反贫困》，社会科学文献出版社，2011，第 269~270 页。

[②]《中国 NGO 反贫困北京宣言》，http://www.china.com.cn/chinese/ch-fnpin/813.htm，2001。

反贫困为宗旨的国际发展组织，它的工作手法为两大类型：一类是直接在基层建立办公室开展项目，如云南、广西等地的经验。乐施会自己实施的项目以社区综合发展类见长，国际发展界流行的理论和框架在它的项目点都可以找到试验的痕迹，也经历了从"需求为本"到"权力为本"的转变。乐施会在国内开展的所有社区发展项目都强调社会性别视角，体现在从社区需求评估到项目的设计和监测评估的整个项目周期内。自1992年在云南省开始了中国的扶贫开发工作，至2015年在国内29个省份开展的扶贫与救灾工作投入资金11亿港元，受益人口超过1250万人。① 另一类是通过资助政府、高校、科研单位及草根NGO去实施项目。在这类项目中乐施会资助了很多旨在推动性别平等的妇女赋权项目，这在国内众多的国际NGO中是不多见的。还以专题项目方式促进妇女儿童的参与，提高妇女生计及倡导社会性别平等，先后在北京、广州、河南、河北、广西、云南、陕西、甘肃等地支持了24个以社会性别平等为主体的项目。② 当时一些有影响力的项目，如陕西省妇女理论婚姻家庭研究会（以下简称陕西妇女研究会）的贫困地区妇女健康教育和反家庭暴力项目、北京农家女文化发展中心的打工妹之家和农家女书社等项目，河南社区教育研究中心的农村妇女组织培育项目等，都是乐施会长期资助的。

这一阶段在国内活跃的较大型的发展类国际NGO还有行动援助、世界宣明会、国际计划、国际小母牛等。它们在联合国的千年发展目标和社会性别主流化策略的影响下，都将推动性别平等作为组织的基本原则，在自己的项目中以各种方式践行社会性别敏感，如行动援助在河北怀安、甘肃徽县、贵州雷山等地农村社区建立妇女小组，基于社区的妇女健康教育和妇女领导力培训；国际计划的妇女赋权项目和教师的社会性别培训；国际小母牛的贫困地区妇女畜牧发展项目；渐进组织资助的负有盛名的贵州草海自然保护和社区发展项目等。

---

① 参见《乐施会2014~2015年报》。
② 参见《乐施会2014~2015年报》。

由于在对贫困发生的原因和妇女与贫困的关系等基本问题上各组织存在着不同的认识，这些国际NGO在妇女反贫困的实践中也有很大的差异，不同机构会选择接近自己的价值理念的妇女/社会性别与发展的干预模式引进推广。各种各样的干预模式被他们一股脑儿地带进中国，也存在着很多水土不服的现象。① 这些实践，无论成功和失败，都为我们积累或创新本土的妇女反贫困中国经验提供了总结、借鉴、反思、批判的依据。

**3. 本土草根妇女NGO的社区实践**

这里使用草根，以区别于有政府背景的NGO。国内最早成立的草根NGO中以妇女组织为多，这和国内80年代经济体制社会转型过程中妇女权益问题增多有关。第一代妇女NGO的领导者多数有研究背景，她们希望从理论研究中寻找当代中国妇女问题的解决方案。95世界妇女大会给中国草根妇女NGO带来很多机遇，她们成为国内最早一批开始接受国际机构资助的NGO。

贫困是那个年代阻碍妇女发展的最大障碍之一，也是在华国际援助机构关注的主要议题，自然也成为草根妇女NGO的主要行动。这一阶段活跃的草根NGO组织有：陕西省妇女理论婚姻家庭研究会、北京农家女文化发展中心、云南省生育健康研究会、云南省社会性别与发展小组、西双版纳州妇女儿童心理咨询服务中心、河南社区教育研究中心等，关注的主要议题有生育健康、妇女扫盲与女童教育、社区可持续生计、防灾减灾、妇女拐卖、家庭暴力等。行动策略上她们接受国际机构带进来的一些新的理论和方法，秉承推动性别平等的目标，以赋权妇女为原则，以社会性别分析为基本框架，从社区的需求出发，既回应妇女眼前的社会性别利益，又着眼向战略性社会性别利益转化，在改善妇女健康、教育、生计等状况的同时力争缩小性别差距，积累和创造了一些成功的本土案例。

成立于1986年的陕西妇女研究会，将"关心农村妇女在贫困、健康、教育及参与社区事务中面临的困难和障碍，向妇女赋权，提高农村妇女地

---

① 高小贤：《妇女与发展在中国：对实践的分析与再认识》，《浙江学刊》1993年第3期。

位"作为其首要的策略目标,自1993年起从妇女健康入手,逐渐扩及教育、生计、减灾、生态环境、社区自组织培育等社区综合发展领域,先后在陕西、江西、宁夏、四川的15个贫困县40多个行政村,执行了大大小小80余个农村发展项目,资金总额度5000余万元,是国内"为妇女提供服务门类最多最全的本土民间机构。"① 她们给贫困地区社区留下学校、卫生室、道路、桥梁、自来水、蓄水池、医院等硬件设施的同时,也给社区留下了一群活跃的妇女积极分子、运作良好的社区发展基金和妇女自组织,特别是作为主人参与项目规划和活动的鲜活记忆,会成为这批妇女人生的宝贵经验而惠及社区、家庭及子女。②

云南GAD(社会性别与发展)小组自1998年成立后,坚持以参与性、社会性别平等以及可持续发展为原则,在资源、健康、教育、社区经济、文化、组织发展和当地人能力增强等范畴,开展了包括调查研究、项目活动的设计与规划、管理和监测,以及过程中的决策和评估在内的不同层面的社区项目实践活动。如在林业相关的项目中,GAD小组在社区层面进行影响结构调整,项目设计之初就把妇女动员进来,参与讨论设计项目的内容,强调妇女的主体性。在流动人口研究的相关项目中,注重基层社区的拐卖预防工作,探索多部门合作的社区预防和控制妇女儿童被拐卖的干预模式,提高社区干部群众的预防意识和转变工作态度,并增强其能力。在农业技术推广的相关项目中,通过对农村妇女的参与性需求调查,对农业技术人员做社会性别培训等活动,强调农业技术推广中的社会性别敏感,尊重妇女的乡土知识,为妇女提供在农业生产中扮演主角的条件和地位,保证其主体地位。③

这一阶段因妇女贫困问题的突出和国际资金的引导,国内一些有影响力的妇女/性别研究机构也投入了农村妇女反贫困的行列。如郑州大学妇女研究中心与云南妇女干部学校合作在云南贫困地区开展的生育健康项目,北京

---

① 乐施会:《中国农村妇女减贫概况及展望》,《2014年国际妇女节特刊》。
② 陕西妇女理论婚姻家庭研究会:《光荣与梦想—陕西妇女理论婚姻家庭研究会30周年》。
③ 赵捷:《社会性别与发展:实践者的足迹和反思》,《山西师范大学学报》(社会科学版)2004年第31卷第4期。

大学妇女研究中心在西部省份针对女童辍学实施的女童教育项目，中国社科院与四川省妇女干部学校合作的流动人口与打工妹研究项目，天津师范大学妇女研究中心在河北定州、河北满城县分别实施的"影响华北农村妇女行为方式的文化因素"和"农村妇女发展和文化组织教育培训研究"等课题。

这一时期妇女反贫困领域的实践成果集中反映在1998年12月于成都召开的社会性别、贫困与农村发展参与式研讨会与2000年8月在西安由陕西妇女研究会主办的"社会性别与发展在中国：回顾与展望"研讨会上。[①] 这两次会议几乎集中了国内所有在社会性别与发展领域有实践经验的机构与个人，是本土案例与经验的一次充分展示和交流。成都会议上与会者提出建立全国性的社会性别与发展网络的建议在陕西会议上得到落实。敏感到外来理论与本土文化的冲突，西安会议花很多的时间讨论了"社会性别与发展"本土化的问题，希望借新成立的"社会性别与发展"网络（简称GAD）[②]，分享信息资源、开展行动研究、增进海内外交流，来推动中国的社会性别与发展理论的本土化。GAD网络的成立标志着"社会性别与发展"在当时的反贫困领域已经成为一支独立的力量，同时也透露出第一代"社会性别与发展"工作者期望突破外来理论、积累中国经验和建构本土理论的抱负。

**4. 政府背景的社会组织（GNGO）的项目升级**

国际发展援助机构在中国反贫困领域的项目理念和手法也影响到了国内GNGO项目的运作，一些成功的项目经验经过他们在中国得到复制和推广。

发源于孟加拉国的小额信贷是被国际公认的反贫困较为成功的方法之一，90年代初被国际机构引入中国，很快就得到政府和民间组织的青睐。中国扶贫基金会从1996年起在农村贫困地区开展小额信贷扶贫试点项目，以农村已婚妇女为主要目标客户，旨在通过无抵押、无公职人员担保的、方便快捷的小额信贷服务，帮助妇女及家庭改善生活，使其子女获得受教育的

---

[①] 徐午、许平等主编《社会性别分析：贫困与农村发展》，四川人民出版社，2000；高小贤等主编《社会性别与发展在中国：回顾与展望》，陕西人民出版社，2002。

[②] 高小贤等主编《社会性别与发展在中国：回顾与展望》，陕西人民出版社，2002。

机会。截至2017年2月28日,已覆盖全国19个省、239个县、3,654个镇、71758个行政村,项目累计放款金额为206亿元,有效客户达37.47万人,其中女性占91.12%。① 尽管妇女小额信贷的实施一直受到一些社会性别与发展学者的质疑②,批评它没有改变传统的劳动分工定型和家庭内部的权力关系,额外地增加了妇女的劳动量,但因它改变了过往扶贫资金大都是一次性地投入的缺陷,具有投入小、收效大并可持续的优点,仍受到政府和扶贫机构的欢迎。

这一阶段也出现了一些以妇女为主要受益对象的综合性项目。如中国妇女发展基金会针对西部地区严重缺水的状况而于2000年启动的"母亲水窖工程",最初以支持修建水窖,解决西部农村妇女饮水困难为主要内容,后延伸至以水窖为龙头,集沼气、种植、养殖、卫生、庭院美化等为一体的"1+N"综合发展模式,从重点解决群众生活用水困难到解决人畜用水、生产用水,积极推广并实施安全饮水工程,加强水资源的可持续利用等。爱德基金会基于对农村医疗资源贫瘠、农民健康意识缺乏,农民(尤其是农村妇女)看病困难等问题的关注,发起了以村民为核心,村医为载体,社区为基础的"共塑乡村医疗"公益项目。用爱心药包、村卫生室建设、西部乡村义诊及健康知识宣传等项目,为贫困村民提供基本医疗保障。从1989年至2009年的二十年里,为全国的11个省区培训了将近两万名的乡村医生,为农村妇女提供免费体检,和医疗宣传活动等。1995年由中国人口福利基金会、中国计划生育协会和中国人口报社联合发起,在全国范围内实施的"幸福工程"——救助贫困母亲行动计划,通过小额资助为贫困母亲提供经济帮扶,同时为受助母亲提供劳动生产技术培训和妇科疾病检查诊治等健康促进服务,全面提高母亲的综合素质与家庭发展能力,实现自我发展和劳动致富。截至2011年底,幸福工程已在全国29个省、自治区、直辖市设

---

① 《中和农信小额信贷项目进展简报》,http://www.cfpamf.org.cn/static/upfile/201703101653284103.pdf。
② 王佐芳、王云仙、赵群、冯媛:《妇女和扶贫政策及措施专题报告》,转引自李英桃《女性主义和平学》,上海人民出版社,2012,第242页。

立了463个项目点，累计投入资金8.3亿元，救助25万贫困母亲及家庭，惠及人口113万。①

**第三阶段：行业的式微与议题的深化**。这个阶段呈两极化发展态势：一是妇女反贫困在整个公益行业式微，即此议题热度与关注此议题的社会组织数量在公益慈善领域所占的比重下降；二是几个老牌妇女组织经长期探索成功呈现了有本土特色的中国案例，时间是2005~2014年这一时期。

2000年政府中国颁布的《中国农村扶贫开发纲要（2001~2010年）》提出了新世纪反贫困的目标，继续强调要引导非政府组织参与和执行政府扶贫开发项目，这本是社会组织进一步在反贫困领域大展身手的极好机会，但由于内外部环境的变化使国内公益慈善资源及渠道发生了改变：2004年中国基金会条例出台后催生了大批本土非公募基金会，他们逐渐成为公益资源重要的拥有方；几乎与此同步发生的是大量国际援助机构开始撤离中国。这带来两个变化：一是社会组织东移，发展与性别都不再是热门话题，妇女反贫困也逐渐边缘化；二是民间反贫困机构萎缩，在行业所占比重减小。2008年汶川地震后中国社会组织迎来了井喷式的发展，但扶贫发展类机构却因国际资金的撤离出现资金链断裂②。本土新出现的基金会或因资金有限，或受捐赠人意向限制，很少关注立足社区的扶贫发展项目，能够替代国际基金会做资助型的更少，这使原有的扶贫发展组织出现生存危机，更难催生新的致力于反贫困的草根机构。

这一阶段能为妇女反贫困的草根组组提供资金支持的只有少数坚守在国内的国际民间组织，如香港乐施会、香港嘉道理基金会等，还有为数不多的本土基金会，如中国扶贫基金会、招商局慈善基金会等。妇联系统下属的妇女发展基金会不是资助型的组织，但全国各地有23个省份都成立了妇女儿童基金会③，她们的妇女反贫困行动也自成系统。2013年新成立的广东省绿

---

① 中国人口福利基金会官网：http：//www.cpwf.org.cn/xfgc/xmjs/index.rjh。
② 参见李爱玲《中国NGO扶贫研究报告（节选）》，《中国发展简报2014》，http：//www.chinadevelopmentbrief.org.cn/news-16679..html。
③ 黄晴宜主编《2010年中国女性公益慈善发展蓝皮书》，中国妇女出版社，2011。

芽乡村妇女发展基金会,是该阶段国内唯一成立的以妇女反贫困为主要目标的基金会。

这个阶段国内发生了几次大的自然灾害,如汶川地震、玉树地震等,国内一些大的基金会如红十字基金会、壹基金、中国扶贫基金会等,也从社会募集到了大量的资金,他们开始向资助型机构转型,支持一些草根组织在社区开展灾后重建。这本来是国内资金替代国际资金担负起反贫困与社区发展任务的大好机会,但遗憾的是,由于国内基金会和新生的草根组织缺少懂得社区发展理念和工作手法的专业人才,灾后重建的项目远达不到国际合作阶段的社区发展项目水准,妇女/性别的议题自然被淡忘。

反贫困议题在公益圈式微,并没有挡住一些老牌的妇女组织在此领域的继续耕耘,相反,数十年的坚守和行动研究让她们进入收获成果的阶段。

陕西省妇女研究会作为一家草根 NGO,她们清楚地知道自己相对于政府的短板和优势,给自己的定位是"提供社会问题的解决方案"。她们喜欢经由行动研究,寻找问题解决方案,然后进行推广和政策倡导。2005 年在合阳这个国定贫困县实施"提高农村妇女当选村委会比例示范项目",就是一个长达 10 年的行动研究。希望借此推动更多妇女进入社区权力的核心,将社会性别敏感带进社区的公共事务,倾听妇女的声音、关注妇女的发展与权益,进而改变不平等的性别关系。项目在田野研究和社会性别分析的基础上建立了干预框架,通过提高政策制定者的性别意识推动具有性别敏感的政策出台;通过参与式培训提升妇女骨干参与竞选的意识与能力;倡导建立支持妇女参选参政的社区文化等系列做法,使当年村委会换届选举中女主任当选的比例达到 5% 以上,远远高于同期全国 1% 的比例。之后"合阳模式"的推广又掀起全省妇女参选参政的热潮,使全省女村委会主任的比例连续两届都翻了近一番,创历史最高纪录。这群"女村官"当选后研究会又"扶上马送一程",开展了多样的能力建设。随后她们在新农村建设的大舞台上叱咤风云大显身手,用行动和政绩改变了村民和干部的看法,挑战和颠覆了传统的性别分工以及社会对农村妇女的刻板印象,拓展了社会性别劳动分工和社会性别空间。让"合阳模式"成为一个誉满海内外的妇女赋权项目。

中国的出生性别比居高不下,成为中国社会发展与性别平等的"硬伤"。河南社区教育研究中心扎根登封市周山村近20年,以赋权妇女的理念培育、陪伴社区妇女组织成长,从关注妇女的眼前社会性别利益出发,回应妇女在经济、健康、教育、文化生活等方面的需求,进而挑战"出生性别比"及背后的重男轻女的传统文化。自2002年起开办乡村学堂(村组干部学堂、老年学堂、妇女学堂),每月一次坚持至今,推动了包括妇女在内的所有个体及社区整体意识的改变;2008年至今,多次举办"女娶男"、再婚老人婚礼、纯女户老人葬礼等移风易俗活动,变革以男性为主的祠堂管理和宗族传承习俗,倡导男女共同参与家庭、家族事务,保护女孩家族继承权;在社区推动并成立了妇女手工艺协会、老年协会、农民艺术协会等社区组织,促进妇女参与社区管理,更好地维护自身权益;2009年、2012年、2015年,先后三次推动周山村修订村规民约,从法制化和规范化角度为妇女发展提供了文化政策保障。这些活动唤醒并提升了农村妇女的自主性与参与度,以微小的"增量"激活了社区巨大的"存量",探索出了一条以妇女为主体、以乡村文化建设为手段的社区扶贫道路。[①] 周山村的经验得到各级政府的高度重视并在全国推广。

很多人说贫困地区的农村社区像一盘散沙,妇女素质低没有文化很难组织。北京农家女文化发展中心秉承"送你一颗果子,只能享用一次,送你一粒种子,可以受用一生"的机构使命,硬是在边远的贫困山区,陪伴着这些农村妇女,组织成立了一个又一个妇女书社。这些书社是妇女自己组织起来的社区自组织,通过妇女读书,知识讲座、技能培训、文艺演出、小型社区项目、三八主题等文化活动,生生地让妇女、家庭和社区的面貌发生了改变:妇女读书和参与活动的热情提高了,夫妻、家庭之间的对话增多了,书社与书社之间的交流互助增强了,妇女参加社区公共事务的兴趣增高了,村子里的风气和环境面貌也发生了改变。[②] "农家女书社"

---

① 参考梁军老师在第七届西部社区服务创新公益论坛的发言,《从文化建设的角度谈扶贫——一个小山村的实践探索》。
② 参考《农家女书社项目(第三期):评估报告》,2015。

项目自2007年创办至2014年,在河北、山西、甘肃等11个省份的67个村庄成立了由农村妇女小组管理的农家书社,① 开创了赋权妇女、文化扶贫的中国模式。

20年的探索,这些妇女组织将"赋权妇女"由一个学术概念扩充为一连串的实践方案;将"听取妇女的声音"变为一组具有可操性的工具;将"培育妇女组织"发展成为系列的培训课程、陪伴手册以及活跃在村庄的各类妇女小组;让推动"基层妇女参政"由口号变成了一个群体和一个可推广的成功模式。在以上案例的干预策略和手法中还会发现很多50年代中国共产党农村工作的手法和经验,如社区妇女积极分子培养,各种社区自组织培育,社区动员和社区教育中采用农民群众喜闻乐见的地方戏、宣传画和墙体大标语等。这些案例既具有本土特色,也能和国际对话,是名副其实的中国经验。

**第四阶段:精准扶贫阶段的妇女反贫困**。为保证目前建档立卡的7000多万贫困人口到2020年全部脱贫,2015年党中央提出"精准扶贫"的战略思想,要求新时期的扶贫工作务必精准到人。占一半比例的妇女脱贫不仅关系妇女自身的生存发展,也关系阻断贫困的代际传承和全面建成小康社会的顺利实现,妇女反贫困再次引起社会关注。

2015年恰逢是第四次世界妇女大会召开20周年,国内妇女社会组织借"北京+20"的系列纪念活动,集合各种力量,采用多种形式,借用不同的会议,不断发声,介绍强调妇女/社会性别与发展的内涵、意义与重要性。特别是公益届几位资深的妇女领导者发起的"第一届中国民间公益慈善妇女峰会",以鲜明的会议主题"让公益慈善具有社会性别视角"引发了行业的关注热度。会议最后达成5点共识:(1)强调性别平等与公益慈善在目标上是一致的;(2)明确提出"性别平等让公益慈善更有效";(3)引入社会性别视角,是提升公益慈善事业专业化的需要和表现;(4)让公益慈善具有社会性别视角,就要体现在项目管理与机构治理中;(5)让公益慈

---

① 数据来源于《乐施会年报2012/2013》。

善具有社会性别视角，需要政府、市场、基金会、妇女组织的协同推进，需要社区、服务对象特别是妇女的充分参与。2015年是社会性别在公益届的第二次启蒙热潮。①

进入2016年，反贫困的议题在公益慈善界呼声渐高，开始出现在不少的公益论坛中。"贵州生态文明论坛"连续三年举办了反贫困的专场分论坛，2016年举办的"第七届西部社区服务创新公益论坛"也以反贫困为主题，在这些会议上，都有关于妇女与反贫困的经验介绍。12月在四川举办了"中国妇女减贫与发展民间论坛暨第二届中国民间公益慈善妇女峰会"，更是将妇女反贫困推向高潮。会议总结了95世界妇女大会召开20年来中国民间组织参与妇女减贫与发展事业的经验，并就精准扶贫与妇女发展达成共识：（1）从家庭着眼，发挥女性能动性，提升女性自我意识和能力，重视女性在阻隔代际贫困中的核心作用。（2）鼓励支持妇女组织起来，依托多样化的组织载体，发挥女性特别是乡村女性潜力，争取政策支持，赋权增能，拓展妇女参与社会发展的空间和机会。（3）发掘与继承本土女性减贫经验，加强性别平等培训，使减贫政策增强性别意识，减贫行动更有效。

与此同时，老、中、青发展工作者也都呼吁对中国过去20年国际合作背景下的农村发展与妇女反贫困经验进行梳理。2014年由新南社会发展中心在NGOCN上推出了"同文馆"，翻译推介国际发展学的前沿学术成果，特别是一些对发展实践进行反思的研究报告。2014年11月，陕西妇源汇性别发展中心在招行局慈善基金会的资助下与云南农业大学合作，共同召开了"中国农村社区发展领域国际合作经验研讨会"，邀请了在此领域长期耕耘的专家和实践工作者20余人，一起用参与式方法对过往的工作与经验进行了初步梳理。2016年春，社会资源研究所开始了"取经：一路向西"的老一代发展工作者口述历史项目，并于10月17日国际消除贫困日在北京召开了"减贫、走出去与发展工作者的代际传承"座谈会。在这些

---

① 参见高小贤《2015：社会性别与公益》，载《慈善蓝皮书：中国慈善发展报告（2016）》，社会科学文献出版社，2016。

总结经验的过程中妇女与反贫困再度浮现。此外,随着中国国力增强对外援助增多,国内的一些发展工作者提出让中国民间组织的减贫经验成为中国软实力的一部分随着外援资金走出国门,也让过往在妇女反贫困的经验得到重视。①

同时,这一阶段的妇女反贫困也面临着一些挑战:

一是资金短缺、难以催生好的可推广的项目案例。扶贫资金相对额度较大、周期较长,使很多公募与非公募基金会难以担当。近年来,政府开始尝试拿出部分资金向公益组织购买服务,但这些项目多属于"短平快"的类型,资金小,周期短,使社会组织扎根社区,通过专业理念和手法,促进服务人群脱贫和发展的传统优势和长项不能很好地发挥表现出来。同时,从购买服务的资金来源看,这些资金多来自民政、残障、救助等相关部门,而国家扶贫资金反而在推动社会组织参与社会服务的过程中销声匿迹了,尽管中国最早的政府购买社会组织服务项目是在2006年由国务院扶贫办与江西扶贫办开先河的。这导致的结果就是一些能够体现专业性,具有可复制、推广潜力的综合类扶贫项目很难出现或者被看到。

二是妇女/性别与发展人才断链。90年代国际合作项目中成长起来的一批妇女/社会性别与发展的专业人才,有很多是学界的,随着高校和科研单位考核制度严格化以及他们自身年龄的增长,许多人已退出了发展一线。国际机构撤离后行业内和反贫困相关的"参与式社区发展""社会性别与发展"等培训与实践项目骤然减少,新生代的社会组织成员没有机会获得相关的培训和实践机会,公益慈善行业出现了明显的人才断层现象。所以当"精准扶贫"呼唤更多的社会组织扎根社区时,却发现具有专业能力的社会组织数量有限,既缺少能够对政策产生影响的重量级专家,更缺少在社区有实施行动研究能力的学者兼行动者,亦缺少在一线为目标人群提供对口服务的实际工作者。近些年发展起来的社会工作者队伍,有替代发展工作者的趋

---

① 2015年10月14~15日宋庆龄基金会与联合国计划署联合在北京召开的"中外妇女论坛"上高小贤、宋少鹏的发言。

势，但由于中国社工队伍培养的先天不足，要担当重任还需磨炼。中国社会组织参与妇女反贫困任重道远。

**参考文献**

向德平、程玲等著《巾帼脱贫——农村贫困妇女扶持政策评估及建议》，社会科学文献出版社，2015。

# B.11
# "后冰桶挑战"时期罕见病公益倡导的演进

姜尚卿 张皓宇*

**摘 要:** 针对罕见病群体的公益事业,因为这一社群的特殊性,开展倡导工作十分重要。根据面对的对象不同,罕见病公益倡导工作可以分为社群内倡导、公众倡导和政策倡导三部分。2014年的"冰桶挑战",作为一场曾经风靡全国的热点事件,让罕见病向着不再"罕见"迈进了关键的一步,以此为标志,可将相关倡导工作分为前、后两个阶段,对比鲜明。分析"冰桶挑战"给罕见病公益倡导工作带来的巨大推动作用、罕见病公益倡导的演进动因等,对公益组织如何利用热点事件开展公益倡导,有着宝贵启发。

**关键词:** "冰桶挑战" 罕见病 社群内倡导 公众倡导 政策倡导

2016年2月,四年一度的第29天,也是第九个"国际罕见病日",缘起于2014年火爆全国的"冰桶挑战",致力于解决罕见病问题的北京病痛挑战公益基金会,在这一天正式宣告成立。在我国慈善公益领域,面向特殊群体的罕见病公益事业,尤其是面向社群、公众、政策层面的倡导工作,近年来有了较快发展,步入2016年,取得了更多成果,而这与当年"冰桶挑战"的推动影响分不开,其成为慈善公益领域热点事件带动整体行业发展的典型范例。

---

\* 姜尚卿,北京病痛挑战公益基金会工作人员;张皓宇,北京病痛挑战公益基金会传播主管。

## 一 公益倡导在罕见病公益领域的定位

倡导工作无疑是慈善公益事业的重要组成部分。扶助支持任何社群的公益事业，解决这一社群面临的各项问题，离不开政府、社会公众和自身社群三方的共同努力，而通过倡导行动向各方传递相关价值理念，让这一社群面临的问题成为焦点性的公共话题，引发各方的重视，是关键一环。罕见病患者及家庭，这一看似小众实则庞大的社群，其相关的公益事业是这一过程的鲜明体现。

罕见病是指发病率极低、十分少见的疾病，目前尚无世界范围内统一的定义，中国大陆尚无官方定义。2010年，中华医学会医学遗传学分会围绕"罕见病"定义召开了专家研讨会，达成共识，患病率小于五十万分之一或新生儿发病率小于万分之一的疾病，可以称为中国的"罕见病"，据此估算，中国罕见病患者约为1680万人；按照欧洲的定义，约有6%的人口是罕见病患者，约有3000万人，以此参照，我国上述估算是比较保守的[①]。

罕见病群体面临着诸多困境：在医疗方面，极易被误诊、漏诊，延误治疗时机，绝大多数罕见病都无法被治愈，许多治疗药物不在医保报销范围内，医疗费用极其昂贵；同时，罕见病患者在求学、就业等方面常常受阻，因病致残、失能、致贫的现象比较普遍。

造成这些困境的主要原因之一，是政府、社会对罕见病的认知度过低，导致罕见病群体缺乏制度保障，在求医问药、社会融入的过程中被漠视、排斥。因此，罕见病领域的公益倡导就显得十分迫切。罕见病问题首先需要得到各方重视，意识到罕见病并不"罕见"、亟待解决，才能调动各方资源和政策保障，合力面对这一挑战。

---

① 马端、李定国、张学、贺林：《中国罕见病的防治机遇与挑战》，《中国循证儿科杂志》2011年第6卷第2期。

罕见病领域公益倡导的工作主要包括：第一，面向自身社群，需要动员罕见病病友及家庭积极发声，主动摆脱孤立无援的现状，向外界呈现这一数量庞大、亟须支持的群体；第二，面向公众，需要让广大公众了解罕见病的相关知识、罕见病群体的现状，呼吁大家对罕见病群体给予尊重与支持，共同推动罕见病问题的解决；第三，面向政府，罕见病群体在医保、用药等制度层面常常面临诸多壁垒、歧视，要通过多元化的政策倡导手段推动保障罕见病群体的政策出台、落地，让罕见病群体得到长远而切实的保障。

## 二 罕见病公益倡导工作的演进

### 1. 罕见病公益倡导工作的大阶段分化

在罕见病公益领域，与扶贫、助孤等受到普遍关注、主要由外部资源方展开行动的领域不同，对罕见病社群面临的问题，积极发声、寻求解决的，主要是罕见病病友自发成立的病友组织，从2006年开始，逐渐形成一个罕见病公益组织群，截至2016年底，约有70家组织①。而如何开展深入广泛的罕见病公益倡导工作，是罕见病公益组织的重要任务。

而纵观罕见病公益倡导的行动历程，可以以2014年的"冰桶挑战"为分界，分为"前冰桶挑战"与"后冰桶挑战"两个阶段，"冰桶挑战"对"罕见病"这一概念的公共化，有着极其突出的推动作用。

在"前冰桶挑战"阶段，2006~2014年，罕见病病友逐渐自发形成地区性、全国性的组织，并逐渐开展病友聚会、公众宣传等活动，罕见病公益倡导由此起步，但影响力较小。

在"后冰桶挑战"阶段，2014年的"冰桶挑战"，罕见病公益领域面向公众，将"罕见病"这个概念首次大规模输出，成为一个受到重点关注的公共话题，而在"冰桶挑战"之后，罕见病公益行业努力推动公益倡导

---

① 肖磊：《患者组织在罕见病和孤儿药研发中的作用》，《国际药学研究杂志》2017年第44卷第2期。

的多元化、项目化、规范化,同时进一步扩大对各方的影响力,让倡导不止于一场热点活动,而是迈上了一个新台阶。

**2. "前冰桶挑战"时期的倡导工作简述**

如前所述,罕见病公益组织的倡导工作主要分为三个主要部分,分别是社群内倡导、公众倡导、政策倡导。在"前冰桶挑战"时期,由于罕见病公益团体尚处于初步形成、发展的阶段,其倡导工作主要侧重于社群内倡导和公众倡导。

(1)社群内倡导

这一阶段,罕见病公益工作的开展主要依托于病友团体、组织,而病友群的成立又离不开各罕见病患者的积极参与,社群内倡导工作的重头戏就落在围绕病友开展社群支持性工作,充分调动病友沟通互助、对外发声的积极性、主动性上。这部分工作是罕见病公益倡导工作的基础,往往是初创型罕见病公益组织最初的工作,也是公众倡导、政策倡导的土壤。

社群内倡导工作的方式十分广泛,包括但不限于病友内部组织建设、病友线上线下联谊、医学专家讲座、生活技能培训课堂、心理咨询、手工DIY工作坊等,这些倡导工作的主要目的是帮助社群组织完善组织建设,扩大规模,增强病友群体之间的凝聚力,发掘有行动力的积极的社群骨干,并逐渐形成核心骨干团队,进一步推动对内对外的倡导,实现罕见病公益倡导工作的良性循环。

社群内倡导工作最常见的形式就是病友线下的聚会,这也是罕见病公益组织的基础性工作之一。对于刚起步的公益组织来说,举办线下交流活动既方便快捷,又能满足社群伙伴最基本的需求,得到大家的积极支持。而对于发展较为完善的罕见病公益组织来说,定期的线下病友聚会有利于组织与病友、病友之间感情的维系。例如瓷娃娃罕见病关爱中心(以下简称"瓷娃娃中心")在发起成立一年后(2009年)举办了第一期全国病友大会,随后两年一届,已连续举办四届,相继在北京、济南举办,参会的病友、公众人数由每届百余人扩大到每届500余人。社群内倡导工作中,线下病友交流聚会是必不可少的形式之一。

此外，社群内倡导的形式还包括针对罕见病社群的心理支持、能力建设等工作，以赋能为导向，发掘、培养社群骨干，使其成为解决自身问题的积极行动者。罕见病公益组织成立之初，针对社群往往开展直接资助类的公益项目等，而随着不断发展，对社群的支持也逐渐深入，直面社群成长面临的基本问题。例如瓷娃娃罕见病关爱中心自2012年开启"I CAN"协力营项目，每年培养约20位不同罕见病的青年成为公益倡导的"火种"，通过公益知识培训、小组实践等方式，使其成为服务社群、为社群发声的关键力量。

（2）公众倡导

相比之下，此阶段的公众倡导，很多时候是社群内倡导工作的额外影响，因为在这一阶段中，罕见病公益组织的力量有限，限定了公众倡导工作的开展。对于起步阶段的组织来说，公众倡导的主要途径是线下病友聚会，而规模较小、交流内容较为单一的病友聚会也很难吸引到公众的目光，此外发传单、做小型演讲等方式，对公众的影响极为有限。

只有极少数发展尚可的罕见病病友组织，能够开展多元化、多目的的病友聚会，在会上进行医学信息交流、病友故事分享、政策进展更新等多元化信息，其目的也不仅仅限于社群内的组织建设，还提供给病友们一个向外发声的平台，向以媒体为首的社会各界发出自己的声音，表达自己的需求，呼吁公众的关注和支持。

（3）政策倡导

此外，这个阶段的政策倡导工作也是建立在社群内倡导的基础上开展的，主要围绕着罕见病群体的调查，对有关部门进行呼吁。政策倡导工作的形式主要有罕见病社群调查研究工作、与公众倡导协同的递交两会提案等。

在"前冰桶挑战"时期，大部分处于起步阶段的罕见病公益组织，尚未有条件开展成熟的政策倡导工作。主要事件有2009年3月，瓷娃娃中心、中国血友之家、蓝梅公益等六家罕见病病友组织完成了提案《关于尽快出台"罕见病"立法及完善相关保障政策的建议》，在病友、公众中展开了广泛的征集签名活动，共征集到712个签名，并通过孙兆奇代表将联名提案递交给了全国人大。此后，瓷娃娃中心发布了《2013中国成骨不全症患者生存状况调研报告》等报告，为国家相关部门和专家提供了成骨不全症患者的数据信息，为政策研究、出台提供参考。整体上，这一阶段的政策倡导无法成为罕见病公益组织的主要工作。

**3. 冰桶挑战：罕见病公益倡导的重大转折点**

2014年夏天火爆全球的"冰桶挑战"，无疑是罕见病公益领域中倡导工作的里程碑。在"前冰桶挑战"时期，罕见病公益组织的工作始终难以突破社群，将相关知识、理念传递给广大公众，"罕见病"的概念尚未走进公共的舆论场，形成一个深入人心的概念。而"冰桶挑战"虽然其火爆有着偶然性，但为我国罕见病公益组织提供了一次宝贵的经验，也成为罕见病公益倡导工作的范例。

2014年，各界知名人士纷纷接受"冰桶挑战"并捐助善款。该活动源于国外，经罕见病组织瓷娃娃中心与新浪微公益的共同推动，使其落地中国，为中国的罕见病群体筹款。短短几天内，"冰桶挑战"成为国内媒体话题榜首，微博上阅读量高达40亿次（截至2014年8月30日，阅读量为43.7亿次）[①]，近200位名人在微博上完成冰桶挑战，共募集超过800万元善款[②]。一时之间，"渐冻人""罕见病"等关键词成为热度最高的话题。

"冰桶挑战"成功地将公益界和商界、娱乐界、体育界等社会各界联系在一起，具有高度娱乐性和话题性，满足了公众人物的公益参与需求，再借助自媒体时代病毒式传播的手段，让广大网友受明星鼓励、活动的趣味性挑战性等影响，纷纷主动参与到传播中，使这一项目短时间内风靡全球。

中国的罕见病组织及时做出反应，让这一项目成为推动公众关注、了解罕见病的绝佳契机。除了号召公众参与活动之外，瓷娃娃中心通过多方媒体平台，发布走访罕见病病友、罕见病群体现状介绍等文章，号召公众莫忘初心，从参与娱乐回归到支持罕见病群体这一公益目的上来，使之成为一场普

---

[①] 李子嘉：《"ALS冰桶挑战"在中国传播娱乐化的思考》，《当代期刊》2015年第3期。
[②] 张天潘：《冰桶挑战：成就中国公益嘉年华》，《中国慈善发展报告（2015）》，社会科学文献出版社，2015。

及罕见病知识、理念的大型倡导活动。

此后,瓷娃娃中心启动"冰桶挑战——关爱渐冻人"项目,主要包括个案救助和项目支持两方面的工作。其中,本着动员全社会力量、建立长期支持渐冻人病友体系的愿望,中心面向全国民间公益组织启动招标,共收到来自全国20多家组织、团体的申请书,经过实地走访、评委会评审,共9家机构的10个项目中标,涵盖直接救助、居家护理、社工服务、心理服务等满足渐冻人需求的各个方面,中标机构中许多为病友自发成立的团体、组织,在执行项目的整体过程中,在瓷娃娃中心的陪伴协助下,这些病友自组织有了长足发展。

"冰桶挑战"吸引了全国公众的目光,而活动之后,当大家的热情渐渐褪去,罕见病组织又该如何将热度持续下去,将一时兴起的热门话题转化为规范化、可持续性发展的倡导工作呢?

**4. "后冰桶挑战"时期的罕见病公益倡导工作**

"后冰桶挑战"时期,借由"冰桶挑战"热度和为罕见病公益组织提供的灵感和经验,罕见病公益倡导工作得到了蓬勃发展。2016年2月29日,北京病痛挑战公益基金会(以下简称病痛挑战基金会)由瓷娃娃罕见病关爱中心和南都基金会发起成立,在2月期间进行了一系列倡导活动,印证了"后冰桶挑战"时代,是罕见病公益倡导工作的新高度。

从整体上看,广大罕见病病友在"冰桶挑战"中看到了公众关注的热情,受到鼓舞,社群内倡导工作的开展更为顺利,有更多病友勇敢站出来发声;公众倡导工作,随着各组织的不断发展,外界对罕见病群体的关注度提高,也更加规范化、规模化;政策倡导工作,也由于社群内倡导、公众倡导的顺利进行而逐渐在倡导工作中占有更多的比重。与此同时,借由社会各界的支持和关注,罕见病公益领域又出现了新的组织形式,作为倡导工作的新主体,整合各方资源,对罕见病公益组织开展支持,并大为深化了罕见病公益倡导工作。

(1)社群内倡导

社群内倡导工作一直是罕见病公益领域的基础工作,"后冰桶挑战"时期依然稳步进行，但由于倡导工作的各个部分无法完全割裂，以及社会各界对罕见病的关注越来越多，社群内倡导工作已经不单独存在，而是以结合公众倡导或政策倡导的形式出现。

以社群内倡导工作最主要的形式之一——线下病友大会为例，越来越多的病友聚会邀请媒体、医学专家、国外罕见病 NGO 的负责人、国外医学专家莅临，进行面向全社会的公开发声。例如，2016 年 8 月，第一届 SMA 大会邀请了来自哈佛医学院麻省总院的神经遗传学项目主任凯瑟琳·斯沃达博士（Dr. Kathryn J. Swoboda）、来自新泽西纽瓦克市大学医院呼吸机管理替代疗法中心医学主任约翰·巴赫博士（Dr. John R. Bach）以及多位国内医学专家。与此同时，病友大会的内容也越来越多样，包括但不限于评比年度励志的病友、年度公益组织工作人员等奖项，对个人或组织进行颁奖和表彰，还将病友大会作为某个罕见病重大项目开展、中期进展或结果发布的发布会等。例如，2016 年 6 月举办的第二届重症肌无力大会上便设置了"社群大使"颁奖仪式。这些多样的形式和内容都吸引了媒体和社会各界的关注，被广泛报道，将病友大会这种社群内倡导的主要工作形式和公众倡导有机结合，是"后冰桶挑战"时期社群内倡导的一大趋势。

此时，随着罕见病病友组织出现和成立得越来越多，在这个基础上，整合罕见病病友组织、集体开展倡导工作的需求日益增强，对行业支持性组织有了更高更专业的需求。2013 年，瓷娃娃中心的罕见病发展部成立了罕见病发展中心，2016 年，瓷娃娃中心联合发起病痛挑战基金会，这两家行业支持性组织通过整合罕见病公益领域的各个组织、各方资源，承担起了更大范围、更大规模的倡导工作。

行业支持性组织既可以对接基金会等捐助方，又可以站在病友组织的角度上看到他们的需求，支持大型基金会难以支持的小微团体，通过经费调配、项目管理和支持、人员培训和辅导等对病友组织进行支持。例如罕见病发展中心举办的"中国罕见病组织发展网络年会"，以及其组织的"蜗牛计划"小额资助等项目，对数十家病友组织进行孵化和支持；病痛挑战基金会的"29 +"计划，联合团结数十家组织一起发声，"我们的冰桶挑战"项

目为九家罕见病机构提供公募资质等。这些新颖的社群内倡导工作将罕见病领域内数十家规模不等的病友组织联合在一起，形成更大的团体，集体对罕见病公益领域的各方面进行推动。

（2）公众倡导

"后冰桶挑战"阶段的公众倡导工作可谓突飞猛进。"冰桶挑战"给予罕见病机构在公众倡导工作丰富启发，重点在于展开跨界的资源联合，例如公益组织和娱乐界携手，可以将很严肃的社会问题转化为有趣味性、娱乐性的话题进行公众传播，从而起到大规模倡导的作用。

此时，能够聚合众多罕见病组织和外部资源的力量，以罕见病群体这一整体形象面向公众发声的行业支持性组织，所起的作用自然更加显著。联合各病友组织集体发出感召，立足罕见病整体，指出这一群体的庞大与罕见病问题的严重性，通过跨界资源的整合尝试多元化的传播倡导方式，是这些组织常见的行动方式。2016年的国际罕见病日恰逢四年一度的2月29日，病痛挑战基金会、罕见病发展中心联合各病友组织，均举办了丰富的倡导活动。

此前，病痛挑战基金会为28种罕见病的病友代表、专家代表拍摄了写真、视频短片，于2016年2月1日至2月28日，在自媒体平台每天介绍一种罕见病，让公众认识一位病友、一位专家和一位倡议人，讲述病友的经历，介绍组织相关信息，呼吁公众关注。该组写真也曾在腾讯《活着》、腾讯公益微信号文章等大型媒体平台传播，总阅读量超过十万次。

在腾讯新闻、腾讯公益的支持下，3月7日，病痛挑战基金会秘书长王奕鸥的30分钟演讲《因为有你，爱不罕见》发布，介绍罕见病知识与罕见病群体的生存现状，呼吁公众支持罕见病群体，关注罕见病相关政策的推进等，观看量达370余万次。其他行动包括与伙伴机构联合推出介绍罕见病的动画短片、H5、手机小游戏等，均起到了良好的罕见病知识理念传播效果。

2月29日，罕见病发展中心发布了《感谢有你》系列短片，从四个（软骨发育不全症、白化病、戈谢病、肺淋巴管肌瘤病）罕见病群体的故事，强调罕见病病友为人类承担了罕见的基因缺陷风险，需要公众的理解与支持。

2016年11月,一家刚刚成立的病友组织醒醒发作性睡病关爱中心,在互联网线上线下掀起了一场"我请你睡觉"的挑战风暴。该活动旨在让人们了解发作性睡病这种罕见病,寻找到更多病友,让公众对患病人士给予更多理解与接纳。通过与多家媒体、企业和数位明星合作,"我请你睡觉"的活动出现在大量合作伙伴的自媒体平台上,总浏览量突破5000万次,是继"冰桶挑战"之后,罕见病公益传播影响力最为广泛、汲取冰桶挑战经验最为典型的倡导行动。

但是,关于罕见病的公众倡导,病友组织仍有很长的路要走。2016年腾讯新闻和病痛挑战基金会共同发布的《2016中国罕见病调研报告》显示,在超过10万名受访者中,只有3.51%的公众表示接触过罕见病群体,并对罕见病非常了解;27.87%的人表示对罕见病有一定的了解;62.96%的受访者则表示只是听说过罕见病,但是对其具体内容并不了解;另外有5.67%的受访者表示从未听说过罕见病[①]。虽然这些结果肯定了病友组织多年来的努力,但也说明,罕见病的公众传播和倡导仍然是病友组织任重而道远的工作。

(3)政策倡导

正如社群内倡导可以和公众倡导有机结合一样,"后冰桶挑战"时期的政策倡导工作也配合着公众倡导而起到更佳的效果,这一转变也侧面说明了这个时期的政策倡导有着跨界合作和资源整合的特点。政策倡导和公众倡导合作的形式之一,是向公众发布调研报告,在引起公众关注的同时,为有关部门提供素材和灵感。

2016年2月,病痛挑战基金会联合腾讯新闻《今日话题》,开展了有关罕见病的公众认知程度和罕见病群体生存状况的调研,并发布《2016中国罕见病调研报告》,随后再将该报告配合着其他相关提案一并递交给人大代表,提交两会并开展讨论。此外,政策倡导工作还可以和媒体合作,举办声

---

① 腾讯新闻、病痛挑战基金会:《2016中国罕见病调研报告》,http://news.qq.com/a/20160314/037743.htm#p=3。

势较大的公众活动,从而推动政策倡导。例如 2016 年 8 月,老 K 之家、袖珍人之家等病友组织的代表,通过从内蒙古徒步到北京市,再向卫生部递交建议信的方式,呼吁将有关罕见病的治疗药物纳入医保范围,并在沿途进行有关罕见病知识的宣传。这个徒步活动在路途中起到了公众倡导的作用,引起了路人的关注,并在多家媒体平台上进行报道,又以递交建议信的形式推动了罕见病相关政策的进展,可以作为政策倡导和公众倡导有机结合的范例。

随着公众对罕见病的关注越来越多,科学界对罕见病和相关药物的研究也越来越丰富,罕见病病友组织和医学界可以进一步合作,向有关部门进行政策倡导。行业支持性组织借助网络平台,与医学界专家或组织合作,共同研讨、发声,进而完成政策倡导的工作。例如罕见病发展中心在"中国罕见病"这个平台上,发表了"中国罕见病培训项目'一个城市一个大夫'——肌营养不良症(DMD)培训班"等多个与医学学术相关的通知。这一合作形式也是政策倡导在"后冰桶挑战"时期的新形式之一。

2016 年是罕见病相关政策尽如人意的一年。在 2016 年初,浙江医保新政策提到了关于罕见病患者的诊断新规定:"符合浙江省罕见病保障对象要求的患者可到……医院进行诊断"。2 月,上海市卫计委发布了《上海市主要罕见病名录(2016 版)》,该名录明确将 56 种疾病列为上海市的罕见病,成为全国首个发布罕见病名录的省份。天津市新出台的医保制度意见中,也提到了罕见病的报销制度:"对重特大疾病和罕见病参保患者,因医疗费用过重影响个人和家庭基本生活的,探索实行病种付费,通过定病患、定医院、定医师等精准保障办法,由城乡居民大病保险基金和职工基本医保大额医疗救助基金予以保障,可通过与药品供应商、医疗机构协商谈判,将特定药品和诊疗项目纳入支付范围。"10 月,中共中央、国务院印发的《"健康中国 2030"规划纲要》的第十二章第二节"完善国家药物政策"中,提到要完善罕见病用药保障政策。这些政策的出台和修订,既是政策倡导工作的成果,又是政策倡导工作的新起点。

## 三 罕见病公益倡导演进的动因

从"前冰桶挑战"阶段的默默无闻,到2014年后的影响力不断扩大,罕见病公益领域的倡导工作在这一过程中,逐渐探索到适合自身发展的道路。其发展动因,可从以下几个方面来观察分析。

**1. 慈善公益事业的政策环境不断完善,为罕见病公益倡导工作奠定了良好基础**

2014年,我国各级政府部门全面关注慈善事业,并制定相关政策来促进慈善事业的发展。团中央、民政部以及中央文明委先后发布关于志愿服务的指导意见,齐力推进志愿服务的发展;国家各个部门也在相关政策中增加了公益慈善组织的内容,使其逐渐主流化;在国家方针政策的倡导下,地方政府也先后制定激励公益组织发展的相关政策和法规等①。这些改变,为2014年"冰桶挑战"的发声以及热度的延续提供了条件,为慈善事业在"后冰桶挑战"时期的发展提供了适宜的土壤。

2015年,《慈善法》公开征求意见,并且在三个公开征求意见的阶段中,涉及慈善组织募捐、个人公开募捐等内容也获得了各界的关注和讨论,也为社会各界对罕见病公益慈善的关注做了铺垫②;同时,慈善行业的支持性机构也在稳步发展,它们为一些公益领域的个人和组织提供培训和交流等,在一定程度上扶持了罕见病公益组织和个人的发展。

以上这些国家以及各级政府层面上的改变,使我国慈善事业迅速发展,同时也进一步推动了罕见病慈善事业的发展。在这个大环境下,公众对于罕见病公益的关注迅速增加,配合着"冰桶挑战"吸引公众关注,罕见病公益领域的倡导工作也迎来了春天。

---

① 董强:《国家制度建设与民间讨论的一年——2014中国慈善事业发展综述》,《中国慈善发展报告(2015)》。
② 董强:《国家制度建设与民间讨论的一年——2014中国慈善事业发展综述》,《中国慈善发展报告(2015)》。

**2."慈善+互联网"的创新手段,为罕见病公益倡导工作提供了良好契机**

"互联网+"是近年来的热点趋势,各个行业都试图与互联网手段相结合,慈善公益组织当然也不例外。互联网实现了移动端信息的联通,让每个人的力量和资源汇聚到了一起,因此在慈善公益的大背景之下,"慈善+互联网"的实现使罕见病公益事业的推进更加容易和便捷,罕见病的公益倡导工作也因此更加顺利。从"冰桶挑战"到此后的罕见病公益倡导事业,离不开互联网的巨大支持。

例如,2015年,由腾讯公益联合数百家公益组织、知名企业等社会各界共同发起"9·9"公益日,使用移动互联网的手段将公益变成了人们触手可及的领域①。其中,依托于腾讯公益的募捐平台,病痛挑战基金会与灵山基金会合作,筛选出九家罕见病公益机构,为其提供公募资质,并最终让九家机构的多个项目筹到公益善款,成功落地开展。这一活动作为罕见病倡导工作的社群内倡导,体现出了"慈善+互联网"对于推动罕见病慈善事业、推动罕见病社群内倡导工作的优势。

**3."前冰桶挑战"时期,罕见病公益组织的不断发展成为良好铺垫**

如果说国家和政府层面的政策出台和完善以及"慈善+互联网"的创新手段为罕见病公益倡导工作铺平了道路,那么在"后冰桶挑战"时期,罕见病公益倡导工作能够稳步进行的另一个必要条件,就是病友组织之前在倡导方面做出的努力和铺垫。当2014年"冰桶挑战"刚刚进入中国大陆的时候,瓷娃娃罕见病关爱中心接下了这一棒,将国外的"冰桶挑战"的热度延续至国内,再配合着罕见病领域内其他公益组织的支持和合作,将"冰桶挑战"在我国成功接力下去。这些都离不开多年来罕见病公益组织倡导工作的坚持,以至于在人员、项目等各方面都有了一定基础,当"冰桶挑战"来临时,可以做好准备迎接这一挑战和机遇。

---

① 董强:《国家制度建设与民间讨论的一年——2014中国慈善事业发展综述》,《中国慈善发展报告(2015)》。

**4. 医药界、媒体、公众对罕见病到医疗健康问题的不断关注，形成良性循环**

罕见病公益倡导是多方合作的工作，不仅包括公益组织的主动倡导，更离不开公众的关注和媒体的支持。在"前冰桶挑战"时期中，媒体对罕见病倡导工作的支持逐渐增加，公众对于罕见病的支持也在不断增加；"冰桶挑战"时期，媒体抓住这一热点，对罕见病进行集中报道，使罕见病公益事业获得了大范围的支持和关注，更加推动了罕见病公益倡导的进程；在"后冰桶挑战"时期，公众的关注和媒体的报道相辅相成，形成良性循环——公众接收到媒体的信息，对罕见病多了一分关注，媒体追随公众对于罕见病的关注的热度上升，进一步去挖掘罕见病领域内的信息并进行报道——这都促使罕见病公益倡导工作不断上升至新的高度，为未来的倡导工作铺平了道路。

此外，随着人们对于健康的意识不断增强，"食品安全""饮食结构"等与健康有关的话题也引起了公众的讨论和思考，其中"基因检测""优生优育""精准医疗""靶向治疗"等关键词也出现在公众视野当中，逐渐成为健康领域内的热点话题。医药专家在分子层面上、为解决基因等问题的科学研究也逐渐增加，这也直接或间接地提高了罕见病在公共话题内的比重。特别是当"精准医疗"和"大数据"逐渐被科学界重视时，解决罕见病难题也成为它们的用途和目的之一，再结合人们对于生育问题的关注和重视，"罕见病"这一关键词出现在社会各界的频率正在不断增加。不论是医学界媒体、健康界媒体，还是广义上的媒体界，都对罕见病引起了重视，这又将"关注"和"报道"的良性循环进一步加强，为罕见病在"后冰桶挑战"时期的倡导工作提供了良好的促进作用。

## 四 罕见病公益倡导面临的挑战与展望

尽管罕见病公益倡导工作在近十年内取得了一定成绩，但未来倡导工作仍然面临许多挑战，可以从内部和外部两方面来看，前者主要指罕见病公益组织自身不可避免的一些问题,后者包括外界诸多会导致倡导工作开展困难的因素。

**1. 罕见病公益倡导的内部挑战**

罕见病公益倡导工作,未来可能来源于内部的挑战,公益组织普遍具有规模较小、组织管理不严格、创始人或决策层通常掌握绝对的话语权等特质。这些特质导致罕见病倡导工作的开展将会面临一些问题。首先,罕见病公益组织规模较小,人员较少,与倡导、传播有关的工作可能无人承担或兼职负责,导致倡导工作难以着重开展。

其次,管理层级不严格可能在一定程度上会导致分工的不明确、迟迟不能决策,进一步导致工作开展的效率问题;但倡导工作在一些情况下具有很强的时效性,例如抓住热点事件及时做出反应,向公众传播相应理念,此时,工作效率不够高,很可能会导致倡导机遇的流失。

此外,由于公益机构通常是以创始人为核心开展一系列的工作,创始人在决策上面通常具有绝对的话语权,那么创始人对于倡导工作的重视程度绝大多数情况下决定了倡导工作能否开展或能否很好地开展;同时,罕见病公益组织的创始人或决策者能否对倡导工作进行阶段性的思考和总结,也是倡导工作未来开展的不确定因素之一。

**2. 罕见病公益倡导的外部挑战**

罕见病公益倡导工作最主要的挑战,仍然来源于外部因素,其中根本性的挑战是罕见病本身的"罕见"。政府、媒体、医药、公众等各界,在宏观上都对罕见病的关注少于对其他领域的关注;"罕见病"的传播倡导也因为罕见而遇到不了解、不理解或不支持等困难。

尽管我国已经对慈善领域大力推动和支持,并且对于罕见病的政策和法规不断出台或完善,但对于罕见病的进一步关注和规范化还有待提高。例如我国目前关于罕见病的定义仍然处于缺失状态,导致在提及罕见病时,罕见病公益组织无法给出一个官方的、明确的定义,使倡导工作面临一些难题和质疑。

由于罕见病患者仍然是少数群体,社会各界对其关注的程度仍然低于主流话题，因此在倡导工作后，公益组织得到的正向反馈较少，一方面源于公众的正向反馈少而使信心受挫；另一方面也因为其他机构表示支持或合作的正向反馈少，而使倡导工作无法按照预期来开展。

同时，在医药领域，尽管基因层面上的关注逐渐增加，但罕见病相对于高血压、癌症等常见病而言仍然是非热点领域，医药界的支持或关注还有待提高，当在倡导工作中需要学术资讯时，关于罕见病的医药信息仍然较少，使倡导工作在一定程度上受到挑战。

回顾罕见病公益倡导工作在"冰桶挑战"前后的演进，可以看出，这一倡导工作的基本任务是，对内动员病友，发掘积极行动者，对外激发公众的关注热情和保障性制度的出台，整合各方力量，共同面对罕见病问题的解决，传达比病友个体更理性、更强大的声音。不论外部形势如何变化，罕见病公益组织作为公益性的非营利性、非政府组织，始终应该坚守病友的立场，立足于病友本身的需求，传达病友的声音，做好社群内倡导、公众倡导和政策倡导工作，展望未来并脚踏实地，将罕见病公益倡导工作不断继续下去。

# 热点事件篇
## Hot Topics

# B.12
# 《慈善法》公布施行
# 推动慈善事业规范化发展

赵延会*

**摘　要：** 2016年《中华人民共和国慈善法》颁布并施行，中国慈善事业步入法治时代。在《慈善法》配套政策制定、法律的培训与宣传、组织认定登记、慈善公开募捐资格放开等方面取得明显进展。但中国慈善事业发展潜力的完全激发，还需要培育慈善文化、明确慈善定位、进一步完善《慈善法》的配套政策并加强贯彻执法力度。

**关键词：** 《慈善法》　配套政策　社会服务　慈善文化

---

\* 赵延会，深圳国际公益学院公益研究中心社会服务与公共政策部主任。

2016年是中国慈善法元年①。3月,《中华人民共和国慈善法》(以下简称《慈善法》)通过全国人大审议,得以正式公布。9月1日,《慈善法》生效施行。作为中国首部综合性慈善法律,《慈善法》是中国慈善史上重要的里程碑,将推动中国慈善事业的规范化、专业化发展,并将撬动中国社会服务体系整体建设。

《慈善法》的实施取得良好开局。以民政部为主导的多个部委密集公布了一系列配套措施以推进《慈善法》的实施,北京等地也探索出台了地方的落实政策。同时,全国多地开展"慈善法"的宣传与培训工作,推进法律的落实。在《慈善法》施行的4个月中,全国认定或登记慈善组织共500个,获得公开募捐资格的慈善组织共113个,备案慈善信托21单②。

但"慈善法"的实施还面临艰巨任务,包括与其他法律之间的衔接,相关配套政策的修订完善,尤其是地方落实政策的出台、法律的具体执行,还需要进一步强化。

## 一 《慈善法》历经12载破土出台

慈善法从最初的启动起草,到步入人大立法程序,到正式出台实施,经历了12个年头。

早在2004年,慈善立法呼声渐起。③ 民政部在2005年做出回应,起草《慈善事业促进法(草案)》,并向国务院法制办提交了立法建议④,慈善立法由此率先在民政部层面启动。次年,"慈善事业促进法(民政部起草)"出现在国务院立法工作计划的二级名单中,慈善立法进入国务院立法层面。

---

① 北京师范大学中国公益研究院:《中国慈善法元年实施报告》(发布版)。
② 北京师范大学中国公益研究院:《中国慈善法元年实施报告》(发布版)。
③ 王珏磊、赵淑菊:《慈善立法 争议继续》,《时代周报》,http://business.sohu.com/20100812/n274161552.shtml。
④ 程芬:《中国慈善漫漫立法路》,《中国发展简报》2013年冬季刊,http://www.chinadevelopmentbrief.org.cn/news-13742.html。

此后到2013年,这部法律以"慈善法"或"慈善事业法"的名称,其起草工作连续8年被列入国务院立法工作计划,但始终无法进入紧迫的立法序列。2008年汶川地震倒逼中国慈善事业跨越式发展,慈善立法再次引起社会广泛关注。这促使慈善法第一次进入全国人大立法视野,并为第一类项目,即"任期内提请审议的法律草案"。但在2009年和2010年,慈善立法被降至"视情况在当年或者以后年度安排审议"的预备项目。在长达9年的时间里,慈善法起草与提请审议机关均为中央政府。虽然一直出现在国务院立法规划中,甚至连续几年出现在人大常委会立法规划中,但慈善法因争议较大被搁置起来(见表1)。

表1 慈善立法在国务院和全国人大历年立法规划中的级别

| 序号 | 年份 | 法律名称 | 起草/提请审议机关 | 立法计划机关 | 立法级别 |
| --- | --- | --- | --- | --- | --- |
| 1 | 2006 | 慈善事业促进法 | 民政部 | 国务院 | 第二类项目*(108件) |
| 2 | 2007 | 慈善法 | 民政部 | 国务院 | 第二类项目(133件) |
| 3 | 2008 | 慈善法 | 民政部 | 国务院 | 第二类项目(117件) |
| 4 | 2008 | 慈善事业法 | 国务院 | 全国人大常委会 | 第一类项目**(49件) |
| 5 | 2009 | 慈善法 | 民政部 | 国务院 | 第二类项目(115件) |
| 6 | 2009 | 慈善事业法 | | 全国人大常委会 | 第三类项目***(7件) |
| 7 | 2010 | 慈善法 | 民政部 | 国务院 | 第二类项目(116件) |
| 8 | 2010 | 慈善事业法 | | 全国人大常委会 | 第三类项目(12件) |
| 9 | 2011 | 慈善法 | 民政部 | 国务院 | 第三类项目(63件) |
| 10 | 2012 | 慈善事业法 | 民政部 | 国务院 | 第二类项目(63件) |
| 11 | 2013 | 慈善事业法 | 民政部 | 国务院 | 第二类项目(57件) |

注:*需要抓紧研究、待条件成熟时适时提出的其他立法项目。
**任期内提请审议的法律草案。
***预备项目。

2013年11月,十二届全国人大常委会发布立法规划,慈善法再次被列入第一类项目,并确定由全国人大内务司法委员会牵头起草。慈善法由此步入立法的快车道①。

慈善法从全国人大启动起草、审议到表决颁布用时两年。2014年2月，全国人大内司委成立立法领导小组，正式启动慈善法起草工作，并采取开门立法形式，广开言路。在2014~2015年，通过调研、研讨等方式，立法组广泛征集各方意见，并在2015年2月形成慈善法草案征求意见稿。② 2015年底到2016年初，慈善法密集进行两轮审议与社会意见的征求。2015年10月，《慈善法（草案）》提交全国人大常委会进行一审，并随后发布，向社会公开征求意见。2015年12月，全国人大常委会第二次审议慈善法，并在2016年1月再次公开征求意见。

2016年3月16日，第十二届全国人民代表大会第四次会议以2636张赞成票、131张反对票、83张弃权票的表决结果，通过了《中华人民共和国慈善法》③。同日，国家主席习近平签署主席令，正式予以公布。2016年9月1日，《慈善法》生效施行。

## 二 《慈善法》配套政策密集发布

在法律颁布到生效实施的准备阶段，中央和地方民政部门积极推进慈善法相关配套政策的出台。在2016年8~10月三个月里，民政部单独或者会同相关部委，密集公布了6部规章或规范性法律文件，涉及慈善组织认定、登记，公开募捐资格申请和平台管理，慈善信托备案，慈善组织慈善活动年度支出和管理费用标准等配套内容，以推进慈善法的实施。

---

① 黄浠鸣：《慈善法两次审议引爆公众参与》，载杨团主编《中国慈善发展报告（2016）》，社会科学文献出版社，2016，第258页。
② 叶萌：《慈善法破壳记》，北京师范大学中国公益研究院慈善法律中心，https://mp.weixin.qq.com/s/JfvaJ1ygNtQ9CsPHzPISTQ。
③ 吴晶等：《让法治之光照亮慈善事业——写在〈中华人民共和国慈善法〉通过之际》，新华网，http://news.xinhuanet.com/legal/2016-03/17/c_128805584.htm。

北京市在2016年9月25日出台了全国首个地方性慈善信托管理办法，以规范慈善信托行为①（见表2）。

表2 已出台慈善法配套政策

| 序号 | 法律政策 | 出台时间 | 制定部门 |
| --- | --- | --- | --- |
| 1 | 《关于做好慈善信托备案有关工作的通知》 | 2016年8月25日 | 民政部、中国银行业监督管理委员会 |
| 2 | 《关于慈善组织登记等有关问题的通知》 | 2016年8月29日 | 民政部 |
| 3 | 《慈善组织认定办法》 | 2016年8月31日 | 民政部 |
| 4 | 《慈善组织公开募捐管理办法》 | 2016年8月31日 | 民政部 |
| 5 | 《公开募捐平台服务管理办法》 | 2016年8月31日 | 民政部、工业和信息化部、国家新闻出版广电总局、国家互联网信息办公室 |
| 6 | 《北京市慈善信托管理办法》 | 2016年9月21日 | 北京市民政局 |
| 7 | 《关于慈善组织开展慈善活动年度支出和管理费用的规定》 | 2016年10月11日 | 民政部、财政部、国家税务总局 |

除了已经公布实施的多项法律规范外，2016年5月，国务院法制办发布《志愿服务条例（征求意见稿）》，公开征求意见；2016年5～8月，民政部陆续公布关系社会组织登记制度配套改革的《基金会管理条例》《民办非企业单位登记管理暂行条例》《社会团体登记管理条例》这三大条例的修订草案征求意见稿。但对于社会组织与慈善组织的关系，登记衔接的问题仍在讨论中，三大条例目前仍未正式公布。因此，慈善法配套政策，尚在进一步完善中。尤其是地方配套政策的落地，任务更是艰巨。

## 三 《慈善法》实施取得阶段性进展

从《慈善法》颁布到正式实施的半年中，各地通过宣传和培训等方式，

---

① 北京师范大学中国公益研究院：《中国慈善法元年实施报告》（发布版）。

促进法律的传播和普及。2016年4月11日,全国民政系统学习贯彻实施《慈善法》培训班在江苏南通举行。据不完全统计,从2016年3月到12月,全国有广东、天津、江苏、山西等26个省级行政区的民政部门举办了近50场慈善法培训班。① 2016年7月,民政部发出《做好关于慈善法实施和首个"中华慈善日"专题宣传工作的通知》。根据这个通知,全国各级民政部门积极参与慈善法的宣传活动。

从《慈善法》正式实施到2016年底的4个月里,全国慈善组织登记认定、公开募捐、慈善信托备案等工作均取得了阶段性进展。根据北京师范大学中国公益研究院发布的《中国慈善法元年实施报告》,截至2016年12月31日,中央和15个省份共认定和新登记慈善组织500个(见图1)。其中,认定慈善组织389个,新登记并同时获得慈善组织属性的111个,占22.2%。在这500家慈善组织中,461个为基金会,16个为社会服务机构(民办非企业单位),23个是社会团体(见图2)。②

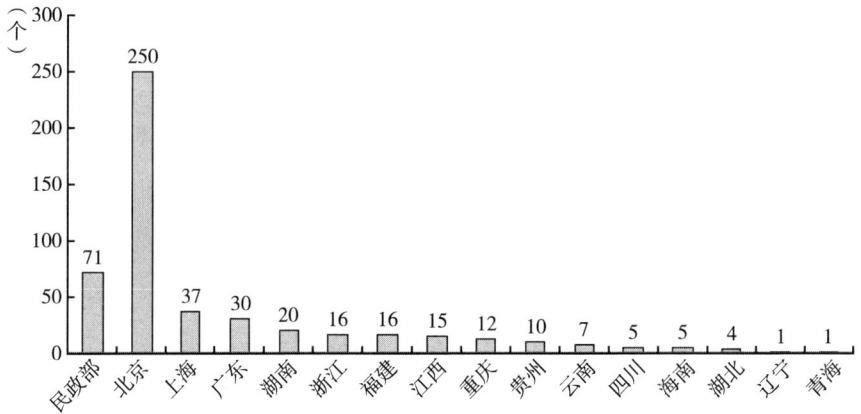

**图1　2016年全国认定或登记慈善组织分布**

---

① 北京师范大学中国公益研究院:《中国慈善法元年实施报告》(发布版)。
② 北京师范大学中国公益研究院:《中国慈善法元年实施报告》(发布版)。

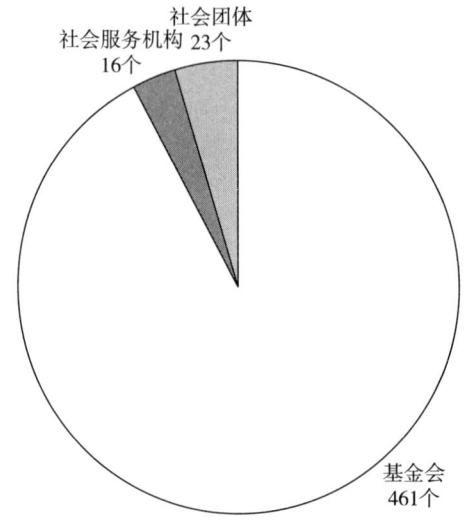

**图 2　2016 年认定或登记慈善组织的登记属性分布**

2016 年，有 113 个慈善组织获得公开募捐资格，占登记或认定慈善组织总数的 22.6%。其中，大部分为《慈善法》实施前的具有公募资格的原公募基金会和慈善会为代表的社会团体。[①]

民政部在 2016 年 8 月 31 日公布了 13 个首批互联网募捐信息平台，截至年底，11 家平台已正式上线运营。"中国慈善信息平台"在 2017 年上线，"百度慈善捐赠平台"仍在改造测试中。[②]

慈善信托是《慈善法》的一大亮点内容，也是公益金融跃跃欲试的模式。截至 2016 年底，全国共有 18 家信托公司和慈善组织成功备案了 21 个慈善信托。其初始资金规模为 0.84 亿元，合同规模约 30.84 亿元。[③] 慈善信托备案的地区分布详见图 3。

---

① 北京师范大学中国公益研究院：《中国慈善法元年实施报告》（发布版）。
② 北京师范大学中国公益研究院：《中国慈善法元年实施报告》（发布版）。
③ 北京师范大学中国公益研究院：《中国慈善法元年实施报告》（发布版）。

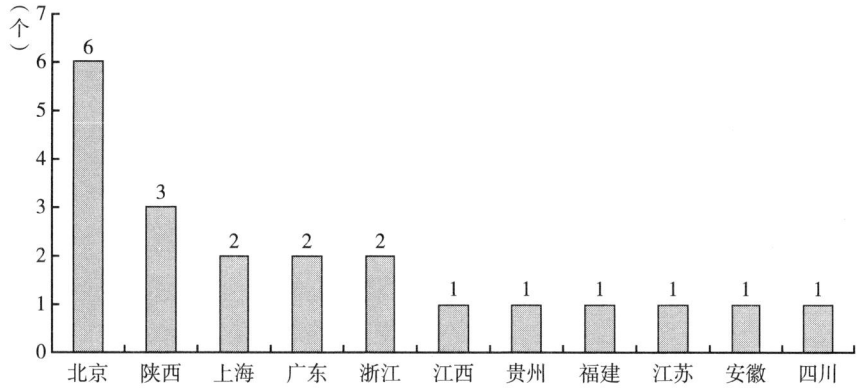

图3 2016年备案的慈善信托的地区分布

## 四 社会广泛参与慈善法立法与实施

慈善法作为一部社会事业的法律,寄托了社会各界的众多期盼。同时,这部法律从倡导推动,到立法起草、研讨论证,再到实施过程中开展法律培训宣传,均凝聚了民间深度参与的心血,被称为中国开门立法的典范。据公开资料显示,慈善法的立意起于2004年10月中华慈善总会倡导组织的"首届国际慈善法律比较研究会"。[①] 慈善法立法相关的提案在历年两会慈善领域提案中占有相当比例。据全国人大统计,自2008年以来,共有全国人大代表800多人次提出制定慈善法的议案27件、建议29件。[②] 在全国人大内司委牵头起草慈善法过程中,有6家高校研究机构提交了5个民间版的慈善法专家建议稿。慈善法一审草案公布后,全国人大共收到1803条意见[③]。

---

① 王珏磊、赵淑菊:《慈善立法 争议继续》,《时代周报》,http://business.sohu.com/20100812/n274161552.shtml。
② 《慈善法,开门立法的典范》,中国新闻网,http://www.china.com.cn/lianghui/news/2016-03/12/content_38004194.htm。
③ 王亦君:《慈善法草案征求意见结束 诸多争议如何解决?》,《中国青年报》2015年12月9日第7版。

2016年,民间继续广泛参与慈善法的立法建议中,开展相关问题的专题研讨,同时随着法律的颁布,参与相应的宣传和普法培训。在十二届全国人大四次会议审议慈善法期间,全国人大代表共有1231人次发言,提出近4000条修改建议,最终对草案做了110处修改。① 2016年,全国开展慈善法的研讨会主要围绕慈善法草案具体内容,以及在法律出台后一些关键议题及待完善落实的政策进行研讨论证。这些议题包括慈善募捐、慈善组织的资产管理、慈善信托的备案监管及税收、非营利组织自身免税与税前扣除等(见表3)。

表3 2016年各地开展的慈善法相关研讨会

| 序号 | 活动名称 | 时间 | 地点 | 主办方 | 主要内容 |
| --- | --- | --- | --- | --- | --- |
| 1 | 《慈善法(草案)》专家咨询会 | 2016.1.26 | 北京 | 中国法学会研究部 | 《慈善法》内容研讨 |
| 2 | 中英慈善法研讨会 | 2016.1.27 | 北京 | 北京师范大学中国公益研究院 | 中、英两国慈善立法现状和趋势、慈善募捐制度改革及慈善组织的资产管理等 |
| 3 | 慈善法背景下的事业单位、社会组织、社会企业创新发展 | 2016.3.11 | 北京 | 清华大学公益慈善研究院 | 各类公益服务的组织如何改革发展创新 |
| 4 | 民政部慈善信托课题研讨会 | 2016.5.13 | 上海 | 上海工程技术大学 | 慈善信托备案与监管 |
| 5 | 慈善信托专题研讨会 | 2016.5.14 | 北京 | 清华大学公益慈善研究院 | 慈善法中关于慈善信托的相关规定 |
| 6 | 《慈善法》与社会组织发展研讨会 | 2016.6.2 | 甘肃 | 甘肃省社会组织促进会 | 《慈善法》精神与规定 |
| 7 | 慈善募捐研讨会 | 2016.7.14 | 香港 | 北京师范大学中国公益研究院 | 香港、台湾和内地在慈善募捐规范方面的特点及共同挑战 |

① 彭波:《让每一部法律都成为"铁闸"》,中国人大网,http://www.npc.gov.cn/npc/xinwen/lfgz/2017-03/01/content_2009094.htm。

续表

| 序号 | 活动名称 | 时间 | 地点 | 主办方 | 主要内容 |
|---|---|---|---|---|---|
| 8 | 慈善信托实践发展国际论坛 | 2016.8.9 | 北京 | 北京师范大学中国公益研究院 | 慈善信托 |
| 9 | 慈善税收研讨会 | 2016.10.12 | 北京 | 北京师范大学中国公益研究院 | 中国目前存在的非营利组织财税问题：非营利组织自身的免税资格、公益性捐赠税前扣除资格 |
| 10 | 社会工作与公益慈善国际研讨会 | 2016.10.23 | 广州 | 中山大学社会学与人类学学院、北京大学社会工作硕士教育中心、中国社会工作教育协会华南地区中心 | 涉及社区探索、慈善组织、社会福利等议题，探讨通过各类社会工作、公益慈善领域的专项服务和研究水平，推动公益慈善的专业化建设 |
| 11 | 慈善法实施与（县域）城市可持续发展论坛 | 2016.11.18 | 青岛 | 青岛市市北区民政局、青岛市市北区慈善总会、青岛市市北区社会组织联合会 | 《慈善法》实施后公益慈善事业面临的新业态、新载体和新途径 |
| 12 | 慈善税收座谈会 | 2016.12.24 | 上海 | 上海市国家税务局 | 慈善事业中的涉税问题，话题涵盖慈善税收政策和税收征管等 |

在慈善法的培训方面，民间也广泛参与。慈善会等社会组织积极开展组织系统或组织内训。中国慈善联合会、北京师范大学中国公益研究院等行业研究机构，分别在慈善法颁布和生效后，组织开展慈善法培训班、研修班。此外，这些研究机构还深度参与各级民政部门开展的慈善法培训，充实法律培训的力量。

## 五 慈善法配套与实施任务艰巨

2017年两会期间，《企业所得税法》修订，在税法层面确认《慈善法》关于企业捐赠税前扣除准予三年内结转的规定。与税法等相关法律的衔接，将进一步释放《慈善法》的潜力。但也应清楚看到，这种潜力的发挥还有很长的路要走。

一是《慈善法》的落地操作政策配套、在地方的落实任务艰巨。

二是对于慈善的定位认识不够。在中国经济社会事业中，慈善的定位虽然从社会保障的补充角色已经上升至社会治理体系的重要内容，但是慈善法所倡导的"大慈善"概念、社会服务体系建设理念，尚未完全达成共识。

三是社会广泛的慈善意识尚未形成。从慈善法舆情可以看到，2016年慈善法社会关注度最高的月份在3月、9月和12月，分别是法律出台、实施以及"罗尔"事件发生的月份。① 慈善的社会关注度在一定程度上依赖于热点。

因此，《慈善法》的贯彻和慈善事业潜力的激发，有赖于在未来对法律的配套与落实力度，明确慈善在国家治理和社会经济生活中的地位，同时重视慈善文化的培育。

---

① 根据中国社会组织网自2016年6月起每月公布的《〈慈善法〉宣传贯彻专报》，以及参考"今日头条"对慈善法舆情监测数据整理。

# B.13
# "罗尔事件"拷问个人求助灰色地带和公众理性捐赠意识

程 芬*

**摘 要：** 白血病女童的父亲罗尔通过个人微信公众号的赞赏功能"卖文救女"，其原创文章经朋友的公司推广转发，短短几日就获得网友打赏260余万元。但医院、媒体、网友等"知情者"纷纷发布信息指责求助人夸大事实、谴责求助人消费公众同情心。后经慈善监管部门和募捐平台介入，罗尔退回赞赏资金。"罗尔事件"引发"微信打赏是不是慈善募捐""如何监管个人网络求助行为""谁有个人求助资格"等争论，公益行业亦在反思如何提高能力回应社会需求、如何规范化管理提升捐赠人信任、如何促进慈善募捐的有序发展以保护公众慈善热情等老生常谈的难题。

**关键词：** 微信打赏 个人求助 网络募捐 明智捐赠

2016年11月底，一篇题为《罗一笑，你给我站住！》的微信文章刷爆朋友圈，短短两天文章作者就获赞赏金额260余万元。但知情人透露，文中的白血病患者罗一笑根本不需要这么多医疗费用，而且文章作者、罗一笑的父亲罗尔"有三处房子一辆车子"，不符合社会救助标准。舆论哗然、

---

\* 程芬，深圳国际公益学院公益研究中心副总监。

争议不止。既有人指责罗尔"瞒报信息欺骗公众",也有人认为"中产阶级因病致贫也需要救助",还有人认为微信赞赏并非慈善募捐。深圳民政局成立专项调查组,罗尔文章带来的260余万元赞赏资金"原路退回至网友"。12月24日,罗一笑去世,父母将其遗体和器官捐献给红十字会用于医学病理研究。

"罗尔事件"逐渐平息,但个人求助引起的争议和风波没有停止。在网络环境中,慈善捐助生态急剧变化。法律如何规制个人网络求助行为?公众如何辨别求助信息的真伪?这些老难题不仅考验慈善法律建设、公益行业能力建设、也追问社会伦理和慈善参与方面的公众教育。

## 一 "卖文救女"获260余万元赞赏遭质疑

罗尔48岁,因文章写得出色被深圳《女报》《新故事》等媒体录用,当过编辑部主任,有房有车,一度成为家乡年轻人的励志对象。2016年因杂志停刊每月只能拿到基本工资四千多元。与前妻所生的儿子在上大学,他负责提供学费;现任妻子没有正式职业和收入,五岁的女儿9月份被诊断为白血病在医院治疗;老父患病,不肯去医院治疗。

女儿住院后,罗尔决定用自己最擅长的"写文章"找钱救女儿,遂开通微信打赏功能、以女儿为主题发文章。最初得到3万元打赏,因女儿治疗顺利,他将1万余元打赏金捐给其他三个白血病孩子。

有人介绍他向深圳某基金会求助,但被告知女儿的医疗费可能不超过二十万元,而深圳市的大病报销比例能达到90%,家庭的负担不算重。另外,他家的经济条件不差,不符合基金会的救助标准。

后来,女儿病情转重被送进重症监护室,医疗费也随之急剧增加。罗尔慌了,11月25日,他发布《罗一笑,你给我站住!》。文章催人泪下,引发5万元打赏——这是微信一天打赏的极限。

罗尔的朋友刘侠风看到这篇文章,想出一个"转发捐款"的推广方案:对原稿进行了"深加工"并用刘侠风公司的公众号推送文章,读者每转发一次，公司就捐一元钱。刘侠风还开设了公司微信号的打赏功能，商定打赏金给罗一笑治病。

刘侠风在微信朋友圈转发推广，带来《罗一笑，你给我站住!》打赏的"指数级增长"。11月30日零点开始，罗尔微信公众号的赞赏"井喷"，两小时就达到200万元，冲破微信设置的赞赏上限。微信发现异常，随即紧急采取冻结措施。当天早上，罗尔通过微信公众号提醒大家停止赞赏，刘侠风也表示，罗一笑如果不需要这么多医疗费，将用剩余赞赏金成立一个白血病基金以帮助其他孩子。

但事态随打赏金的暴涨而失控。11月30日上午，深圳一名医生说罗一笑在医院花费每日不足5000元。下午，深圳市儿童医院也发通报公布治疗明细：截至2016年11月29日，罗一笑三次住院总费用合计204244.31元，平均自付费用占比17.72%。[①] 这与刘侠风转发文章所称的"孩子在病房每天少则一万元，多则三万元有余"，"大半儿费用少儿医保报销不了"的内容有很大区别。

还有人说罗尔有三套房一辆车，是个有钱人。虽然这些资产被证实不便交易变现，但大多数网民不赞成罗尔这样的"中产"还没到山穷水尽的地步就向社会求助。

网上骂声一片。罗尔从一个好父亲变成了不值得信任的"骗子"。舆情引起民政部注意，要求深圳民政局介入处理。

12月1日，经深圳市民政局、罗尔、刘侠风以及腾讯四方沟通，达成一致意见：罗尔将《罗一笑，你给我站住!》一文的全部赞赏资金、11月30日网友当日全天所有文章的赞赏资金（共计2525808.99元）原路退回至网友。刘侠风则将公司微信账号中《耶稣，请别让我做你的敌人》一文的全部赞赏资金101110.79元原路退回至网友。

---

① 中国新闻网：《深圳儿童医院：罗一笑三次住院自付费用3万余元》，http://www.chinanews.com/sh/2016/11-30/8079429.shtml。

## 二 个人求助与慈善募捐之间的灰色地带

社会对"罗尔事件"的讨论和争议,集中于三个方面:第一,罗尔通过微信获得赞赏是个人求助还是慈善募捐?第二,谁有个人求助资格?第三,除了慈善法,个人网络求助行为怎么监管?

多位专家认为罗尔的行为属"个人求助"范畴。北京师范大学中国公益研究院院长王振耀认为,"在网络上为别人募捐是公共募捐行为,《慈善法》要管。罗尔卖文救女是一个家庭的求助行为,带有一定的募款性质,但为自己而非别人,在法律意义上不应禁止,对于个人求助行为法律不好管"。北京师范大学法学院教授刘培峰也认为罗尔此举属个人救助行为,法律不应禁止。① 但罗尔朋友的公司微信号转发推广的做法遭到部分专家的质疑。北京大学法学院副教授金锦萍分析,商业营销目的的"卖文"及推广转发,其卖点应该是文章的知识性或者文采,但罗文被大量转发是因为读者同情作者的处境。这个特性已将"卖文"转变为"求助转发",读者支付打赏资金的行为是对罗尔"个人求助"的回应。② 而全国人大常委会法工委社会法室主任郭林茂表示罗尔事件"这种变相募捐是违法的"。③

个人求助是公民的一项权利,法律不禁止。在我国,个人可以通过《社会救助暂行办法》向政府求助;可以向慈善组织求助,为此《慈善法》规定"个人可以与慈善组织合作进行募捐"。此外,个人遇到困难可以向本单位、本社区求助,《慈善法》也规定在本单位、本社区可以开展互济工作的活动。但上述渠道对罗尔似乎不适用——他是一个"中产"而不是"特困户"。对此,金锦萍认为,法律不该禁止人在陷入困境时求助的权利,也

---

① 王振耀和刘培峰的观点来自新京报记者王梦遥于 2016 年 11 月 30 日的报道,《罗尔"卖文救女"是否违反〈慈善法〉?专家:无明显过错但过程可更完善》,http://news.sina.com.cn/c/2016-11-30/doc-ifxyicnf1209470.shtml。
② 金锦萍:《如何厘清六大核心法律问题》,《公益时报》2016 年 12 月 6 日第 9 版。
③ 《全国人大法工委回应"罗尔事件":系违法》,http://news.ifeng.com/a/20170226/50733971_0.shtml。

无法对于"陷入困境"做出具体界定。但公众对困境的理解是"耗尽了私人资源的山穷水尽"。一般人认为疾病本身不是募捐的充分理由,而"疾病+贫穷"才是。因此,求助人发布求助信息时,不仅要说明病情和庞大的医疗支出,还要说明求助人自身的经济背景和无力支付医疗费的状况。这些信息对于公众判断是否捐赠至关重要。①

## 三 真实性:个人网络求助首要原则

慈善法虽然未将个人求助行为纳入监管体系,但这并不意味着网络个人募捐行为不受法律规制。在我国现行法律体系中,还有民法、刑法等其他法律规范可以适用。

中国人民大学教授郑功成认为,虽然个人求助不在慈善法约束范围内,但欺诈性的募捐行为也是诈骗行为,可以依据刑法定罪。所以,个人通过网络求助应当实事求是,一旦出现欺诈行为,应当承担相应的刑事责任。②

按照金锦萍的观点,求助者如果编造虚假信息或者有意隐瞒事实,会构成民法上的欺诈,资助者可以要求撤销法律行为并返还财产;如果求助者以虚构事实或者隐瞒真相的方法,骗得较大数额的财物,会构成诈骗罪,应依法对其定罪量刑。因此,求助者一定要确保自己的求助信息真实、充分,当筹集到足够解除困境的资金时,应该停止接受赠予财产,并通过同一途径发布资金已经筹集完毕的消息,否则也会因故意隐瞒真实情况而构成欺诈。③

同济大学教授郑惠强建议,任何求助人都应该全面公开信息并接受监督。对发布虚假信息并造成严重后果的,给予严厉惩处;构成非法占有、欺诈等违法犯罪行为的,依法坚决处理;对故意隐瞒部分足以影响公众决策的

---

① 金锦萍:《如何厘清六大核心法律问题》,《公益时报》2016 年 12 月 6 日第 9 版。
② 《不让"罗尔事件"重演 代表委员为爱心筑造"更好的出口"》,东方网,2017 年 3 月 13 日。
③ 金锦萍:《求助者:对信息真实性负责》,《南方周末》2016 年 12 月 8 日,http://www.infzm.com/content/121309。

关键事实的信息,定义为虚假信息,加大处罚力度,让虚假信息散布者心存畏惧,不敢为、不能为。①他也呼吁网站平台、自媒体及其他社交平台制定行业自律规范、加快研究制定管理标准,促进互联网慈善行为规范运行。

其实,早在2016年8月30日,民政部、工业和信息化部、国家新闻出版广电总局、国家互联网信息办公室就已印发《公开募捐平台服务管理办法》。该办法规定,"个人为了解决自己或者家庭的困难,通过广播、电视、报刊以及网络服务提供者、电信运营商发布求助信息时,广播、电视、报刊以及网络服务提供者、电信运营商应当在显著位置向公众进行风险防范提示,告知其信息不属于慈善公开募捐信息,真实性由信息发布个人负责"。

微信平台明确禁止用户用赞赏功能进行募捐。为进一步"保障赞赏用户的权益,提升赞赏资金的安全性",2017年1月4日,微信系统发布打赏提现"新规",称"在结算周期内,赞赏资金由微信支付根据法律法规和相关协议代为保管,若发现账号存在滥用赞赏功能等违规行为,微信平台能够及时冻结赞赏资金"。

## 四 公众也需培养"理性捐赠"能力

网络时代,人人都是媒体,但个人发布的信息未经专业机构审核,难免真伪掺杂,这也给网络慈善带来很多风险——难以辨别真伪,难以监测执行过程,难以监督控制。最重要的是,公众常常一拥而上、造成捐赠过剩,再加上信息不对称等问题,很容易伤害捐赠人的爱心和信心。

在网络慈善中,求助人有责任提供真实、完整的信息,募捐平台有责任提示风险,公众自己也应该培养理性捐赠的理念和能力,尤其是在面对"煽情"类募捐信息时,有必要先抑制捐赠冲动,辨别风险后再自愿捐款。

---

① 《不让"罗尔事件"重演 代表委员为爱心筑造"更好的出口"》,东方网,2017年3月13日。

中国大陆在这方面的公众教育还比较缺乏。但在中国香港、美国等现代慈善事业发达的地方，普通捐赠人都有机会学习理性捐赠的常识、培养理性捐赠的习惯。美国的明智捐赠联盟（BBB Wise Giving Alliance）很早就对公众如何识别募捐信息和慈善组织进行研究倡导，我国香港社会服务联会也在2007年启动"惠施·捐献文化"项目，发布《明智捐献指引》。这一针对个人捐赠者的指引提供了明智捐赠的七个步骤：一是选定受惠对象，选定最需要帮助的社群和最能惠及有需要人士的慈善工作；二是了解慈善机构的背景，查询有关组织是否注册慈善机构，并细阅有关机构的年报及审核财务报告；三是查阅慈善机构名单，查阅税务局的免税慈善机构名单，只有被认可的慈善机构才能发出可供申报免税用的捐款收据，避免被近似知名慈善机构的名称所误导；四是预算捐款额，衡量每年可负担的捐献，制定捐款预算；五是节省机构行政成本，选择有助机构节省行政成本的捐款渠道。他们提倡定期捐款和网上捐献，认为这是帮助慈善机构减少筹款成本和行政开支的好方法，并提示捐赠人留意中间机构是否收取手续费，手续费占比如何；六是索取并保存捐款收据，将此作为申报免税时的证明文件；七是跟进慈善项目的进展：比如探访机构、参与义工服务，以及定期阅读通讯和浏览网站，都能加深了解有关慈善项目的进展和效益。①

上述捐赠指引对于资助网络上的个人求助也有参考价值。在网络"骗捐"时有发生的环境中，内地有必要普及理性捐赠意识，这对受助人和捐赠人都是一种保护。

## 五 慈善行业有责任推动网络募捐有序发展

基于面对面助人的传统习惯或者因为对慈善组织的不信任，很多公众愿意直接捐钱给个人账户而不愿意捐给组织账户。慈善法颁布以来，我国的慈善法律环境正在改善，个人求助虽然未被法律禁止，但这不是现代慈善的发

---

① 惠施网，http://www.wisegiving.org.hk/tc/donation/wisegiving.aspx。

展方向。

在现代慈善事业体系中,慈善组织是捐与助之间的桥梁,承担着募集零散捐赠、回应社会需求的功能。根据《慈善法》第二十六条,"不具有公开募捐资格的组织或者个人基于慈善目的,可以与具有公开募捐资格的慈善组织合作,由该慈善组织开展公开募捐并管理募得款物"。这一条款其实是在倡导慈善组织应该为有需求的个人提供便捷、规范、高效的求助通道。

近几年,国内出现了不少募捐能力强、透明度高、管理规范的公益组织,有的已经开放其募捐权、与有慈善目的组织和个人共享募捐资格,其中一些赢得了公众信任,发展势态良好。但合作募捐过程也充满磨合的痛苦和监管的挑战,像引发官司的"白雪可乐"事件,既暴露了求助者自身及其代理人对现代慈善理念的误解、曲解,也体现了慈善组织公信力受损带来的一系列影响。

在慈善行业公信力建设还不容乐观的背景下,要推进个体求助募款向专业组织募捐转变,当务之急是建设更便捷、更具公信力的公开募捐渠道和组织,2016年民政部已经指定了13家慈善募捐信息平台,开启了重要的一步;而尊重和保护捐赠人的知情权、及时反馈信息、确保善款善用,是整个慈善行业要认真应对的第二步;此外,慈善组织还要主动提高专业服务水平和管理水平、提高善款使用效率。做到以上三个关键点,才有可能实现网络募捐的有序发展。

# B.14
# 非政府组织在华境内活动管理进入法治时代

张其伟*

**摘 要:** 2016年4月28日,《中华人民共和国境外非政府组织境内活动管理法》在十二届全国人大常委会第二十次会议上获得表决通过,并将于2017年1月1日起正式实施;2016年底,《境外非政府组织代表机构登记和临时活动备案办事指南》《境外非政府组织在中国境内活动领域和项目目录、业务主管单位名录(2017年)》等相关配套规范性文件也相继发布。该法是我国在境外非政府组织管理方面的首部法律,明确了境外非政府组织在华活动的原则和规范,对引导和约束境外非政府组织在华行为具有一定的积极意义。但在具体施行中还存在一些未明确的细节,其对中国公益事业发展的未来影响有待长期观察。

**关键词:** 境外NGO 管理体系 业务主管单位 临时活动备案

2016年4月28日,第十二届全国人大常委会第二十次会议在北京闭幕,最后一天的会议表决通过了《中华人民共和国境外非政府组织境内活动管理法》(以下简称《境外非政府组织境内活动管理法》),实现了我国政

---

\* 张其伟,上海交通大学国际与公共事务学院博士生。

府对境外非政府组织(以下简称"境外 NGO")管理的法制化。回溯该法的立法过程,维护国家安全的考量是其立法初衷,规范境外 NGO 行为是其目的,整体来看不失开创性。但境外 NGO 开展临时活动的审批手续不清晰等一系列问题,对该法充分实现立法目的产生了影响。

## 一 立法背景:分散的境外 NGO 管理制度

境外 NGO 在我国活动的历史轨迹可以追溯到清朝晚期。当时,外国传教士在中国组织救济活动,创办包括孤儿院、医院、学校等在内的非营利组织。如上海徐家汇天主堂自道光二十七年筹建开始,先后设立学校、聋哑学堂、育婴堂、幼稚园等多种慈善救助机构。① 1904 年,中、英、美、德、法五国在上海合办成立了上海万国红十字会,专门开展日俄战争的难民救护工作。该机构得到清政府承认作为合法团体而存在,并在后续战争中不断救死扶伤,发挥了巨大作用。②

1949 年中华人民共和国成立之后,受冷战等特殊历史时期影响,境外 NGO 在中国开展活动的极少,在近 30 年的时间里几乎处于空白状态。1978 年,美中艺术交流中心(US-China Arts Exchange Center)作为第一个在华设立正式办事机构的境外 NGO,开启了境外 NGO 在华活动的新篇章。③ 从 1979 年开始,福特基金会、洛克菲勒基金会、英国救助儿童会、绿色和平组织、世界自然基金会、基督教救世军、世界宣明会、乐施会等境外组织陆续来华,或开设办事处,或进行项目活动。随着 1995 年世界妇女大会的召开以及 2001 年中国加入世界贸易组织,境外 NGO 来华进入了加速期。2005 年,根据中国发展简报的统计,2004 年底时在中国开展活动的境外 NGO 数

---

① 黄鸿山:《中国近代慈善事业研究——以晚清江南为中心》,苏州大学博士学位论文,2007,第 134 页。
② 池子华:《红十字与近代中国》,安徽人民出版社,2004。
③ 王丽娟:《对在华境外非政府组织的风险管理研究》,《管理观察》2016 年第 3 期。

量为212家。① 而到2016年，这一数字增加到7000多家。② 这些组织活跃于扶贫、环境、科技、教育、卫生、文化等诸多领域。

境外NGO数量迅速增长的同时，政府相应的管理政策却不甚完善，在中央政府层面以部门性的专项法规为主。1980年。国务院颁布了首部专门针对境外NGO的行政法规——《国务院关于外国企业常驻代表机构的暂行规定》，允许非营利性外国经济团体经外贸部审批后向工商行政管理部门申请登记常驻代表机构。2004年颁布的《基金会管理条例》允许境外基金会在中国设立代表机构，其登记注册被限定在民政部，并依照国内基金会的双重登记制度进行管理。同年颁布的《宗教事务条例》，规定的主要是宗教团体和宗教活动场所具备接受境外组织和个人捐赠的资格。

在中央政策之外，地方政府也展开了对境外非政府组织活动进行规范的政策尝试。在境外机构数量较集中、活动较频繁的西部省级行政区如四川、云南、西藏先后出台过境外非政府组织相关的地方性规定。这其中最具影响力的政策是云南省政府制定的《云南省规范境外非政府组织活动暂行规定》，根据该规定，在境外成立的协会、学会、商会、基金会等组织都可以通过在云南省民政厅备案来获取合法身份，继而开展活动。

从《境外非政府组织境内活动管理法》颁布前的政策环境来看，中央政府的民政部门、工商管理部门，以及部分地方政府（如云南省）的民政部门都分别负责了一部分境外NGO的登记及管理工作，各部门之间缺少衔接，导致整个管理体系显得分散粗糙。在民政部门完成登记的境外NGO数量较少，包括在民政部登记的29家境外基金会代表机构和20家外国商会，以及在云南省民政厅备案的35家境外非政府组织。③ 在工商部门登记的境外NGO达到近1000家，其登记方式混淆营利与非营利之间的界限，导致部

---

① 中国发展简报：《200 国际NGO在中国》，中国公民社会发展研究中心，2005。
② 傅莹：《中国现在已经有7000多家境外非政府组织》，中国青年网，http：//news.youth.cn/gn/201603/t20160304_ 7703377.htm。
③ 中国社会组织网涉外社会组织子站，http：//swshzz.chinanpo.gov.cn/index.html；云南民政网，http：//yunnan.mca.gov.cn/article/mzgz/mjzzgl/mjzzgl/。

分境外NGO的公益宗旨归属感不强,并给一部分境外机构钻空子的可能。① 同时,在政府部门的管理体系之外,还有数以千计的境外机构以资助、项目合作等形式在中国内地开展活动。数量众多、成分复杂的境外NGO加上不甚完善的管理体系,使相关领域的立法成为一项必要工作。

## 二 立法过程:三次审议稿出现重大调整

《境外非政府组织境内活动管理法》正式启动于2014年,而相关精神的提出则要更早:2013年11月召开的中国共产党十八届三中全会发布了《中共中央关于全面深化改革若干重大问题的决定》,其中提出要"加强对社会组织和在华境外非政府组织的管理,引导它们依法开展活动"。2014年4月,公安部、民政部、国务院法制办等共同参与起草《境外非政府组织管理法草案》,同时展开对全国范围内境外NGO活动的统一调查摸底,境外NGO管理立法遂正式拉开帷幕。②

境外NGO立法最为引人关注的一点,是由公安机关来担任境外NGO在华代表机构的登记管理机关。之所以这样安排,官方给出的解释是公安机关有维护国家安全、维护社会秩序、制止和惩治违法犯罪行为的职责,还有户籍管理、国籍管理、出境入境管理、外国人在华活动管理等管理职责。因此,公安机关在管理外国组织机构及其人员在华活动方面,有丰富经验。③ 可见,这样的设置突出的是国家安全角度的考虑。

2015年5月5日,中国人大网公布《境外非政府组织管理法(草案二次审议稿)》,并即时开始一个月的公开征求意见。由于草案一审稿并未对外公开,二审稿引起了各相关方的强烈关注,一些学者、社会组织从业人员

---

① 韩俊魁:《全球公民社会语境下的境外在华NGO:兼论中国本土NGO的国际化》,《中国非营利评论》2011年第2期。
② 《我国拟制定境外非政府组织管理法》,新华网,http://news.xinhuanet.com/world/201412/22/c_1113734537.htm。
③ 何璐:《海外NGO境内活动由公安部门监督管理》,《检察日报》2016年4月29日,第2版。

以及国际组织代表纷纷撰文或接受采访表达意见,相关的研讨和意见征集活动也陆续开展。从5月12日到5月25日,四场研讨会分别在中国国际民间组织合作促进会、上海交通大学以及中国法学会举办。联合开发计划署等政府间国际组织驻华代表处,以及美国能源基金会、英国国际救助儿童会、德国工商大会、英国英中贸易协会等境外NGO驻华办公室也纷纷组织相关讨论并向中国有关部门递交意见和建议。同时在一个月的征求意见期内,中国人大网总共收到255人次提出的1803条建议。①

在听取各方的意见反馈之后,公安部门和立法机关又对草案进行了近一年的修改,并于2016年4月25日提请十二届全国人大常委会第二十次会议进行三审。与二审的征求意见稿相比,三审稿出现了显著变化,在调整范围、登记和备案、活动规范、便利措施等方面做了修改和完善,对部分社会意见和调研结果予以采纳,整个法律条文从二审稿的九章67条变成了三审稿的七章54条。其中一些修改内容,释放出了重要的政策信号。

三审稿和二审稿最显著的区别之一是法律规制范围的明细化。这体现在法律名称和法律内容的修改上:最终使用的法律名称是《境外非政府组织境内活动管理法》,而非之前版本草案的《境外非政府组织管理法》,即正式从名称上将这部法律的管辖范围缩小至在中国境内活动的境外NGO;三审稿也在第二条明确了该法调整的组织类型为在我国境内开展活动的"在境外合法成立的基金会、社会团体、智库机构等非营利、非政府的社会组织",而在第五十三条不再将"境外学校、医院、自然科学和工程技术的研究机构或者学术机构"纳入调整范围。这表明,此次立法的目的主要在于规范与我国境内社会组织(基金会、社会团体、社会服务机构)对应的境外NGO。

除此之外,三审稿不再限定境外NGO在中国的代表机构数量、驻在期限,独立招募志愿者和聘请工作人员的资格等;三审稿还简化了境外

---

① 《法律草案征求意见》,中国人大网,http://www.npc.gov.cn/npc/flcazqyj/node_8195_2.htm。

NGO开展临时活动的申请办理程序,将开展临时活动的审批申请责任交给中方合作单位,提前申请最短时间要求也缩减为15天。不过,相比较二审稿,三审稿也有了一些更为严格的要求,如对境外NGO在我国境内活动的资金来源、收付及其账户管理做出严格规定,同时增加了公安机关可以约谈境外NGO首席代表的规定,加强了对代表机构的日常管理。

经过全国人大常委会的审议,三审稿获得通过,《境外非政府组织境内活动管理法》于2016年4月28日正式公布,并于2017年1月1日起施行。

法律颁布之后,相应的配套措施和具体执行方案开始受到关注。沉寂约半年之后,2016年11月28日,公安部公布了《境外非政府组织代表机构登记和临时活动备案办事指南》,明确了代表机构登记和临时活动备案的办事流程和具体要求,并公开了公安部境外非政府组织管理办公室联系电话。随后在12月20日,公安部公布了《境外非政府组织在中国境内活动领域和项目目录、业务主管单位名录(2017年)》,为境外非政府组织登记备案提供指引。该名录将境外NGO的工作领域划分为经济、教育、科技、文化、卫生、体育、环保、济困救灾和其他共9个方面,涉及国家层面的部门46个。[①] 据公安部相关负责人在后续的培训活动上透露,名录目录是会定期根据实际情况不断地进行调整、补充完善,调整的范围不仅包括业务主管单位,也包括活动领域。

2017年1月1日,公安部境外非政府组织办事服务平台正式对外开通。平台在公安部网站上有专门接口,同时可从平台链接到全国各省、自治区、直辖市的境外NGO办事服务大厅。境外NGO代表机构的设立申请、部分变更申请以及临时活动备案都可以在平台上进行填写,传输资料并预约正式登记时间。随着平台的开通,境外NGO在中国境内的全新登记与活动管理体系初步建立。

---

① 《境外非政府组织在中国境内活动领域和项目目录、业务主管单位名录(2017年)》,公安部网站,http://www.mps.gov.cn/n2254314/n2254409/n4904353/c5579013/content.html。

## 三 法律执行：暂时以延续性代表机构登记为主

在《境外非政府组织境内活动管理法》公布之后，公安部采取一系列措施保障法律落实。在北京，公安部会同有关部门多次同美国、英国、德国等国家驻华使领馆、欧盟驻华代表团官员及境外非政府组织代表座谈，就办事指南公开征求意见；在上海，公安部会同上海市公安局分别于10月和11月召开境外NGO座谈会和驻沪领事馆新闻通气会；在广州，公安部也和广州市公安局一起召开驻穗领事馆和境外NGO座谈会。无论是在上海还是广州，公安部都就部分配套文件向各国领事馆和境外NGO征求意见，并邀请部分领事和境外NGO负责人参观了当地的境外NGO管理办公室窗口，试图得到境外人士的理解与认同。不过，这几次活动相对内部化，有机会参与其中的境外NGO数量较为有限。在湖北、湖南、四川等地，省级公安机关召开了当地的境外非政府组织代表座谈会，沟通交流有关情况。

各省级公安机关也根据公安部要求推动境外NGO的登记管理工作：有的开通了网上办事服务平台；有的会同有关部门研究制定发布了本地区的办事指南和相关目录名录；有的建成了统一规范的登记受理窗口，设置了标牌及查询引导电子设备等服务设施。截至2017年2月28日，在所有32个中国内地省级行政区（含新疆生产建设兵团）中，开设了本地区境外NGO办事服务平台的有23个；制定了本地区办事指南和业务主管单位名录的有22个。从公安部的境外NGO办事服务平台上可以直接链接到的省级行政区网站达到28家，其中5家链接打开后为当地的公安门户网站。[1] 为切实提升各级公安机关服务管理水平，公安部在多地举办了相关法律和业务专题培训班，对各省级行政区及部分省会城市、计划单列市相关人员进行全覆盖培训。

---

[1] 公安部境外非政府组织办事服务平台，http://ngo.mps.gov.cn/ngo/portal/index.do。

对已经在民政、工商部门登记的部分境外非政府组织代表机构，公安部会同民政部、国家工商行政管理总局进行了专题研究，力图对大部分已合法登记的境外NGO代表机构进行直接移交，保护其合法权益。在这样的背景下，2017年的前三个月，北京、上海、广东、云南等地的公安机关共为来自15个国家和地区的62家境外NGO登记设立驻华代表机构，登记地域涉及23个省级行政区；另有170余家境外NGO已确定业务主管单位，正在办理代表机构登记手续；境外NGO与中方合作单位进行临时活动备案的也已达到70余项。①

根据贾西津教授的解读，首批登记的代表机构提示出三个信息：一是延续性，首批在公安机关获得登记的基本是原有民政或工商部门有持久记录的机构，体现了在法律制度变化中，政府系统内部对既存事实的承接；二是经济领域相对较大的开放度，新赋予法律合法性的组织均在经济活动领域，显示了境外NGO管理中经济活动的相对优先性；三是法律实施也是对法律条文调试的过程，工商经济协会不是典型的公益类组织，其率先登记即是考虑到法律实施中多种因素的调试。②

在《境外非政府组织境内活动管理法》实施之初，国际社会对该法表达了一定程度的担忧，如某些外国媒体在报道立法时将"该法授权公安部门建立禁止在中国运营的'不受欢迎的'组织名单"作为了副标题，强调中国政府对境外组织管理的收紧。③ 而在《境外非政府组织境内活动管理法》正式实施之后，舆论观点则趋于缓和。部分学者及境外NGO从业者认为，新法的推行并不会给境外NGO在中国开展工作带来太大不同。如美国非政府组织"中国劳工观察"创办人李强就表示，该机构之前的工作一直在有关部门的监督之下，经常会被约谈。新管理法实施后"只是多了一道

---

① 《境外非政府组织登记备案工作稳步推进》，公安部境外非政府组织办事服务平台，http://ngo.mps.gov.cn/ngo/portal/view.do?p_articleId=25052&p_topmenu=3&p_leftmenu=1。
② 贾西津：《境外NGO法在中国的机遇和挑战》，《南方周末》2017年2月9日。
③ 韩碧如：《中国通过〈境外非政府组织境内活动管理法〉》，FT中文网，http://www.ftchinese.com/story/001062327?full=y。

程序而已,目前看来还没有什么太大变化"。① 有学者表示,新法对与中国政府有多年合作经验的大型境外 NGO 几乎不构成障碍,只是对小型的本土机构在寻求海外资助方面会产生不利影响。②

不过,尽管法律正式出台且配套措施也相继公布,仍有一部分境外 NGO 处于观望态势。在《境外非政府组织境内活动管理法》正式实施前的一段时间,部分境外 NGO 相应地减少了其在中国的活动,如一家致力于边缘群体维权的美国组织员工透露,2017 年的头三个月他们会暂缓积极地活动,主要集中做"电脑前的工作"。③ 还有一些境外 NGO 从 2014 年开始就逐步谋划退出中国,转往更为贫穷的国家和地区开展项目,这部法律的出台一定程度上加快了它们战略转移的步伐。

## 四 未来展望:境外 NGO 与政府互信有待建立

随着《境外非政府组织境内活动管理法》正式出台,配套政策措施陆续推出,以及第一批境外 NGO 完成代表机构的注册,中国的全新境外 NGO 管理制度正在有条不紊地建立过程中。作为我国第一部针对境外 NGO 的法律,《境外非政府组织境内活动管理法》填补了相关领域的政策缺失和秩序空白,明确了境外 NGO 开展活动的原则和规范,在赋予境外 NGO 合法权益的同时,也按照法治原则规定了其具体义务和责任,使境外 NGO 管理最终被纳入法律轨道。

此次境外 NGO 立法过程所彰显的另一积极信号,是社会力量在立法过程中的参与。不仅全国人大开放了草案二审稿的讨论和建议渠道,从公开平台吸收意见;而且负责立法的全国人大法工委和负责境外 NGO 登记管理的

---

① 张娱:《近万境外 NGO 等待新法大浪淘沙 在华将面对更高门槛》,环球网,http://world.huanqiu.com/exclusive/2016-06/8996332.html。
② Hsu, Carolyn & Jessica Teets. "Is China's New Overseas NGO Management Law Sounding the Death Knell for Civil Society? Maybe Not," *The Asia-Pacific Journal* 14 (2016): pp.1-14.
③ 汤姆·汉考克:《新法生效将致在华境外 NGO 缩减活动》,FT 中文网,http://www.ftchinese.com/story/001070813。

公安部门也在立法过程中访问使领馆、境外 NGO、高等院校、社会组织等各类型相关方，为法律和配套措施广泛征求社会声音。这些意见建议最终体现在了法律内容的修改上，一定程度上推动了相关制度环境的优化。

在立法完成的同时，境外 NGO 管理制度仍然存在不清晰之处。如境外 NGO 开展临时活动需要中方合作单位按照国家规定办理审批手续，但相应手续由哪些部门来审批暂时不得而知。截至 2017 年 2 月，尚无境外 NGO 申请临时活动备案通过的消息传出，也没有原先未能在民政部门和工商管理部门获取过合法身份的境外 NGO 成功完成代表处成立申请的案例。这些从前无合法身份却仍在中国开展活动的境外 NGO，以及它们新进入中国运作项目的同伴能否成功进行注册，能否在新环境下建立与政府的互信关系，成为舆论关注的焦点之一。

另外，初次进入境外 NGO 登记管理领域且获得了充分执法权的公安机关将如何行使权力，香港、澳门、台湾地区的 NGO 能否在注册过程中享受到优于外国 NGO 的待遇，以及国内社会组织在新的政策环境下与境外开展合作会面临哪些限制和挑战，也是境外 NGO 立法完成之后值得追踪的问题。《境外非政府组织境内活动管理法》能否同时实现保障国家安全和促进对外交流合作的目的，需要更长期的实践进行检验。

# B.15
# 公益股权捐赠税收新政有望催生大额捐赠

黄浠鸣*

**摘　要：** 囿于先前的股权捐赠税收政策，曹德旺夫妇价值35.49亿元的股权捐赠面临数亿元税负。实践中也出现了捐赠人直接在境外捐赠股票期权或者承诺捐赠股权后却搁置捐赠的案例，这些案例与我国股权捐赠税收政策不无关系。为了回应股权捐赠税制改革的呼声，财政部和国家税务总局公布《关于公益股权捐赠企业所得税政策问题的通知》，令企业公益性股权捐赠的税收减免问题得以初步破题。该文件能否如预期促使更多企业以捐赠股权的方式投入到公益慈善事业，个人公益性股权捐赠可否比照企业公益性股权捐赠处理以及慈善组织后续对股权的处置是否有税收优惠，都将成为人们对公益慈善捐赠税收激励机制的新期待。

**关键词：** 股权捐赠　税收优惠　历史成本　超限结转　个税改革

随着资本市场的发展和资产结构的多元化，以股捐为代表的非货币性资产捐赠已逐渐成为大额捐赠的重要形式。据北京师范大学中国公益研究院发布的"中国捐赠百杰榜"统计，以曹德旺、马云和马化腾等为代表的年度

---

\* 黄浠鸣，北京师范大学中国公益研究院高级分析员。

"首善"均是采用捐赠股权或股票期权的方式支持慈善事业。国际上,比尔·盖茨、沃伦·巴菲特、马克·扎克伯格等美国慈善家也是股权捐赠的践行者。

囿于税收政策等因素的影响,中国出现了多起股权捐赠计划流产或受限的案例。因此,财政部、国家税务总局于2016年5月10日公布的《关于公益股权捐赠企业所得税政策问题的通知》被业内视为股权捐赠税收"新政",期待这一文件成为企业股权捐赠重要的"催化剂"。

然而,新政"孤立"地存在并不能激发巨大的慈善潜能,该政策需要与捐赠结转、慈善组织税收优惠等政策有机衔接,才能真正推动以股权捐赠为代表的大额捐赠在我国境内落地。同时,也应注意完善个人股权等非货币性资产捐赠的税收政策,从而实现广开"善源"。

## 一 "新政"执行,企业无须为捐赠股权的增值部分纳税

财税〔2016〕45号文于2016年5月10日公布,2016年1月1日起执行。企业股权捐赠税收新政的出台回应了长期以来的政策修订需求,也呼应了慈善法中关于慈善促进措施的规定,实现了税收优惠政策与慈善法的首次联动,为潜在的企业股权捐赠者打了一剂"强心针"。

从内容上看,股权捐赠税收新政的重大突破在于以"历史成本"取代"公允价值",即在捐赠股权视同转让股权的前提下,股权转让收入额以企业所捐赠股权取得时的历史成本确定,改变了先前按照转让股权的公允价定转让收入额的税收规定,使企业在捐赠时无须就捐赠股权的增值部分缴纳所得税。如此,将可能产生推动或者促进国内企业股权捐赠的作用。

在政策的适用范围上,财税〔2016〕45号文有较为明确的要求。

捐赠者方面:只有企业股权捐赠行为才受45号文调整,个人股权捐赠并不属于该法的调整范围。

受赠者方面:企业向我国境内具有接受捐赠税前扣除资格的基金会、慈善组织等公益性社会团体捐赠股权适用45号文规定,对于没有公益性捐赠税前扣除资格的基金会、非慈善组织、个人等即便接受了股权捐赠,也不适

用 45 号文；在地域上，强调企业应向中国境内公益性社会团体捐赠股权，向境外组织捐赠股权并不适用该文。

捐赠标的方面：包括企业持有的其他企业的股权、上市公司股票等。

捐赠票据方面：接受股权捐赠的公益性社会团体，按照股权历史成本开具捐赠票据。

时间效力方面：虽然 45 号文是在 2016 年 4 月 20 日通过，并于同年 5 月 10 公布，但该文是自 2016 年 1 月 1 日起执行。同时，该文允许有利溯及既往，即 45 号文发布前企业尚未进行税收处理的股权捐赠行为，符合通知规定条件的可比照通知执行，已经进行相关税收处理的不再进行税收调整。

捐赠税前扣除方面：企业捐赠股权按照股权的历史成本确定捐赠额，并按税法规定享受扣除。[①]

相较于先变现股权再捐赠现金的方式，直接捐赠股权不仅会减少大额股权变现可能给资本市场带来的冲击，有利于企业经营管理的稳定，而且也能够为受赠机构带来较为稳定的分红、股息等收入来源；对于受赠"潜力股"的慈善组织而言，在股票增值时按需变现，更是能够为机构持续发展注入动力。因而，可以预见的是，在股权税收新政春风的吹动下，不少股权捐赠的观望者会在条件成熟时促成股权捐赠在国内落地。

## 二 从政策掣肘到实践推动政策改进

我国企业股权捐赠政策和企业股权捐赠的税收优惠制度在十多年的时间里历经了数次变化。制度演变的历程在一定程度上反映了我国经济和慈善事业发展实践情况的变化，以及国家对于慈善事业态度的转变。股权捐赠的实践则是推动政策变革的关键动力。

---

① 企业公益性捐赠所得税扣除限额为年度会计利润的 12%，特殊情况下可以全额扣除；《慈善法》2016 年 9 月 1 日实施后，企业捐赠额超过当年所得税扣除限额部分可以结转以后 3 年内扣除。

### (一)捐股无门：企业捐赠股权遇"拦路虎"

先前，受制于我国经济发展水平，政府对企业股权捐赠采取禁止政策。2003年，财政部出台《关于加强企业对外捐赠财务管理的通知》（财企〔2003〕95号），明确将企业对外捐赠其持有的股权列为禁止行为。

### (二)捐股政策：从禁止到允许的转变

2009年，财政部发布《关于企业公益性捐赠股权有关财务问题的通知》（财企〔2009〕213号），正式开始允许企业以持有的股权进行公益性捐赠。

### (三)捐股迷思：不捐无税，捐赠应税？

自2009年允许股权捐赠的政策出台至今，尽管从数量上看我国境内企业捐赠股权案例屈指可数，但是通常情况下，股权捐赠涉及的金额较大，因而社会关注度较高。其中颇有影响力的为曹德旺夫妇的股权捐赠案例。2011年4月，作为福耀玻璃的实际控制人，曹德旺夫妇将他们通过三益发展有限公司、福建省耀华工业村开发有限公司持有福耀玻璃的股票捐赠给河仁慈善基金会，以捐赠当天收盘价计算，捐赠的3亿股股份市值达35.49亿元。按照先前税收政策规定，捐赠股权视同按公允价值转让股权，由于该笔股票捐赠的增值多、捐赠金额大，相应的应纳税所得额高，而捐赠企业的年度会计利润较少，能够享受税前扣除优惠的捐赠额有限；加之，按照先前税法规定，企业年度捐赠超过税前扣除限额部分无法向以后年度结转扣除，使该笔捐赠无法充分享受到税前扣除的优惠待遇。在以上因素的综合影响下，该笔捐赠面临数亿元税金便不足为奇了。

为解决这一问题，财政部、国家税务总局等部门联合下发了《关于曹德旺夫妇控股企业向河仁慈善基金会捐赠股票有关企业所得税问题的通知》，并提出在计算应缴纳的企业所得税时，可以按照税法规定扣除不超过企业年度利润总额12%的捐赠支出；并准予在不超过5年的期限内延期缴纳、可委托河仁慈善基金会代为缴纳。

在5年期限即将届满时，45号文正式公布。由于曹德旺夫妇的股权捐赠行为在45号文发布前尚未进行税收处理，因而在符合通知规定的其他条件的前提下可比照通知执行，从而可以使捐赠人无须缴纳先前因股票增值较多且无法充分享受税前扣除待遇而产生的数亿元税负。

### （四）漫漫捐股路：多渠道探索股权捐赠途径

在曹德旺股权捐赠案例出现后至股权税收新政出台前，我国股权捐赠呈现多种样态。以马云等为代表的慈善家选择在境外实施股票期权捐赠；上海欧擎欣锦创业投资有限公司，则以"一元转让"的方式实现了向上海市慈善基金会"捐赠"上海贝格计算机数据服务有限公司5%的股权[1]。从"股权捐赠"的实践看，受限于国内股权捐赠税收政策等多方面因素，捐赠者或是另辟蹊径或是搁置捐赠，不一而足。因此，在股权捐赠税收政策上寻求突破，对促成股权捐赠在我国境内落地极为重要。政策制定者寄希望于45号文：在回应实践需求的同时，推动股权捐赠的实践发展。

## 三 企业股捐税收新政落地前路维艰

45号文承载着多方主体对于我国境内股权捐赠的期待，不少人希望在这一税收政策的推动下，我国境内股权捐赠能如雨后春笋般落地。然而，在该政策公布后近一年的时间里，通过公开渠道可以获知的股权捐赠消息却寥若晨星，更有一些潜在捐赠人表示并不知晓这一政策规定。

据公开新闻报道，2016年4月18日，腾讯公司CEO马化腾承诺将捐出一亿股腾讯股票注入正在筹建中的公益慈善基金[2]。从时间上看，由于承诺

---

[1] 新浪财经：《上海市慈善基金会创新募捐渠道 首次接受股权捐赠》，http://finance.sina.com.cn/stock/t/2016-01-15/doc-ifxnqrkc6478934.shtml，2017年3月20日。

[2] 新浪财经：《马化腾捐"138亿"做慈善》，http://finance.sina.com.cn/roll/2016-04-19/doc-ifxriqri6783556.shtml，2017年3月20日。

行为发生在45号文出台前,所以很难说该承诺受到了45号文的影响。对于在新政出台后出现的股权捐赠案例,包括:2016年9月,北京理工大学7位校友向北京理工大学教育基金会捐赠股权案例①;2016年10月,清珠者(北京)创意文化发展有限公司5位股东向广州市一百〇八度公益基金会捐赠股权案例,等等。②通过公开信息,尚无法获知上述两个案例的股权捐赠金额、转让方式等较为细节性的问题。

通过访谈笔者了解到,严格从税法意义上界定,上述股权捐赠案例的捐赠主体既包括个人也包括企业,因而需要分别适用不同的税收政策。只有属于企业捐赠股权并且满足45号文中的其他条件时,才能适用按历史成本视同转让的规定,否则仍需按照公允价值视同转让。在具体的捐赠方式上,北京理工大学7位校友的股权捐赠更是呈现多种样态,如通过合伙企业实现股权转让等,从而造成股权捐赠流程的多样性和复杂性。截至2017年2月底,7位校友捐赠中只有一人成功办理股权过户手续。

## 四 落实大额捐赠税收优惠还需多方着力

从当前股权捐赠实践案例可以看出,税收政策可能只是影响捐赠人意愿的众多因素之一,税收政策的变化并不必然引起股权捐赠案例的迅猛增长;进一步说,对于一些将税收优惠视为股权捐赠关键动因的企业而言,仅仅落实45号文的规定可能并不足以保障企业充分享受到捐赠的税收优惠,需要尽快配套出台企业捐赠结转扣除方面的细则以及优化股权捐赠流程,才能真正实现推动企业捐赠股权的目标。股权捐赠税收优惠制度的改进是完善我国大额捐赠税收优惠制度的初次尝试,想切实推动我国大额捐赠,还需在如下方面综合着力。

---

① 人民网:《七位校友向北京理工教育基金会捐赠企业股权》,http://edu.people.com.cn/n1/2016/0926/c367001-28741115.html,2017年3月20日。
② 财经网:《108度公益基金会获得5名企业家上述两个案例的股权捐赠》,http://industry.caijing.com.cn/20161031/4192919.shtml,2017年3月20日。

### （一）明确捐赠结转操作细则

当前，企业公益性捐赠超过税前扣除限额部分结转扣除问题，在政策方面已经有了进一步的突破。2017年2月24日，第十二届全国人民代表大会常务委员会第二十六次会议将《中华人民共和国企业所得税法》第9条修改为："企业发生的公益性捐赠支出，在年度利润总额12%以内的部分，准予在计算应纳税所得额时扣除；超过年度利润总额12%的部分，准予结转以后三年内在计算应纳税所得额时扣除。"至此，税收专门法律中正式纳入企业捐赠超过限额部分可以依法结转三年的规定，实现了企业所得税法与慈善法的有机衔接。关于企业捐赠支出超出当年税前扣除限额部分可以依法向后结转三年的规定，与股权捐赠税收新政形成"合力"，给实施一次性大额捐赠的企业带来较大的税收政策利好，有助于企业根据实际情况安排慈善捐赠支出，并能够充分享受到税收优惠，进一步体现了国家积极促进慈善事业发展的政策导向。

然而，对于企业在几年时间内持续进行符合税前扣除条件的慈善捐赠，如果每年的捐赠额都超过当年的扣除限额，应该如何享受捐赠扣除的先后顺序也是大众比较关心的问题，同时也会对大额捐赠能否充分享受税收优惠产生一定的影响。是"先捐先扣"还是"后捐先扣"？这就需要财税等部门尽快明确结转的具体操作办法。

### （二）改进房产等其他类型非货币性资产捐赠税收制度

企业股权捐赠税收政策的改革，是我国在寻求突破大额捐赠税收困境的道路上迈出的重要一步。在资产多元化的背景下，诸如房产等其他类型非货币性资产也将成为重要的捐赠财产。当前，除股权外，其他类型非货币性资产的捐赠仍面临着按照公允价值视同转让的问题。政策制定者可以在参考股权税收新政执行效果的基础上，逐步推动非货币性资产捐赠税收的完善。

### （三）完善个人捐赠税收优惠制度

随着企业股权捐赠税收政策的变化，企业捐赠股权的尴尬境地已经有所缓解，能否催生大批企业股权捐赠，尤为值得期待。与此相对应的，解决个人股权捐赠面临的困境也应提上议事日程。现行个人所得税法律中，并未具体明确个人向具有公益性捐赠税前扣除资格的公益性社会团体等符合条件的机构捐赠股权等非货币性资产时，是否需要按照捐赠资产的公允价值确认转让收入并计算其应纳税所得，使实践中各部门和纳税人的理解不一。依据税法原理，税务机关认为捐赠股权等非货币性资产应当按照公允价值计算财产转让所得，并依法计算缴纳个人所得税，造成捐赠非货币性资产的个人税负沉重。因而，企业股权捐赠和个人股权捐赠在税收优惠政策上存在较大差异，实有必要尽快统一。

个人所得税即将实行综合与分类相结合的税制改革，为设计和完善个人慈善捐赠税收优惠制度提供了契机，可以考虑个人慈善捐赠实行按年度享受税前扣除优惠，个人慈善捐赠超过扣除限额部分可以跨年度结转扣除以及对个人股权等非货币性资产的公益性捐赠实行按成本价计算捐赠支出额。

### （四）推动慈善组织财产转让所得税优化

根据我国现行税收法律规定，获得免税资格的慈善组织免税收入范围包括捐赠收入、符合规定的会费收入、不征税收入和免税收入滋生的银行存款利息收入等。而对于慈善组织转让股权等资产获得的收入，并未纳入免税范围，因此，获得免税资格的慈善组织在接受股权捐赠时无须纳税，而在该组织转让受赠股权时，如果股权有增值便需要缴纳相应税金。由此，可能会产生捐赠方的税负转由受赠机构承担的效果，不免使有些人担忧45号文带来的实际效果是税负的"转移"或是税负的"递延"，并不是真正的"免税"。

在充分论证的基础上，结合我国慈善组织发展实际需要，可以适时优化慈善组织财产转让所得税,从而既不易导致"商业部门"和"非营利部门"的不公平竞争,又能够为"非营利部门"提供良性政策环境。

在完善企业和个人慈善捐赠税收优惠制度的同时,推进慈善组织税收优惠制度的改进,才能够形成慈善捐赠"上下游"的有机联动,构建起完整的慈善税收优惠体系,真正催生大额捐赠在我国境内结出硕果。

# B.16
# 网络捐赠成为慈善金矿 良性发展呼唤透明化

孙叶竹*

**摘　要：** 2016年9月7日至9月9日，677万人次通过"9·9"公益日平台捐款3.05亿元，平均每人次捐赠45.05元。2016年的捐款总额是2015年的2.4倍，参与人次是2015年的3.3倍。但伴随资金增长的，是社会各界对"9·9"公益日筹款后的执行监督、财务公开等问题的关注。在网络生态下，慈善捐款使用透明化将成为公益组织持续获得公众支持的重要基石。

**关键词：** 网络捐赠　小额捐赠　透明公开

近两年，我国个人小额捐赠增长迅速，这一趋势与网络捐赠的迅猛发展有直接关系。截至2016年12月，我国网民规模达7.31亿人，有32.5%的网民使用过互联网进行慈善行为，用户规模达到2.38亿人。① 网络捐赠公开便利的特点使网络捐赠成为普通民众尤其是年轻人捐赠的首选途径。

筹款的内在需求和公众对慈善透明的要求使网络捐赠成为"互联网+慈善"最先发挥威力的领域。但目前慈善透明并未达到互联网加持下应有

---

\* 孙叶竹，深圳国际公益学院公益研究中心分析员。
① 《中国互联网络发展状况统计报告》，中央网络安全和信息化领导小组办公室，国家互联网信息办公室，中国互联网络信息中心，2017年1月。

的效果，互联网在慈善信息公开乃至整个慈善生态的推动方面仍有极大潜力。

## 一 互联网小额捐款快速增长

2016年"99公益日"爱心网友捐款3.05亿元，共有677万人次参与捐款，与2015年200万人次捐赠1.27亿元相比，捐款金额是上年的2.4倍，参与人次是上年的3.3倍。

各种数据快速增长的背后，是发起方的配捐激励和社交媒体的得力动员。

2015年首届"9·9"公益日腾讯基金会提供9999万元配捐额，而2016年其提供的配捐金额又追加1亿元，总额达到1.9999亿元，参与"99公益日"的各组织共引入企业配捐1.01亿元。配捐发挥了极大的撬动作用，使善款金额总计超过6亿元，创造了国内互联网募捐新纪录。[1] 据中华少年儿童慈善救助基金会平台运营部初步统计，2016年"9·9公益日"期间，中华少年儿童慈善救助基金会自主项目、专项基金、合作项目、童缘联合劝募项目共筹得善款8982万余元。这其中包括178个项目的自筹金额、腾讯配捐金额以及企业配捐。中国社会福利基金会累计募集善款7903万元（包括公众捐赠、腾讯基金会配捐及爱心企业配捐），其中公众捐赠约3489万元，仅此一项就比2015年增加了1600多万元。[2]

与捐款额相比，99公益日活动在极大程度上激发了个人社交在慈善动员方面的潜力，展现了互联网创造精神共同体的性质。通过"一起捐"功

---

[1] 《总配捐额近4亿元，今年99公益日要打造生态》，腾讯公益，2016年9月5日，http://gongyi.qq.com/a/20160905/051659.htm。
[2] 《天哪！99公益日有家基金会募了近9000万!》，《公益时报》2016年9月13日，http://weibo.com/ttarticle/p/show?id=2309404019214959669156。

能,每个捐赠人平均能够促成10次额外捐赠,个人捐赠总额达2.02亿元。①最牛的一位网友总共动员了7541位好友,为公益项目筹款共超过169万元。②

"在中国,我们看到此类捐款额大幅增长。筹集首笔1亿元慈善捐款大约用了5年时间,筹集第二个1亿元用了19个月,筹集第三个1亿元用了7个月,筹集第四个1亿元用了3个月。在2015年的'99公益日'中,3天筹集1亿元。在2016年的'99公益日'中,仅用了1天时间便筹集了1亿元。"③

公众捐赠在其他平台上也有醒目表现。根据蚂蚁金服发布的支付宝爱心捐赠平台2016年数据,参与"月捐"固定献爱心的人数正在大幅增加,与2015年相比,月捐的金额涨了2倍,爱心捐赠的用户数比2015年增长了47%。为自己关注的项目和信任的机构进行持续固定捐款的人数不断增加。④

## 二 募款支出亟待进一步透明化

信息公开、操作规范是互联网公益平台吸引受众的主要因素。互联网公益观调查显示,信息公开透明(60.1%)、平台操作更规范(43.8%)、官方政策大力扶持互联网公益发展(43.7%)以及渠道畅通捐助方便(40.3%)是吸引更多人通过互联网平台参与公益的最主要原因。⑤

2016年9月7日,微信公众号"益碗fun"发布了一篇题为《去年99

---

① 《中国互联网慈善》,2016,UNDP。
② 《天哪!99公益日有家基金会募了近9000万!》,《公益时报》2016年9月13日,http://weibo.com/ttarticle/p/show?id=2309404019214959669156。
③ 《中国互联网慈善》,2016,UNDP。
④ 蚂蚁金服公益、今日头条、清华大学公益慈善研究院和数据科学研究院:《2016年网络公益数据发布:"90后"撑起公益半壁江山》,《人民日报》海外版,2017年1月25日第2版。
⑤ 《互联网公益观调查》,人民论坛人民智库。

公益日筹款八千多万，有六千万去向不明?》的文章（以下简称《善款去向》）①，该文称首届99公益日的929个民间组织项目中仅有73%（674个）披露了项目进展情况，投入使用的8800万元中仅有23%（2000万元）可以看到详细的资金流向。

文章发布后，腾讯公益官方公开质疑《善款去向》一文数据严重失实，称首届99公益日的所有项目中，有超过95%的公益项目发布了项目进展反馈或结项报告，只是发布渠道不全在腾讯平台上，有些项目用了自己所在公益机构的官网或App等。而反馈进展的项目中有866个项目已执行完成，并提交包含收支明细的结项报告。并表示99公益日结束后，所有参与的公益项目将有10天的公示期，接受来自全网用户的监督。为了确保项目及筹款的真实性，腾讯公益平台会邀请独立的第三方审计机构，面向所有公益项目进行随机抽检，评估其善款使用情况，并根据审计结果，采取相应的后续措施。

两家在文中被点名的机构立即做出回应，对文中所提问题进行说明。但腾讯公益发布声明后多日，其他被点名的机构并未发声。

对于《善款去向》，有人指责"该文引用数据失实、危言耸听，把极端个案想象成普遍现象"；也有人看到其善意出发点，认为中国公益界确实要反思。②

一位匿名公益人士表示，在参与99公益日前曾参加筹款培训，内容重在如何动员捐款，却缺乏如何对捐赠人提供反馈。③ 实际腾讯从2015年底通过微信公众号"腾讯公益伙伴"的"透明公益"专栏为公益组织提供项目反馈的写作指引，如《腾讯乐捐的结项报告该怎么写》，在2016

---

① 李荣华：《第二届腾讯99公益日启动首日腾讯回应质疑帖 去年95%项目均已公开》，《南方日报》，http：//epaper.southcn.com/nfdaily/html/2016-09/08/content_7580958.htm。
② 《中国公益透明度，"度"在哪里?》，《南方周末》，http：//www.chinadevelopmentbrief.org.cn/news-18883.html。
③ 《中国公益透明度，"度"在哪里?》，《南方周末》，http：//www.chinadevelopmentbrief.org.cn/news-18883.html。

年的99公益日后,还特地请中国绿化基金会与行业分享捐赠反馈的最佳实践。①

## 三 慈善透明"有效公开"不足

对公众而言,互联网公益平台也存在着太多信息、令人真伪难辨和选择困难的情况。在调查中,有五成左右受访者认为,现阶段法律法规对互联网公益的规范还存在不少空白,不知道哪些平台是拥有执照、依法依规开展项目的,因此持观望态度。②

深圳国际公益学院2016年做的网络调查③结果显示,在接受调查的公众中,有92%的人在最近一年中有过捐款或参与过志愿服务,其中仅有不到6%的被调查者表示,会在一无所知的情况下捐款。随着时代的进步,信息技术的发展,以及公众对自身权利的重视,越来越多的捐赠者的行为更加明智,他们在捐款或参与活动之前会主动去了解相关组织的信息,去判断组织是否可信,是否值得捐赠。

从公众满意度来看,50.68%的被调查者表示对慈善信息公开情况比较满意,与去年的45.1%相比小幅上升。但与前两年相比,公众满意度上升幅度明显降低。而且,调查结果显示,在接受调查的捐赠者和志愿服务者中,近四成的人没有获得过相关项目的进展报告,近三成人未获得组织的任何报告。

问题出在两方面:第一,信息错位,组织公开的信息不是公众想知道的信息。根据调查,公众对慈善组织最关注的五大信息焦点依次是:资助标准、善款来源、组织资格、财务支出和成果影响。这体现的是公众对组织合法合规性、价值理念、善款使用和工作成果的疑问。而目前我国慈善组织公

---

① 易明:《写在"9·9"公益日结束时》,NGOCN,http://www.ngocn.net/news/2016 - 09 - 10 - 43d075fd2db00aba.html。
② 《互联网公益观调查》,人民论坛人民智库。
③ 2016年在线调查"公益慈善知多少",深圳国际公益学院,调查时间为2016年9月1日至9月15日,有效问卷1042份。

开的内容以基本信息为主,项目和财务信息透明度最低。这种内容上的偏差,重点信息的缺失,直接影响到捐赠者和公众对组织透明程度的认知。

第二,公益慈善组织公布的信息,没有真正到达受众。很多慈善组织没有意识到,公开信息并不意味着公众获得了信息。有的机构认为我在报纸上或在网站上公开了,我就是做到了透明。但不会再考虑或在意捐赠者会不会去看,能不能找到想要的信息。很可能人们不知道组织公布了这些信息或找不到信息。组织不清楚自己要影响谁,不知道目标受众有什么信息需求,没有选择最适合的渠道、节点、方式,来进行信息公开。

重点错位,可及性低的信息公开不是有效的信息公开,也不会达到组织想要的效果。

## 四 多元化互联网技术助力慈善透明实践

近几年来,互联网为公益慈善提供各种技术手段支持,开展信息化基础建设,帮助慈善组织降低信息公开成本,促进透明能力建设。

为使网络捐赠规范发展,2016年9月1日起正式实施的《中华人民共和国慈善法》第三章第二十三条规定:"慈善组织通过互联网开展公开募捐的,应当在国务院民政部门或者指定的慈善信息平台统一发布募捐信息,并可以同时在其网站发布募捐信息。"2016年,民政部评审通过了首批13家互联网募捐信息平台。

募捐平台为慈善提供了组织和项目的展示平台,并通过平台的版块设计来规范慈善组织的信息公开。2016年10月25日,腾讯公益表示,将在平台上增加"财务披露模块""机构信息展示"等功能。通过使公益平台模块标准化,让各个项目更加透明,做到可跟踪、可追溯、可记录、可沉淀,通过互联网核心能力,持续助力公益透明度提升。[1]

---

[1] 《腾讯公益构筑透明新生态,用"碎片时间"改变世界》,http://gongyi.qq.com/a/20161026/017314.htm。

除平台外,区块链技术也被行业看好,能够提升慈善透明。该技术是基于互联网一种按照时间顺序相连的数据结构,并以密码学方式保证不可篡改和不可伪造的分布式账本技术,具有去中心化、由节点参与、存储的数据不可伪造和篡改、公开透明等特点。应用区块链技术后可以找到每一个账号在历史上任何一点记录的信息。[1] 对于点对点捐赠类型的慈善项目,区块链技术可以让捐赠者看到自己的捐款如何划拨到项目执行方账号,最终进入受助人指定账户。2016年,支付宝爱心捐赠平台引入区块链技术,中国红十字基金会率先提交申请,其首个区块链公益项目"和再障说分手"已上线并实现实时账目公示。[2]

网络也为慈善组织提供多种提升信息公开效果的工具和资源。如在线的自测系统[3]可诊断组织的透明薄弱环节,并提供法律说明和最佳实践。多个机构在网络上提供的公益课程也致力于加强慈善组织专业能力,提升信息公开水平。

## 五 互联网慈善的挑战与行动建议

虽然我国网络捐赠发展得如火如荼,但也要注意到,在我国慈善生态系统中,捐赠体系是应用互联网思维最全面的体系,而信息体系、管理和报告体系及评估体系则在技术、体验和社交动员方面还各有缺失。捐赠只是一个起点,是慈善生态链上的一个环节。如果其他体系无法跟上,则必将制约网络捐赠的前进。

公益慈善行业需要提升对互联网思维的认识,在信息体系、管理报告体系和评估体系方面进行基础设施建设、规则标准制定和必要的能力建设,使

---

[1] 《区块链 + 公益:是概念还是趋势》,新闻聚焦,http://www.zjksgxh.com/news/html/?488.html。
[2] 《支付宝爱心捐款平台引入区块链技术打造透明公益》,新浪公益,http://gongyi.sina.com.cn/actype/qy/2016-12-21/doc-ifxytqaw0253486.shtml。
[3] 透明自测系统。

慈善生态全面与互联网深度结合。

在未来的互联网生态中,可持续的慈善是需要线上与线下相结合的。捐赠者与慈善项目的关系,需要更多沟通交流来进行巩固。捐赠者对公益项目活动进行实地探访和亲身参与,并通过互联网传播自己的解读与感受。公益慈善组织需要提供线下的体验让捐赠者真正成为项目的支持者、宣传者和监督者。

# B.17
# 首例慈善组织单受托人慈善信托设立税制改革或成瓶颈

马剑银 杜 源*

**摘 要:** 2016年12月28日,"2016阿拉善SEE公益金融班环保慈善信托"在北京发布,成为首例慈善组织作为单一受托人的慈善信托。《慈善法》正式实施当天,就有4家机构的5个慈善信托产品"抢滩"潮头,并呈现出多样化模式。《慈善法》专章规定慈善信托,意在激活沉寂多年的公益信托制度,从实践来看已有较为成功的开端。但困难依旧存在,完善包括慈善信托的税收优惠制度在内的公益慈善税制改革将成为现在和未来一段时间内公益慈善领域的一项重要任务。

**关键词:** 慈善信托 慈善税制改革 税收优惠 慈善法

随着《中华人民共和国慈善法》的施行,慈善信托正式开始实践,激活了沉寂多年的公益信托制度,取得了较为喜人的初始成果。2016年9月1日,《慈善法》正式施行首日,就有4家机构推出5款慈善信托。12月28日,阿拉善SEE基金会[①]在北京举行发布会,宣告全国首例由慈善组织作为

---

\* 马剑银,北京师范大学法学院讲师,法学博士,清华大学公益慈善研究院《中国非营利评论》执行主编;杜源,中信信托工作人员。
① 该基金会正式注册名为"北京市企业家环保基金会",2008年底由阿拉善SEE生态协会发起成立,故又称"阿拉善SEE基金会"。

单一受托人的慈善信托"2016阿拉善SEE公益金融班环保慈善信托"设立。截至2016年底,全国11个省(区市)的民政部门办理慈善信托共22单,其中"2016阿拉善SEE公益金融班环保慈善信托"是唯一一单由慈善组织作为单一受托人的慈善信托。

## 一 2016年慈善信托的制度环境与实践概况

慈善信托作为有别于慈善捐赠的一种制度安排,历史悠久,是推动现代公益慈善事业发展的重要途径之一。在中国,2001年制定并实施的《信托法》中对"公益信托"进行了专章规定,2016年《慈善法》中,进一步明确了民政部门作为慈善信托的主管部门,解决了《信托法》中"公益事业管理机构"指向不明的问题,在法治的框架下激活了沉寂多年的公益信托制度,《慈善法》还对慈善信托的设立程序、受托人范围、信托监察人和慈善信托的税收优惠问题上有了新的规定。

2016年8月25日,民政部会同银监会发布了《关于做好慈善信托备案有关工作的通知》(民发〔2016〕151号)(以下简称"151号文")。这是《慈善法》通过之后第一个有关慈善信托配套措施的文件,确定具体的备案管辖机关、明确程序和要求,对慈善信托的依法监管、信息公开与组织保障等问题进行了详细规定,为慈善信托的备案工作奠定了基础,指明了方向。

2016年9月21日,北京市民政局出台《北京市慈善信托管理办法》(京民慈发〔2016〕385号),这是目前全国首个,也是唯一一个地方性慈善信托制度配套文件,对慈善信托的备案设定了新的规则,例如,明确禁止慈善信托公开募捐、不允许增加新的委托人、委托人和受托人不能为同一主体、慈善组织不能作为受益人,甚至对慈善组织作为委托人,暂不予备案等。

2016年11月16日,为了推动慈善信托相关政策法规的完善,加强慈善信托行业规范建设,建立有效的慈善信托运营机制,指导社会力量更好地利用慈善信托开展慈善活动,中国慈善联合会联合国内知名慈善组织、大型信托公司和专家学者,共同发起成立了慈善信托委员会,以作为慈善信托行

业枢纽型组织与行业智库。

对于设立慈善信托，信托公司参与非常积极、主动、广泛。这从各个信托公司在短短4个月就参与设立21单慈善信托就可以看出来。而且，它们在慈善信托制度方面也积极做了相关准备，例如在2016年9月1日设立两单的国投泰康信托在慈善法正式施行之前就推出了《2016慈善信托研究报告》；中信信托也在其长期的高净值客户家族信托业务的基础上，将慈善信托与家族财富管理与传承结合起来，推出了《家族财富管理视角下的慈善信托业务发展》研究报告；在前《慈善法》时代就开始探索公益信托实践模式的长安信托也积极组织力量与中国信托业协会联合申报民政部部级课题，于2016年12月出版了《慈善信托研究》一书，并获得课题结项一等奖。

民政部"2016年度慈善事业创新和发展理论研究部级课题"立项的32个课题中，就有22个有关慈善信托的课题。2016年"中国社会组织建设与管理"理论研究部级课题中也有5个有关慈善信托的课题。全国各大高校、研究机构、社会组织和信托公司的学者专家积极申报，慈善信托的研究也成了一个热门话题。

学术界对慈善信托实践过程中遇到的问题也积极进行了探讨，实现了学界、实务界和政界的良性互动。清华大学、北京大学、北京师范大学等高校的专家学者积极为信托公司、慈善组织设立慈善信托出谋划策，还举办了一些专题研讨会，媒体也积极参与、宣传与倡导。主要的研讨会有2016年8月11日由北京师范大学中国公益研究院主办的"中国慈善信托实践发展国际论坛"；2016年9月12日由北京大学法学院非营利组织法研究中心与南都公益基金会共同举办"慈善信托实践案例研讨会"；2016年12月26日由清华大学公益慈善研究院与中慈联慈善信托委员会主办、盖茨基金会与中信信托支持的"慈善信托税收政策研讨会"等。

## 二 慈善组织作为慈善信托受托人的"专用资金账户之痛"

在慈善信托兴起的2016年，阿拉善SEE基金会完成了首例慈善组织单受托人慈善信托的备案工作，但这却来之不易。

在 2016 年民政部门办理的 22 单慈善信托中，有 19 单均为信托公司担任单一受托人，有 2 单是慈善组织与信托公司共同担任受托人，① 而 "2016 阿拉善 SEE 公益金融班环保慈善信托"是唯一一单由慈善组织作为单一受托人的慈善信托。

之前慈善组织无法作为受托人的主要原因是"慈善信托专用资金账户"难以设立。

民政部会同银监会下发的 151 号文中明确规定，慈善信托备案必须提供"开立慈善信托专用资金账户证明"，对于信托公司而言，原本设立各类信托时就有在银行开立信托财产专户的资格，慈善信托属于信托的一种，没有信托专户开设的法律障碍。而慈善组织去银行开设"慈善信托专用资金账户"时普遍遭到银行的拒绝，无法开设信托财产专户，也就无法提供证明，各地民政部门自然无法给予备案。

各大商业银行开设账户，需要遵循中国人民银行制定的一部规章《人民币银行结算账户管理办法》（中国人民银行令〔2003〕第 5 号），其中规定"专用存款账户是存款人按照法律、行政法规和规章，对其特定用途资金进行专项管理和使用而开立的银行结算账户"，而"信托基金"可以申请开立专用存款账户，信托公司为每一个信托②"在商业银行设置专用存款账户"（即信托财产专户）。并且中国人民银行还根据这个规章专门下发过《中国人民银行关于信托投资公司人民币银行结算账户开立和使用有关事项的通知》（银发〔2003〕232 号）。

---

① 这两单慈善组织担任共同受托人的慈善信托分别为中信信托和阿拉善 SEE 基金会作为共同受托人的"中信·北京市企业家环保基金会 2016 阿拉善 SEE 华软资本环保慈善信托"以及宁波市善园公益基金会和万向信托作为共同受托人的"华龙慈善信托"。

② 这里分两种情况处理："委托人约定信托投资公司单独管理、运用和处分信托财产时，信托投资公司应在商业银行按一个信托文件设置一个账户的原则为该项信托财产开立信托财产专户；委托人约定信托投资公司可以按某一特定计划管理、运用和处分信托财产时，信托投资公司应在商业银行按一个计划设置一个账户的原则为该项计划开立信托财产专户。"参见《中国人民银行关于信托投资公司人民币银行结算账户开立和使用有关事项的通知》（银发〔2003〕232 号）。

在我国法律实施的过程中，实施条例、细则或配套通知等文件先行的现象非常普遍。没有相关文件，相关单位对于法律的实施一向抱有拖延的态度，这是我国当下之国情。此次有关慈善信托的实践，民政部会同银监会下发151号文，并未会同中国人民银行，而根据中国人民银行和银监会之间的分工，有关银行账户的管理权限在中国人民银行，没有中国人民银行的专门文件，商业银行不肯为慈善组织设立信托财产专户，也符合现实经验，而且，151号文也没有要求商业银行为慈善组织开设信托财产专户的措辞。

同时，151号文中还出现了一个术语疏漏。根据相关法律文件，信托财产在银行开设账户，规范名称应为"信托财产专（用存款账）户"，而不是"信托专用资金账户"，后者的表述很少，在可见的法律文件中，只见于银监会表述信托公司在证券公司开设账户时称为"信托专用资金账户"，[①] 而银监会的文件中，信托公司在商业银行开设账户时也称"信托财产专户"[②]、"信托财产专用账户"[③]。而此次不知为何，在151号文中，破天荒地使用"信托专用资金账户"来指称慈善组织在银行开设专用存款账户，银行自然也感觉陌生。

当然，以上这些只是现实制度运作过程中机械、僵化理解法律条文的结果，根据《人民币银行结算账户管理办法》规定，存款人可以就"信托基金"向商业银行"申请开立专用存款账户"，只需要出具相关文件即可，而《慈善法》有关慈善信托受托人的规定，已经足够证明慈善组织可以合法地成为"信托财产专户"的存款人。当然，如果151号义明确提及这一点或

---

[①] 仅有几个文件为《中国银行业监督管理委员会、中国证券业监督管理委员会关于信托投资公司开设信托专用证券账户和信托专用资金账户有关问题的通知》（银监发〔2004〕61号）；《中国银行业监督管理委员会办公厅关于规范信托投资公司证券业务经营与管理有关问题的通知》（银监办通〔2004〕265号）；《中国银行业监督管理委员会关于进一步加强信托投资公司内部控制管理有关问题的通知》（银监发〔2004〕97号）。

[②] 《信托公司集合资金信托计划管理办法》（银监会令2007年第3号、2009年第1号）；《中国银监会关于印发〈银行与信托公司业务合作指引〉的通知》（银监发〔2008〕83号）等。

[③] 例如《中国银行业监督管理委员会办公厅关于信托投资公司人民币银行结算账户开立和使用有关问题的通知》（银监办发〔2004〕16号）（失效）。

者与中国人民银行联合发文,现实效果可能会更好一些。

在阿拉善SEE基金会此次单一受托人慈善信托的设立过程中,先前有与中信信托共同设立慈善信托的经验,又有25位参加阿拉善SEE公益金融班的青年企业家纷纷表示愿意参与,成为委托人;广东发展银行敢于"创新",为该单信托设立信托财产专户,作为备案主管部门的北京市民政局和作为信托监察人的中伦律师事务所也都起到了很好的促进作用。正是几方共同努力,才在2016年底,增添了慈善组织单受托人慈善信托这道亮丽的风景,使慈善信托实践的第一年不至于太过单调乏味。

## 三 慈善信托发展的瓶颈主要在于税制改革

2016年的慈善信托实践,主要依赖《慈善法》正式施行的红利,并不意味着该项制度本身的成熟与完善。从22单慈善信托的设立过程、实践模式和行内评价来看,尚有诸多不足:所有新设立的慈善信托尚处于起步阶段,还未真正开展慈善活动,无论是慈善组织还是信托公司,作为慈善信托受托人也无相应经验,更无受托人的行业规范;22单慈善信托全部是货币型的慈善信托,并未出现非货币型的慈善信托;在实践中,观察这些慈善信托的具体模式,发现为了解决某些具体问题而不得不采取一些打"擦边球"的办法,例如在信托公司作为受托人的模式中,在捐赠或者项目执行环节,将慈善组织作为税收优惠的通道,而慈善组织因为无法开立信托财产专户而将信托公司作为资金通道;还有一些由于对规则理解分歧产生的障碍,例如慈善共同受托人异地备案遇到不同地域民政部门对于"慈善"概念的理解分歧等。当然这一切的原因是多方面的,但相关配套制度严重滞后是最主要的因素,尤其是现行慈善信托的税制,甚至是整个公益慈善的税制,已经使慈善信托的业务模式发生扭曲或受到限制,导致慈善信托的制度优势难以充分发挥,不利于慈善信托的长远发展。

《慈善法》制定过程中,有些人一直强调税收法定原则是"税收问题由专门的税法规定",因此,坚持《慈善法》中只进行原则性规定,而由税法来进行具体的税制设计,然而从整体上而言,这种观念远远落后于时代。多种理论表明,在公益慈善领域予以税收优惠,并非是国家对公益慈善组织和公益捐赠行为的"恩赐",而是国家应该履行的义务,这也是公益慈善税收优惠的法理基础。系统的税制改革有待顶层设置,但《慈善法》有关税收优惠的配套制度必须尽快建立起来,至少在以下三个层次上可以尝试进行公益慈善的税制改革。

第一,完善慈善捐赠与慈善信托的税收优惠制度的衔接。这也是最直接、最现实、效果最明显的制度配套。经过一段时间的制度探索与实践,慈善捐赠的相关税收优惠制度有了一定的发展。需要在实践中衔接慈善捐赠与慈善信托的税收优惠,通过规则的调整与完善,尽可能地将慈善捐赠税收优惠扩展到慈善信托的实践中,即至少慈善信托可以比照慈善捐赠的税收优惠政策,例如慈善信托的税收主体地位认定,慈善信托委托人的税收抵扣,慈善信托的抵税凭证设计等。与此相适应,需要有关部门完善慈善认定的标准与程序,明确慈善信托委托人的类型与税收优惠的关系,明确用慈善信托的财产从事慈善活动以及进行理财、经营性活动的税收优惠政策。

第二,推进非货币型财产慈善活动的税收优惠制度。以非货币型财产设立慈善信托是慈善信托制度发展的主要方向,也是大额财产进入慈善领域的基本途径。由于目前我国税收制度对不动产、股权等非货币型财产的慈善捐赠或慈善信托设立的税收优惠制度缺失,对慈善事业的发展造成了严重的阻碍,目前关于非货币型财产的税收规则很少,只有《财政部、国家税务总局关于公益股权捐赠企业所得税政策问题的通知》(财税〔2016〕45号)对企业持有其他企业的股权和上市公司股票等有一定的规定,建议该文件扩大适用至不动产等其他非货币型财产、个人持有股权等,并衔接慈善捐赠与慈善信托关于非货币型财产慈善活动的税收优惠制度,推进以非货币型财产从事慈善活动的税收优惠制度,包括税收抵扣与优惠结转制度,促进大额慈善信托的发展。同时,也要为非货币型财产慈善信托的发展建立配套制度,例如非货币型财产的信托登记制度等。

第三,慈善税收优惠立法与政策的整体性设计。公益慈善领域的税收优惠制度是一个系统性的改革工程，需要进行整体性的税制设计。《慈善法》最关键也是最核心的内容就是在法律上明确了以税收激励的方式推动慈善事业的发展，慈善法与税法相对接，对慈善税收优惠制度具体化、明确化，厘清慈善组织与慈善信托以及相关方的所得税、营业税、增值税、土地使用税与增值税、印花税、契税、车辆使用税、房产税等具体税种的规则，研究建构与营利性企业不同的非营利税制，完善包括慈善信托在内的公益慈善税收优惠制度。

税收优惠政策在慈善信托的发展中具有非常关键的作用，不仅能够激发社会力量设立慈善信托、扩大慈善事业发展的积极性，还能通过信托这一特殊法律机制的运作促进慈善事业的规范化。因此，通过改革慈善信托的税制，有利于运用金融杠杆服务民生事业，推动我国公益慈善事业健康、多元而全面地发展，进而促进社会组织有效参与社会建设和社会治理。

# B.18
# 12家民政部注册基金会年检拟不合格 基金会必须依法运作

游海霞*

**摘　要：** 基金会是以公益为目的、以资金筹集和运作为基础的组织，作为慈善事业的中坚力量，其健康发展和规范化运作一直备受关注。年检是登记管理机关对基金会进行监管的重要手段，民政部用醒目的方式公布年检不合格的基金会名单，释放出基金会必须依法运作、加强自身组织管理的信号。在我国慈善事业快速发展和社会监督力量不断加大的大环境下，基金会依法运作、加强自律的迫切性和重要性显得尤为重要。

**关键词：** 年检　社会监督　依法自治

2016年12月15日，民政部公示了在民政部登记的基金会2015年度年检拟定结论（第二批），共有11家基金会不合格，第一批公示名单中有1家基金会年检不合格，其中不乏一些行业内较为知名的基金会。2017年1月5日，民政部发布了基金会2015年度检查（第二批）结论公告，共有8家基金会不合格。拟定结论不合格的11家基金会中，有2家基金会的检查结论是基本合格，有1家基金会的名字未出现在检查结论公告中，剩余8家基金会的检查结论与之前的拟定结论一致。因此，2015年度检查结论涉及

---

\* 游海霞，深圳国际公益学院公益研究中心分析员。

的200家基金会中，共有9家不合格，18家基本合格。

与往年不同的是，2015年度基金会年检结论公告（第二批）中，拟定结论为不合格的基金会位于名单最前列，然后依此为基本合格、合格。在此之前，包括2015年度年检结论（第一批）公告，名单排序均为合格、基本合格、不合格。从排序变化中，多少也可以体现出民政部监管态度的转变。

## 一 年检力度明显增强 不合格基金会增多

基金会是中国公益慈善事业的核心主体，其本身的健康发展一直备受业界和媒体的关注。在民政部登记的基金会的原始基金数额总量和均值都远高于其他地区。中国基金会发展报告（2015~2016年）显示，截至2014年，中国基金会资产总额为1206.49亿元，在民政部登记的基金会在基金会年末总资产排名居首，总额达430.21亿元，均值为2.33亿元，均远超地方登记的基金会。①

根据《基金会管理条例》《基金会年度检查办法》《基金会信息公布办法》《关于规范基金会行为的若干规定（试行）》《民间非营利组织会计制度》《关于加强和完善基金会注册会计师审计制度的通知》等政策法规，民政部门于每年的3月31日对民政部登记的基金会上一年度的有关情况进行全面检查。年检是登记管理机关依法对基金会开展业务活动的情况和执行法律、法规、政策的情况进行监督和检查的行政管理方式。年度检查的结论分为合格、基本合格、不合格。基金会的业务活动和财务状况一直是检查的重点，对基金会信息公开情况的检查力度也在不断加大。

与2012年和2013年相比，2014年度和2015年度基金会年检结果中基本合格与不合格的基金会数量均有所增加（见图1）。

此外，在2012~2015年年度检查结论公告中，基本合格的基金会与不合格的基金会之间的重合度较为明显，也就是说，有数家基金会连续4年来

---

① 《中国基金会发展报告（2015~2016）》，社会科学文献出版社，2016，第23页。

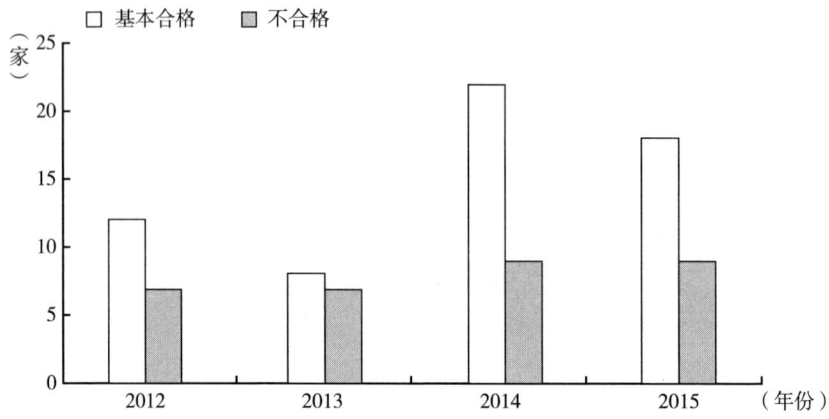

图1 2012~2015年基金会年检结果为非合格的情况

的年检结论或是基本合格或是不合格,均为非合格结论。有的基金会甚至连续4年的年检结论均为不合格。

造成年检基本合格和不合格的问题主要包括:公益事业支出比例未达到规定标准、开展的业务活动公益性不足或未尽到监管责任、对资产的管理或处置不当,未按规定参加年检、期末净资产未达到规定标准、内部治理不规范、信息公开不规范等。例如,2013年度检查中,顺丰公益基金会和中国保护黄河基金会都因为公益事业支出比例不达标而年检不合格。

登记管理机关在做出年检基本合格或不合格的结论之后,会向相关的基金会发放改进建议书并要求其限期整改,也可以视情况依据有关规定予以行政处罚,情节严重的或连续两年不接受年检的基金会可以被撤销登记。例如,民政部对2014年度年检不合格的天合公益基金会和永恒慈善基金会做出警告的行政处罚,对在编制财务会计报告中弄虚作假的慈孝特困老人救助基金会做出撤销行政登记的处罚。

基金会如果未按相关要求进行整改,就会直接影响到下一年度的检查结论,进而对其等级评估、税收优惠、申请政府购买服务等方面产生影响。对民政部年度检查与基金会绩效之间关联性的实证研究也发现,基金会获得非合格年检结论后,捐赠收入显著下降,业务活动成本率显著提高。① 从这个意义上来讲，基金会年检非合格结论传递出一个清晰信号：基金会必须高度重视年检工作、依法运作、规范化管理。

需要强调的是，登记管理机关对基金会年检加强力度，并不等于是对基金会全面加强监管或严控。基金会年检只是属于基金会依法运作的一个基础层面，登记管理机关是依法履行其监管职能。既然是检查，出现不合格，也是一个比较自然的现象。我们应该以一种平常心去看待年检和年检非合格结论，不把问题严重化或道德化，更要避免把某些基金会年检不合格与中国基金会存在严重问题画等号。从 2012 年到 2015 年基金会年检的总体情况来看，在民政部登记的基金会年检结论合格的数量远高于基本合格、不合格的数量，年检合格率均保持在 84% 以上（见图 2）。

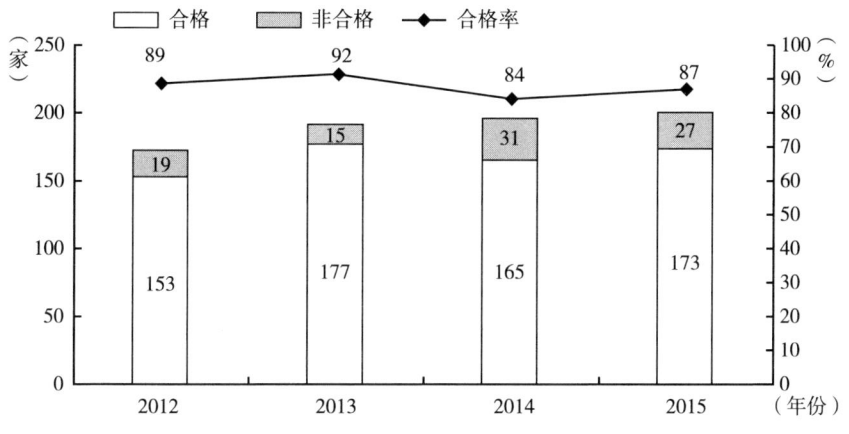

图 2　2012～2015 年基金会年检总体情况

## 二　从年检到年报：基金会监管新转变

事实上，由于登记管理机关的力量有限、手段不足，基金会年检并没有

---

① 《民政部年度检查在基金会治理中有效吗——来自中国的初步经验证据》，《中国经济问题》2016 年第 5 期。

完全达到预期的目的,实际监督效果有限,有时还会流于形式。① 有时候,基金会年检不合格的原因可能并非关键性指标。例如,巨人慈善基金会因未及时报送材料导致年检不合格。这说明,年检的实际监督效果仍然存在不小的提升空间,需要更新监管机制才能更好地促进基金会的持续健康发展。

2016年9月1日起正式施行的《中华人民共和国慈善法》(以下简称《慈善法》)开启了中国依法治"善"的新时代。在简政放权、实现政府职能转变、推动社会治理水平提高的大背景下,基金会登记管理机关也正在更新和转变监督机制,中国基金会的监督管理正在面临新的变化。

《慈善法》第九十一条规定,"慈善组织应当每年向其登记的民政部门报送年度工作报告,包括经审计的财务会计报告、年度开展募捐活动以及接受捐赠情况、慈善财产的管理使用情况、开展慈善项目情况"。2017年1月26日,民政部发布了关于开展基金会2016年度报告和年度检查工作的通知,要求"在2016年12月31日前登记或者认定为慈善组织的基金会,应当报送2016年度工作报告(含财务会计报告)。在此日前登记但未认定为慈善组织的基金会,须按《基金会管理条例》要求报送2016年度工作报告(含财务会计报告)并接受年度检查"。这说明,民政部门对基金会监管方式发生实质性改变,年度报告制度开始正式实施。

## 三 社会监督不断增强 基金会面临优胜劣汰

19世纪的欧洲、俄罗斯和美国已经有少量的私人基金会。但是基金会成为一种完备的制度,数量之多,规模之大和影响之重要,是20世纪美国的独特现象。② 只要在美国法律运行的范围内,以公益为目的,任何人都可以登记注册成立基金会,但基金会是否可以存活并实现可持续的发展则是另外一回事。基金会需要向社会获取资源,面临强大的竞争和生存压力,那些

---

① 《民政部官员解读:〈慈善法〉十大制度创新》,http://www.chinahaoren.cn/Articlebody-detail-id-28026.html,2016年3月1日。
② 资中筠著《财富的责任与资本主义演变》,上海三联书店,2015,第4页。

得不到社会的认可、募集不到足够资金的基金会就会被淘汰掉。相比之下，我国基金会的成立门槛较高，目前由业务主管和登记管理机关承担最重要的监督责任，社会监督、行业监督和基金会的自我监督还有很大的提升空间。例如，美国非营利组织的不当行为大都是先由媒体曝光，然后政府才介入调查。①

为了充分激发社会监督的活力，《慈善法》第九十三条规定，"任何单位或者个人发现慈善组织、慈善信托有违法行为的，可以向民政等有关部门或者慈善行业组织投诉、举报。民政等有关部门或者慈善行业组织接到投诉、举报后，应当及时调查处理。国家鼓励公众、媒体对慈善活动进行监督，对假冒慈善名义骗取财产或者慈善组织、慈善信托违法违规行为予以曝光，实现媒体舆论和社会公众的参与式监督"。民政部发布的相关通知也明确规定，各级登记管理机关在接收基金会报送的年度工作报告、审计报告和专项信息审核报告后，要及时在中国社会组织网或其他渠道公布全文，接受社会公众监督。这说明，社会公众和媒体慈善行业的违法行为的监督权和举报权受到法律保护，民政等相关部门也将采取更便捷的方式进行信息公开，接受社会监督。社会公众对基金会的关注度正在不断提升，当社会公众关注基金会的资金运作时，就能够对基金会的财务问题形成监督，当社会公众关注基金会的项目运作效果时，就会对基金会的项目运作效果形成监督，也就是说，社会公众所关心的内容，就是基金会受到社会监督的内容。②

此外，强化社会监督还需要引进专业评估机构，大力鼓励和发展专业评估机构的整体能力，着力提高专业评估机构的社会公信力。民政部于2015年5月13日发布了《民政部关于探索建立社会组织第三方评估机制的指导意见》，明确了建立社会组织第三方评估的总体思路、基本原则、政策措施和组织领导，完善社会组织综合监管体系。这正是希望发挥社会的监督力量，通过社会选择机制，实现慈善组织的优胜劣汰，促进慈善组织的自律，

---

① 《美国非营利组织运作和管理的启示与思考——民政部赴美国代表团学习考察报告》，《社团管理研究》2011年第3期。
② 陶传进、刘忠祥编著《基金会导论》，中国社会出版社，2011，第172页。

实现社会共治。可以说,公众投诉、举报,独立第三方秉持客观、公正的立场,公开发布第三方评估报告,登记管理机关受理投诉并实施调查和民政部门主动作为、实施抽查和专项检查,将成为基金会综合监督管理的新常态。

监管是手段而不是目的,实现基金会的健康发展、增强基金会动员社会资源、开展公益活动、服务社会公众的能力才是根本目标。评价一个基金会是好是坏、对社会做出哪些贡献、多大程度上实现了使命,更大程度上需要依靠基金会的自我管理。在法律法规不断完善的情况下,基金会也应该积极主动、以开放的心态接受社会监督,主动建立健全行业规范和惩戒规则、实现依法自治,在制度框架内不断提高自身的治理水平、提高自主意识,形成自我管理机制,在自主运作空间中展现更多的正能量和影响力,引领中国公益慈善行业的发展。

# B.19
# 中国社会组织主动参与全球治理

李春燕*

**摘 要：** 经济全球化背景下，非政府组织日益成为全球治理的重要参与主体。2016年，中国社会组织通过四种活动形式参与到全球治理体系当中，即参与全球议题讨论，开展海外公益行动，设立海外平台机构，以及对外慈善捐赠。这些活动，体现出当前阶段中国社会组织参与全球治理的组织形式多样化、关注领域多元化和活动地域扩展化的特点。但与此同时，中国社会组织也面临境外活动资质难以取得，资金投入不足，自身能力有待提高和相关国内法律政策缺失的问题，造成了对其参与全球治理的限制。

**关键词：** 全球治理 中国社会组织参与 全球议题 海外公益行动

## 一 中国的全球治理参与背景：以对外援助为主要形式

20世纪90年代初，罗斯瑙最早提出"全球治理"概念，并将其用来反映世界政治秩序的变化。[1] 早期的全球治理主要以主权国家政府为参与主

---

\* 李春燕，深圳国际公益学院公益研究中心分析员。
[1] Rosenau, James, "Governance in the Twenty-first Century," *Global Governance*, 1 (1995): 13–43.

体,在发达国家的主导下通过谈判制定国际规则,其活动目标包括维持国家共存关系,避免战争,维持和平稳定的国际环境。① 随着经济全球化的进程,全球治理的问题开始扩展到气候变化应对、传染病防控、网络安全、国际金融监管等领域;参与主体也不再限于主权国家政府,政府间国际组织、跨国公司和国际非政府组织也逐渐在全球治理领域开始发挥作用。② 其中,非政府组织由于以使命为先,代表公平与正义,追求全球公共利益,被认为能够在全球性社会问题的解决方面发挥更积极的作用,成为参与全球治理的主体力量之一。

在政府层面,中国近年来一直持续参与全球治理工作,其中的主要方式之一是由政府部门规划、实施的对外援助。中国对外援助的内容包括:支持其他发展中国家减少贫困和改善民生、帮助其他发展中国家提升教育水平、改善受援国医疗卫生条件、建设公益设施、开展人道主义援助等,一般通过成套项目建设和物资援助来达到援助目的,亚洲和非洲是中国对外援助的主要地区。2010年至2012年,中国对外援助金额为893.4亿元人民币,中国对外援助资金更多地投向低收入发展中国家。③ 2015年,中国共产党十八届五中全会报告提出,在"十三五"期间,中国要开放发展,积极参与全球经济治理。在该报告精神的推动下,2016年政府部门的全球治理活动参与形式走向多元化:国家发改委代表中国政府与联合国开发计划署签订《关于共同推进"丝绸之路经济带"和"21世纪海上丝绸之路"建设的谅解备忘录》,推动"一带一路"倡议与2030年可持续发展议程的落实。④ 民政部与英国英格兰和威尔士慈善委员会签署合作谅解备忘录,开展慈善政策、组

---

① 薛澜:《迈向公共管理范式的全球治理——基于"问题—主体—机制"框架的分析》,《中国社会科学》2015年第11期。
② 俞可平:《全球治理的趋势及我国的战略选择》,《国外理论动态》2012年第10期。
③ 《中国的对外援助白皮书(2014年)》,中国商务部对外援助司官网,http://yws.mofcom.gov.cn/article/m/policies/201412/20141200822172.shtml。
④ 《中国政府与联合国开发计划署签署〈关于共同推进"丝绸之路经济带"和"21世纪海上丝绸之路"建设的谅解备忘录〉》,国家发展和改革委员会网站,http://www.sdpc.gov.cn/xwzx/xwfb/201609/t20160920_818976.html,2017年4月16日。

织认定等多个领域的合作。①

与政府相比，中国社会组织参与全球治理活动的时间较短，且主要集中在对外援助中的扶贫济困、人道救援领域。2015年起，随着国家"一带一路"战略的推动，以及多家机构在扶贫、紧急救灾等领域所积累的丰富经验，中国社会组织开始活跃于国际舞台，参与到全球治理议题：多家中国社会组织参与到"4·25"尼泊尔地震的紧急救援和灾后重建过程中；爱德基金会和中国扶贫基金会分别在海外设立办公室。2016年，随着"一带一路"战略思想在社会层面的不断深化，中国社会组织参与全球与区域治理活动的深度和广度出现重大突破，参与主体身份呈现进一步多元化，并在多个议题领域开展国际性与区域性交流，助力中国成为承担大国责任的世界公民。

## 二 中国社会组织参与全球治理实践：倡导与行动同步

2016年，中国社会组织参与全球与区域治理的活动以四种形式展开：一是中国社会组织出席全球或地区大型会议，就不同议题与国外同行及专家学者开展交流；二是中国社会组织前往境外，在不同领域开展公益项目行动；三是中国社会组织设立国际办公室等平台机构，立足海外开展长期性的公益项目；四是中国慈善家的对外慈善捐赠，通过资金支持来关注及解决全球性问题。关于部分中国社会组织参与全球治理活动的案例统计可见表1。

### （一）参与全球性议题讨论与交流

2016年，在一系列的大型国际性及区域性论坛或会议现场，都能见到中国社会组织的身影。通过国际会议就全球治理相关问题发表自己的声音，成为中国社会组织的"新常态"。2016年7月，二十国集团民间社会（C20）会议在青岛召开，这是4月二十国集团（G20）领导人杭州峰会的重要配套活

---

① 《民政部与英国英格兰和威尔士慈善委员会签署合作谅解备忘录》，民政部网站，http://www.mca.gov.cn/article/zwgk/mzyw/201610/20161000002285.shtml，2017年4月16日。

表1　2016年中国社会组织参与全球治理行动一览

| 路径 | 行动 | 部分参与社会组织名称 | 覆盖区域 | 领域 |
| --- | --- | --- | --- | --- |
| 交流/合作 | 2016年二十国集团民间社会(C20)会议 | 中华环保联合会、中国野生动物保护协会 | 全球 | 全球治理建议 |
| | 首届全球XIN公益大会 | 阿里巴巴公益基金会、马云公益基金会、深圳壹基金公益基金会、爱佑慈善基金会、银泰公益基金会 | 全球 | 全球环保、全球教育 |
| | 首届中国—东盟社会工作论坛 | 中国社会工作学会、中国社会工作教育协会、深圳市社会工作协会、深圳市慈卫公益事业发展中心、云南连心社区照顾服务中心 | 亚洲 | 扶贫济困 |
| | 第22届联合国气候大会 | 中国绿色碳汇基金会、阿拉善SEE生态协会、万科公益基金会 | 全球 | 气候治理 |
| 公益行动 | 湄公河五国光明行 | 中国慈善联合会、中国公共外交协会、中国华侨公益基金会、中国残疾人福利基金会、北京乾坤恒大健康扶贫基金会 | 亚洲 | 医疗健康 |
| | 健康快车斯里兰卡光明行 | 中华健康快车基金会 | 亚洲 | 医疗健康 |
| | 厄瓜多尔地震紧急救援 | 中国慈善联合会、中国扶贫基金会、深圳壹基金公益基金会、爱德基金会 | 南美洲 | 灾害 |
| | 尼泊尔灾后社区重建 | 中国扶贫基金会 | 亚洲 | 灾害 |
| | 海地风灾救援 | 中国扶贫基金会 | 北美洲 | 灾害 |
| 平台 | 爱德基金会日内瓦办公室 | 爱德基金会 | 欧洲 | 人道主义援助、宗教与可持续发展 |
| 慈善家参与全球议题推动 | 国际捐赠 | 一丹奖基金会、北京巧女公益基金会 | 全球 | 气候治理、全球教育 |

动,也是二十国集团民间社会会议首次在中国举行,来自50多个国家和地区的170多个民间组织的210多名中外代表与会。① 会议期间,中国民间社

---

① 潘俊强:《二〇一六年二十国集团民间社会会议在青岛开幕》,《人民日报》2016年7月6日。

会与国际社会围绕"消除贫困、绿色发展、创新驱动与民间贡献"的主题展开深入讨论。会议通过了《2016年二十国集团民间社会会议公报》,重申在消除贫困、绿色发展和创新驱动领域的民间社会重要角色。① 2016年11月,第22届联合国气候变化大会在摩洛哥马拉喀什召开。此次气候变化大会特别设立有"中国角",并举行17场主题边会,主题涉及气候变化与农村发展、全国碳市场展望、气候传播与公共意识、"南南合作"等多个方面。② 由中国绿色碳汇基金会参与主办的"生态治理提升人类福祉"主题边会和由阿拉善SEE生态协会主办的"应对气候变化、推进绿色供应链、共建生态文明"主题边会,都吸引了大量政府官员、企业经营者、社会组织从业者参加。

除了出席全球性重大会议之外,地区性论坛上也可见中国社会组织的身影。2016年9月10日,以"社会工作与扶贫济困"为主题的首届中国—东盟社会工作论坛在广西南宁举行,来自东盟十国的26名政府官员、16名专家学者出席本次论坛并做主题演讲,围绕"社会工作发展经验、机遇、挑战和对策"以及"社会工作介入扶贫济困的使命、角色、经验和对策"两大主题与中方人员交流社会工作的模式与经验。③ 中国方面参会的社会组织包括中国社会工作学会、中国社会工作教育协会、深圳市社会工作协会、深圳市慈卫公益事业发展中心、云南连心社区照顾服务中心等机构,涵盖了社会工作研究及社会工作实务领域较有代表性的社会组织。

不仅参与国际会议,中国社会组织还通过自主举办国际会议的方式,参与全球治理议题讨论。7月9日至10日,阿里巴巴公益基金会在杭州举办了首届全球XIN公益大会,会议的协办方包括马云公益基金会、深圳壹基金公益基金会、爱佑慈善基金会、银泰公益基金会等社会组织。会议吸引了

---

① 《2016年二十国集团民间社会会议公报》,中国日报网,http://cn.chinadaily.com.cn/2016-07/06/content_25989317.htm,2017年4月16日。
② 李晓喻、俞岚:《9天17场边会 马拉喀什开讲"中国绿色故事"》,中国新闻网,http://www.chinanews.com/gn/2016/11-10/8058372.shtml,2017年4月16日。
③ 《首届中国—东盟社会工作论坛在广西南宁举办》,新华网,http://news.xinhuanet.com/gongyi/2016-09/12/c_129277588_2.htm,2017年4月16日。

包括联合国秘书长潘基文、英国前首相戈登·布朗在内的众多知名国际公益界人士出席。整个大会被分成教育、互联网公益、环保、救援、医疗等5个分论坛，讨论的均为公益领域的前沿问题。

### （二）在医疗与人道援助领域开展海外公益行动

2016年，中国慈善组织继续在"走出去"方面进行开拓尝试，前往海外运作公益项目。其中较有亮点的是医疗领域。当年3月，中国慈善联合会和中国公共外交协会联合发起"湄公河五国光明行"项目，联合国内的慈善组织和医疗机构，委派医疗队分赴越南、老挝、柬埔寨、缅甸、泰国五国，为1000名贫困白内障患者免费实施复明手术。① 与过去以政府为主导的医疗合作相比，"光明行计划"是中国与湄公河流域五国首次以民间慈善交流方式开展合作。2016年11月启动的"健康快车斯里兰卡光明行"，则是由国内久负盛名的白内障治疗机构中华健康快车基金会首次在国外开展手术活动，其所资助的北京协和医院医疗队前往斯里兰卡共和国，在40天时间内为当地500名贫困白内障患者实施免费治疗。②

在医疗领域不断开拓的同时，中国社会组织对外输出的传统优势领域——紧急救灾与灾后重建工作也仍然有条不紊地进行。2016年4月17日，厄瓜多尔发生7.8级地震，中国慈善联合会启动应急响应，协调中国扶贫基金会、深圳壹基金公益基金会、爱德基金会等会员单位和相关组织的救灾行动；10月，海地发生飓风灾害，中国扶贫基金会明珠基金海地人道救援工作组赶赴海地开展紧急救援工作，派遣国际医疗卫生专家和专业救援团队前往海地灾区一线采取救援行动。在2015年遭遇强烈地震的尼泊尔，中国社会组织的灾后重建工作仍在延续，聚焦教育和卫生领域：中国扶贫基金会投入270余万元人民币，帮助重建当地两所公立中学，并开展文具发放和

---

① 《"湄公河五国光明行"项目启动》，公益中国网，http：//gongyi.china.com.cn/2016-03/28/content_8665459.htm，2017年4月16日。
② 《驻斯里兰卡大使易先良出席健康快车"光明行"活动开诊仪式》，外交部网站，http：//www.fmprc.gov.cn/web/zwbd_673032/gzhd_673042/t1422749.shtml，2017年4月16日。

心理支持项目，同时还投入120余万元开展乙肝防治和饮水、卫生和健康促进项目。

### （三）开办海外办公室，搭建海外合作平台

在走出国门运作公益项目的基础上，中国社会组织还尝试建立海外办公室，搭建国际合作交流平台，从更深层次参与全球治理。2015年开设的爱德基金会埃塞俄比亚办公室和中国扶贫基金会缅甸办公室是这方面的先期尝试，为上述两家机构的国际合作提供了良好的基础条件。2016年，又一家新的海外办公室诞生，爱德基金会在瑞士日内瓦建立国际办公室。众所周知，瑞士日内瓦云集了众多国际机构，如联合国日内瓦办事处、世界卫生组织、世界贸易组织等。日内瓦以其深厚的人道主义传统等闻名于世。这一点与爱德基金会的机构宗旨，以及承担国际人道主义义务的真诚决心和责任担当相当契合。爱德基金会在日内瓦建立海外办公室，不仅是秉承了机构本身"让世界更美好，让社会更公正，让生命更丰盛"的愿景，同时也是加强爱德基金会和亚欧非及世界各国交往合作的契机，为爱德基金会进一步提高国际参与创造机会。

### （四）通过慈善捐赠参与全球议题推动

除了上文提到的中国社会组织以议题讨论、项目运作、搭建平台等方式参与全球治理议题外，中国慈善家的视野也已扩展至国际社会，他们通过捐赠、国际交流，参与全球议题的推动。2016年，对外捐赠的典型案例包括：腾讯主要创始人，同时也是腾讯公益基金会和陈一丹基金会的发起人，陈一丹宣布捐赠25亿港元（约3.2亿美元）设立全球最具规模的教育奖项"一丹奖"；盛大创始人陈天桥宣布成立10亿美元基金支持脑科学研究，首批向加州理工学院捐款1亿美元，用于大脑基础生物学研究；摩洛哥联合国气候大会上，北京东方园林生态股份有限公司董事长、北京巧女公益基金会发起人何巧女宣布将投入10亿美元致力于可持续发展事业，其中2亿美元将用于海外，尤其是"南南合作"项目。这些中国慈善

家通过捐赠个人资产，推动教育、科学研究、环保等全球议题领域的问题聚焦与解决。

## 三 中国社会组织参与全球治理的趋势与挑战

2016年中国社会积极参与全球治理各项议题的事实，体现出近年来中国在国际政治、经济舞台的影响力持续扩大，为中国社会组织参与全球治理议题提供了巨大的机遇。另外，中国社会组织的能力建设与专业化程度不断提升，中国慈善家通过捐赠积极参与环保、教育、医疗、科研等全球治理议题，各类议题参与和访问活动加强中国与国际慈善界的交流，这些都为中国社会组织参与全球治理提供了机会和空间。

分析上述2016年的案例，可以发现当前中国社会组织参与全球治理实践呈现出如下特点：一是参与的社会组织形式多样化，在国际性论坛上举办主题活动的中国机构，不仅有政府背景较强的各类"中字头"行业协会和基金会，也有民间社会团体、社会服务机构及基金会。二是关注领域的多元化，与过去中国社会组织的海外活动集中在紧急救灾及灾后重建相比，2016年中国社会组织开始对外开展医疗活动，并积极参与环保议题的讨论。三是活动地域的扩展化，2016年中国社会组织的全球治理活动参与范围遍及五大洲，不仅能援助中北美和拉美地区的救灾行动，还首次将国际办公室开设到了欧洲。随着以爱德基金会为代表的中国社会组织活动范围扩展至全球，中国也将在不远的将来拥有真正的国际非政府组织，成为国际及区域间对话的"温柔力量"。

中国社会组织参与全球治理正面临历史机遇，但挑战也同时存在。首要问题是资质问题，我国社会组织在境外开展国际公益行动，需要尊重和遵守其他国家和地区的法律，获取进入资质。但当前熟悉各国社会组织相关法律的人才较为匮乏，使中国社会组织设计相关机构战略时面临较大困难。第二个挑战是资金问题，我国社会组织在境外开展工作需要办公资金、项目资金等资金支持，中国政府对外援助资金量是高的，但是分配于社会组织的援助资金却非常少。资金分配结构的改良是社会组织进一步提升全球治理参与能力的关键。第三个挑战是我国社会组织自身能力仍然不足，由于起步晚，加上政策法规限制，大部分中国社会组织国际化人才匮乏，在海外运作项目经验不足。少量成功参与全球治理活动社会组织的经验难以复制。最后，国内相关法律政策的缺失，使中国社会组织参与全球治理面临"无法可依"的局面。目前我国尚未制定专门的社会组织法，慈善领域法律体系也缺少慈善组织境外活动的相关规定。管理机构、管理流程、支持政策的不足，也为中国社会组织参与全球治理造成了一系列限制。

# B.20
# 民政部指定13家慈善信息平台规范互联网慈善发展

吴艾思*

**摘　要：** 2016年1月的知乎"大V"童瑶网络诈骗案件，2月的德国留学轻松筹网络诈捐事件，3月的李小璐爱心捐款被骗事件都引发热议，反映出欺骗行为严重伤害了公众对慈善捐赠的信任，凸显了网络募捐监管问题的迫切性。为了进一步规范网络募捐行为、减少骗捐事件的发生，慈善法规定慈善组织应当通过国务院民政部门统一或指定的慈善信息平台进行网络募捐。8月22日，民政部配合9月即将生效的《慈善法》公布首批共13家入选的慈善组织互联网募捐信息平台名单，借此推动互联网慈善规范发展。

**关键词：** 慈善信息平台　网络募捐　规范与监管

网络募捐是近几年来新兴的募捐方式，因其具有便捷度高、成本低和影响面广等优势而被广泛接受。然而，伴随着移动互联网的发展和网上支付的快速普及，同时由于配套的法律制度尚未健全和监督缺位、公众缺乏辨别意识和能力等原因，利用网络募捐进行诈骗的事件频繁发生，严重损害公众对网络公益，甚至慈善捐赠的信任，网络募捐规范和监管迫在眉睫。

---

\* 吴艾思，深圳国际公益学院公益研究中心分析员。

为整顿互联网募捐的乱象,《中华人民共和国慈善法》(简称《慈善法》)第二十三条对网络慈善募捐进行了明确规定:"慈善组织通过互联网开展公开募捐的,应当在国务院民政部门统一或者指定的慈善信息平台发布募捐信息,并可以同时在其网站发布募捐信息。"[1] 为配合 9 月即将生效的《慈善法》,民政部于 2016 年 8 月 22 日公布了首批慈善组织互联网募捐信息平台(简称"慈善信息平台")的遴选结果,包括"腾讯公益"网络募捐平台、新浪—微博(微公益)、轻松筹、基金会中心网等 13 家慈善信息平台入选[2]。今后慈善组织如需发布网络募捐信息,必须通过这 13 家平台发布。本次遴选开启了规范网络募捐行为的第一步。

## 一 网络募捐诈骗频发,呼吁有效网络监管

在网络募捐逐渐成为公益组织筹集资金和个人发布求助的重要渠道的同时,因为网络募捐引发的争议事件时有发生。

2012 年,自称"中国首家全透明网络慈善"机构的施乐会因为提出"有偿社工"模式陷入"提成门"丑闻。"有偿社工"模式,指的是帮助受助人获得捐助的社工可以从捐助款项里获得不超过 15% 的包括差旅、食宿在内的成本性回报[3],此模式一度引发公众对"公益慈善志愿者是否应该收取报酬"的热议。2014 年,施乐会因向求助者收取高额费用的"置顶费"事件再次陷入丑闻,引发网络慈善危机[4]。

2015 年 8 月,广西"百色助学网"创办人王杰被当地检察院批准逮捕,原因是他自 2006 年创办"百色助学网"以来,曾多次以资助贫困女学生求

---

[1] 《中华人民共和国慈善法》第二十三条。
[2] 民政部民间组织管理局:《首批慈善组织互联网募捐信息平台遴选结果公示》,民政部门户网站,http://www.fmprc.gov.cn/ce/ceuk/chn/xw/t264127.htm,2017 年 2 月 21 日。
[3] 章蔚玮:《施乐会陷"提成门",网络"微善"面临诚信拷问》,搜狐科技,http://it.sohu.com/20120910/n352724405.shtml,2017 年 3 月 28 日。
[4] 《网络慈善机构施乐会涉嫌骗捐:募捐 21 万,拿走 18 万"置顶费"》,观察者,http://www.guancha.cn/society/2014_11_07_283961_2.shtml,2017 年 3 月 27 日。

学为名,性侵了数十名受资助学生,并涉嫌克扣受资助学生的款项作私人用途①。

这一系列争议事件的持续发酵,让法律制定者看到了网络募捐平台潜在的漏洞,及其对公益组织公信力的危害,网络募捐因此被纳入《慈善法》的监管范围。2016年频繁发生的网络募捐诈骗案更加凸显了对网络募捐进行有效监管的迫切性。

1月,知乎"大V"女神"童瑶"被曝在知乎注册小号"ck小小",扮演成患先天性心脏病的女大学生,随后借助"童瑶"账号5万粉丝的号召力,为"ck小小"筹募爱心款项1900笔,总额达24万元人民币②。事件曝光后,"童瑶"账号的真实身份被证实为苏州一名"90后"男性操作工,其骗取的款项被用来购买汽车和个人用品③。

2月,一名在德国留学的中国学生谢同学声称患白血病需要昂贵药物和手术治疗,并发出众筹500万元治病的求助信。谢同学把求助信息发布在国内互联网众筹平台"轻松筹"上,短短数天已筹得超过50万元的善款④。然而,此次筹款却遭来网友的强烈质疑,因为谢同学在募捐时并没有说明其在德国享有免费医保,募捐的真实目的也不是购买高价药物,而是为了去美国治疗。此次事件也引起公众对"轻松筹"平台信息核实机制、网络募捐真实性的关注。

3月,有网友盗用四川一名肿瘤患儿的资料注册微博账号,以孩子没钱治病为由,在微博向知名女星李小璐求助。当李小璐将捐款转账至该网友支

---

① 张亚利、姚舜:《百色助学性侵者被判16年:举报人失望大于期望》,搜狐新闻,http://news.sohu.com/20161013/n470186336.shtml,2017年3月27日。
② 韩小强:《知乎女神"童瑶"诈捐24万发帖炫耀被警方刑拘》,人民网,http://sd.people.com.cn/n2/2016/0128/c172837-27645001.html,2017年2月26日。
③ 韩小强:《知乎女神"童瑶"诈捐24万发帖炫耀被警方刑拘》,人民网,http://sd.people.com.cn/n2/2016/0128/c172837-27645001.html,2017年2月26日。
④ 邢颖、王天琪:《留学生众筹500万元治白血病引质疑》,《北京青年报》,http://epaper.ynet.com/html/2016-02/17/content_183030.htm?div=-1,2017年2月26日。

付宝并转发微博希望更多人关注的时候，网友迅速删除求助信息，销声匿迹①。

一连串的网络骗捐事件表明，当前网络募捐行为缺乏统一的流程规范和有效的监管机制。首先，网络募捐缺乏有公信力的慈善信息平台。知乎和微博两大平台分别以网络问答和社交为主要目的，并非专门用于发布网络募捐信息，平台自身没有核实此类信息真实性的义务，在此类平台发布的求助信息可信度值得商榷。其次，网络募捐缺乏对信息发布和信息披露的流程管理。网络骗捐事件的发生大多源于捐款者和募捐者信息的不对称，如果慈善信息平台能够对募捐信息做出详细要求，确保最大可能地公开募捐所需信息，骗捐事件发生的概率会相应减少。此外，在《慈善法》正式实施之前，网络募捐缺乏相应的法律监管，使不法分子容易钻法律的空子，骗取网友的善款，甚至是借募捐之名实施违法行为，打击公众对网络捐款甚至是线下捐款的信任和热情，给慈善募捐带来极大的负面影响。

## 二 首13家入围慈善信息平台名单公布，迈出规范网络募捐第一步

2014年末，我国有52.02%的公益组织使用过众筹（在线募捐/线下募捐）平台，其中最主要的资源获取渠道仍为"线下捐款"②；2015年末，使用过众筹（在线募捐/线下募捐）平台的公益组织上升到73.82%，其中最主要的资源获取渠道变成"腾讯公益平台"③。这个数据意味着，慈善信息平台已经成为公益组织发起众筹并获取资源的主要渠道。

---

① 罗媛媛：《李小璐微博献爱心被骗》，新浪网，http://news.sina.com.cn/o/2016-03-28/doc-ifxqsxic3408200.shtml，2017年2月26日。
② NGO2.0和深圳市图鸥公益事业发展中心：《中国公益组织互联网使用与传播能力第四次调研报告》，2015年5月，第25~26页。
③ NGO2.0和深圳市图鸥公益事业发展中心：《中国公益组织互联网使用与传播能力第五次调研报告》，2017年1月，第19页。

慈善信息平台因其便捷度高、使用成本低、传播范围广等优势获得公益组织的青睐，但是互联网慈善的规范化发展也显得更为迫切，对慈善信息平台的监管需要更全面、立体。

依据《慈善法》第二十三条的规定，由国务院民政部门统一或指定慈善信息平台，是完善网络募捐法律监管标志性的一步，能有效借助法律对网络募捐行为进行管理和整治。为了在2016年9月1日《慈善法》正式实施时，慈善组织能够在统一的慈善信息平台上发布公开募捐信息，民政部自5月起便已展开一系列的慈善信息平台遴选工作。

5月13日，民政部民间管理局连同新浪、百度、腾讯等十多家互联网服务商召开"慈善组织公开募捐信息平台"认定标准研讨会①，商议挑选慈善信息平台的标准。

7月20日，民政部办公厅发布了《民政部办公厅关于遴选慈善组织互联网公开募捐信息平台的通知》②，指明民政部将采用遴选的方式，分批指定慈善信息平台。该通知还明确了遴选的原则、范围、基本条件和遴选程序，为遴选工作制定了切实可行的方案。

8月17日，民政部民间管理局在《民政部关于组织评审互联网公开募捐信息平台的公告》③里表示，本次遴选共有47家平台报名参与。民政部同时公布了《形式审查一票否决指标》和《专家评审指标》，进一步细化了遴选程序。通过形式审查的29家机构将于8月20日参加专家评审和答辩，专家团队由公益慈善专家、互联网专家、慈善组织代表、两会代表、新闻传媒代表、捐赠人代表等约20人组成。

---

① 王勇：《首批互联网募捐信息平台诞生记》，《公益时报》，http://www.gongyishibao.com/html/yaowen/10313.html，2017年2月21日。
② 民政部办公厅：《民政部办公厅关于遴选慈善组织互联网公开募捐信息平台的通知》，民政部门户网站，http://www.cac.gov.cn/2016-07/21/c_1119256793.htm，2017年2月26日。
③ 民政部民间组织管理局：《关于组织评审互联网公开募捐信息平台的公告》，民政部门户网站，http://www.mca.gov.cn/article/zwgk/tzl/201608/20160800001497.shtml，2017年2月27日。

8月22日,民政部民间管理局公布了遴选结果,共有13家平台通过专家委员会评审,被指定为首批慈善信息平台(见表1)。

表1 首批慈善信息平台名单

| 单位 | 运营单位性质 | 平台名称 | 平台类型* |
| --- | --- | --- | --- |
| 腾讯公益慈善基金会 | 基金会 | 腾讯公益网络募捐平台 | 基于商业平台上的网络捐赠平台 |
| 浙江淘宝网络有限公司 | 企业 | 淘宝公益 | 公益网店 |
| 浙江蚂蚁小微金融服务集团有限公司 | 企业 | 蚂蚁金服公益平台 | 基于商业平台上的网络捐赠平台 |
| 北京微梦创科网络技术有限公司 | 企业 | 新浪微公益 | 基于商业平台上的网络捐赠平台 |
| 中国慈善联合会 | 社会团体 | 中国慈善信息平台 | 基于社会组织的网络捐赠平台 |
| 网银在线(北京)科技有限公司 | 企业 | 京东公益互联网募捐信息平台 | 综合类众筹平台 |
| 北京恩玖非营利组织发展研究中心 | 社会服务机构 | 基金会中心网 | 基于社会组织的网络捐赠平台 |
| 百度在线网络技术(北京)有限公司 | 企业 | 百度慈善捐助平台 | 基于商业平台上的网络捐赠平台 |
| 北京厚普聚益科技有限公司 | 企业 | 公益宝 | 基于商业平台上的网络捐赠平台 |
| 新华网股份有限公司 | 企业 | 新华公益服务平台 | 基于商业平台上的网络捐赠平台 |
| 北京轻松筹网络科技有限公司 | 企业 | 轻松筹 | 综合类众筹平台 |
| 上海联劝公益基金会 | 基金会 | 联劝网 | 基于社会组织的网络捐赠平台 |
| 广州市慈善会 | 社会团体 | 广州市慈善会慈善信息平台 | 基于社会组织的网络捐赠平台 |

注:平台分类方法参考南都公益基金会,《2014年度中国网络捐赠第三方平台研究报告》,http://www.naradafoundation.org/content/4784,2017年2月27日。

首批通过遴选的慈善信息平台性质各异:从运营单位性质来看,8家平台由企业运营,5家由不同类型的社会组织运营;从平台类型来看,基于商业平台上的网络捐赠平台有6家,基于社会组织的网络捐赠平台有4家,综合类众筹平台有2家,公益网店1家。从数量上看,符合资格的慈善信息平台目前以企业主导为主,募捐形式以捐赠为主。

## 三 杜绝网络骗捐，不应止步于慈善信息平台遴选

"民政部遴选首批慈善信息平台"标志着网络募捐正在迈向规范化管理。对慈善组织来说，通过平台统一的信息发布流程，有助于规范慈善组织发布募捐信息的流程，确保慈善组织尽可能真实、透明地披露与募捐相关的信息，达到吸引更多捐款的目的。对捐款者来说，在"官方认证"的平台上进行捐款，能够借助平台自身的公信力，降低捐款者甄别募捐信息真伪的门槛；平台承诺"捐款直接进入慈善组织银行账户或第三方支付账户"，也能促进捐助对接，减少捐款者资金进入个人账户的可能。

但是，指定慈善信息平台仍无法杜绝网络骗捐事件的发生。

一方面，个人在网上发布求助信息不受《慈善法》限制。尽管"官方认证"的平台能够帮助捐款者过滤掉部分在非正规渠道发布的募捐信息，但是《慈善法》第二十三条仅要求慈善组织必须通过指定的慈善信息平台发布，对于以个人名义发起的救助并没有明确限制。即便《慈善法》第二十六条提到，"不具有公开募捐资格的组织或者个人基于慈善目的，可以与具有公开募捐资格的慈善组织合作，由该慈善组织开展公开募捐并管理募得款物[①]"，该规定并没有限制个人在其他渠道发布募捐信息的权利。不法分子仍有可能以个人救助的名义在网络散布信息，混淆视听，导致骗捐事件的发生。

另一方面，《慈善法》对慈善信息平台的权利和义务规定不明确。由于《慈善法》仅指定了慈善信息平台需要为符合资格的慈善组织提供公开募捐的虚拟场所，并没有明确解释慈善信息平台的权利和义务，因此，当有人或组织刻意制造虚假求助信息并发布到符合资格的慈善信息平台上，平台原则上没有对该信息进行审查的义务。如此一来，即便在民政部指定的慈善信息平台开展网络募捐，骗捐事件仍然会出现。

---

① 《中华人民共和国慈善法》第二十六条。

## 四 营造健康互联网募捐生态,仍需多方参与

民政部公布首批 13 家慈善组织慈善信息平台仅仅是规范网络监管的第一步,要营造健康、可持续的互联网募捐生态,还需要从政府、慈善信息平台、具有公募资格的慈善组织、不具有公募资格的慈善组织和个人、公众和捐赠者等几个方面入手。

(1)政府完善法律监管方案,明确现有平台的监管机制和后续批次的平台准入机制。针对目前已通过遴选的 13 家平台,有必要进一步明确平台的权利和义务,商讨平台收费问题,协助平台制定慈善募捐信息的发布标准和信息真实度审核标准,规范"从信息发布者身份核实,到募捐总额估定,再到公示捐款使用详情"这一系列流程①。同时,民政部应该定期对通过遴选的慈善信息平台进行资格复查,确保平台仍然符合相关指标的要求。针对目前尚未通过遴选的其他慈善信息平台,有必要制定可持续使用的平台准入机制,陆续开放互联网募捐信息发布资格给未通过审核的平台。一方面降低现有平台的服务压力,保证慈善组织的募捐信息能及时、真实、透明地发布;另一方面给慈善信息平台公平竞争的机会,保证平台自身的服务质量,避免一家独大的现象。

(2)慈善信息平台要做好自律监管②,确保自身公信力。除了借助政府和法律对网络募捐的监管外,信息平台自身也应该制定完善的自律程序,比如将平台对信息发布的要求、信息核实的流程、众筹的规则和资金的流向等形成制度,在平台上公布,并接受捐赠者和公众的建议。

(3)慈善组织要注重完善项目设计。慈善组织在利用好慈善信息平台进行公开募捐的同时,重心仍要放在完善项目设计上。由于国内的互联网公

---

① 朱清建:《让网络募捐唱好慈善戏,还要做好这些"细"》,南方网,http://opinion. southcn.com/o/2016-09/01/content_155033164.htm,2017 年 2 月 21 日。
② 丁慎毅:《让"监管+诚信+法规"成为网筹善款保险链》,南方网,http://opinion. southcn.com/o/2016-09/01/content_155032514.htm,2017 年 2 月 21 日。

益募捐只开放给具有公募资格的慈善组织,很多慈善组织容易将重心放在获得公募资格上,而忽略了对项目设计的完善①。然而,一个项目是否获得支持的最终衡量指标应该是项目的效应和影响力,好的项目无论是否通过网络募捐,最终都会吸引到资源的支持。因此,慈善组织在进行网络募捐的时候,应该关注项目的设计是否有足够的可行性,是否能够产生预期的效应和影响力,是否能够解决对应的社会问题,而不仅仅考虑是否有资格进行互联网募捐。

(4)个人求助应依法通过符合公募资格的慈善组织进行。不具有公募资格的慈善组织和个人在需要进行慈善募捐的时候,应该遵守《慈善法》第二十六条的规定,尽可能与具有公募资格的慈善组织合作,借由它们来开展募捐。

(5)公众承担监督的角色,实现多方监管。在公开募捐的行为中,要充分发挥公众,特别是捐赠者的监管作用。在个人和慈善组织进行网络募捐的行为里,捐赠者是作为资源提供方的角色而存在的。因此,捐赠者有权利对自己捐出的资金流向进行监管,了解资金的用途,确保募捐收入最终用于慈善目的。而公众作为潜在的捐赠者,也有参与监督的义务,共同维护互联网公益的生态健康发展。

---

① 薛家明:《互联网公益须配套"互联网+监管"》,南方网,http://opinion.southcn.com/o/2016-09/01/content_155028089.htm,2017年2月21日。

# B.21
# 国务院发文引导社会关爱保护农村留守儿童

张 柳[*]

**摘 要：** 2016年中国儿童保护制度实现重大突破。2月4日，国务院发布《关于加强农村留守儿童关爱保护工作的意见》。11月9日，民政部通报了我国首次农村留守儿童摸底排查数据，全国共摸底排查出农村留守儿童902万人。儿童保护将成为现代儿童福利服务体系建设的重要内容，儿童公益组织凭借自身专业优势，将发挥更重要的作用。

**关键词：** 农村留守儿童 儿童保护 儿童主任制度

近年来，农村留守儿童恶性事件频发，不断冲击人们的道德底线，对我国儿童福利提出了更高要求。2017年1月，云南镇雄17岁留守少年春节期间喝农药自杀；2015年7月，宁夏一幼儿园12名女童遭性侵，其中有11名受害者为留守儿童；2015年6月，贵州省毕节市七星关区田坎乡4名留守儿童在家中服用农药自杀；2014年1月，广西兴业13岁留守女童两年间遭10多名当地村民多次性侵；2012年11月，5名流浪儿童在毕节市七星关区一处拆迁工地旁边的垃圾箱内死亡。随着媒体不断曝光，农村留守儿童的问题最终纳入政府治理议题。

---

[*] 张柳，北京师范大学中国公益研究院儿童福利研究中心信息部主任。

2016年2月，国务院出台《关于加强农村留守儿童关爱保护工作的意见》①（简称《国务院意见》），同时，民政部成立未成年人（留守儿童）保护处，成为国务院部委内设的第一个未成年人保护专门机构。同月，民政部、公安部、教育部联合发文决定在全国范围内开展一次农村留守儿童摸底排查工作。2016年4月，27个中央部门召开农村留守儿童关爱保护工作部际联席会议第一次全体会议，统筹协调农村留守儿童关爱保护工作。

上述一系列措施，意味着我国儿童福利事业进入重大变革时期，将为儿童公益发展带来诸多机遇。

## 一 儿童福利制度发展进入儿童保护新阶段

国务院意见提出了包含儿童保护机制，包括强制报告、应急处置、评估帮扶、监护干预、源头预防等内容（见表1），首次从中央层面对加强农村留守儿童关爱保护工作做出全面系统的制度安排，标志着我国儿童福利和保护工作进入新的历史阶段。

表1 《国务院关于加强农村留守儿童关爱保护工作的意见》中保护机制的主要内容

| 强制报告机制 | 报告主体:学校、幼儿园、医疗机构、村(居)委员会、社工服务机构、救助管理机构、福利机构及其工作人员 | | |
|---|---|---|---|
| | 报告情形:单独居住、疑似遭受家暴、疑似遭受意外伤害或不法侵害等 | | |
| | 受理部门:公安机关 | | |
| 应急处置机制 | 留守情况 | 处置措施 | 备注 |
| | 单独居住生活 | 责令其父母立即返回或确定受委托监护人，并对父母进行训诫 | 若联系不上父母，就近临时监护照料，并协助通知父母立即返回或重新确定受委托监护人 |
| | 监护人丧失监护能力或不履行监护责任 | 联系父母立即返回或委托其他亲属监护照料 | |

---

① 《国务院关于加强农村留守儿童关爱保护工作的意见》，国务院政府网站，2016年2月14日，http://www.gov.cn/zhengce/content/2016-02/14/content_5041066.htm，2017年4月12日。

续表

| | 留守情况 | 处置措施 | 备注 |
|---|---|---|---|
| 应急处置机制 | 失踪 | 按照儿童失踪快速查找机制及时开展调查 | 公安机关调查取证,协助就医、鉴定伤情 |
| | 遭受家庭暴力 | 依法制止,必要时安置到临时庇护场所、救助管理机构或者福利机构实施保护 | |
| | 遭受其他不法侵害、意外伤害 | 依法制止侵害行为、实施保护 | |
| 评估帮扶机制 | 责任部门:乡镇人民政府(街道办事处)、民政部门、公安机关等 | | |
| | 协助单位:村(居)委员会、中小学、医疗机构、亲属、社工机构等 | | |
| | 评估对象:农村留守儿童的安全处境、监护情况、身心健康状况等 | | |
| | 帮扶措施:监护指导、医疗救治、心理疏导、行为矫治、法律服务、法律援助、纳入社会救助和社会福利保障等 | | |
| | 监护侵害行为 | 责任部门 | 干预措施 |
| 监护干预机制 | 家暴、虐待或遗弃 | 公安机关 | 批评教育,必要时予以治安管理处罚,情节恶劣构成犯罪的,依法立案侦查 |
| | 无人监管和照看、面临危险且不履行监护职责六个月以上致儿童生活无着的,或者实施监护侵害至儿童身心健康受损的 | 近亲属、村(居)委会、县级民政等 | 依法向法院申请撤销监护人资格,另行指定监护人 |
| 源头预防 | 家庭支持:为农民工家庭提供更多帮扶支持 | | |
| | 扶持返乡:引导扶持农民工返乡创业就业 | | |

资料来源:北京师范大学中国公益研究院儿童福利研究中心整理。

值得一提的是,《国务院意见》提出民政部门要加大力度培育社会组织,通过政府购买服务等方式,引入专业社会力量参与农村留守儿童保护工作。这为慈善部门创造了很大的发展空间。

数据显示,截至2016年底,全国已有28个省(自治区、直辖市)出台农村留守儿童关爱保护制度,地方积极探索基层儿童福利体系建设模式,基层儿童福利服务体系建设全面启动。

## 二 引入社会力量建立高水平儿童主任人才队伍

要实现如此大规模留守儿童、困境儿童问题的解决,除了政府推动,民

间力量的参与同样至关重要。多地农村留守儿童恶性事件的发生,实质上凸显了我国农村困境儿童缺乏社会保护,儿童福利制度体系建设滞后,特别是基层儿童福利服务人员和设施严重不足的问题,而这正是社会组织发挥作用的重要机会。

在这方面,由民政部联合国际机构和民间组织建立的儿童福利主任制度颇具示范意义。2010年以来,民政部社会福利和慈善事业促进司、联合国儿童基金会和北京师范大学中国公益研究院在山西、河南、四川、云南、新疆5个省(自治区)12个县120个村开展了儿童福利示范区项目试验,主要是在村庄设立"儿童福利主任",建立儿童之家,指导项目区数万名儿童日常活动并解决上户口、上学、看病、生活救助等多项困难。该项目被联合国儿童基金会赞之为基层儿童福利服务体系中的"赤脚儿童社工"。

除此之外,相关试点探索还包括民政部在全国31个省(区、市)50个县、市、区开展的适度普惠型儿童福利制度建设试点工作,民政部在全国101个县、1010个村开展的全国基层儿童福利服务体系建设试点工作,以及浙江省在所有县市建立儿童福利督导制度、设立兼职或者专职儿童福利督导员项目等。

表2 基层儿童福利专业人员队伍试点探索情况

| 试点/项目 | 具体措施 |
| --- | --- |
| 中国儿童福利示范区项目 | 在村一级设置儿童福利主任 |
| 适度普惠型儿童福利制度建设试点工作 | 依托村(居)委员会设立一名儿童福利主任或儿童福利督导员 |
| 全国基层儿童福利服务体系建设试点工作 | 在村一级设置了儿童福利主任 |
| 未成年人社会保护试点工作 | 在村(居)委会指定未成年人社会保护工作专干 |
| 浙江省儿童福利督导制度 | 每个城乡社区,确定1名孤儿养育状况督导员 |
| 四川省、贵州省童伴计划 | 每个项目村设立童伴妈妈负责项目村儿童的福利 |
| 广西桂林困境儿童保护试点工作 | 在村委(社区)一级引入专业社工负责困境儿童的保护工作 |

资料来源:北京师范大学中国公益研究院儿童福利研究中心整理。

基层儿童福利服务人员队伍建设,完全贴合我国欠发达地区的需求。在这些偏远地区,基层公共服务缺乏,服务的需求与供给存在断层问题。一方面,留守儿童、困境儿童家庭不了解相关政策,遇到问题时不清楚如何寻求帮助;另一方面,村一级政府极少设置专门负责儿童福利工作的人员,留守儿童的具体需求无法传递到上级部门。在村级设置儿童福利服务人员后,这些问题能得到有效缓解。儿童福利主任通过家访了解村中每一名儿童的情况和需求,将需求信息上报相关部门,起到上通下达的作用,解决儿童福利服务的递送问题,提高留守儿童社会化程度。

从各地试点项目探索情况来看,加强基层儿童福利服务人员的专业培训和日常指导是关键环节。以中国儿童福利示范项目为例,为了保证基层儿童福利工作者的服务更加专业,项目为每省配备一名社会工作专家,利用定期培训、微信群和月度会有效提升儿童福利主任的专业服务水平和活动组织能力。项目还将基层经验与国际标准结合,印制了基层儿童福利服务工作指导手册,并研制开发了基层儿童福利服务工具包,规范基层儿童专业人员的服务工作。

村级儿童福利主任队伍正逐步成为基层儿童福利服务体系建设的核心力量。根据中国儿童福利示范项目五年的实践经验,在村级设立专职儿童福利工作者能够彻底解决福利递送"最后一公里"问题。从儿童监测、需求发现、服务递送到效果评估,儿童福利主任作为儿童家庭与福利资源之间的有效链接,打通了服务渠道,让儿童及其家庭享受到福利服务。为了保障服务质量,试点工作汲取前期项目经验,将中国儿童福利示范项目专家作为核心专家,并为每个省份配备一名省级专家,形成阶梯式技术支持体系,为儿童福利主任提供儿童权利与儿童福利、社会工作方法、儿童发展等方面的培训。同时,县级试点工作办公室亦将组织儿童福利主任开展不同形式的自主学习,保证儿童得到高质量、高效率的服务。

## 三 多重挑战:基层儿童福利服务支撑体系薄弱

近年来,受区域发展不平衡、社会经济转型、人口流动加剧等因素影响,农村留守儿童的生存和发展面临紧迫挑战。2016年3月,民政部、公安部、教育部联合印发《关于开展农村留守儿童摸底排查工作的通知》，从2016年3月底至7月底，在全国范围内开展一次农村留守儿童摸底排查工作。留守儿童官方数据的公布为各部门实现联合救助提供了数据依据，对进一步明确工作重点，开展专项行动，实现精准救助具有重要意义。

36万名农村留守儿童无人监护，32万名留守儿名童监护情况较差。根据民政部公布数据①显示，全国共摸底排查出农村留守儿童901万人，其中由（外）祖父母监护的805万人，占89.3%；由亲戚朋友监护的30万人，占3.3%；父母一方外出务工另一方无监护能力的31万人，占3.4%；无人监护的36万人，占4%；近32万名由（外）祖父母或亲戚朋友监护的农村留守儿童监护情况较差（见图1）。

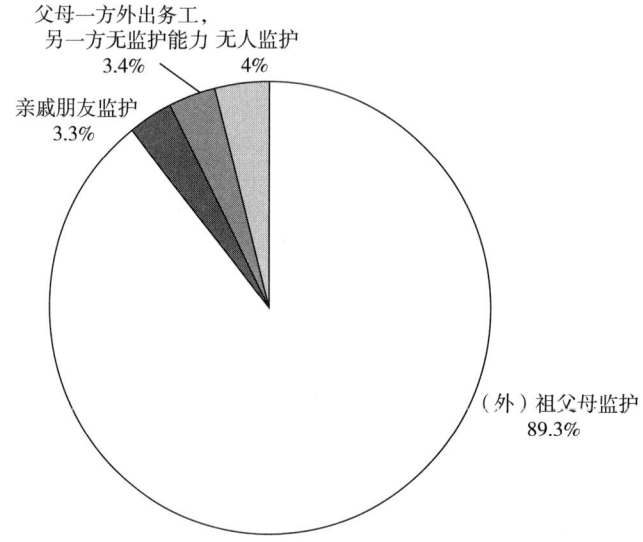

图1　2016年民政部公布农村留守儿童监护情况

---

① 《全国农村留守儿童精准摸排数量902万人　九成以上在中西部省份》，新华网，2016年11月9日，http://news.xinhuanet.com/politics/2016-11/09/c_1119882491.htm，2017年4月12日。

九成农村留守儿童集中在中西部省份。从区域分布看,我国农村留守儿童主要集中在中西部地区,东部省份农村留守儿童87万人,占全国总数的9.65%;中部省份农村留守儿童463万人,占51.33%;西部省份352万人,占39.02%。70万人以上的有江西、四川、贵州、安徽、河南、湖南和湖北等省,占全国总数的67.7%(见图2)。

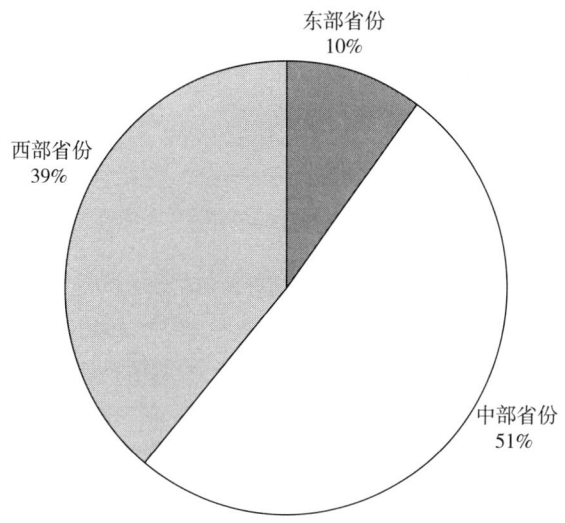

图2 2016年农村留守儿童地区分布

七成农村留守儿童处于义务教育阶段。从年龄结构看,0~5周岁、6~13周岁、14~16周岁的农村留守儿童分别为250万人、559万人和92万人,义务教育阶段农村留守儿童超过561万人(见图3)。

我国社工发展快速但仍处于起步阶段,儿童领域社工并未被区分出来。若以我国儿童福利机构的儿童社工为例,我国拥有资质的儿童社工者为860人,仅占员工总数的5.8%。美国2014年共有64.9万名在职社工,其中,从事儿童、家庭、学校领域的社工者达到30万人,占美国在职社工总人数的47%,儿童领域社工在美国社工中占有重要地位(见表3)。

按照国务院困境儿童保障政策要求,全国将建成一支由68万名兼职或专职儿童福利督导员组成的基层儿童福利服务专业工作队伍。仅靠现行高校

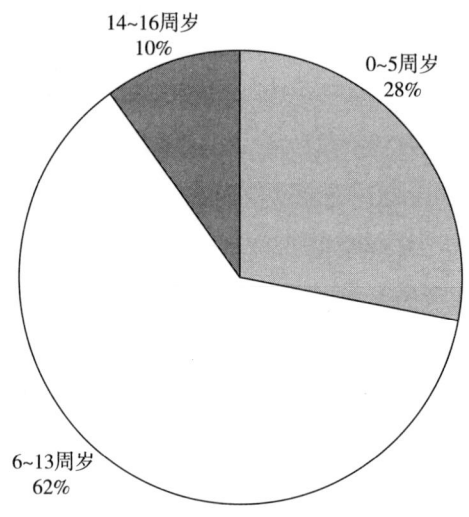

图3　2016年农村留守儿童年龄结构

表3　美国社工类别和从业人数（2014年）

| 社工类别 | 从业人数(人) | 比例(%) |
|---|---|---|
| 儿童、家庭、学校社工 | 305200 | 47.0 |
| 医疗与公共卫生社工 | 160100 | 24.7 |
| 精神健康与物质成瘾社工 | 117800 | 18.1 |
| 其他类型社工 | 66400 | 10.2 |
| 合　计 | 649500 | 100 |

资料来源：2012-2013 Dashboard Indicator. CSWE，GADE，网址 www.gadephd.org。

专业人才教育、社工职业水平考试认证等培养体系，不仅难以完成68万名规模的人才培养，更无法提供实务型儿童福利服务专业技能培训。儿童社工领域具有较大的发展空间，势必成为未来我国社工发展的重要领域。

## 四　公益新机遇：社会参与保护型现代儿童福利体系建设

儿童社工是儿童权利和服务的保障者、儿童福利的重要递送者。新的国家福利服务制度已经正式实施，迫切需要解决基层村级无儿童专干、无儿童活动场所、无儿童工作经费等问题，专业的儿童社会工作组织和公益力量能够为解决这些问题提供有效的路径。根据国际经验，大部分国家都建立起了由专业的儿童福利服务组织为主的服务体系，我国儿童公益组织凭借自身专业优势，将发挥更重要的作用。

当前我国大量农村留守儿童仍身处缺乏关爱保护的风险环境，发生意外事件的概率很大，特别是村一级儿童工作无专干、无经费、无场所、无团队，缺少关爱保护儿童特别是留守儿童最基本的条件。为全面贯彻落实国家政策，需在基层健全工作机制，公益力量将在其中大有可为。

一是多渠道筹措资金，积极参与政府购买社工服务模式。目前，儿童工作经费主要来源于财政拨款，渠道单一且数量有限。公益组织可与地方财政建立农村留守儿童关爱保护工作经费专项科目，确立村级儿童专干补助制度；申请各级政府福彩公益金专项资金，开展儿童保护工作；引导社会爱心力量为农村留守儿童提供物资捐助和专业服务。

二是多种形式普及儿童主任制度，为儿童保护与福利建立覆盖网络。落实国务院意见，关键要解决"最后一公里"的工作队伍问题，当下迫切需要在村一级有专人负责儿童保护工作。民政、公安、社工委、共青团、妇联、残联等相关部门积极推进多级儿童福利服务体系建设，让所有社区（村）做到有专干（儿童福利督导员/儿童福利主任）、有场所（儿童之家）、有经费（专项经费），将成为今后工作重点，社会组织可积极参与村级儿童福利服务能力建设，发挥专业优势，为儿童保护与福利工作提供专业化支持。

三是全面建立儿童福利研究、人员培训及专业社工支持指导系统。充分调动专业社会工作和研究机构的力量，全面建立包含制度研究、政策设计、工作人员能力提升和专业支持的儿童福利服务保障机制。

# 境外慈善篇
Overseas Philanthropy

## B.22
## 全球志愿服务发展前沿：
## 发展定位与价值测度

张 强*

全球发展已经进入了一个新的动态时期，在这一过程中，我们需要确定的不仅是公平、公正、效率的基本公共治理框架，还需要深入理解地区性其至个体性的社会政治经济行为。在这样的动态社会变迁中，志愿服务的独特作用会越来越凸显，不仅是在危机应对的情境中发挥人道作用，还会涉及很多复杂的经济和社会问题的解决过程，为寻求长期可持续的解决方案贡献能动性作用（IFRC，2015）。在这些作用中，人们越来越认可志愿服务的基本界定，即志愿性、公共福利性和非营利性等三大基石（UNV，2011）。与此同时，不可忽略的是"志愿服务"的概念和特征也在因环境变化而变化。

---

\* 张强，北京师范大学风险治理创新研究中心联席主任，北志联国际志愿服务专业委员会主任。

到底志愿服务是什么？谁来做志愿服务？为什么来做志愿服务？志愿服务可以改变什么？这些看似基本的问题也因为经济增长、社会发展以及文化差异等因素，在不同的地区、不同的阶段呈现出不同的回答。

如何理解全球治理变迁中的志愿服务发展趋势，成为一个既势在必行又充满挑战的议题。本文将尝试从两个视角来分析世界志愿服务发展趋势。一是基本的发展定位，即在全球可持续发展 2030 议程（Sustainable Development Goals，以下简称为 SDGs）中讨论志愿服务的定位。各国已经意识到志愿服务并不仅仅依赖于个体的精神驱动，还需要外部的政策环境和制度安排来促进对人们的倡导、赋能，也就意味着志愿服务还是关于基本层面的治理问题。为此，厘清志愿服务与可持续发展基本问题之间的关联，也就有利于志愿服务的主流化和长远发展。二是究竟如何测度志愿服务的价值贡献，从价值测度意义、方法等层面来讨论志愿服务发展的社会影响力。志愿服务的价值测度无疑会促使志愿服务形成一个可持续的生态环境，进而更有效地推动社区发展并增加社会资本（社会网络和信任）。[①]

## 一 发展定位：志愿服务与 SDGs

> "志愿者在可持续发展目标（SDGs）中的贡献是双重的。一方面，志愿服务是我们所有人直接参与实现可持续发展及和平的一种方式。另一方面，通过加强民众参与这一基本途径，使其成为实现发展可持续性的重要成功要素。"
>
> ——联合国志愿人员组织（UNV）原全球协调人 Richard Dictus

---

① 全球发展中还有几点值得关注。一是各国都注重立足国情体现志愿服务的民族特色，例如在菲律宾文化中的"Bayanihan、alayon"，马达加斯加文化中的"Siasanana"、布隆迪文化中的"ikibiri"，巴勒斯坦文化中的 al-Huda 以及还有我国社区文化里的"邻里守望"。二是重视和推动现代信息技术在志愿服务中的应用。三是移民、老龄化、城市化对志愿服务带来的影响。其他还有志愿者的激励回报等。以上要点主要来源于笔者在 2016 年 10 月参加联合国志愿人员组织（UNV）2016 年全球伙伴论坛期间的讨论观察。

在治理层面，人们对于志愿服务的关注主要集中在三个维度上，首先是政府在社会服务递送中的辅助作用；其次是集聚社会资本的重要渠道；最后是促进经济、社会和公众参与的有效路径（Michael Bittman and Kimberly Fisher，2006；UNV，2015）。无疑，这也就成为志愿服务与SDGs之间的重要联结因素。正如联合国志愿人员组织的战略报告定位中指出，对于2015年后发展议程而言，志愿服务的定位是：（1）志愿服务是普世发展的社会行为，将有效地加强公民参与、社会包容、团结和荣誉感；（2）志愿服务应该是一个新的人类发展测量框架的构成内容，从过去的GDP测量方式转向人类福祉和可持续发展的综合测度（UNV，2015）。

首先，SDGs的实现需要通过志愿服务推动社会参与。大部分可持续发展目标都需要长期的关注和行为变迁。志愿服务可以通过提升意识或倡导以及分享激励来促进社会变革。人们在制订2030可持续发展议程时就已认识到，可持续发展目标不能仅仅通过制度行动来实现（17项目标见图1），传统的实施方式需要辅以广泛的社会参与机制，来促进人们的参与和能力建设，才能造福其他人和地球。SDGs实现离不开各层级人群的参与。这种参与式的新型伙伴关系显然是需要包括与志愿者组织之间的伙伴关系。志愿者团体可以成为在社区层面的社会中介，通过志愿服务来有效联结各机构的举措。当然在这一点上，志愿者不仅需要在行动层面有所参与，还需要有效地参与到政府及相关机构开展的公共规划工作中。只有这样，志愿服务在开展过程中，才能够去影响志愿者自身以及志愿服务的所有利益相关者。

与此同时，志愿服务也是实现SDGs的有效手段。在联合国秘书长发布的关于2015年后可持续发展议程的综合报告（A/69/700）中明确指出，志愿服务是可持续发展目标"强大的、具有横向综合性质的有效执行手段"。在目标伙伴关系建设中，2030可持续发展议程明确地提到了志愿者组织为所有目标的执行主体之一。它凸显出志愿服务具有的动员、放大作用，为人们参与发展规划和议程本地化提供了新的空间，加强了政府和民众之间

**图1 联合国可持续发展目标（SDGs）一览**

在具体项目和延展性的公共行动中的互动。特别是通过志愿服务的直接动员和广泛影响，可以促进人们对SDGs的规划、实施和监督等一系列全过程的参与，从而联结社会资本，增强社会凝聚力。

具体行动上，志愿者可以做到如下几点。

（1）提供技术支持和各专项目标层面的能力支撑，例如可持续生计、健康、教育、就业、环境、性别或青年发展。

（2）促进公共对话和行动的新空间，以便更广泛地触及普通民众，特别是那些边缘化人群或难以触及的弱势人群；努力把利益相关者的利益诉求和本土知识转化为集体的行动，来实现不落下任何一个人的兼容性发展目标。这是建设本地化SDGs至关重要的环节。

（3）提高认识或倡导和激励社会创变，促进思维和行为的持久变迁。

（4）支持SDGs的实施监测，主要可以帮助收集数据测量SDGs的实施进度，以及提供专业知识和支持参与式的规划和监测。

志愿者可以通过志愿服务参与到十七个目标中任一主题的有效递送过程，当然也可能同时针对一个或多个目标。在这一过程中，志愿者可以针对一些专项目标提供技术专长。例如在健康（目标3）、教育（目标4）、清洁水和卫生设施（目标6）、可再生能源（目标7）、可持续生态系统等领域（目标13，目标14，目标15）。接受服务者可以学习专业技能，从而提高就业能力，尤其是年轻人和就业机会有限的人（这一点针对目标8和其他所有目标）。

在实现SDGs的过程中，志愿者还可以发挥示范作用和社会变迁的催化剂作用。例如在性别平等问题（目标5）、洁净水和卫生设施（目标6）、可持续消费（目标12）、气候行动（目标13），以及冲突双方的调停、重建关系和确立信任，从而导致增加社会资本和社会凝聚力（目标16）。

总之，在SDGs的背景下，志愿者可以针对17项目标推动以下方面的工作。

（1）志愿者可以通过当地的倡导活动和富有创意的行动方式来提升人们对可持续发展目标的关注和参与，特别是覆盖偏远地区和边缘化群体。这一点无疑会适用于SDGs所有专项目标的实现。

（2）提供专业技术服务的补充。针对"千年发展目标未完成的发展任务"（如目标1-5），志愿者可以提供技术专长，来做好相关基本服务的查漏补缺。当然其他一些专项目标中，也可发挥同样的作用（例如，目标6，目标7，目标13-15）。

（3）志愿服务可以提供示范性的行为和态度，来促进可持续发展目标的真正转化落实，特别是提高知识能力和参与意愿，推动SDGs的本土化（例如，目标5，目标6，目标12，目标13，目标16）。

（4）在实现SDGs过程中，有效增强人们在面对挑战时的机会意识和主人翁态度，以便放大所有目标实现中集体行动的杠杆作用和兼容性。这一点的发挥不仅是在实施过程中，还要在规划、监控阶段等全过程中有所体现（参看目标17）。

（5）通过知识和经验的转移，促进不同目标实现过程中的技能建设，与此同时，促进本地专业知识经验的传播（例如，目标8和其他所有目标）。

（6）通过在监测过程、主体倡导以及工具推广等过程中的参与式运作方式，来促进数据收集、过程评估以及本土化的经验分享（此点适用于第17项目标和其他所有目标）。

## 二 志愿服务价值测度

如何评价志愿服务的价值贡献？志愿服务等社会发展行为能否被数值化测度，一直以来都是理论界和实践领域争论的议题。志愿服务数据的有效获取往往受限于如何收集和向谁收集数据的问题，争论的一个焦点往往是在各地背景下进行的调查中，到底哪些行为可以被记录成志愿服务（Emmett D. Carson，2000）。但不可回避的共识是，寻找共同的价值尺度会有利于人们认知和推进志愿服务的发展。志愿服务价值的评定不仅可以帮助管理和评估志愿服务项目，而且可以让组织者、赞助者和公众更好地了解志愿服务所产生的社会影响（out of sight，out of mind）。为此，本文也将会进一步结合当前的全球进展来梳理志愿服务价值测度的方法。

联合国大会于2001年就通过了一项决议，要求各国政府开始正视并记录志愿服务的经济价值（UN General Assembly，2001）。随后，在2005年启动国际志愿服务年的时候，联合国大会进一步鼓励各国政府包括发展中国家，在民间社会各方的支持下，要建立一个关于志愿服务的知识库，来扩大对志愿者相关问题的研究并传播相关数据（UN General Assembly，2005）。联合国统计局为此还专门发布了国家会计系统中非营利组织的操作手册，倡导各国尽快建立相关统计，特别是包含志愿服务的价值测度。国际劳工署专门出版了志愿服务测度工作手册（manual on the measurement of volunteer work）。其中重要测度的指标涉及：（1）志愿者的数量；（2）志愿服务小时数；（3）志愿服务工作类型；（4）涉及的志愿服务机构；（5）志愿服务工作领域（ILO，2011）。

在这样的基础上，志愿服务的测度通常会涉及三个层面：第一个层面是直接计量志愿服务的行为，例如志愿服务的参与人数、服务人群、服务类型以及相应的服务时间；第二个层面会涉及志愿服务产生的经济价值（Economic Value）；第三个层面就是志愿服务行为带来的社会影响价值

(Social Impact)。本文将着重介绍全球关于志愿服务经济价值的概念认知与测度方法进展，会涉及上述三个层面。

如表1所示，国际上对志愿服务经济价值的测度存在以下三种可能方法（Lester M. Salamon etl, 2011; ILO, 2011)。

第一种方法是机会成本计算法（the Opportunity Cost Approach）。此种方法主要是基于志愿者本身来衡量志愿服务的经济价值。首先统计出志愿者的志愿服务时间；其次乘以志愿者日常工作中获得的小时工资来累计出该名志愿者的志愿服务经济价值。当然有些情况下，也有人会认为志愿者的志愿服务时间是相对于工作时间的休闲时间，并不能直接用工作工资来衡量。

第二种方法是替代成本计算法（the Replacement Cost Approach）。此种方法侧重于测量志愿服务对于接受者的价值，从而统计出社会的总体贡献。首先是统计出志愿者开展的志愿服务时间；其次乘以市场上雇用人工从事同样工作的工资数，从而得出志愿服务的经济价值。

第三种方法是社会效用计算法（the Societal Benefits Approach）。此种方法侧重于志愿服务的产出效用，即对于服务接受者而言，其接受的志愿服务在市场上的等量价值。这里和替代成本计算法的差异在于这一价值是由接受服务方来做出判断，而替代成本计算法通常是由志愿服务的项目管理方做出类型和时间统计并由相应的替代者工资标准来测度即可。

表1 志愿服务经济价值测度方法一览

| Valuation strategy | Focus of valuation | Basis of valuation | |
|---|---|---|---|
| | | 1. Observed | 2. Declared |
| A. Opportunity cost | Inputs | Alternative – employment wage | Volunteer judgment |
| B. Replacement cost | Inputs | Replacement wage | Supervisor judgment |
| C. Societal benefits | Outputs | Cost of Counterpart goods or services | Beneficiary judgment |

资料来源：Lester M. Salamon, S. Wojciech Sokolowski and Megan A. Haddock (2011), Measuring The Economic Value of Volunteer Work Globally: Concepts, Estimates, and a Roadmap to the Future, Annals of Public and Cooperative Economics 82: 3, 2011, pp. 217 – 252.

目前国际上主要采用的是替代成本计算法（ILO，2011；AIHW，2001）。① 这一方法的应用前提除了志愿服务工作的细致记录（类型、时间）之外，还需要对市场的标准化职业工作进行对照以及对相应市场工资进行统计。职业参照标准现有国际职业分类标准（International Standard Classification of Occupations，ISCO-08）、国际时间利用统计活动分类（the International Classification of Time Use Activities，ICATUS）以及国际标准工业分类法（International Standard Industrial Classification，ISIC）。ILO手册推荐使用的是ISCO作为参照体系。

世界上已有不少国家采用此种或者类似的方法开展了志愿服务的经济价值测度。以美国为例，2015年度的数据显示，居民中有24.9%的人参与了志愿服务，总计有6260万志愿者，开展了79亿小时志愿服务，创造了1840亿美元的经济价值。从2001年至2015年的14年里（截至2015年底），美国的志愿服务小时数总计为1130亿小时，大约创造了2.3万亿美元的经济价值。② 如图2所示，美国的志愿服务小时经济价值一直在逐年增长，从2001年的16.27美元/小时提升到2015年的23.56美元/小时。当然需要注意的是，美国的计算方法和上文讨论的国际通用的方法类似，只是加上12%的附加价值。其中的每小时平均价值（工资）是由美国劳工统计局提供的私立非农业部门所有生产性和非管理层工作人员工资的年度平均值。③

加拿大往往利用全国捐赠、志愿服务与参与的综合社会调查（Canada Survey of Giving, Volunteering and Participating，CSGVP）来系统分析志愿服务的进展情况，先后于1997年、2000年、2004年、2007年、2010年和2013年实施了调查。如表1所示，2013年的最新数据显示，127万名加拿大居民或者说15岁以上人口中的44%的人群贡献了19.6亿小时的志愿服务。2013年的志愿服务率（44%）比2004年（45%）、2007年（46%）、2010年

---

① 值得关注的是，此种方法应用时也会面临另外一些问题挑战，例如此类以个体为单元直接计算时，有可能会忽略管理成本（overhead cost）。
② 美国国家以及各州的数据统计可具体参看 https://www.nationalservice.gov/vcla/national。
③ 具体情况可参看 http://independentsector.org/resource/the-value-of-volunteer-time/。

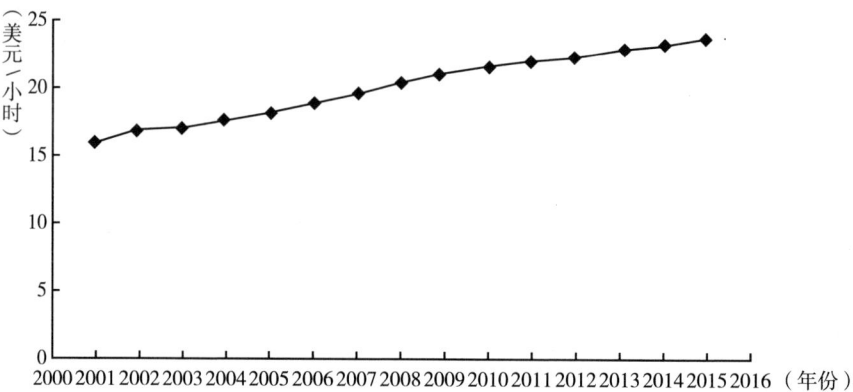

**图 2　美国年度志愿服务小时经济价值一览（2000~2016 年）**

资料来源：http://independentsector.org/wp-content/uploads/2016/05/ValueofVolunteerTimebyState2001-2015.pdf。

(47%) 低，但总体志愿服务小时数基本保持平稳，总体创造的经济价值达到 128 亿美元的经济价值。①

**表 2　加拿大志愿服务数据一览**

volunteer rate and volunteer hours, population aged 15 and over

|  | 2013 | 2010 | 2007 | 2004 |
|---|---|---|---|---|
| Volunteer rate |  |  |  |  |
| 　Total population(thousands) | 29188 | 28206† | 27000† | 26021† |
| 　Number of volunteers(thousands) | 12716 | 13249† | 12444 | 11773† |
| 　Volunteer rate(percentage) | 44 | 47† | 46† | 45† |
| Volunteer hours |  |  |  |  |
| 　Total annual volunteer hours(millions) | 1957 | 2063 | 2062 | 1978 |
| 　Average annual volunteer hours(hours) | 154 | 156 | 166 | 168† |

Significantly Different from 2013 at p<0.05.

资料来源：Statistics Ganada, General Social Survey on Giving, Volunteering and Participating, 2013, and the Canada Survey of Giving, Volunteering and Particlpating, 2004, 2007 and 2010.

---

① 加拿大志愿服务数据具体可参看 http://www.statcan.gc.ca/pub/89-652-x/89-652-x2015001-eng.pdf。

在澳大利亚，国家统计局（Australian Bureau of Statistics，ABS）开展了志愿服务调查（Voluntary Work Survey）和时间利用统计（Time Use Survey），在此基础上利用替代成本的方法对社会福利领域的志愿服务经济价值进行了计算，早在1999～2000年度的贡献经济价值就已是政府部门和第三部门在这一领域年度现金投入的两倍左右，高达274亿美元（AIHW，2001）。

当然，我们不难发现关于志愿服务的经济价值测度是具有局限性的，因为有些精神方面的价值是用经济尺度无法衡量的，正如Putnam（2000，p.93）指出，就像硬币投到饼干罐里一样，每一次志愿服务都会是社会资本的细小投入，但可以由此提升社会信任、互惠和社区归属感。与此同时，社会资本的增加也会激发社会更多的捐赠和志愿服务行为，在这种情况下，我们直接可测度的服务价值显然不能涵括所有的志愿服务社会价值贡献，还需要讨论如何从产出到成果以及长期的社会影响（见图3）。

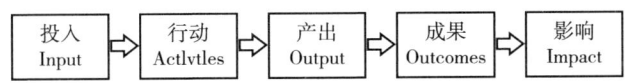

**图3　志愿服务社会影响价值链示意**

资料来源：修订自 Clark C，Rosenzweig W，Long D and Olsen S 2004，*Double Bottom Line Project Report*：*Assessing Social Impact in Double Bottom Line Ventures*；*Methods Catalog*，http：//www.shidler.hawaii.edu/Portals/1/resources/DoubleBottomLine.pdf。

## 三　启示与借鉴

对于蓬勃发展的中国志愿服务而言，我们需要做好借鉴全球发展趋势来确定好今后的战略定位，并结合价值测度做好基础设施建设。

在志愿服务的发展定位上，我们要深刻认识到志愿服务与可持续发展、志愿服务与国家治理能力建设之间的有机融合，这也是完善志愿服务顶层制度设计的关键所在，更是志愿服务得到长远发展的支撑基石。为此，要尽快

在贯彻执行《关于支持和发展志愿服务组织的意见》的过程中，统筹谋划志愿服务发展与本地区可持续发展之间的关联行动，科学规划、系统实施，并做好监测评估。

与此同时，要进一步探索实施志愿服务的价值测度工作。这不仅是实现志愿服务标准化、规范化的重要环节，更是关乎志愿服务可持续发展的基础建设。一方面，建议我国相关部门协同统计系统尽快组织实施统一、系统的年度志愿服务调查，摸清发展底数；另一方面，促进志愿服务组织和相关部门利用志愿云等信息系统完善志愿服务的日常登记、项目设计、监督管理等，才有可能实现志愿服务的价值测度工作。

## 参考文献

Australian Institute of Health and Welfare（AIHW）2001，Australia's welfare 2001：Australia's welfare series no. 5, cat. no. AUS-24 AIHW, Canberra, http：//www.aihw.gov.au/publications/index.cfm?type=detail&id=7281.

Emmett D. Carson（2000）. *On Defining and Measuring Volunteering in The United States and Abroad*, http：//www.law.duke.edu/journals/62LCPCarson.

International Federation of Red Cross and Red Crescent Societies（IFRC）（2015）. *Global Review on Volunteering Report*, http：//www.ifrc.org.

International Labour Office（ILO），（2011）. *Manual on the Measurement of Volunteer Work*. Geneva. ISBN：□978-92-2-125070-8.

Lester M. SALAMON*, S. Wojciech Sokolowski and Megan A. Haddock（2011），*Measuring the Economic Value of Volunteer Work Globally：Concepts, Estimates, and a Roadmap to the Future*, Annals of Public and Cooperative Economics 82：3, 2011, pp. 217-252.

Michael Bittman and Kimberly Fisher（2006）. *Exploring the Economic and Social Value of Present Patterns of Volunteering in Australia*. Social Policy Research Paper NO. 28.

Putnam, RD（2000），*Bowling Alone：The Collapse and Revival of American Community*, Simon & Schuster, New York.

UN General Assembly（2001）. *Resolution on Recommendations on Support for Volunteering*, A/RES/56/38. Fifty-sixth session, New York, 2001.

UN General Assembly（2005）. *Resolution on the Follow-up to the Implementation of the*

*Lnternational Year of Volunteers*, A/RES/60/134. 6th session, New York, 2005.

United Nations Volunteers (UNV) (2011). *State of the World's Volunteerism Report. Universal Values for Global Well-being*. Bonn: UNV.

United Nations Volunteers (UNV) (2015). *State of the World's Volunteerism Report*, ISBN: 978 - 92 - 95045 - 80 - 4. Bonn: UNV.

# 附 录
Appendix

# B.23
# 2016年公益慈善年度大事记

## 1月

**《关于公益股权捐赠企业所得税政策问题的通知》正式执行**

1月1日,《关于公益股权捐赠企业所得税政策问题的通知》正式执行。该通知减除了企业对所捐赠股票的增值部分须缴纳的所得税,股权捐赠的税收减免问题得以破题。

**第三届东西方慈善论坛**

1月7日至9日,由深圳国际公益学院和美国东西方中心联合主办的第三届东西方慈善论坛在美国夏威夷举行。会议以"百年慈善·新使命"为主题,共同探讨百年慈善面临的新挑战与新机遇,商议在全球化进程加速、经济一体化程度加深的新时代,全球慈善界如何更好地承担使命,如何通过公益金融创新等新形式有效开展联合行动,为应对全球气候变暖、生态环境污染、贫困与饥饿、重大传染疾病等人类社会共同面临的挑战做出更大贡献。

**诈捐事件频发**

1月27日,苏州市公安局官方微博消息称知乎"大V""童瑶"诈捐,犯罪嫌疑人童某涉嫌诈骗罪已被苏州市公安局刑事拘留。苏州市公安局请受骗网友与办案民警联系。2016年初,影星李小璐向一个名为"希望盼望宝贝康复"的微博捐款受骗。上述事件引起针对网络募捐的广泛关注。

# 2月

**解决社会组织接受捐赠"最后一公里"问题**

2月14日,财政部、民政部下发《关于进一步明确公益性社会组织申领公益事业捐赠票据有关问题的通知》,接通了社会组织接受捐赠的"最后一公里"。

**《关于加强农村留守儿童关爱保护工作的意见》出台**

2月14日,国务院发布《关于加强农村留守儿童关爱保护工作的意见》,提出加强农村留守儿童关爱保护工作的总体目标,留守儿童关爱保护工作上升为国家战略,走向体系化建设。民政部等27个部门建立农村留守儿童关爱保护工作部际联席会议制度,统筹协调全国农村留守儿童关爱保护工作。民政部、教育部、公安部开展农村留守儿童摸底排查工作,共排查出不满十六周岁的农村留守儿童数量为902万人。

# 3月

**《中华人民共和国反家庭暴力法》正式实施**

3月1日,《中华人民共和国反家庭暴力法》正式实施。作为中国首部反家暴法,该法律明确了家庭暴力的性质和法律责任,让清官难断的"家务事"有了国法可依。

**中国民间志愿服务联盟成立**

3月5日,和众泽益志愿服务中心联合十二家行业平台机构共同发起中国首个民间志愿服务全国联盟网络。该联盟通过建立横向全国平台，以及在环保、助老、助残、教育、救灾、传播等领域打造纵向平台，是实现志愿者供需对接的民主管理和自主运作的首个中国民间社会组织志愿服务联合体。

**《第十三个五年规划纲要》设"发挥社会组织作用"专节**

3月9日，十二届全国人大四次会议通过的《中华人民共和国国民经济和社会发展第十三个五年规划纲要》，在"加强和创新社会治理"篇中，设"发挥社会组织作用"专节，提出健全社会组织管理制度，形成政社分开、权责明确、依法自治的现代社会组织体制等目标规划。

**《中华人民共和国慈善法》颁行**

3月16日，十二届全国人大四次会议通过《中华人民共和国慈善法》，并于2016年9月1日起施行。慈善法出台后，全国各地纷纷开展形式多样的活动，掀起了学习宣传贯彻慈善法的高潮。

**民政部曝光"离岸社团"和"山寨社团"**

3月开始，民政部通过设立"曝光台"、发布"离岸社团""山寨社团"识别指南等多种措施，截至2016年10月9日连续公布了13批1287家"离岸社团""山寨社团"名单，百度百科对其加注标志予以警示，新浪网清理查封了2169个相关微博账号，有效挤压了"离岸社团""山寨社团"的活动空间，净化了社会组织发展的生态环境，保护了社会组织和社会公众的合法权益。

**民政部核准145家全国性行业协会商会脱钩实施方案**

3月底，根据《行业协会商会与行政机关脱钩总体方案》要求，民政部对145家全国性行业协会商会脱钩实施方案全部履行了核准手续。

# 4月

**慈善捐赠物资免征进口税制度得到落实**

4月14日，民政部、国家海关总署下发《关于社会团体和基金会办理进口慈善捐赠物资减免税手续有关问题的通知》，使慈善捐赠物资免征进口税制度得到落实。

### 马化腾宣布将捐出一亿股腾讯股票做公益慈善

4月18日,深圳—腾讯公司董事会主席兼首席执行官马化腾宣布,将捐出一亿股腾讯股票(0700.HK)注入正在筹建中的公益慈善基金,通过各家公益慈善组织和项目,支持在中国内地的医疗、教育、环保等公益慈善项目以及全球前沿科技和基础学科的探索。

### 企业向公益性社会团体捐赠股权的税收优惠制度确立

4月20日,财政部、国家税务总局下发《关于公益股权捐赠企业所得税政策问题的通知》,使论证多年的企业向公益性社会团体捐赠股权并获得相应税收优惠的制度得以确立。

### 阿里云启动公益云计划

阿里云正式启动了公益云计划,为公益组织提供云计算以及大数据,将互联网、大数据进行结合,推动创新公益活动。目前有中国扶贫基金会、壹基金、公众环境研究中心等社会组织参与了这一计划。

### 《境外非政府组织境内活动管理法》颁布

4月28日,十二届全国人大常委会第二十次会议通过《境外非政府组织境内活动管理法》,自2017年1月1日起施行。该法规定了境外非政府组织设立代表机构和开展临时活动的登记备案程序,明确境外非政府组织在境内依法开展活动受法律保护,要求各级人民政府有关部门为境外非政府组织在境内依法开展活动提供必要的便利和服务。

### 第十三届中国慈善榜在京发布

4月28日,第十三届(2016年)中国慈善榜在京发布。中国慈善榜以2015年度实际捐赠100万元以上的企业或个人为数据采集样本。本届上榜慈善家共147位,合计捐赠52.63亿元;上榜慈善企业349家,合计捐赠48.67亿元。

## 5月

### 第一届灵青公益交流会举办

5月13日至15日,"因爱发声 因缘际会"2016灵青公益交流会在无锡民生大厦成功举办。该交流会由上海灵青公益发展中心主办，春晖青年公益发展中心协办，灵山慈善基金会支持。来自各公益领域的资深前辈、导师和青年公益人齐聚会场，与来自全国各地的169名大学生共同参加了本次交流会。

**儿童失踪紧急发布平台建立**

5月15日，公安部推出儿童失踪紧急发布平台，儿童失踪信息的发布有了官方渠道。

**社会创新活动家钱为家先生逝世**

5月16日，社会创新活动家、理论家、环宇社创管理咨询有限公司创办人、深圳社基会社会创新委员会执行长钱为家先生因食道癌去世，享年55岁。

**"一丹奖"设立**

5月22日，腾讯主要创始人陈一丹先生宣布捐赠25亿港元（约3.2亿美元）设立全球最具规模的教育奖项"一丹奖"，有关款项已于奖项成立之前完成捐赠。

**《民办非企业单位登记管理暂行条例》和《基金会管理条例》向社会公开征求意见**

5月26日，民政部发布《民办非企业单位登记管理暂行条例（修订草案征求意见稿）》和《基金会管理条例（修订草案征求意见稿）》，并向社会公开征求意见。

**"三社联动"试点在广东和北京展开**

5月，广东在12个试点社区开展"三社联动"示范点建设工作，推动社区居委会、社会组织、专业社工融合发展。6月，北京市开展"三社联动"服务项目评选活动，并对2016年入选的58个项目进行公示。

**2016年《慈善蓝皮书》在京发布**

5月27日，由慈善蓝皮书编委会主持编制、社科文献出版社出版的《慈善蓝皮书：中国慈善发展报告（2016年）》发布会在京举行。

## 6月

**老牛基金会捐资百万加元设立"特鲁多教育基金"**

2016年6月1日,老牛基金会向加拿大蒙特利尔大学捐赠100万加元设立特鲁多教育基金,纪念加拿大前总理特鲁多为中加建交做出的重要贡献。老牛基金会创始人牛根生表示,希望未来能够有更多机会与加拿大在教育、慈善领域合作,鼓励年轻人将中加友谊传承下去。

**第七届海峡两岸暨港澳民间合作论坛在澳门举行**

2016年6月7日,第七届海峡两岸暨港澳民间合作论坛在澳门举行,与会代表就"深化两岸暨港澳海丝沿线经贸合作"的主题展开探讨。

## 7月

**2016海峡两岸暨港澳慈善论坛在香港举办**

7月5日,中国慈善联合会携手香港大学社会科学学院、澳门基金会、慈济慈善事业基金会、台湾公益团体自律联盟、爱家文化事业基金会在香港联合主办"2016海峡两岸暨港澳慈善论坛"。

**二十国集团民间社会(C20)会议在山东省青岛市召开**

7月5日,二十国集团民间社会(C20)会议在山东省青岛市开幕。2016年二十国集团民间社会会议是2016年在国内召开的规模最高的国际性公益会议,共有来自50多个国家和地区的170多个民间组织参与。该会议是二十国集团峰会重要配套活动,是民间社会向二十国集团领导人和社会提出民间建议的制度性平台。国内包括中国扶贫基金会等为代表的相关民间组织参与了此次重要会议。

**《民政事业发展第十三个五年规划》发布**

7月6日,民政部、国家发展改革委印发《民政事业发展第十三个五年规划》,进一步明确"十三五"期间我国社会组织改革发展的具体目标。新目标的确立,标志着我国社会组织进入一个新的发展阶段。

**全球 XIN 公益大会召开**

7月9日至10日,阿里巴巴公益基金会举办了首届全球 XIN 公益大会,鼓励草根公益组织,支持全球环保行动,关心全国4000余万名乡村儿童和乡村教师,并推动建立人人参与的 XIN 公益文化。大会由马云发起,邀请潘基文、姚明、李连杰、布朗、扎克伯格、比尔盖茨、里昂那多等重量级国内外名人为草根公益英雄站台。

**《关于支持和发展志愿服务组织的意见》发布**

2016年7月11日,中宣部、中央文明办、民政部等8部门联合印发了《关于支持和发展志愿服务组织的意见》,为志愿服务健康持续深入发展奠定了政策基础。中国志愿服务事业从纯粹民间行为,到部门推动项目,进而发展成为国家战略组成部分,引起越来越多的关注和重视。

**全国首起针对大气污染行为的环境公益诉讼案件宣判**

7月20日,山东省德州市中级人民法院对中华环保联合会与德州晶华集团振华有限公司(以下简称"振华公司")大气环境污染责任纠纷公益诉讼一案,依法公开做出一审宣判,判决被告振华公司赔偿因超标排放污染物造成的损失,并在省级以上媒体向社会公开赔礼道歉。该案件是新环保法面世后全国首起针对大气污染行为的环境公益诉讼案件。

**中国人民大学中国公益创新研究院成立**

7月26日,中国人民大学中国公益创新研究院(以下简称"中国公益创新研究院")正式成立,来自政府部门、公益界、学校、企业和媒体的百余名代表参加了成立仪式。

# 8月

**《关于改革社会组织管理制度促进社会组织健康有序发展的意见》发布**

8月21日,中共中央办公厅、国务院办公厅印发《关于改革社会组织管理制度促进社会组织健康有序发展的意见》。该意见充分肯定了社会组织在我国经济社会发展中的重要地位和积极作用,科学阐述了推进社会组织改革发展工作的指导思想、基本原则和总体目标，明确提出了当前和今后一个时期的重要任务。

### 第二批共145家全国性行业协会商会脱钩试点工作正式启动

8月24日，第二批共145家全国性行业协会商会脱钩试点工作正式启动。同时，各地均建立了由省组织、编制、发改、民政、财政等多个部门组成的脱钩联合工作组，组长均由副省级以上领导担任，共确定了1508家省级行业协会商会作为第一批省级脱钩试点。

### 社会价值投资联盟成立

8月25日，社会价值投资联盟（深圳）（简称"社投盟"）由深圳市社会组织管理局批准成立。"社投盟"是由友成企业家扶贫基金会、联合国社会影响力基金、中国社会治理研究会、中国投资协会、青云创投、明德公益研究中心领衔发起，近50家机构联合创办。

### 杨改兰事件引发广泛讨论

8月26日，甘肃康乐县景古镇阿姑山村老爷湾社的农民杨改兰亲手杀死四个年幼子女后自杀身亡，数天后杨改兰丈夫李克英服毒自杀。该事件经报道后引发社会各界广泛关注和激烈讨论。国务院扶贫办随后介入调查，调查通报指出扶贫政策落实不完全到位，该事件反映了中国社会转型期贫困地区农村家庭存在的问题，农村社区服务的功能日益凸显。

### 民政部民间组织管理局正式更名为"社会组织管理局"

2016年8月30日，民政部民间组织管理局（民间组织执法监察局）正式更名为"社会组织管理局"（社会组织执法监察局），对外可称"国家社会组织管理局"。随后，民政部对社会组织管理局内设处室进行了调整，将社会组织管理局民办非企业单位管理处更名为"社会服务机构管理处"，将涉外民间组织管理办公室更名为"涉外社会组织管理办公室"，增强执法力量，撤销原执法监察办公室，新设置执法监察一处、二处、三处。

### 《慈善组织认定办法》和《慈善组织公开募捐管理办法》颁行

8月31日，民政部发布了《慈善组织认定办法》和《慈善组织公开募捐管理办法》。上述文件自2016年9月1日起施行。

# 9月

### 首批慈善组织互联网募捐信息平台发布

9月1日,经专家委员会评审,并经社会公示,民政部指定腾讯公益网络募捐平台、淘宝公益、新浪微公益等13家平台为首批慈善组织互联网募捐信息平台。

### 中华慈善博物馆在江苏南通开馆

9月1日,我国首个国家级慈善专题博物馆——中华慈善博物馆在江苏南通开馆。中华慈善博物馆是经国务院办公厅批准冠名,民政部和江苏省委、省政府合力推进,南通市具体承建的国家级慈善专题博物馆。

### 国内首支慈善信托计划发布

9月5日,在"中华慈善日"主题活动及第三届鹏城慈善奖颁奖现场,深圳市民政局局长廖远飞向中国平安集团颁发深圳首个慈善信托备案回执,这是国内首支慈善信托计划。

### 世界公益慈善论坛

9月5日,中国人民对外友好协会、清华大学、中国宋庆龄基金会、清华大学公益慈善研究会联合发起举办"世界公益慈善论坛"(World Philanthropy Forum)。本次论坛的主题为"新生态、新公益",围绕全球参与、企业及企业家参与、社会组织及社会参与三个视角,关注政策、学术、实务和人才培养,设有两个总论坛、五个分论坛共七场不同主题的高端学术活动,并有世界顶尖的专场学术讲座。

### 腾讯99公益日再次举办

9月9日,腾讯99公益日再次举办,累计677万人次通过腾讯公益平台捐款3.05亿元,为3643个在筹公益项目献出了自己的爱心。加上腾讯基金会和企业配捐,筹集善款金额超过6亿元。

### 腾讯推出"云+公益"计划

9月9日,腾讯云在"99公益日"活动中在业内率先推出"云+公益"

计划，为社会组织提供免费云服务、云镜像、IT公益培训、专业技术志愿者等四大专业服务，并发起了中国首个信息技术公益联盟。

**首届中国—东盟社会工作论坛在广西南宁举办**

9月10日，首届中国—东盟社会工作论坛在广西南宁举办。论坛以"社会工作与扶贫济困"为主题，旨在从国际化、多元化、本土化的视角，交流中国和东盟国家发展社会工作的模式与经验，深化中国与东盟国家在社会工作领域的相互学习与务实合作。

**《关于社会组织成立登记时同步开展党建工作有关问题的通知》发布**

9月18日，民政部下发《关于社会组织成立登记时同步开展党建工作有关问题的通知》，要求申请新成立社会组织提交党建工作承诺书和党员情况调查表。各级民政部门充分利用登记、年检、评估、执法、政府购买服务、培训等工作手段，使社会组织"两个全覆盖"率得到大幅提升。

**财新网和网易相继发文质疑陈光标**

9月，财新网和网易相继发布《陈光标："首善"还是"首骗"？》《"行为艺术家"陈光标的"造假人生"》等稿件，质疑他债务缠身、调查他慈善捐款的真实情况以及私刻公章的纠纷，引发公众热议。陈光标则在稿件发布第二天就通过律师"以报道不实"为由将两家媒体告上法庭。

# 10月

**《关于慈善组织开展慈善活动年度支出和管理费用的规定》发布**

10月11日，民政部、财政部和国家税务总局印发《关于慈善组织开展慈善活动年度支出和管理费用的规定》，该规定界定了慈善组织慈善活动支出的范围，包括为提供慈善服务和实施慈善项目发生的人员报酬、志愿者补贴和保险，以及使用房屋、设备、物资发生的相关费用等。

**传化公益慈善基金会筹建**

10月13日，浙江传化集团股东徐传化、徐冠巨、徐观宝一致同意捐出总价值30亿元的现金和有价证券，注入正在筹建中的传化公益慈善基金。

传化公益慈善基金会拟致力于精准扶贫,通过设立产业扶贫项目、农业扶贫项目等,支持社会公益事业。

**多部门联合发起国际志愿者项目**

10月20日,中国扶贫基金会、中国志愿服务联合会、中国志愿服务基金会、北京市志愿服务联合会联合发起国际志愿者项目。

**"中国内地—香港慈善交流平台"在京启动**

10月20日至21日,深圳国际公益学院与香港乐施会在北京正式启动"中国内地—香港慈善交流平台",发布了《架设京港善桥——香港公益组织在中国内地开展资助和服务情况调研报告2016》,揭晓首届十大"京港慈善合作典范",并进行了七场公益慈善专题研讨会。

# 11月

**网络主播直播大凉山伪公益事件**

11月初,一段网络主播在大凉山搞假慈善的直播视频刷爆网络。事件发生后,凉山警方介入调查,以诈骗罪拘留涉事主播"杰哥"。

**"为爱行走"大型徒步公益活动举办**

2016年11月12日,"为爱行走 灵动无锡"正式开走。"为爱行走"是由中国灵山公益慈善促进会、无锡灵山慈善基金会联合发起主办的大型徒步公益活动。2016年"为爱行走"在无锡、张家港、南京、上海、西安、成都、长沙七城举办。无锡站是2016年"为爱行走"的最后一站,共有4000多人参与行走,1000名志愿者、工作人员参与服务,共计九万五千人次为34个公益慈善项目筹集善款560多万元。

**巧女基金会捐赠1亿元人民币支持全球气候变化应对和可持续发展**

11月17日,中国巧女基金会宣布出资1亿元人民币成立专项基金,支持气候变化和可持续发展。这是《巴黎协定》生效后中国第一笔聚焦气候变化和可持续发展方向的民间基金。

**中国非公募基金会发展论坛在沪举办**

11月22日,中国非公募基金会发展论坛在上海召开,"中国好公益平台发布会"以及"百度公益新平台内测邀请会暨基金会中心网与百度基金会战略合作发布会"成为本届年会最引人注目的两大亮点。23日举行的该次年会闭幕仪式上宣布,中国非公募基金会发展论坛正式更名为中国基金会发展论坛。

**"罗尔事件"引发广泛讨论**

11月25日,深圳作家罗尔在个人微信公众号发布文章并在小铜人的公众号"P2P观察"里推送为患白血病女儿罗一笑筹款并筹到善款262.69万元。随后网友质疑罗尔家庭经济条件不需要向社会救助,罗尔隐瞒事实,推送文章存在商业炒作。深圳市有关部门(市民政局)介入,并积极通过新媒体发声。12月1日,各方协商后决定将微信账号的全部赞赏资金原路退回至用户零钱包。

**网络公益扶贫联盟**

11月29日,中国互联网发展基金会、中国扶贫基金会联合京东、阿里巴巴、中国电信、腾讯、百度、新浪、新华网、乐村淘、供销e家、苏宁、去哪儿网、连尚网络、国安社区、易华录、匡恩网络等15家网信企业,在全国网络扶贫工作现场推进会上共同发起成立"网络公益扶贫联盟"。该联盟已吸收100多家网信企业参加,将网络公益作为打赢脱贫攻坚战的重要支撑,加强网信领域的协调联动及优势互补;充分发挥互联网的传播、技术和平台优势,动员7亿多网民和社会各界共同参与,将每1家网信企业、每1位普通网民的建设性力量转化为脱贫攻坚的强大动力。

# 12月

**《关于通过政府购买服务支持社会组织培育发展的指导意见》发布**

12月1日,经国务院同意,财政部、民政部出台《关于通过政府购买服务支持社会组织培育发展的指导意见》,提出了一系列社会组织财税支持政策措施。

**陈天桥夫妇捐资支持脑科学研究**

12月7日,陈天桥和雒芊芊夫妇宣布捐赠10亿美元基金支持脑科学研究,首批将向加州理工学院捐款1亿美元,用于大脑基础生物学研究,引发中国科学界热议。陈天桥夫妇捐助科学基础研究和探索,表明中国企业家捐赠开始积极关注更长远更有意义的工作。

**"健康快车"在斯里兰卡开展国际"光明行"项目**

12月11日,"健康快车"在斯里兰卡开展国际"光明行"项目,为"一带一路"沿线国家提供慈善医疗。这一项目显示中国社会组织的国际参与力度在加大,助力中国成为承担大国责任的世界公民。

**民政部公示第二批2015年度拟定年检结论为不合格的基金会名单**

12月15日,民政部公示第二批104家民政部登记的基金会2015年度拟定年检结论为不合格。基金会作为公益慈善的核心主体,其本身的健康发展引发业界和媒体的广泛关注。

**"蔡白萍"诈捐事件**

12月16日,民政部办公厅发布《关于谨防有人假借元旦春节双节救助名义进行诈骗活动的严正声明》,声明指出一位自称"蔡白萍"的人假借民政部社会救助司名义,通过微信、QQ、网络等方式到处散布关于开展"元旦、春节双节救助项目"活动的信息。该事件是《慈善法》实施后民政部首次针对网络骗捐事件进行回应。

**中国企业家加入能源突破基金**

12月16日,美国微软公司创始人比尔·盖茨宣布成立10亿美元的"能源突破基金",潘石屹夫妇、马云等中国企业家作为投资人加入能源突破基金。该捐赠基金希望推动全球范围内的能源转型。

**《行业协会商会综合监管办法(试行)》发布**

12月19日,经国务院同意,国家发展改革委、民政部等10部委联合印发了《行业协会商会综合监管办法(试行)》。该办法是第一次在国家层面建立健全新型综合监管的制度,标志着社会组织由原来行政化准入为主的管理方式，转变为政府部门强化事中事后监管和行业协会商会内部自治自律相结合的新型综合监管模式。

**《境外非政府组织在中国境内活动领域和项目目录、业务主管单位名录》发布**

12月20日，公安部发布《境外非政府组织在中国境内活动领域和项目目录、业务主管单位名录》。根据《境外非政府组织境内活动管理法》第十一条规定，境外非政府组织申请登记设立代表机构，应当经业务主管单位同意。

**全国首单社会效应债券公开发行**

12月23日，全国首单社会效应债券——山东省沂南县扶贫社会效应债券，在银行间市场交易商协会完成注册及资金募集。

**慈善组织作为单一受托人的首例慈善信托发布**

12月28日，"2016阿拉善SEE公益金融班环保慈善信托"在北京举行，并发布了国内首例慈善组织作为单一受托人的慈善信托案例。这是2016年9月《中华人民共和国慈善法》正式施行后，慈善组织作为单一受托人的首例慈善信托。

# B.24
# 2016年公益慈善政策法规摘要

## 《中华人民共和国慈善法》

2016年3月16日中华人民共和国第十二届全国人民代表大会第四次会议通过《中华人民共和国慈善法》，自2016年9月1日起施行。

第一章　总则

**第一条**　为了发展慈善事业，弘扬慈善文化，规范慈善活动，保护慈善组织、捐赠人、志愿者、受益人等慈善活动参与者的合法权益，促进社会进步，共享发展成果，制定本法。

**第二条**　自然人、法人和其他组织开展慈善活动以及与慈善有关的活动，适用本法。其他法律有特别规定的，依照其规定。

**第三条**　本法所称慈善活动，是指自然人、法人和其他组织以捐赠财产或者提供服务等方式，自愿开展的下列公益活动：

（一）扶贫、济困；

（二）扶老、救孤、恤病、助残、优抚；

（三）救助自然灾害、事故灾难和公共卫生事件等突发事件造成的损害；

（四）促进教育、科学、文化、卫生、体育等事业的发展；

（五）防治污染和其他公害，保护和改善生态环境；

（六）符合本法规定的其他公益活动。

**第四条**　开展慈善活动，应当遵循合法、自愿、诚信、非营利的原则，不得违背社会公德，不得危害国家安全、损害社会公共利益和他人合法权益。

**第五条** 国家鼓励和支持自然人、法人和其他组织践行社会主义核心价值观，弘扬中华民族传统美德，依法开展慈善活动。

**第六条** 国务院民政部门主管全国慈善工作，县级以上地方各级人民政府民政部门主管本行政区域内的慈善工作；县级以上人民政府有关部门依照本法和其他有关法律法规，在各自的职责范围内做好相关工作。

**第七条** 每年9月5日为"中华慈善日"。

## 第二章　慈善组织

**第八条** 本法所称慈善组织，是指依法成立、符合本法规定，以面向社会开展慈善活动为宗旨的非营利性组织。

慈善组织可以采取基金会、社会团体、社会服务机构等组织形式。

**第九条** 慈善组织应当符合下列条件：

（一）以开展慈善活动为宗旨；

（二）不以营利为目的；

（三）有自己的名称和住所；

（四）有组织章程；

（五）有必要的财产；

（六）有符合条件的组织机构和负责人；

（七）法律、行政法规规定的其他条件。

**第十条** 设立慈善组织，应当向县级以上人民政府民政部门申请登记，民政部门应当自受理申请之日起三十日内作出决定。符合本法规定条件的，准予登记并向社会公告；不符合本法规定条件的，不予登记并书面说明理由。

本法公布前已经设立的基金会、社会团体、社会服务机构等非营利性组织，可以向其登记的民政部门申请认定为慈善组织，民政部门应当自受理申请之日起二十日内作出决定。符合慈善组织条件的，予以认定并向社会公告；不符合慈善组织条件的，不予认定并书面说明理由。

有特殊情况需要延长登记或者认定期限的，报经国务院民政部门批准，可以适当延长，但延长的期限不得超过六十日。

第十一条　慈善组织的章程，应当符合法律法规的规定，并载明下列事项：

（一）名称和住所；

（二）组织形式；

（三）宗旨和活动范围；

（四）财产来源及构成；

（五）决策、执行机构的组成及职责；

（六）内部监督机制；

（七）财产管理使用制度；

（八）项目管理制度；

（九）终止情形及终止后的清算办法；

（十）其他重要事项。

第十二条　慈善组织应当根据法律法规以及章程的规定，建立健全内部治理结构，明确决策、执行、监督等方面的职责权限，开展慈善活动。

慈善组织应当执行国家统一的会计制度，依法进行会计核算，建立健全会计监督制度，并接受政府有关部门的监督管理。

第十三条　慈善组织应当每年向其登记的民政部门报送年度工作报告和财务会计报告。报告应当包括年度开展募捐和接受捐赠情况、慈善财产的管理使用情况、慈善项目实施情况以及慈善组织工作人员的工资福利情况。

第十四条　慈善组织的发起人、主要捐赠人以及管理人员，不得利用其关联关系损害慈善组织、受益人的利益和社会公共利益。

慈善组织的发起人、主要捐赠人以及管理人员与慈善组织发生交易行为的，不得参与慈善组织有关该交易行为的决策，有关交易情况应当向社会公开。

第十五条　慈善组织不得从事、资助危害国家安全和社会公共利益的活动，不得接受附加违反法律法规和违背社会公德条件的捐赠，不得对受益人附加违反法律法规和违背社会公德的条件。

**第十六条** 有下列情形之一的，不得担任慈善组织的负责人：

（一）无民事行为能力或者限制民事行为能力的；

（二）因故意犯罪被判处刑罚，自刑罚执行完毕之日起未逾五年的；

（三）在被吊销登记证书或者被取缔的组织担任负责人，自该组织被吊销登记证书或者被取缔之日起未逾五年的；

（四）法律、行政法规规定的其他情形。

**第十七条** 慈善组织有下列情形之一的，应当终止：

（一）出现章程规定的终止情形的；

（二）因分立、合并需要终止的；

（三）连续二年未从事慈善活动的；

（四）依法被撤销登记或者吊销登记证书的；

（五）法律、行政法规规定应当终止的其他情形。

**第十八条** 慈善组织终止，应当进行清算。

慈善组织的决策机构应当在本法第十七条规定的终止情形出现之日起三十日内成立清算组进行清算，并向社会公告。不成立清算组或者清算组不履行职责的，民政部门可以申请人民法院指定有关人员组成清算组进行清算。

慈善组织清算后的剩余财产，应当按照慈善组织章程的规定转给宗旨相同或者相近的慈善组织；章程未规定的，由民政部门主持转给宗旨相同或者相近的慈善组织，并向社会公告。

慈善组织清算结束后，应当向其登记的民政部门办理注销登记，并由民政部门向社会公告。

**第十九条** 慈善组织依法成立行业组织。

慈善行业组织应当反映行业诉求，推动行业交流，提高慈善行业公信力，促进慈善事业发展。

**第二十条** 慈善组织的组织形式、登记管理的具体办法由国务院制定。

### 第三章 慈善募捐

**第二十一条** 本法所称慈善募捐，是指慈善组织基于慈善宗旨募集财产

的活动。

慈善募捐，包括面向社会公众的公开募捐和面向特定对象的定向募捐。

**第二十二条** 慈善组织开展公开募捐，应当取得公开募捐资格。依法登记满二年的慈善组织，可以向其登记的民政部门申请公开募捐资格。民政部门应当自受理申请之日起二十日内作出决定。慈善组织符合内部治理结构健全、运作规范的条件的，发给公开募捐资格证书；不符合条件的，不发给公开募捐资格证书并书面说明理由。

法律、行政法规规定自登记之日起可以公开募捐的基金会和社会团体，由民政部门直接发给公开募捐资格证书。

**第二十三条** 开展公开募捐，可以采取下列方式：

（一）在公共场所设置募捐箱；

（二）举办面向社会公众的义演、义赛、义卖、义展、义拍、慈善晚会等；

（三）通过广播、电视、报刊、互联网等媒体发布募捐信息；

（四）其他公开募捐方式。

慈善组织采取前款第一项、第二项规定的方式开展公开募捐的，应当在其登记的民政部门管辖区域内进行，确有必要在其登记的民政部门管辖区域外进行的，应当报其开展募捐活动所在地的县级以上人民政府民政部门备案。捐赠人的捐赠行为不受地域限制。

慈善组织通过互联网开展公开募捐的，应当在国务院民政部门统一或者指定的慈善信息平台发布募捐信息，并可以同时在其网站发布募捐信息。

**第二十四条** 开展公开募捐，应当制定募捐方案。募捐方案包括募捐目的、起止时间和地域、活动负责人姓名和办公地址、接受捐赠方式、银行账户、受益人、募得款物用途、募捐成本、剩余财产的处理等。

募捐方案应当在开展募捐活动前报慈善组织登记的民政部门备案。

**第二十五条** 开展公开募捐，应当在募捐活动现场或者募捐活动载体的显著位置，公布募捐组织名称、公开募捐资格证书、募捐方案、联系方式、募捐信息查询方法等。

第二十六条　不具有公开募捐资格的组织或者个人基于慈善目的，可以与具有公开募捐资格的慈善组织合作，由该慈善组织开展公开募捐并管理募得款物。

第二十七条　广播、电视、报刊以及网络服务提供者、电信运营商，应当对利用其平台开展公开募捐的慈善组织的登记证书、公开募捐资格证书进行验证。

第二十八条　慈善组织自登记之日起可以开展定向募捐。

慈善组织开展定向募捐，应当在发起人、理事会成员和会员等特定对象的范围内进行，并向募捐对象说明募捐目的、募得款物用途等事项。

第二十九条　开展定向募捐，不得采取或者变相采取本法第二十三条规定的方式。

第三十条　发生重大自然灾害、事故灾难和公共卫生事件等突发事件，需要迅速开展救助时，有关人民政府应当建立协调机制，提供需求信息，及时有序引导开展募捐和救助活动。

第三十一条　开展募捐活动，应当尊重和维护募捐对象的合法权益，保障募捐对象的知情权，不得通过虚构事实等方式欺骗、诱导募捐对象实施捐赠。

第三十二条　开展募捐活动，不得摊派或者变相摊派，不得妨碍公共秩序、企业生产经营和居民生活。

第三十三条　禁止任何组织或者个人假借慈善名义或者假冒慈善组织开展募捐活动，骗取财产。

第四章　慈善捐赠

第三十四条　本法所称慈善捐赠，是指自然人、法人和其他组织基于慈善目的，自愿、无偿赠与财产的活动。

第三十五条　捐赠人可以通过慈善组织捐赠，也可以直接向受益人捐赠。

第三十六条　捐赠人捐赠的财产应当是其有权处分的合法财产。捐赠财

产包括货币、实物、房屋、有价证券、股权、知识产权等有形和无形财产。

捐赠人捐赠的实物应当具有使用价值，符合安全、卫生、环保等标准。

捐赠人捐赠本企业产品的，应当依法承担产品质量责任和义务。

**第三十七条** 自然人、法人和其他组织开展演出、比赛、销售、拍卖等经营性活动，承诺将全部或者部分所得用于慈善目的的，应当在举办活动前与慈善组织或者其他接受捐赠的人签订捐赠协议，活动结束后按照捐赠协议履行捐赠义务，并将捐赠情况向社会公开。

**第三十八条** 慈善组织接受捐赠，应当向捐赠人开具由财政部门统一监（印）制的捐赠票据。捐赠票据应当载明捐赠人、捐赠财产的种类及数量、慈善组织名称和经办人姓名、票据日期等。捐赠人匿名或者放弃接受捐赠票据的，慈善组织应当做好相关记录。

**第三十九条** 慈善组织接受捐赠，捐赠人要求签订书面捐赠协议的，慈善组织应当与捐赠人签订书面捐赠协议。

书面捐赠协议包括捐赠人和慈善组织名称，捐赠财产的种类、数量、质量、用途、交付时间等内容。

**第四十条** 捐赠人与慈善组织约定捐赠财产的用途和受益人时，不得指定捐赠人的利害关系人作为受益人。

任何组织和个人不得利用慈善捐赠违反法律规定宣传烟草制品，不得利用慈善捐赠以任何方式宣传法律禁止宣传的产品和事项。

**第四十一条** 捐赠人应当按照捐赠协议履行捐赠义务。捐赠人违反捐赠协议逾期未交付捐赠财产，有下列情形之一的，慈善组织或者其他接受捐赠的人可以要求交付；捐赠人拒不交付的，慈善组织和其他接受捐赠的人可以依法向人民法院申请支付令或者提起诉讼：

（一）捐赠人通过广播、电视、报刊、互联网等媒体公开承诺捐赠的；

（二）捐赠财产用于本法第三条第一项至第三项规定的慈善活动，并签订书面捐赠协议的。

捐赠人公开承诺捐赠或者签订书面捐赠协议后经济状况显著恶化，严重影响其生产经营或者家庭生活的，经向公开承诺捐赠地或者书面捐赠协议签订地的民政部门报告并向社会公开说明情况后，可以不再履行捐赠义务。

**第四十二条** 捐赠人有权查询、复制其捐赠财产管理使用的有关资料，慈善组织应当及时主动向捐赠人反馈有关情况。

慈善组织违反捐赠协议约定的用途，滥用捐赠财产的，捐赠人有权要求其改正；拒不改正的，捐赠人可以向民政部门投诉、举报或者向人民法院提起诉讼。

**第四十三条** 国有企业实施慈善捐赠应当遵守有关国有资产管理的规定，履行批准和备案程序。

### 第五章 慈善信托

**第四十四条** 本法所称慈善信托属于公益信托，是指委托人基于慈善目的，依法将其财产委托给受托人，由受托人按照委托人意愿以受托人名义进行管理和处分，开展慈善活动的行为。

**第四十五条** 设立慈善信托、确定受托人和监察人，应当采取书面形式。受托人应当在慈善信托文件签订之日起七日内，将相关文件向受托人所在地县级以上人民政府民政部门备案。

未按照前款规定将相关文件报民政部门备案的，不享受税收优惠。

**第四十六条** 慈善信托的受托人，可以由委托人确定其信赖的慈善组织或者信托公司担任。

**第四十七条** 慈善信托的受托人违反信托义务或者难以履行职责的，委托人可以变更受托人。变更后的受托人应当自变更之日起七日内，将变更情况报原备案的民政部门重新备案。

**第四十八条** 慈善信托的受托人管理和处分信托财产，应当按照信托目的，恪尽职守，履行诚信、谨慎管理的义务。

慈善信托的受托人应当根据信托文件和委托人的要求，及时向委托人报告信托事务处理情况、信托财产管理使用情况。慈善信托的受托人应当每年至少一次将信托事务处理情况及财务状况向其备案的民政部门报告，并向社会公开。

**第四十九条** 慈善信托的委托人根据需要，可以确定信托监察人。

信托监察人对受托人的行为进行监督，依法维护委托人和受益人的权益。信托监察人发现受托人违反信托义务或者难以履行职责的，应当向委托人报告，并有权以自己的名义向人民法院提起诉讼。

**第五十条** 慈善信托的设立、信托财产的管理、信托当事人、信托的终止和清算等事项，本章未规定的，适用本法其他有关规定；本法未规定的，适用《中华人民共和国信托法》的有关规定。

### 第六章 慈善财产

**第五十一条** 慈善组织的财产包括：

（一）发起人捐赠、资助的创始财产；

（二）募集的财产；

（三）其他合法财产。

**第五十二条** 慈善组织的财产应当根据章程和捐赠协议的规定全部用于慈善目的，不得在发起人、捐赠人以及慈善组织成员中分配。

任何组织和个人不得私分、挪用、截留或者侵占慈善财产。

**第五十三条** 慈善组织对募集的财产，应当登记造册，严格管理，专款专用。

捐赠人捐赠的实物不易储存、运输或者难以直接用于慈善目的的，慈善组织可以依法拍卖或者变卖，所得收入扣除必要费用后，应当全部用于慈善目的。

**第五十四条** 慈善组织为实现财产保值、增值进行投资的，应当遵循合法、安全、有效的原则，投资取得的收益应当全部用于慈善目的。慈善组织的重大投资方案应当经决策机构组成人员三分之二以上同意。政府资助的财产和捐赠协议约定不得投资的财产，不得用于投资。慈善组织的负责人和工作人员不得在慈善组织投资的企业兼职或者领取报酬。

前款规定事项的具体办法，由国务院民政部门制定。

**第五十五条** 慈善组织开展慈善活动，应当依照法律法规和章程的规定，按照募捐方案或者捐赠协议使用捐赠财产。慈善组织确需变更募捐方案规定的捐赠财产用途的，应当报民政部门备案；确需变更捐赠协议约定的捐赠财产用途的，应当征得捐赠人同意。

**第五十六条** 慈善组织应当合理设计慈善项目，优化实施流程，降低运行成本，提高慈善财产使用效益。

慈善组织应当建立项目管理制度，对项目实施情况进行跟踪监督。

**第五十七条** 慈善项目终止后捐赠财产有剩余的，按照募捐方案或者捐赠协议处理；募捐方案未规定或者捐赠协议未约定的，慈善组织应当将剩余财产用于目的相同或者相近的其他慈善项目，并向社会公开。

**第五十八条** 慈善组织确定慈善受益人，应当坚持公开、公平、公正的原则，不得指定慈善组织管理人员的利害关系人作为受益人。

**第五十九条** 慈善组织根据需要可以与受益人签订协议，明确双方权利义务，约定慈善财产的用途、数额和使用方式等内容。

受益人应当珍惜慈善资助，按照协议使用慈善财产。受益人未按照协议使用慈善财产或者有其他严重违反协议情形的，慈善组织有权要求其改正；受益人拒不改正的，慈善组织有权解除协议并要求受益人返还财产。

**第六十条** 慈善组织应当积极开展慈善活动，充分、高效运用慈善财产，并遵循管理费用最必要原则，厉行节约，减少不必要的开支。慈善组织中具有公开募捐资格的基金会开展慈善活动的年度支出，不得低于上一年总收入的百分之七十或者前三年收入平均数额的百分之七十；年度管理费用不得超过当年总支出的百分之十，特殊情况下，年度管理费用难以符合前述规定的，应当报告其登记的民政部门并向社会公开说明情况。

具有公开募捐资格的基金会以外的慈善组织开展慈善活动的年度支出和管理费用的标准，由国务院民政部门会同国务院财政、税务等部门依照前款规定的原则制定。

捐赠协议对单项捐赠财产的慈善活动支出和管理费用有约定的，按照其约定。

## 第七章 慈善服务

**第六十一条** 本法所称慈善服务，是指慈善组织和其他组织以及个人基于慈善目的，向社会或者他人提供的志愿无偿服务以及其他非营利服务。

慈善组织开展慈善服务，可以自己提供或者招募志愿者提供，也可以委托有服务专长的其他组织提供。

**第六十二条** 开展慈善服务，应当尊重受益人、志愿者的人格尊严，不得侵害受益人、志愿者的隐私。

**第六十三条** 开展医疗康复、教育培训等慈善服务，需要专门技能的，应当执行国家或者行业组织制定的标准和规程。

慈善组织招募志愿者参与慈善服务，需要专门技能的，应当对志愿者开展相关培训。

**第六十四条** 慈善组织招募志愿者参与慈善服务，应当公示与慈善服务有关的全部信息，告知服务过程中可能发生的风险。

慈善组织根据需要可以与志愿者签订协议，明确双方权利义务，约定服务的内容、方式和时间等。

**第六十五条** 慈善组织应当对志愿者实名登记，记录志愿者的服务时间、内容、评价等信息。根据志愿者的要求，慈善组织应当无偿、如实出具志愿服务记录证明。

**第六十六条** 慈善组织安排志愿者参与慈善服务，应当与志愿者的年龄、文化程度、技能和身体状况相适应。

**第六十七条** 志愿者接受慈善组织安排参与慈善服务的，应当服从管理，接受必要的培训。

**第六十八条** 慈善组织应当为志愿者参与慈善服务提供必要条件，保障志愿者的合法权益。

慈善组织安排志愿者参与可能发生人身危险的慈善服务前，应当为志愿者购买相应的人身意外伤害保险。

## 第八章 信息公开

**第六十九条** 县级以上人民政府建立健全慈善信息统计和发布制度。

县级以上人民政府民政部门应当在统一的信息平台，及时向社会公开慈善信息，并免费提供慈善信息发布服务。

慈善组织和慈善信托的受托人应当在前款规定的平台发布慈善信息，并对信息的真实性负责。

**第七十条** 县级以上人民政府民政部门和其他有关部门应当及时向社会公开下列慈善信息：

（一）慈善组织登记事项；

（二）慈善信托备案事项；

（三）具有公开募捐资格的慈善组织名单；

（四）具有出具公益性捐赠税前扣除票据资格的慈善组织名单；

（五）对慈善活动的税收优惠、资助补贴等促进措施；

（六）向慈善组织购买服务的信息；

（七）对慈善组织、慈善信托开展检查、评估的结果；

（八）对慈善组织和其他组织以及个人的表彰、处罚结果；

（九）法律法规规定应当公开的其他信息。

**第七十一条** 慈善组织、慈善信托的受托人应当依法履行信息公开义务。信息公开应当真实、完整、及时。

**第七十二条** 慈善组织应当向社会公开组织章程和决策、执行、监督机构成员信息以及国务院民政部门要求公开的其他信息。上述信息有重大变更的，慈善组织应当及时向社会公开。

慈善组织应当每年向社会公开其年度工作报告和财务会计报告。具有公开募捐资格的慈善组织的财务会计报告须经审计。

**第七十三条** 具有公开募捐资格的慈善组织应当定期向社会公开其募捐情况和慈善项目实施情况。

公开募捐周期超过六个月的，至少每三个月公开一次募捐情况，公开募

捐活动结束后三个月内应当全面公开募捐情况。

慈善项目实施周期超过六个月的，至少每三个月公开一次项目实施情况，项目结束后三个月内应当全面公开项目实施情况和募得款物使用情况。

**第七十四条** 慈善组织开展定向募捐的，应当及时向捐赠人告知募捐情况、募得款物的管理使用情况。

**第七十五条** 慈善组织、慈善信托的受托人应当向受益人告知其资助标准、工作流程和工作规范等信息。

**第七十六条** 涉及国家秘密、商业秘密、个人隐私的信息以及捐赠人、慈善信托的委托人不同意公开的姓名、名称、住所、通讯方式等信息，不得公开。

## 第九章 促进措施

**第七十七条** 县级以上人民政府应当根据经济社会发展情况，制定促进慈善事业发展的政策和措施。

县级以上人民政府有关部门应当在各自职责范围内，向慈善组织、慈善信托受托人等提供慈善需求信息，为慈善活动提供指导和帮助。

**第七十八条** 县级以上人民政府民政部门应当建立与其他部门之间的慈善信息共享机制。

**第七十九条** 慈善组织及其取得的收入依法享受税收优惠。

**第八十条** 自然人、法人和其他组织捐赠财产用于慈善活动的，依法享受税收优惠。企业慈善捐赠支出超过法律规定的准予在计算企业所得税应纳税所得额时当年扣除的部分，允许结转以后三年内在计算应纳税所得额时扣除。

境外捐赠用于慈善活动的物资，依法减征或者免征进口关税和进口环节增值税。

**第八十一条** 受益人接受慈善捐赠，依法享受税收优惠。

**第八十二条** 慈善组织、捐赠人、受益人依法享受税收优惠的，有关部门应当及时办理相关手续。

**第八十三条** 捐赠人向慈善组织捐赠实物、有价证券、股权和知识产权的，依法免征权利转让的相关行政事业性费用。

**第八十四条** 国家对开展扶贫济困的慈善活动，实行特殊的优惠政策。

**第八十五条** 慈善组织开展本法第三条第一项、第二项规定的慈善活动需要慈善服务设施用地的，可以依法申请使用国有划拨土地或者农村集体建设用地。慈善服务设施用地非经法定程序不得改变用途。

**第八十六条** 国家为慈善事业提供金融政策支持，鼓励金融机构为慈善组织、慈善信托提供融资和结算等金融服务。

**第八十七条** 各级人民政府及其有关部门可以依法通过购买服务等方式，支持符合条件的慈善组织向社会提供服务，并依照有关政府采购的法律法规向社会公开相关情况。

**第八十八条** 国家采取措施弘扬慈善文化，培育公民慈善意识。

学校等教育机构应当将慈善文化纳入教育教学内容。国家鼓励高等学校培养慈善专业人才，支持高等学校和科研机构开展慈善理论研究。

广播、电视、报刊、互联网等媒体应当积极开展慈善公益宣传活动，普及慈善知识，传播慈善文化。

**第八十九条** 国家鼓励企业事业单位和其他组织为开展慈善活动提供场所和其他便利条件。

**第九十条** 经受益人同意，捐赠人对其捐赠的慈善项目可以冠名纪念，法律法规规定需要批准的，从其规定。

**第九十一条** 国家建立慈善表彰制度，对在慈善事业发展中做出突出贡献的自然人、法人和其他组织，由县级以上人民政府或者有关部门予以表彰。

## 第十章 监督管理

**第九十二条** 县级以上人民政府民政部门应当依法履行职责，对慈善活动进行监督检查，对慈善行业组织进行指导。

**第九十三条** 县级以上人民政府民政部门对涉嫌违反本法规定的慈善组

织,有权采取下列措施:

(一)对慈善组织的住所和慈善活动发生地进行现场检查;

(二)要求慈善组织作出说明,查阅、复制有关资料;

(三)向与慈善活动有关的单位和个人调查与监督管理有关的情况;

(四)经本级人民政府批准,可以查询慈善组织的金融账户;

(五)法律、行政法规规定的其他措施。

**第九十四条** 县级以上人民政府民政部门对慈善组织、有关单位和个人进行检查或者调查时,检查人员或者调查人员不得少于二人,并应当出示合法证件和检查、调查通知书。

**第九十五条** 县级以上人民政府民政部门应当建立慈善组织及其负责人信用记录制度,并向社会公布。

民政部门应当建立慈善组织评估制度,鼓励和支持第三方机构对慈善组织进行评估,并向社会公布评估结果。

**第九十六条** 慈善行业组织应当建立健全行业规范,加强行业自律。

**第九十七条** 任何单位和个人发现慈善组织、慈善信托有违法行为的,可以向民政部门、其他有关部门或者慈善行业组织投诉、举报。民政部门、其他有关部门或者慈善行业组织接到投诉、举报后,应当及时调查处理。

国家鼓励公众、媒体对慈善活动进行监督,对假借慈善名义或者假冒慈善组织骗取财产以及慈善组织、慈善信托的违法违规行为予以曝光,发挥舆论和社会监督作用。

## 第十一章 法律责任

**第九十八条** 慈善组织有下列情形之一的,由民政部门责令限期改正;逾期不改正的,吊销登记证书并予以公告:

(一)未按照慈善宗旨开展活动的;

(二)私分、挪用、截留或者侵占慈善财产的;

(三)接受附加违反法律法规或者违背社会公德条件的捐赠,或者对受益人附加违反法律法规或者违背社会公德的条件的。

第九十九条  慈善组织有下列情形之一的,由民政部门予以警告、责令限期改正;逾期不改正的,责令限期停止活动并进行整改:

(一) 违反本法第十四条规定造成慈善财产损失的;

(二) 将不得用于投资的财产用于投资的;

(三) 擅自改变捐赠财产用途的;

(四) 开展慈善活动的年度支出或者管理费用的标准违反本法第六十条规定的;

(五) 未依法履行信息公开义务的;

(六) 未依法报送年度工作报告、财务会计报告或者报备募捐方案的;

(七) 泄露捐赠人、志愿者、受益人个人隐私以及捐赠人、慈善信托的委托人不同意公开的姓名、名称、住所、通讯方式等信息的。

慈善组织违反本法规定泄露国家秘密、商业秘密的,依照有关法律的规定予以处罚。

慈善组织有前两款规定的情形,经依法处理后一年内再出现前款规定的情形,或者有其他情节严重情形的,由民政部门吊销登记证书并予以公告。

第一百条  慈善组织有本法第九十八条、第九十九条规定的情形,有违法所得的,由民政部门予以没收;对直接负责的主管人员和其他直接责任人员处二万元以上二十万元以下罚款。

第一百零一条  开展募捐活动有下列情形之一的,由民政部门予以警告、责令停止募捐活动;对违法募集的财产,责令退还捐赠人;难以退还的,由民政部门予以收缴,转给其他慈善组织用于慈善目的;对有关组织或者个人处二万元以上二十万元以下罚款:

(一) 不具有公开募捐资格的组织或者个人开展公开募捐的;

(二) 通过虚构事实等方式欺骗、诱导募捐对象实施捐赠的;

(三) 向单位或者个人摊派或者变相摊派的;

(四) 妨碍公共秩序、企业生产经营或者居民生活的。

广播、电视、报刊以及网络服务提供者、电信运营商未履行本法第二十七条规定的验证义务的,由其主管部门予以警告,责令限期改正;逾期不改

正的，予以通报批评。

**第一百零二条** 慈善组织不依法向捐赠人开具捐赠票据、不依法向志愿者出具志愿服务记录证明或者不及时主动向捐赠人反馈有关情况的，由民政部门予以警告，责令限期改正；逾期不改正的，责令限期停止活动。

**第一百零三条** 慈善组织弄虚作假骗取税收优惠的，由税务机关依法查处；情节严重的，由民政部门吊销登记证书并予以公告。

**第一百零四条** 慈善组织从事、资助危害国家安全或者社会公共利益活动的，由有关机关依法查处，由民政部门吊销登记证书并予以公告。

**第一百零五条** 慈善信托的受托人有下列情形之一的，由民政部门予以警告，责令限期改正；有违法所得的，由民政部门予以没收；对直接负责的主管人员和其他直接责任人员处二万元以上二十万元以下罚款：

（一）将信托财产及其收益用于非慈善目的的；

（二）未按照规定将信托事务处理情况及财务状况向民政部门报告或者向社会公开的。

**第一百零六条** 慈善服务过程中，因慈善组织或者志愿者过错造成受益人、第三人损害的，慈善组织依法承担赔偿责任；损害是由志愿者故意或者重大过失造成的，慈善组织可以向其追偿。

志愿者在参与慈善服务过程中，因慈善组织过错受到损害的，慈善组织依法承担赔偿责任；损害是由不可抗力造成的，慈善组织应当给予适当补偿。

**第一百零七条** 自然人、法人或者其他组织假借慈善名义或者假冒慈善组织骗取财产的，由公安机关依法查处。

**第一百零八条** 县级以上人民政府民政部门和其他有关部门及其工作人员有下列情形之一的，由上级机关或者监察机关责令改正；依法应当给予处分的，由任免机关或者监察机关对直接负责的主管人员和其他直接责任人员给予处分：

（一）未依法履行信息公开义务的；

（二）摊派或者变相摊派捐赠任务，强行指定志愿者、慈善组织提供服务的；

（三）未依法履行监督管理职责的；

（四）违法实施行政强制措施和行政处罚的；

（五）私分、挪用、截留或者侵占慈善财产的；

（六）其他滥用职权、玩忽职守、徇私舞弊的行为。

第一百零九条　违反本法规定，构成违反治安管理行为的，由公安机关依法给予治安管理处罚；构成犯罪的，依法追究刑事责任。

第十二章　附则

第一百一十条　城乡社区组织、单位可以在本社区、单位内部开展群众性互助互济活动。

第一百一十一条　慈善组织以外的其他组织可以开展力所能及的慈善活动。

第一百一十二条　本法自 2016 年 9 月 1 日起施行。

## 《社会组织登记管理机关行政执法约谈工作规定（试行）》

2016 年 3 月 16 日，民政部印发《社会组织登记管理机关行政执法约谈工作规定（试行）》。

第一条　为加强对社会组织的事中事后监管，提高行政监管效能，促进社会组织健康有序发展，根据《社会团体登记管理条例》、《基金会管理条例》和《民办非企业单位登记管理暂行条例》，制定本规定。

第二条　社会组织登记管理机关对发生违法违规情形的社会组织，可以约谈其负责人，指出问题，提出改正意见，督促社会组织及时纠正违法违规行为。

第三条　约谈应当遵循依法、合理、及时、有效的原则。

第四条　本规定所称负责人为社会组织的理事长（会长）、副理事长（副会长）、秘书长（院长、校长等）。

前款规定的人员因故不能如期参加约谈的，社会组织应当向登记管理机关书面说明情况，经登记管理机关同意，可以更改约谈时间。

**第五条** 对同一案件涉及多家社会组织的，可以个别约谈，也可以集中约谈。

**第六条** 登记管理机关应当制作《约谈通知书》，告知社会组织约谈时间、地点、事项和参加人员等。情况紧急的，可以电话通知社会组织。

**第七条** 登记管理机关进行约谈时，应当有两名以上执法人员参加，并出示执法证件。必要时可以邀请业务主管单位、行业主管部门、相关职能部门参加。

**第八条** 约谈按以下程序进行：

（一）执法人员出示证件，表明身份，并核对约谈对象身份；

（二）执法人员告知约谈目的和注意事项；

（三）执法人员指出社会组织的违法违规情形，告知相关法律法规及政策规定；

（四）约谈对象针对本条第（三）项内容进行陈述；

（五）执法人员提出整改意见，对违法违规行为尚未终止的，要求立即停止。

**第九条** 约谈对象接受整改意见的，应当作出整改承诺；如不接受，则约谈程序终止。

**第十条** 登记管理机关可以根据需要对约谈过程进行录音、录像。

**第十一条** 登记管理机关应当制作约谈笔录，约谈结束后由执法人员和约谈对象签字或盖章。约谈对象拒绝签字或盖章的，由执法人员在约谈笔录上注明。

**第十二条** 对作出整改承诺的社会组织，登记管理机关应当跟踪检查其整改情况。

**第十三条** 登记管理机关可以将约谈对象、约谈事项、整改承诺等约谈情况及不接受约谈的社会组织名单向社会公布。

**第十四条** 社会组织的违法违规行为构成行政处罚情形的，登记管理机关不得以约谈代替行政处罚。

第十五条　约谈对象无正当理由不接受约谈，不接受整改意见或不落实整改承诺的，登记管理机关应当及时启动其他执法程序，并将上述情况作为年度检查、等级评估、信用评价、购买服务及税收优惠等工作的参考。

## 《境外非政府组织境内活动管理法》

2016 年 4 月 28 日，十二届全国人大常委会第二十次会议通过《境外非政府组织境内活动管理法》，自 2017 年 1 月 1 日起施行。

第一章　总则

第一条　为了规范、引导境外非政府组织在中国境内的活动，保障其合法权益，促进交流与合作，制定本法。

第二条　境外非政府组织在中国境内开展活动适用本法。

本法所称境外非政府组织，是指在境外合法成立的基金会、社会团体、智库机构等非营利、非政府的社会组织。

第三条　境外非政府组织依照本法可以在经济、教育、科技、文化、卫生、体育、环保等领域和济困、救灾等方面开展有利于公益事业发展的活动。

第四条　境外非政府组织在中国境内依法开展活动，受法律保护。

第五条　境外非政府组织在中国境内开展活动应当遵守中国法律，不得危害中国的国家统一、安全和民族团结，不得损害中国国家利益、社会公共利益和公民、法人以及其他组织的合法权益。

境外非政府组织在中国境内不得从事或者资助营利性活动、政治活动，不得非法从事或者资助宗教活动。

第六条　国务院公安部门和省级人民政府公安机关，是境外非政府组织在中国境内开展活动的登记管理机关。

国务院有关部门和单位、省级人民政府有关部门和单位，是境外非政府

组织在中国境内开展活动的相应业务主管单位。

**第七条** 县级以上人民政府公安机关和有关部门在各自职责范围内对境外非政府组织在中国境内开展活动依法实施监督管理、提供服务。

国家建立境外非政府组织监督管理工作协调机制，负责研究、协调、解决境外非政府组织在中国境内开展活动监督管理和服务便利中的重大问题。

**第八条** 国家对为中国公益事业发展做出突出贡献的境外非政府组织给予表彰。

## 第二章 登记和备案

**第九条** 境外非政府组织在中国境内开展活动，应当依法登记设立代表机构；未登记设立代表机构需要在中国境内开展临时活动的，应当依法备案。

境外非政府组织未登记设立代表机构、开展临时活动未经备案的，不得在中国境内开展或者变相开展活动，不得委托、资助或者变相委托、资助中国境内任何单位和个人在中国境内开展活动。

**第十条** 境外非政府组织符合下列条件，根据业务范围、活动地域和开展活动的需要，可以申请在中国境内登记设立代表机构：

（一）在境外合法成立；

（二）能够独立承担民事责任；

（三）章程规定的宗旨和业务范围有利于公益事业发展；

（四）在境外存续二年以上并实质性开展活动；

（五）法律、行政法规规定的其他条件。

**第十一条** 境外非政府组织申请登记设立代表机构，应当经业务主管单位同意。

业务主管单位的名录由国务院公安部门和省级人民政府公安机关会同有关部门公布。

**第十二条** 境外非政府组织应当自业务主管单位同意之日起三十日内，向登记管理机关申请设立代表机构登记。申请设立代表机构登记，应当向登记管理机关提交下列文件、材料：

（一）申请书；

（二）符合本法第十条规定的证明文件、材料；

（三）拟设代表机构首席代表的身份证明、简历及其无犯罪记录证明材料或者声明；

（四）拟设代表机构的住所证明材料；

（五）资金来源证明材料；

（六）业务主管单位的同意文件；

（七）法律、行政法规规定的其他文件、材料。

登记管理机关审查境外非政府组织代表机构设立申请，根据需要可以组织专家进行评估。

登记管理机关应当自受理申请之日起六十日内作出准予登记或者不予登记的决定。

第十三条  对准予登记的境外非政府组织代表机构，登记管理机关发给登记证书，并向社会公告。登记事项包括：

（一）名称；

（二）住所；

（三）业务范围；

（四）活动地域；

（五）首席代表；

（六）业务主管单位。

境外非政府组织代表机构凭登记证书依法办理税务登记，刻制印章，在中国境内的银行开立银行账户，并将税务登记证件复印件、印章式样以及银行账户报登记管理机关备案。

第十四条  境外非政府组织代表机构需要变更登记事项的，应当自业务主管单位同意之日起三十日内，向登记管理机关申请变更登记。

第十五条  有下列情形之一的，境外非政府组织代表机构由登记管理机关注销登记，并向社会公告：

（一）境外非政府组织撤销代表机构的；

（二）境外非政府组织终止的；

（三）境外非政府组织代表机构依法被撤销登记或者吊销登记证书的；

（四）由于其他原因终止的。

境外非政府组织代表机构注销登记后，设立该代表机构的境外非政府组织应当妥善办理善后事宜。境外非政府组织代表机构不具有法人资格，涉及相关法律责任的，由该境外非政府组织承担。

**第十六条** 境外非政府组织未在中国境内设立代表机构，在中国境内开展临时活动的，应当与中国的国家机关、人民团体、事业单位、社会组织（以下称中方合作单位）合作进行。

**第十七条** 境外非政府组织开展临时活动，中方合作单位应当按照国家规定办理审批手续，并在开展临时活动十五日前向其所在地的登记管理机关备案。备案应当提交下列文件、材料：

（一）境外非政府组织合法成立的证明文件、材料；

（二）境外非政府组织与中方合作单位的书面协议；

（三）临时活动的名称、宗旨、地域和期限等相关材料；

（四）项目经费、资金来源证明材料及中方合作单位的银行账户；

（五）中方合作单位获得批准的文件；

（六）法律、行政法规规定的其他文件、材料。

在赈灾、救援等紧急情况下，需要开展临时活动的，备案时间不受前款规定的限制。

临时活动期限不超过一年，确实需要延长期限的，应当重新备案。

登记管理机关认为备案的临时活动不符合本法第五条规定的，应当及时通知中方合作单位停止临时活动。

### 第三章 活动规范

**第十八条** 境外非政府组织代表机构应当以登记的名称，在登记的业务范围和活动地域内开展活动。

境外非政府组织不得在中国境内设立分支机构，国务院另有规定的除外。

**第十九条** 境外非政府组织代表机构应当于每年12月31日前将包含项目实施、资金使用等内容的下一年度活动计划报业务主管单位，业务主管单位同意后十日内报登记管理机关备案。特殊情况下需要调整活动计划的，应当及时向登记管理机关备案。

**第二十条** 境外非政府组织在中国境内开展活动不得对中方合作单位、受益人附加违反中国法律法规的条件。

**第二十一条** 境外非政府组织在中国境内活动资金包括：

（一）境外合法来源的资金；

（二）中国境内的银行存款利息；

（三）中国境内合法取得的其他资金。

境外非政府组织在中国境内活动不得取得或者使用前款规定以外的资金。

境外非政府组织及其代表机构不得在中国境内进行募捐。

**第二十二条** 设立代表机构的境外非政府组织应当通过代表机构在登记管理机关备案的银行账户管理用于中国境内的资金。

开展临时活动的境外非政府组织应当通过中方合作单位的银行账户管理用于中国境内的资金，实行单独记账，专款专用。

未经前两款规定的银行账户，境外非政府组织、中方合作单位和个人不得以其他任何形式在中国境内进行项目活动资金的收付。

**第二十三条** 境外非政府组织应当按照代表机构登记的业务范围、活动地域或者与中方合作单位协议的约定使用资金。

**第二十四条** 境外非政府组织代表机构应当执行中国统一的会计制度，聘请具有中国会计从业资格的会计人员依法进行会计核算。财务会计报告应当经中国境内会计师事务所审计。

**第二十五条** 境外非政府组织在中国境内开展活动，应当按照中国有关外汇管理的规定办理外汇收支。

**第二十六条** 境外非政府组织代表机构应当依法办理税务登记、纳税申

报和税款缴纳等事项。

**第二十七条** 境外非政府组织代表机构在中国境内聘用工作人员应当遵守法律、行政法规，并将聘用的工作人员信息报业务主管单位和登记管理机关备案。

**第二十八条** 境外非政府组织代表机构、开展临时活动的境外非政府组织不得在中国境内发展会员，国务院另有规定的除外。

**第二十九条** 境外非政府组织代表机构应当设一名首席代表，可以根据业务需要设一至三名代表。

有下列情形之一的，不得担任首席代表、代表：

（一）无民事行为能力或者限制民事行为能力的；

（二）有犯罪记录的；

（三）依法被撤销登记、吊销登记证书的代表机构的首席代表、代表，自被撤销、吊销之日起未逾五年的；

（四）法律、行政法规规定的其他情形。

**第三十条** 开展临时活动的境外非政府组织，应当以经备案的名称开展活动。

境外非政府组织、中方合作单位应当于临时活动结束后三十日内将活动情况、资金使用情况等书面报送登记管理机关。

**第三十一条** 境外非政府组织代表机构应当于每年1月31日前向业务主管单位报送上一年度工作报告，经业务主管单位出具意见后，于3月31日前报送登记管理机关，接受年度检查。

年度工作报告应当包括经审计的财务会计报告、开展活动的情况以及人员和机构变动的情况等内容。

境外非政府组织代表机构应当将年度工作报告在登记管理机关统一的网站上向社会公开。

**第三十二条** 中国境内任何单位和个人不得接受未登记代表机构、开展临时活动未经备案的境外非政府组织的委托、资助，代理或者变相代理境外非政府组织在中国境内开展活动。

## 第四章 便利措施

**第三十三条** 国家保障和支持境外非政府组织在中国境内依法开展活动。各级人民政府有关部门应当为境外非政府组织在中国境内依法开展活动提供必要的便利和服务。

**第三十四条** 国务院公安部门和省级人民政府公安机关会同有关部门制定境外非政府组织活动领域和项目目录，公布业务主管单位名录，为境外非政府组织开展活动提供指引。

**第三十五条** 县级以上人民政府有关部门应当依法为境外非政府组织提供政策咨询、活动指导服务。

登记管理机关应当通过统一的网站，公布境外非政府组织申请设立代表机构以及开展临时活动备案的程序，供境外非政府组织查询。

**第三十六条** 境外非政府组织代表机构依法享受税收优惠等政策。

**第三十七条** 对境外非政府组织代表机构进行年度检查不得收取费用。

**第三十八条** 境外非政府组织代表机构首席代表和代表中的境外人员，可以凭登记证书、代表证明文件等依法办理就业等工作手续。

## 第五章 监督管理

**第三十九条** 境外非政府组织在中国境内开展活动，应当接受公安机关、有关部门和业务主管单位的监督管理。

**第四十条** 业务主管单位负责对境外非政府组织设立代表机构、变更登记事项、年度工作报告提出意见，指导、监督境外非政府组织及其代表机构依法开展活动，协助公安机关等部门查处境外非政府组织及其代表机构的违法行为。

**第四十一条** 公安机关负责境外非政府组织代表机构的登记、年度检查，境外非政府组织临时活动的备案，对境外非政府组织及其代表机构的违法行为进行查处。

公安机关履行监督管理职责，发现涉嫌违反本法规定行为的，可以依法

采取下列措施：

（一）约谈境外非政府组织代表机构的首席代表以及其他负责人；

（二）进入境外非政府组织在中国境内的住所、活动场所进行现场检查；

（三）询问与被调查事件有关的单位和个人，要求其对与被调查事件有关的事项作出说明；

（四）查阅、复制与被调查事件有关的文件、资料，对可能被转移、销毁、隐匿或者篡改的文件、资料予以封存；

（五）查封或者扣押涉嫌违法活动的场所、设施或者财物。

**第四十二条** 公安机关可以查询与被调查事件有关的单位和个人的银行账户，有关金融机构、金融监督管理机构应当予以配合。对涉嫌违法活动的银行账户资金，经设区的市级以上人民政府公安机关负责人批准，可以提请人民法院依法冻结；对涉嫌犯罪的银行账户资金，依照《中华人民共和国刑事诉讼法》的规定采取冻结措施。

**第四十三条** 国家安全、外交外事、财政、金融监督管理、海关、税务、外国专家等部门按照各自职责对境外非政府组织及其代表机构依法实施监督管理。

**第四十四条** 国务院反洗钱行政主管部门依法对境外非政府组织代表机构、中方合作单位以及接受境外非政府组织资金的中国境内单位和个人开立、使用银行账户过程中遵守反洗钱和反恐怖主义融资法律规定的情况进行监督管理。

## 第六章　法律责任

**第四十五条** 境外非政府组织代表机构、开展临时活动的境外非政府组织或者中方合作单位有下列情形之一的，由设区的市级以上人民政府公安机关给予警告或者责令限期停止活动；没收非法财物和违法所得；情节严重的，由登记管理机关吊销登记证书、取缔临时活动：

（一）未按照规定办理变更登记、备案相关事项的；

（二）未按照登记或者备案的名称、业务范围、活动地域开展活动的；

（三）从事、资助营利性活动，进行募捐或者违反规定发展会员的；

（四）违反规定取得、使用资金，未按照规定开立、使用银行账户或者进行会计核算的；

（五）未按照规定报送年度活动计划、报送或者公开年度工作报告的；

（六）拒不接受或者不按照规定接受监督检查的。

境外非政府组织代表机构、开展临时活动的境外非政府组织或者中方合作单位以提供虚假材料等非法手段，取得代表机构登记证书或者进行临时活动备案的，或者有伪造、变造、买卖、出租、出借登记证书、印章行为的，依照前款规定处罚。

第四十六条 有下列情形之一的，由设区的市级以上人民政府公安机关予以取缔或者责令停止违法行为；没收非法财物和违法所得；对直接责任人员给予警告，情节严重的，处十日以下拘留：

（一）未经登记、备案，以境外非政府组织代表机构、境外非政府组织名义开展活动的；

（二）被撤销登记、吊销登记证书或者注销登记后以境外非政府组织代表机构名义开展活动的；

（三）境外非政府组织临时活动期限届满或者临时活动被取缔后在中国境内开展活动的；

（四）境外非政府组织未登记代表机构、临时活动未备案，委托、资助中国境内单位和个人在中国境内开展活动的。

中国境内单位和个人明知境外非政府组织未登记代表机构、临时活动未备案，与其合作的，或者接受其委托、资助，代理或者变相代理其开展活动、进行项目活动资金收付的，依照前款规定处罚。

第四十七条 境外非政府组织、境外非政府组织代表机构有下列情形之一的，由登记管理机关吊销登记证书或者取缔临时活动；尚不构成犯罪的，由设区的市级以上人民政府公安机关对直接责任人员处十五日以下拘留：

（一）煽动抗拒法律、法规实施的；

（二）非法获取国家秘密的；

（三）造谣、诽谤或者发表、传播其他有害信息，危害国家安全或者损害国家利益的；

（四）从事或者资助政治活动，非法从事或者资助宗教活动的；

（五）有其他危害国家安全、损害国家利益或者社会公共利益情形的。

境外非政府组织、境外非政府组织代表机构有分裂国家、破坏国家统一、颠覆国家政权等犯罪行为的，由登记管理机关依照前款规定处罚，对直接责任人员依法追究刑事责任。

**第四十八条** 境外非政府组织、境外非政府组织代表机构违反本法规定被撤销登记、吊销登记证书或者临时活动被取缔的，自被撤销、吊销、取缔之日起五年内，不得在中国境内再设立代表机构或者开展临时活动。

未登记代表机构或者临时活动未备案开展活动的境外非政府组织，自活动被取缔之日起五年内，不得在中国境内再设立代表机构或者开展临时活动。

有本法第四十七条规定情形之一的境外非政府组织，国务院公安部门可以将其列入不受欢迎的名单，不得在中国境内再设立代表机构或者开展临时活动。

**第四十九条** 境外非政府组织代表机构被责令限期停止活动的，由登记管理机关封存其登记证书、印章和财务凭证。对被撤销登记、吊销登记证书的，由登记管理机关收缴其登记证书、印章并公告作废。

**第五十条** 境外人员违反本法规定的，有关机关可以依法限期出境、遣送出境或者驱逐出境。

**第五十一条** 公安机关、有关部门和业务主管单位及其工作人员在境外非政府组织监督管理工作中，不履行职责或者滥用职权、玩忽职守、徇私舞弊的，依法追究法律责任。

**第五十二条** 违反本法规定，构成违反治安管理行为的，由公安机关依法给予治安管理处罚；构成犯罪的，依法追究刑事责任。

第七章　附则

**第五十三条** 境外学校、医院、自然科学和工程技术的研究机构或者学术组织与境内学校、医院、自然科学和工程技术的研究机构或者学术组织开展交流合作，按照国家有关规定办理。

前款规定的境外学校、医院、机构和组织在中国境内的活动违反本法第五条规定的，依法追究法律责任。

第五十四条 本法自2017年1月1日起施行。

## 《关于做好慈善信托备案有关工作的通知》

2016年8月25日民政部和中国银行业监督管理委员会联合发布《关于做好慈善信托备案有关工作的通知》。

慈善信托是社会各界参与慈善事业的载体之一，是推动慈善事业创新发展的重要方式。根据《中华人民共和国慈善法》（以下简称《慈善法》）、《中华人民共和国信托法》、《中华人民共和国银行业监督管理法》等法律法规，现就做好慈善信托备案有关工作通知如下：

一、确定备案管辖机关

信托公司担任慈善信托受托人的，由其登记注册地设区市的民政部门履行备案职责；慈善组织担任慈善信托受托人的，由其登记的民政部门履行备案职责。

信托公司设立慈善信托项目实行报告制度，新设立的慈善信托项目应当在信托成立前10日逐笔向银行业监督管理机构报告。

二、明确程序和要求

（一）设立备案。

慈善信托受托人按照《慈善法》规定向民政部门提出备案申请的，应提交以下书面材料：

1. 备案申请书。

2. 委托人身份证明（复印件）。

3. 担任受托人的信托公司的金融许可证或慈善组织的社会组织法人登记证书（复印件）。

4. 信托合同、遗嘱或者法律、行政法规规定的其他书面信托文件。信托文件至少应载明以下内容：（1）慈善信托的名称；（2）慈善信托的慈善目的；（3）委托人、受托人的姓名、名称及其住所；（4）不与委托人存在利害关系的不特定受益人的范围；（5）信托财产的范围、种类、状况和管理方法；（6）受益人选定的程序和方法；（7）信息披露的内容和方式；（8）受益人取得信托利益的形式和方法；（9）受托人报酬；（10）如设置监察人，监察人的姓名、名称及其住所。

5. 开立慈善信托专用资金账户证明、商业银行资金保管协议。

6. 其他材料。

以上材料一式四份，提交民政部门指定的受理窗口。

申请备案材料符合要求的，由民政部门当场出具备案回执；不符合要求的，应当一次告知受托人补正相关材料。

（二）重新备案。

慈善信托设立后，出现受托人违反信托义务或者难以履行职责情形致使受托人变更的，变更后的受托人到原备案民政部门重新备案时，应提交以下书面材料：

1. 原备案的信托文件。

2. 重新备案申请书。

3. 原受托人出具的慈善信托财产管理运用情况报告。

4. 作为变更后受托人的信托公司的金融许可证或慈善组织的社会组织法人登记证书（复印件）。

5. 重新签订的信托合同等信托文件，信托文件应载明内容同设立备案要求。

6. 开立慈善信托专用资金账户证明、商业银行资金保管协议。

7. 其他材料。

以上书面材料一式四份，提交民政部门原备案受理窗口。

申请重新备案材料符合要求的，由民政部门当场出具备案回执；不符合要求的，应当一次告知受托人补正相关材料。

三、依法管理和监督

民政部门依法履行受理慈善信托受托人关于信托事务处理情况及财务状况报告、公开慈善信托有关信息、对慈善信托监督检查及对受托人进行行政处罚等管理职责。银行业监督管理机构依法履行对信托公司慈善信托业务和商业银行慈善信托账户资金保管业务监督管理职责。

民政部门和银行业监督管理机构根据各自法定管理职责,对慈善信托受托人应当履行的受托职责、管理慈善信托财产及其收益的情况、履行的信息公开和告知义务以及其他与慈善信托相关的活动进行监督检查。具体包括:

(一)受托人履行的受托职责:1.依照慈善信托文件管理信托财产;2.对不同的慈善信托财产,分别管理、分别记账;3.根据慈善信托文件的约定,及时向受益人支付信托利益;4.编制慈善信托财务会计报告;5.妥善保存处理信托事务的完整记录;6.自慈善信托终止事由发生之日起十五日内,将终止事由和终止日期报告慈善信托备案民政部门;7.慈善信托终止后,编制处理信托事务的清算报告。

(二)受托人管理慈善信托财产及其收益的情况:1.处理、使用慈善信托财产及其收益,符合慈善目的;2.不得为自己或他人牟取私利;3.除合同另有特别约定之外,慈善信托财产及其收益应当运用于银行存款、政府债券、中央银行票据、金融债券和货币市场基金等;4.按照信托目的,恪尽职守,履行诚信、谨慎管理的义务。

(三)受托人履行的信息公开和告知义务:1.根据慈善信托文件约定、慈善法规定,在民政部门统一指定的平台上发布真实慈善信息;2.向社会公开信托事务处理情况及财务状况;3.向受益人告知其资助标准、工作流程和工作规程等信息。

(四)除依法设立的信托公司或依法登记(认定)的慈善组织外,其他单位和个人不得以"慈善信托""公益信托"等名义开展活动。

每年3月31日前,慈善信托的受托人应当向备案的民政部门报告上一年度信托事务处理情况及财务状况,具体包括但不限于上述四项内容。对受托人将信托财产及其收益用于非慈善目的,或未按照规定将信托事务处理情

况及财务状况向民政部门报告或者向社会公开的,依法予以行政处罚。

四、加强信息公开

接受备案民政部门应当在统一的信息平台上,及时向社会公开慈善信托的下列信息:

(一)慈善信托备案事项;

(二)对慈善信托检查、评估的结果;

(三)对慈善信托受托人的行政处罚决定;

(四)慈善信托终止事由和终止日期;

(五)其他需要依法公开的信息。

五、做好组织保障

(一)加强组织领导。各级民政部门、银行业监督管理机构要高度重视慈善信托备案工作。明确接受备案的内设机构和责任人,并严格责任考核。建立民政部门和银行业监督管理机构的协同机制,加强沟通协调,及时通报情况,形成工作合力,共同履行好相应的监管职责。

(二)提高工作能力。针对慈善信托业务新、专业性强等特点,加强对工作人员的业务培训。通过信息化手段,提高备案受理及监督管理的工作效率,为信息公开、信息共享及其他服务工作提供支撑。

(三)注重研究探索。各地可依照相关法律法规和本通知精神制定相应的配套政策文件。对工作中遇到相关法律法规和本通知没有规定的情形,各地要从促进和规范慈善事业发展角度,根据慈善信托本质要义和立法本义研究相关处理措施。注重实践创新,鼓励有条件的地方结合当地实际先行先试,探索慈善信托发展的不同模式和支持举措,为完善后续法规政策措施奠定基础、积累经验。

(四)强化风险防控。各地要在发展慈善信托的同时,强化风险防控,确保慈善信托有序健康发展。监督受托人严格按照有关规定管理慈善信托财产,规范投资行为,保障资金安全。及时发现和化解苗头性问题,防止借慈善信托名义从事非法集资、洗钱等活动。

各地要将慈善信托备案和开展情况以及执行过程中发现的问题形成专报

信息，自今年10月起，每季度末向民政部和中国银行业监督管理委员会报送。对工作中出现的问题，请及时报告。

# 《关于慈善组织登记等有关问题的通知》

2016年8月29日，民政部发布《关于慈善组织登记等有关问题的通知》。

9月1日《中华人民共和国慈善法》（以下简称《慈善法》）开始施行，为切实做好慈善组织登记等工作，依据《慈善法》《社会团体登记管理条例》《基金会管理条例》《民办非企业单位登记管理暂行条例》（以下简称有关登记管理条例），现就有关事项通知如下：

一、登记管理机关应当依据《慈善法》第八条、第十条的规定受理慈善组织的设立申请，并根据申请人所选的基金会、社会团体或社会服务机构（民办非企业单位）组织形式，按照有关登记管理条例规定的条件要求发起人提交申请材料。申请材料中，应当明确以下内容：设立申请书应当明确提出设立慈善组织的意愿，以及该组织符合《慈善法》规定的慈善组织宗旨、业务范围等情况的说明；章程中有关财产管理使用的一章中要增加项目管理制度的规定，终止和剩余财产处理一章中要增加"清算后的剩余财产，应当按照章程的规定转给宗旨相同或者相似的慈善组织，章程未规定的，由民政部门转给相同或者相近的慈善组织，并向社会公告"的规定。

二、登记管理机关应当依据《慈善法》第九条以及有关登记管理条例规定的条件进行审查，审批时限应当符合《慈善法》第十条的要求，负责人应当符合《慈善法》第十六条的规定。

三、各地可以根据实际情况，按照《关于改革社会组织管理制度促进社会组织健康有序发展的意见》（以下简称《意见》）关于直接登记的有关规定，在有关登记管理条例修订完成前，稳妥开展慈善组织直接登记试点，并参照《行业协会商会与行政机关脱钩总体方案》及配套政策，明确党建工作机构，规范外事、人力资源服务等事项，切实加强综合监管。

各地要在省（自治区、直辖市）党委和政府的统一领导下，按照《意见》的规定，对属于直接登记范围且被认定为慈善组织的社会组织，通过试点，逐步按照直接登记社会组织的管理方式进行管理。

四、登记管理机关在办理慈善组织注销时，应当要求慈善组织按照《慈善法》第十八条的有关规定进行清算，处置清算后剩余财产。清算结束后，再依照有关登记管理条例的规定办理注销登记。

五、登记管理机关对依法登记或者认定为慈善组织的社会组织，应当发给或者换发标明"慈善组织"属性的登记证书，由我部统一制定印制标准。

六、慈善组织公开募捐资格证书分为正、副本，由我部统一制定印制标准（附件5）。

七、根据行业协会商会脱钩进展情况，我部统一制定了行业协会商会脱钩后登记证书印制标准。

八、内蒙古、西藏、新疆等使用少数民族文字自行印制证书的自治区，可按照本通知五、六、七条规定的印制标准进行相应调整。

请各地按照上述要求抓好落实，确保慈善组织登记、认定以及公开募捐资格许可工作稳妥有序开展，工作中遇到的新情况新问题请及时报告。

## 《慈善组织认定办法》

2016年8月31日民政部公布《慈善组织认定办法》，自2016年9月1日起施行。

第一条　为了规范慈善组织认定工作，根据《中华人民共和国慈善法》（以下简称《慈善法》）的规定，制定本办法。

第二条　《慈善法》公布前已经设立的基金会、社会团体、社会服务机构等非营利性组织，申请认定为慈善组织，适用本办法。

第三条　县级以上人民政府民政部门对其登记的基金会、社会团体、社会服务机构进行慈善组织认定。

**第四条** 基金会、社会团体、社会服务机构申请认定为慈善组织，应当符合下列条件：

（一）申请时具备相应的社会组织法人登记条件；

（二）以开展慈善活动为宗旨，业务范围符合《慈善法》第三条的规定；申请时的上一年度慈善活动的年度支出和管理费用符合国务院民政部门关于慈善组织的规定；

（三）不以营利为目的，收益和营运结余全部用于章程规定的慈善目的；财产及其孳息没有在发起人、捐赠人或者本组织成员中分配；章程中有关于剩余财产转给目的相同或者相近的其他慈善组织的规定；

（四）有健全的财务制度和合理的薪酬制度；

（五）法律、行政法规规定的其他条件。

**第五条** 有下列情形之一的，不予认定为慈善组织：

（一）有法律法规和国家政策规定的不得担任慈善组织负责人的情形的；

（二）申请前二年内受过行政处罚的；

（三）申请时被民政部门列入异常名录的；

（四）有其他违反法律、法规、国家政策行为的。

**第六条** 申请认定为慈善组织，社会团体应当经会员（代表）大会表决通过，基金会、社会服务机构应当经理事会表决通过；有业务主管单位的，还应当经业务主管单位同意。

**第七条** 申请认定慈善组织的基金会，应当向民政部门提交下列材料：

（一）申请书；

（二）符合本办法第四条规定以及不存在第五条所列情形的书面承诺；

（三）按照本办法第六条规定召开会议形成的会议纪要。

申请认定为慈善组织的社会团体、社会服务机构，除前款规定的材料外，还应当向民政部门提交下列材料：

（一）关于申请理由、慈善宗旨、开展慈善活动等情况的说明；

（二）注册会计师出具的上一年度财务审计报告，含慈善活动年度支出

和管理费用的专项审计。

有业务主管单位的,还应当提交业务主管单位同意的证明材料。

第八条 民政部门自收到全部有效材料后,应当依法进行审核。

情况复杂的,民政部门可以征求有关部门意见或者通过论证会、听证会等形式听取意见,也可以根据需要对该组织进行实地考察。

第九条 民政部门应当自受理申请之日起二十日内作出决定。符合慈善组织条件的,予以认定并向社会公告;不符合慈善组织条件的,不予认定并书面说明理由。

第十条 认定为慈善组织的基金会、社会团体、社会服务机构,由民政部门换发登记证书,标明慈善组织属性。

慈善组织符合税收法律法规规定条件的,依照税法规定享受税收优惠。

第十一条 基金会、社会团体、社会服务机构在申请时弄虚作假的,由民政部门撤销慈善组织的认定,将该组织及直接责任人纳入信用记录,并向社会公布。

对出具虚假审计报告的注册会计师及其所属的会计师事务所,由民政部门通报有关部门。

第十二条 本办法由民政部负责解释。

第十三条 本办法自2016年9月1日起施行。

## 《公开募捐平台服务管理办法》

2016年8月30日民政部、工业和信息化部、国家新闻出版广电总局和国家互联网信息办公室公布《公开募捐平台服务管理办法》,自2016年9月1日起施行。

第一条 为进一步规范公开募捐平台服务,维护捐赠人、受益人和慈善组织等慈善活动参与者的合法权益,促进我国慈善事业健康发展,根据《中华人民共和国慈善法》《国务院关于促进慈善事业健康发展的指导意见》(国发〔2014〕61号)等法律法规和有关规定,制定本办法。

**第二条** 本办法所称公开募捐平台服务,是指广播、电视、报刊及网络服务提供者、电信运营商为慈善组织开展公开募捐活动或者发布公开募捐信息提供的平台服务。

提供公开募捐平台服务的广播、电视、报刊、电信运营商应当符合《广播电视管理条例》《出版管理条例》《中华人民共和国电信条例》等规定的条件。通过互联网提供公开募捐平台服务的网络服务提供者应当依法由民政部指定,并符合《互联网信息服务管理办法》等规定的条件。

**第三条** 广播、电视、报刊以及网络服务提供者、电信运营商在提供公开募捐平台服务时,应当查验慈善组织的登记证书和公开募捐资格证书,不得代为接受慈善捐赠财产。

**第四条** 广播、电视、报刊以及网络服务提供者、电信运营商向慈善组织提供公开募捐平台服务应当签订协议,明确双方在公开募捐信息发布、募捐事项的真实性等方面的权利和义务。

**第五条** 广播、电视、报刊以及网络服务提供者、电信运营商发现慈善组织在开展公开募捐时有违法违规行为的,应当及时向批准其登记的民政部门报告。

**第六条** 广播、电视、报刊以及网络服务提供者、电信运营商应当记录和保存慈善组织的登记证书复印件、公开募捐资格证书复印件。网络服务提供者还应当记录、保存慈善组织在其平台上发布的有关信息。其中,登记证书、公开募捐资格证书相关信息的保存期限为自该慈善组织通过其平台最后一次开展公开募捐之日起不少于两年;募捐记录等其他信息的保存期限为自公开募捐完成之日起不少于两年。

**第七条** 民政部门发现慈善组织在使用公开募捐平台服务中有违法违规行为,需要要求广播、电视、报刊以及网络服务提供者、电信运营商协助调查的,广播、电视、报刊以及网络服务提供者、电信运营商应当予以配合。

**第八条** 广播、电视、报刊以及网络服务提供者、电信运营商停止为慈善组织提供公开募捐信息发布服务的,应当提前在本平台向社会公众告知。

**第九条** 鼓励广播、电视、报刊以及网络服务提供者、电信运营商为慈

善组织提供公平、公正的信用评价服务，对开展公开募捐的慈善组织的信用情况客观、公正地进行采集与记录。

第十条 个人为了解决自己或者家庭的困难，通过广播、电视、报刊以及网络服务提供者、电信运营商发布求助信息时，广播、电视、报刊以及网络服务提供者、电信运营商应当在显著位置向公众进行风险防范提示，告知其信息不属于慈善公开募捐信息，真实性由信息发布个人负责。

第十一条 各级民政部门依法对慈善组织通过广播、电视、报刊以及网络服务提供者、电信运营商提供的平台发布公开募捐信息、开展公开募捐的行为实施监督管理。慈善组织有违法违规情形的，由批准其登记的民政部门依法查处。

第十二条 国务院及地方各级广播、电视、报刊及互联网信息内容管理部门、电信主管部门，在各自职责范围内，依法对广播、电视、报刊以及网络服务提供者、电信运营商为慈善组织开展公开募捐提供的平台服务实施监督管理，对违法违规行为进行查处。

第十三条 民政部门应当建立健全与广播、电视、报刊及互联网信息内容管理部门、电信主管部门的信息沟通共享机制、信用信息披露机制和违法违规行为协查机制，强化协同监管。

第十四条 本办法由民政部、工业和信息化部、新闻出版广电总局、国家互联网信息办公室负责解释。

第十五条 本办法自2016年9月1日起施行。

## 《慈善组织公开募捐管理办法》

2016年8月31日民政部公布《慈善组织公开募捐管理办法》，自2016年9月1日起施行。

第一条 为了规范慈善组织开展公开募捐，根据《中华人民共和国慈善法》（以下简称《慈善法》），制定本办法。

第二条 慈善组织公开募捐资格和公开募捐活动管理，适用本办法。

第三条 依法取得公开募捐资格的慈善组织可以面向公众开展募捐。不具有公开募捐资格的组织和个人不得开展公开募捐。

第四条 县级以上人民政府民政部门依法对其登记的慈善组织公开募捐资格和公开募捐活动进行监督管理，并对本行政区域内涉及公开募捐的有关活动进行监督管理。

第五条 依法登记或者认定为慈善组织满二年的社会组织，申请公开募捐资格，应当符合下列条件：

（一）根据法律法规和本组织章程建立规范的内部治理结构，理事会能够有效决策，负责人任职符合有关规定，理事会成员和负责人勤勉尽职，诚实守信；

（二）理事会成员来自同一组织以及相互间存在关联关系组织的不超过三分之一，相互间具有近亲属关系的没有同时在理事会任职；

（三）理事会成员中非内地居民不超过三分之一，法定代表人由内地居民担任；

（四）秘书长为专职，理事长（会长）、秘书长不得由同一人兼任，有与本慈善组织开展活动相适应的专职工作人员；

（五）在省级以上人民政府民政部门登记的慈善组织有三名以上监事组成的监事会；

（六）依法办理税务登记，履行纳税义务；

（七）按照规定参加社会组织评估，评估结果为3A及以上；

（八）申请时未纳入异常名录；

（九）申请公开募捐资格前二年，未因违反社会组织相关法律法规受到行政处罚，没有其他违反法律、法规、国家政策行为的。

《慈善法》公布前设立的非公募基金会、具有公益性捐赠税前扣除资格的社会团体，登记满二年，经认定为慈善组织的，可以申请公开募捐资格。

第六条 慈善组织申请公开募捐资格，应当向其登记的民政部门提交下列材料：

（一）申请书，包括本组织符合第五条各项条件的具体说明和书面承诺；

（二）注册会计师出具的申请前二年的财务审计报告，包括年度慈善活动支出和年度管理费用的专项审计；

（三）理事会关于申请公开募捐资格的会议纪要。

有业务主管单位的慈善组织，还应当提交经业务主管单位同意的证明材料。

评估等级在4A及以上的慈善组织免于提交第一款第二项、第三项规定的材料。

**第七条** 民政部门收到全部有效材料后，应当依法进行审核。

情况复杂的，民政部门可以征求有关部门意见或者通过论证会、听证会等形式听取意见，也可以根据需要对该组织进行实地考察。

**第八条** 民政部门应当自受理之日起二十日内作出决定。对符合条件的慈善组织，发给公开募捐资格证书；对不符合条件的，不发给公开募捐资格证书并书面说明理由。

**第九条** 《慈善法》公布前登记设立的公募基金会，凭其标明慈善组织属性的登记证书向登记的民政部门申领公开募捐资格证书。

**第十条** 开展公开募捐活动，应当依法制定募捐方案。募捐方案包括募捐目的、起止时间和地域、活动负责人姓名和办公地址、接受捐赠方式、银行账户、受益人、募得款物用途、募捐成本、剩余财产的处理等。

**第十一条** 慈善组织应当在开展公开募捐活动的十日前将募捐方案报送登记的民政部门备案。材料齐备的，民政部门应当即时受理，对予以备案的向社会公开；对募捐方案内容不齐备的，应当即时告知慈善组织，慈善组织应当在十日内向其登记的民政部门予以补正。

为同一募捐目的开展的公开募捐活动可以合并备案。公开募捐活动进行中，募捐方案的有关事项发生变化的，慈善组织应当在事项发生变化之日起十日内向其登记的民政部门补正并说明理由。

有业务主管单位的慈善组织，还应当同时将募捐方案报送业务主管单位。

开展公开募捐活动，涉及公共安全、公共秩序、消防等事项的，还应当按照其他有关规定履行批准程序。

**第十二条** 慈善组织为应对重大自然灾害、事故灾难和公共卫生事件等突发事件，无法在开展公开募捐活动前办理募捐方案备案的，应当在公开募捐活动开始后十日内补办备案手续。

**第十三条** 慈善组织在其登记的民政部门管辖区域外，以《慈善法》第二十三条第一款第一项、第二项方式开展公开募捐活动的，除向其登记的民政部门备案外，还应当在开展公开募捐活动十日前，向其开展募捐活动所在地的县级人民政府民政部门备案，提交募捐方案、公开募捐资格证书复印件、确有必要在当地开展公开募捐活动的情况说明。

**第十四条** 慈善组织开展公开募捐活动应当按照本组织章程载明的宗旨和业务范围，确定明确的募捐目的和捐赠财产使用计划；应当履行必要的内部决策程序；应当使用本组织账户，不得使用个人和其他组织的账户；应当建立公开募捐信息档案，妥善保管、方便查阅。

**第十五条** 慈善组织开展公开募捐活动，应当在募捐活动现场或者募捐活动载体的显著位置，公布本组织名称、公开募捐资格证书、募捐方案、联系方式、募捐信息查询方法等。

**第十六条** 慈善组织通过互联网开展公开募捐活动的，应当在民政部统一或者指定的慈善信息平台发布公开募捐信息，并可以同时在以本慈善组织名义开通的门户网站、官方微博、官方微信、移动客户端等网络平台发布公开募捐信息。

**第十七条** 具有公开募捐资格的慈善组织与不具有公开募捐资格的组织或者个人合作开展公开募捐活动，应当依法签订书面协议，使用具有公开募捐资格的慈善组织名义开展公开募捐活动；募捐活动的全部收支应当纳入该慈善组织的账户，由该慈善组织统一进行财务核算和管理，并承担法律责任。

**第十八条** 慈善组织为急难救助设立慈善项目，开展公开募捐活动时，应当坚持公开、公平、公正的原则，合理确定救助标准，监督受益人珍惜慈善资助，按照募捐方案的规定合理使用捐赠财产。

第十九条　慈善组织应当加强对募得捐赠财产的管理，依据法律法规、章程规定和募捐方案使用捐赠财产。确需变更募捐方案规定的捐赠财产用途的，应当召开理事会进行审议，报其登记的民政部门备案，并向社会公开。

第二十条　慈善组织应当依照有关规定定期将公开募捐情况和慈善项目实施情况向社会公开。

第二十一条　具有公开募捐资格的慈善组织有下列情形之一的，由登记的民政部门纳入活动异常名录并向社会公告：

（一）不符合本办法第五条规定条件的；

（二）连续六个月不开展公开募捐活动的。

第二十二条　慈善组织被依法撤销公开募捐资格的，应当立即停止公开募捐活动并将相关情况向社会公开。

出现前款规定情形的，民政部门应当及时向社会公告。

第二十三条　慈善组织有下列情形之一的，民政部门可以给予警告、责令限期改正：

（一）伪造、变造、出租、出借公开募捐资格证书的；

（二）未依照本办法进行备案的；

（三）未按照募捐方案确定的时间、期限、地域范围、方式进行募捐的；

（四）开展公开募捐未在募捐活动现场或者募捐活动载体的显著位置公布募捐活动信息的；

（五）开展公开募捐取得的捐赠财产未纳入慈善组织统一核算和账户管理的；

（六）其他违反本办法情形的。

第二十四条　公开募捐资格证书、公开募捐方案范本等格式文本，由民政部统一制定。

第二十五条　本办法由民政部负责解释。

第二十六条　本办法自2016年9月1日起施行。

## 《关于社会组织成立登记时同步开展党建工作有关问题的通知》

2016年9月18日,民政部下发《关于社会组织成立登记时同步开展党建工作有关问题的通知》。

一、申请新成立社会组织,应当同时向登记管理机关提交《社会组织党建工作承诺书》。登记管理机关批准社会组织登记后、社会组织申领证书前,应当由社会组织向登记管理机关提交《社会组织党员情况调查表》。《社会组织党建工作承诺书》《社会组织党员情况调查表》须由该组织拟任主要负责人和拟任法定代表人共同签字。

二、社会组织提交《社会组织党建工作承诺书》《社会组织党员情况调查表》后5个工作日内,登记管理机关应当将两个材料的复印件分别移交以下部门,由其指导社会组织开展党建工作:直接登记的社会组织,移交给社会组织党建工作机构;双重管理的社会组织,移交给业务主管单位;民政部门作为业务主管部门的社会组织,根据业务范围做好党建相关工作的办理。

三、对于正在办理登记审批的社会组织,登记管理机关应当通知发起人补交《社会组织党建工作承诺书》。登记管理机关批准该社会组织登记后、社会组织申领证书前,应当向登记管理机关提交《社会组织党员情况调查表》。

本通知自印发之日起执行。各级民政部门根据上述材料,按照应建尽建的原则,督促推动新成立的社会组织及时建立党的组织,开展党的工作,落实党建责任,切实推进社会组织党的组织和党的工作有效覆盖。同时,各级民政部门结合"年检"改"年报"的改革实践,积极探索在检查、评估等日常管理中落实党建工作的先进经验,及时报送民政部社会组织管理局。

## 《关于慈善组织开展慈善活动年度支出和管理费用的规定》

2016年10月11日民政部、财政部和国家税务总局联合发布《关于慈

善组织开展慈善活动年度支出和管理费用的规定》。

**第一条** 为进一步明确慈善组织开展慈善活动的年度支出和管理费用，根据《中华人民共和国慈善法》的有关要求，制定本规定。

**第二条** 慈善组织应当依照法律法规和本组织章程的规定积极开展慈善活动，充分、高效运用慈善财产，并遵循管理费用最必要原则，厉行节约，减少不必要的开支。

**第三条** 慈善组织应当依据《民间非营利组织会计制度》，加强对慈善活动相关费用的会计核算。

**第四条** 慈善活动支出是指慈善组织基于慈善宗旨，在章程规定的业务范围内开展慈善活动，向受益人捐赠财产或提供无偿服务时发生的下列费用：

（一）直接或委托其他组织资助给受益人的款物；

（二）为提供慈善服务和实施慈善项目发生的人员报酬、志愿者补贴和保险，以及使用房屋、设备、物资发生的相关费用；

为管理慈善项目发生的差旅、物流、交通、会议、培训、审计、评估等费用。

慈善活动支出在"业务活动成本"项目下核算和归集。慈善组织的业务活动成本包括慈善活动支出和其他业务活动成本。

**第五条** 慈善组织的管理费用是指慈善组织按照《民间非营利组织会计制度》规定，为保证本组织正常运转所发生的下列费用：

（一）理事会等决策机构的工作经费；

（二）行政管理人员的工资、奖金、住房公积金、住房补贴、社会保障费；

（三）办公费、水电费、邮电费、物业管理费、差旅费、折旧费、修理费、租赁费、无形资产摊销费、资产盘亏损失、资产减值损失、因预计负债所产生的损失、聘请中介机构费等。

**第六条** 慈善组织的某些费用如果属于慈善活动、其他业务活动、管理活动等共同发生，且不能直接归属于某一类活动的，应当将这些费用按照合理的方法在各项活动中进行分配，分别计入慈善活动支出、其他业务活动成本、管理费用。

**第七条** 慈善组织中具有公开募捐资格的基金会年度慈善活动支出不得低于上年总收入的百分之七十；年度管理费用不得高于当年总支出的百分之十。

慈善组织中具有公开募捐资格的社会团体和社会服务机构年度慈善活动支出不得低于上年总收入的百分之七十；年度管理费用不得高于当年总支出的百分之十三。

**第八条** 慈善组织中不具有公开募捐资格的基金会，年度慈善活动支出和年度管理费用按照以下标准执行：

（一）上年末净资产高于6000万元（含本数）人民币的，年度慈善活动支出不得低于上年末净资产的百分之六；年度管理费用不得高于当年总支出的百分之十二；

（二）上年末净资产低于6000万元高于800万元（含本数）人民币的，年度慈善活动支出不得低于上年末净资产的百分之六；年度管理费用不得高于当年总支出的百分之十三；

（三）上年末净资产低于800万元高于400万元（含本数）人民币的，年度慈善活动支出不得低于上年末净资产的百分之七；年度管理费用不得高于当年总支出的百分之十五；

（四）上年末净资产低于400万元人民币的，年度慈善活动支出不得低于上年末净资产的百分之八；年度管理费用不得高于当年总支出的百分之二十。

**第九条** 慈善组织中不具有公开募捐资格的社会团体和社会服务机构，年度慈善活动支出和年度管理费用按照以下标准执行：

（一）上年末净资产高于1000万元（含本数）人民币的，年度慈善活动支出不得低于上年末净资产的百分之六；年度管理费用不得高于当年总支出的百分之十三；

（二）上年末净资产低于1000万元高于500万元（含本数）人民币的，

年度慈善活动支出不得低于上年末净资产的百分之七；年度管理费用不得高于当年总支出的百分之十四；

（三）上年末净资产低于500万元高于100万元（含本数）人民币的，年度慈善活动支出不得低于上年末净资产的百分之八；年度管理费用不得高于当年总支出的百分之十五；

（四）上年末净资产低于100万元人民币的，年度慈善活动支出不得低于上年末净资产的百分之八且不得低于上年总收入的百分之五十；年度管理费用不得高于当年总支出的百分之二十。

第十条 计算年度慈善活动支出比例时，可以用前三年收入平均数代替上年总收入，用前三年年末净资产平均数代替上年末净资产。

上年总收入为上年实际收入减去上年收入中时间限定为上年不得使用的限定性收入，再加上于上年解除时间限定的净资产。

第十一条 慈善组织的年度管理费用低于20万元人民币的，不受本规定第七条、第八条、第九条规定的年度管理费用比例的限制。

第十二条 因下列情形导致年度管理费用难以符合本规定要求的，应当及时报告其登记的民政部门并向社会公开说明情况：

（一）登记或者认定为慈善组织未满1年，尚未全面开展慈善活动的；

（二）慈善组织的折旧费、无形资产摊销费、资产盘亏损失、资产减值损失突发性增长的；

（三）慈善组织因预计负债所产生的损失突发性增长的。

第十三条 慈善组织签订捐赠协议对单项捐赠财产的慈善活动支出和管理费用有约定的，从其约定，但其年度慈善活动支出和年度管理费用不得违反本规定的要求。

第十四条 慈善组织年度慈善活动支出和年度管理费用应当在年度工作报告中进行详细披露，并依法向社会公开。

第十五条 慈善组织慈善活动支出或者管理费用违反本规定要求的，由民政部门依法给予行政处罚并通报财政、税务等有关部门。

# B.25
# 慈善免税急需解决的焦点问题在哪里？[*]

金锦萍[**]

"社会的转折总是包含着原有的财政政策的危机。"（熊彼特语）税收问题不仅仅是经济问题，更关乎社会的基本结构和公平正义，良好的税收政策是基于税收公平和正义的理性选择，对于非营利组织和公益捐赠者的税收减免也不例外。尽管选择从事公益慈善事业的组织和个人从来不会将税收优惠视为优先考虑的因素，但是对于慈善组织和公益捐赠的合理税收政策和相关的法律制度却会昭示出一个国家对分配公平的不懈追求和努力。

对慈善组织和公益捐赠者给予税收政策上的减免和税前抵扣优惠是各国财税制度的通行规定，旨在鼓励慈善活动和支持慈善事业。历来有辅助理论、资本结构理论、税基定义理论、利他主义理论、社区收入理论和捐赠理论等作为解释这一政策合理性的法理基础。这些理论都不约而同地注意到了慈善组织的非营利性或公益性的特征，因其持续向社会提供具有公共利益性质的社会服务，政府应当对其进行间接的财政补贴。

慈善组织免税制度和公益捐赠税前抵扣制度在某种程度上被认为是将原本由政府支配的、用于公共服务的部分税收资源交由慈善组织来支配使用，即政府隐性的转移支付。这是对慈善组织功能和价值的充分认知和认可，是将这部分社会资源通过良性竞争机制的合理配置，是对社会自治能力的肯定

---

[*] 本文载于南都观察，http://weibo.com/ttarticle/p/show?id=2309404080850194054977，2017年3月2日。
[**] 金锦萍，北京大学法学院副教授，博士，北京大学非营利组织法研究中心主任，南都观察特约顾问。

和培育,甚至激发对于政府征税合法性的再次反思和构建公共财政体系的迫切需求。

简言之,政府税收让利于民间公益,充沛慈善资源,不仅有助于社会公共服务供给的多元化,弥补政府失灵和市场失灵,而且还有利于培育富有活力和自治能力的社会领域,促进社会创新。

公信力要求与组织的公共性正相关。体现在财税制度上,享受到越多税收优惠的慈善组织因其动用的公共资源越多,就该担负更重的责任,其中包括向公众充分公开信息的义务。反之亦然。

所以免税待遇的获取不仅仅是对组织的肯定和嘉许,也要求免税组织付出相应的代价:承受更高标准的监管、更加透明的信息公开要求和更为严厉的规制。慈善组织税收优惠政策的实施将使人们去甄别现实中存在的大量非营利组织,并促使其分化。

被赋予免税资格的非营利组织因此将获得更多公众的信任和支持。因为免税资格的获取本身昭示着该组织的公益特性、合法合规和良好治理。公众因此会直接依赖免税资格的严格授予程序来选择治理良好的慈善组织,并向这些组织捐献资金和时间。因此免税组织的认定不仅事关非营利组织自身收入的免税问题,还将影响慈善资源的流向和合理配置,不可不慎。

但是慎重并非举步不前。近年来,慈善税收优惠政策呈现渐进式的发展轨迹,迄今为止,相关制度已初具体系。尤其慈善法颁布实施以来,除了重申税法的原则性规定之外,财税部门也逐渐将有关规定予以细化和落实。无论是允许企业大额捐赠连续几年结转扣除(一次捐赠,抵扣四年),还是股权捐赠人以历史成本确定转让收入,因而得以在捐赠环节免于所得税征收(包括曹德旺先生在内的大额股权捐赠人将不再面临被课税的尴尬)。点滴进步都令人欣喜。

然而毋庸讳言的是,配套规定的制定、法律政策的实施、操作规则的细化等方面尚存缺憾。在国家税法已经明确"符合条件的非营利组织的收入是免税收入"和公益捐赠税前抵扣制度的情形下,如何贯彻和落实这些规则,使慈善组织得以现实地享受这些权利,并因此实现鼓励慈善事业健康发展的立法宗旨和目标，同时建构起科学合理的监管体系，避免非营利组织免税政策成为不当避税的管道，已然迫在眉睫。鉴于此，特提出以下建议。

（一）

一者，在坚持税法统一原则的基础上，结合企业所得税法、个人所得税法和相关税法的修订契机，充分考量非营利组织和慈善组织的特殊性，将非营利组织税收减免和公益捐赠税前抵扣制度的具体规定在相关税法中逐一予以明确。我国目前正在紧张修订各种税法，若能在修订过程中充分听取各方意见，将非营利组织（慈善组织）视为一类特殊的纳税主体，根据其性质确立特殊规则，原则性和灵活性相结合，则税收公平可期。

（二）

二者，厘清非营利组织免税与公益捐赠税前抵扣制度之间的逻辑关系。鼓励慈善事业的税收减免政策有两个层次：第一个层次是非营利组织的免税；第二个层次则是公益捐赠税前抵扣。两者之间应是种属关系，即获得公益捐赠税前抵扣资格的慈善组织首先应该是经过免税资格认定的非营利组织。这是因为后者的组织宗旨符合非营利性即可，而前者则需要经过公益性认定。但是目前非营利组织的公益捐赠税前抵扣资格与所得税免税资格认定分离进行，两者之间的逻辑关系不明，亟待重新梳理。

（三）

三者，在平衡考量维护市场公平竞争秩序和促进非营利组织持续发展的前提下，尽快研究和出台非营利组织从事营利性活动获得收入的减免政策。《企业所得税法》第二十六条第（四）项规定"符合条件的非营利组织的收入"为免税收入。《中华人民共和国企业所得税法实施条例》第八十四条规定了"企业所得税法第二十六条第（四）项所称符合条件的非营利组织"应当同时具备的七项条件，并规定："非营利组织的认定管理办法由国务院财政、税务主管部门会同国务院有关部门制定。"《中华人民共和国企业所得税法实施条例》第八十五条规定："企业所得税法第二十六条第（四）项所称符合条件的非营利组织的收入，不包括非营利组织从事营利性活动取得的收入，但国务院财政、税务主管部门另有规定的除外。"

根据上述规定，有关部门有责任尽快制定规章或者配套性规范性文件，以具体落实税法的上述规定。此后财税部门陆续出台规定，对非营利组织免税资格认定管理和企业所得税免税收入范围做了规范。但是时至今日，一直未根据企业所得税法及其实施条例，对其中所规定的"符合条件的非营利组织"从事营利性活动的收入出台明确规定，致使慈善组织按照慈善法规定合法、安全、有效地对资产进行增值保值所获得的收入部分也成为企业所有税的纳税范围，非常不利于慈善组织的可持续发展。

（四）

四者，重新审视非营利组织免税资格的认定标准，尤其是饱受诟病的非营利组织从业人员的薪酬待遇的上限规定，应该予以优化。

财税（〔2014〕13号）规定了符合条件的非营利组织的"工作人员工资福利开支控制在合理的比例内，不变相分配该组织的财产，其中：工作人员平均工资薪金水平不得超过上年度税务登记所在地人均工资水平的两倍，工作人员福利按照国家有关规定执行"。

"两倍工资限制条款"的良苦用心在于防止非营利组织的人员变相分配组织财产，因而违反"禁止利益分配原则"。但是非营利组织发展至今，人才瓶颈无法突破，此条款也有一份"功劳"。况且慈善法实施之后，相关制度陆续出台，对于慈善组织的管理费用已经有了限制性规定，足以确保慈善组织恪守节约与经济原则。从吸引人才和促进慈善事业计，"两倍工资限制"可以休矣。

（五）

五者，公益捐赠税前抵扣制度旨在鼓励民众踊跃捐赠，为慈善事业开拓资源。慈善法实施之后，财税部门逐渐出台利好消息，但是尚需继续努力：

进一步完善捐赠人享受税收优惠的公益性捐赠的范围，结合个人所得税法的修订，完善个人公益捐赠税前抵扣制度。例如适度提高个人公益性捐赠扣除比例，允许公益性捐赠结转扣除（包括企业和个人）等。对于非货币财产捐赠，在当下企业公益股权捐赠已经出台规定的基础之上，再接再厉，逐步完善包括不动产、有价证券等在内的所有非货币捐赠税前抵扣的相关制度，不再简单套用"赠予视同销售"之规定，完善非货币捐赠价值评估体系，并同时加强对于慈善组织开具捐赠发票的监管。

…………

另外，建议实行非营利组织普遍的税务登记和免税审查制度；建立健全非营利组织的信息公开制度，建立对于非营利组织的全方位监管体系，严格问责制度；完善与税法相协调的非营利组织会计准则。同时保障捐赠者自愿捐赠，并保障其得以充分行使知情权与监督权，促进民众参与和公民意识培育。非营利组织也应珍视和善用免税资格，完善治理结构和自律机制，欢迎大众媒体和社会公众的监督，以透明度和善治证明其获得免税资格的正当性。

慈善组织因税收减免而获得的利益，因其受"禁止利益分配原则"之限制，最终将让社会公众受益。一言以蔽之，通过非营利组织税收减免制度和公益捐赠税前抵扣制度的完善，让那些真正值得公共资源支持的非营利组织（慈善组织）获得税收上的利益，并有合理的机制来确保这些利益将通过它们最终惠泽到社会大众。这不仅是慈善事业发展之需要，也是税收公平所追求的目标。

# B.26 后　记

2016年，是中国慈善史上的一个转折点。《慈善法》《境外非政府组织境内活动管理法》以及相关配套法规在本年度的密集出台，实现了慈善法制的完整塑造，成为中国这个人口大国的慈善事业进入依法治理时代的重要标志。

本卷慈善蓝皮书的特点，主要是全景式地展示慈善法时代下的国家与社会塑造慈善的特征。无论综论还是基本报告、专题报告、热点事件，都抓住了这一主题。

尤其在志愿服务的研究开发方面，国家有关部委加强志愿服务信息化管理与大数据建设奠定了这一研究的基础。志愿服务课题组在此基础上又借鉴了境外志愿服务测量的前沿研究成果，从而开发出中国志愿服务发展指数。首次以活跃志愿者的贡献作为测算国家志愿服务的根据，并采用社会服务行业人均小时工资替代国民劳动生产率作为计量标准。新方式计算出的数据尽管比旧方式低了不少，不过，它能与国际计量方式更好接轨，对该领域的研究进一步去伪存真、去芜存菁，实现科学性和稳定性甚为关键。

第二个重要特点，是完善了我国"全核算社会公益资源总量"的概念。它是社会捐赠总量、全国志愿服务小时折算价值、彩票公益金筹集总量三者之和。之所以将彩票公益金筹集总量加入到"全核算社会公益资源总量"的概念里，是因为彩票公益金源自公众自愿买彩票未中奖而进入的公益资金池，可属于间接募集的慈善资金，符合《慈善法》总则的精神。以往我们核算全核算社会公益资源总量，采用的是彩票公益金给社会组织的实际使用额，但是因受法规不得超过10%的约束，目前各地的实际使用额超过了标准所以难以公开，导致收集数据发生困难，这是我们不再采用这种方式的原因之一。至于公众间接募集的彩票公益金应该如何使用，今后的慈善蓝皮书将持续关注。

此外，值得一提的是，本卷的三篇专题报告，既有中国社会企业的案例，又有罕见病业界的公益倡导的创造，还有继2016年妇女社会性别研究之后，对于中国民间组织参与妇女反贫困的30年概述，质量较高，有助于读者从不同视角对中国慈善事业进行纵横扫描。

十大慈善热点事件更是继承以往传统，努力从事件中发掘背后的成因和值得探讨的问题。这种累积越积越多，就会勾勒出中国慈善事业相对完整的画卷。

最后，感谢蓝皮书作者群体的共同努力。

感谢协助我编辑蓝皮书的张文姬、程芬女士。

感谢本书的责编薛铭洁女士。

还要感谢曾经的责编，现已故去的王颉先生，他为慈善蓝皮书的成长付出过多年的心血。

感谢为本书摘要做英文翻译的孟昕女士和为其做校对指导的志愿者白爱莲女士（Dr. Irene Bain）。

感谢支持本书出版的华民慈善基金会和南都公益基金会。

杨　团

2017年4月20日

**权威报告·热点资讯·特色资源**

# 皮书数据库
## ANNUAL REPORT(YEARBOOK) DATABASE

## 当代中国与世界发展高端智库平台

### 所获荣誉

- 2016年，入选"国家'十三五'电子出版物出版规划骨干工程"
- 2015年，荣获"搜索中国正能量 点赞2015""创新中国科技创新奖"
- 2013年，荣获"中国出版政府奖·网络出版物奖"提名奖
- 连续多年荣获中国数字出版博览会"数字出版·优秀品牌"奖

### 成为会员

通过网址www.pishu.com.cn或使用手机扫描二维码进入皮书数据库网站，进行手机号码验证或邮箱验证即可成为皮书数据库会员（建议通过手机号码快速验证注册）。

### 会员福利

- 使用手机号码首次注册会员可直接获得100元体验金，不需充值即可购买和查看数据库内容（仅限使用手机号码快速注册）。
- 已注册用户购书后可免费获赠100元皮书数据库充值卡。刮开充值卡涂层获取充值密码，登录并进入"会员中心"—"在线充值"—"充值卡充值"，充值成功后即可购买和查看数据库内容。

卡号：246441855933
密码：

数据库服务热线：400-008-6695
数据库服务QQ：2475522410
数据库服务邮箱：database@ssap.cn
图书销售热线：010-59367070/7028
图书服务QQ：1265056568
图书服务邮箱：duzhe@ssap.cn

# 子库介绍
# Sub-Database Introduction

## 中国经济发展数据库

涵盖宏观经济、农业经济、工业经济、产业经济、财政金融、交通旅游、商业贸易、劳动经济、企业经济、房地产经济、城市经济、区域经济等领域，为用户实时了解经济运行态势、把握经济发展规律、洞察经济形势、做出经济决策提供参考和依据。

## 中国社会发展数据库

全面整合国内外有关中国社会发展的统计数据、深度分析报告、专家解读和热点资讯构建而成的专业学术数据库。涉及宗教、社会、人口、政治、外交、法律、文化、教育、体育、文学艺术、医药卫生、资源环境等多个领域。

## 中国行业发展数据库

以中国国民经济行业分类为依据，跟踪分析国民经济各行业市场运行状况和政策导向，提供行业发展最前沿的资讯，为用户投资、从业及各种经济决策提供理论基础和实践指导。内容涵盖农业，能源与矿产业，交通运输业，制造业，金融业，房地产业，租赁和商务服务业，科学研究，环境和公共设施管理，居民服务业，教育，卫生和社会保障，文化、体育和娱乐业等100余个行业。

## 中国区域发展数据库

对特定区域内的经济、社会、文化、法治、资源环境等领域的现状与发展情况进行分析和预测。涵盖中部、西部、东北、西北等地区，长三角、珠三角、黄三角、京津冀、环渤海、合肥经济圈、长株潭城市群、关中—天水经济区、海峡经济区等区域经济体和城市圈，北京、上海、浙江、河南、陕西等34个省份及中国台湾地区。

## 中国文化传媒数据库

包括文化事业、文化产业、宗教、群众文化、图书馆事业、博物馆事业、档案事业、语言文字、文学、历史地理、新闻传播、广播电视、出版事业、艺术、电影、娱乐等多个子库。

## 世界经济与国际关系数据库

以皮书系列中涉及世界经济与国际关系的研究成果为基础，全面整合国内外有关世界经济与国际关系的统计数据、深度分析报告、专家解读和热点资讯构建而成的专业学术数据库。包括世界经济、国际政治、世界文化与科技、全球性问题、国际组织与国际法、区域研究等多个子库。

# 法律声明

"皮书系列"(含蓝皮书、绿皮书、黄皮书)之品牌由社会科学文献出版社最早使用并持续至今,现已被中国图书市场所熟知。"皮书系列"的LOGO( )与"经济蓝皮书""社会蓝皮书"均已在中华人民共和国国家工商行政管理总局商标局登记注册。"皮书系列"图书的注册商标专用权及封面设计、版式设计的著作权均为社会科学文献出版社所有。未经社会科学文献出版社书面授权许可,任何使用与"皮书系列"图书注册商标、封面设计、版式设计相同或者近似的文字、图形或其组合的行为均系侵权行为。

经作者授权,本书的专有出版权及信息网络传播权为社会科学文献出版社享有。未经社会科学文献出版社书面授权许可,任何就本书内容的复制、发行或以数字形式进行网络传播的行为均系侵权行为。

社会科学文献出版社将通过法律途径追究上述侵权行为的法律责任,维护自身合法权益。

欢迎社会各界人士对侵犯社会科学文献出版社上述权利的侵权行为进行举报。电话:010-59367121,电子邮箱:fawubu@ssap.cn。

社会科学文献出版社

# 皮书系列

## 2017年

智库成果出版与传播平台

社会科学文献出版社
SOCIAL SCIENCES ACADEMIC PRESS (CHINA)

# 社长致辞

2017年正值皮书品牌专业化二十周年之际，世界每天都在发生着让人眼花缭乱的变化，而唯一不变的，是面向未来无数的可能性。作为个体，如何获取专业信息以备不时之需？作为行政主体或企事业主体，如何提高决策的科学性让这个世界变得更好而不是更糟？原创、实证、专业、前沿、及时、持续，这是1997年"皮书系列"品牌创立的初衷。

1997~2017，从最初一个出版社的学术产品名称到媒体和公众使用频率极高的热点词语，从专业术语到大众话语，从官方文件到独特的出版型态，作为重要的智库成果，"皮书"始终致力于成为海量信息时代的信息过滤器，成为经济社会发展的记录仪，成为政策制定、评估、调整的智力源，社会科学研究的资料集成库。"皮书"的概念不断延展，"皮书"的种类更加丰富，"皮书"的功能日渐完善。

1997~2017，皮书及皮书数据库已成为中国新型智库建设不可或缺的抓手与平台，成为政府、企业和各类社会组织决策的利器，成为人文社科研究最基本的资料库，成为世界系统完整及时认知当代中国的窗口和通道！"皮书"所具有的凝聚力正在形成一种无形的力量，吸引着社会各界关注中国的发展，参与中国的发展。

二十年的"皮书"正值青春，愿每一位皮书人付出的年华与智慧不辜负这个时代！

社会科学文献出版社社长
中国社会学会秘书长

2016年11月

# 社会科学文献出版社简介

社会科学文献出版社成立于1985年，是直属于中国社会科学院的人文社会科学学术出版机构。成立以来，社科文献出版社依托于中国社会科学院和国内外人文社会科学界丰厚的学术出版和专家学者资源，始终坚持"创社科经典，出传世文献"的出版理念、"权威、前沿、原创"的产品定位以及学术成果和智库成果出版的专业化、数字化、国际化、市场化的经营道路。

社科文献出版社是中国新闻出版业转型与文化体制改革的先行者。积极探索文化体制改革的先进方向和现代企业经营决策机制，社科文献出版社先后荣获"全国文化体制改革工作先进单位"、中国出版政府奖·先进出版单位奖、中国社会科学院先进集体、全国科普工作先进集体等荣誉称号。多人次荣获"第十届韬奋出版奖""全国新闻出版行业领军人才""数字出版先进人物""北京市新闻出版广电行业领军人才"等称号。

社科文献出版社是中国人文社会科学学术出版的大社名社，也是以皮书为代表的智库成果出版的专业强社。年出版图书2000余种，其中皮书350余种，出版新书字数5.5亿字，承印与发行中国社科院院属期刊72种，先后创立了皮书系列、列国志、中国史话、社科文献学术译库、社科文献学术文库、甲骨文书系等一大批既有学术影响又有市场价值的品牌，确立了在社会学、近代史、苏东问题研究等专业学科及领域出版的领先地位。图书多次荣获中国出版政府奖、"三个一百"原创图书出版工程、"五个'一'工程奖"、"大众喜爱的50种图书"等奖项，在中央国家机关"强素质·做表率"读书活动中，入选图书品种数位居各大出版社之首。

社科文献出版社是中国学术出版规范与标准的倡议者与制定者，代表全国50多家出版社发起实施学术著作出版规范的倡议，承担学术著作规范国家标准的起草工作，率先编撰完成《皮书手册》对皮书品牌进行规范化管理，并在此基础上推出中国版芝加哥手册——《SSAP学术出版手册》。

社科文献出版社是中国数字出版的引领者，拥有皮书数据库、列国志数据库、"一带一路"数据库、减贫数据库、集刊数据库等4大产品线11个数据库产品，机构用户达1300余家，海外用户百余家，荣获"数字出版转型示范单位""新闻出版标准化先进单位""专业数字内容资源知识服务模式试点企业标准化示范单位"等称号。

社科文献出版社是中国学术出版走出去的践行者。社科文献出版社海外图书出版与学术合作业务遍及全球40余个国家和地区并于2016年成立俄罗斯分社，累计输出图书500余种，涉及近20个语种，累计获得国家社科基金中华学术外译项目资助76种、"丝路书香工程"项目资助60种、中国图书对外推广计划项目资助71种以及经典中国国际出版工程资助28种，被商务部认定为"2015-2016年度国家文化出口重点企业"。

如今，社科文献出版社拥有固定资产3.6亿元，年收入近3亿元，设置了七大出版分社、六大专业部门，成立了皮书研究院和博士后科研工作站，培养了一支近400人的高素质与高效率的编辑、出版、营销和国际推广队伍，为未来成为学术出版的大社、名社、强社，成为文化体制改革与文化企业转型发展的排头兵奠定了坚实的基础。

# 经 济 类

经济类皮书涵盖宏观经济、城市经济、大区域经济，提供权威、前沿的分析与预测

### 经济蓝皮书
2017年中国经济形势分析与预测

李扬 / 主编　2017年1月出版　定价：89.00元

◆ 本书为总理基金项目，由著名经济学家李扬领衔，联合中国社会科学院等数十家科研机构、国家部委和高等院校的专家共同撰写，系统分析了2016年的中国经济形势并预测2017年中国经济运行情况。

### 中国省域竞争力蓝皮书
中国省域经济综合竞争力发展报告（2015~2016）

李建平　李闽榕　高燕京 / 主编　2017年5月出版　定价：198.00元

◆ 本书融多学科的理论为一体，深入追踪研究了省域经济发展与中国国家竞争力的内在关系，为提升中国省域经济综合竞争力提供有价值的决策依据。

### 城市蓝皮书
中国城市发展报告No.10

潘家华　单菁菁 / 主编　2017年9月出版　估价：89.00元

◆ 本书是由中国社会科学院城市发展与环境研究中心编著的，多角度、全方位地立体展示了中国城市的发展状况，并对中国城市的未来发展提出了许多建议。该书有强烈的时代感，对中国城市发展实践有重要的参考价值。

# 皮书系列重点推荐

经济类

## 人口与劳动绿皮书
### 中国人口与劳动问题报告No.18

蔡昉 张车伟/主编　2017年10月出版　估价：89.00元

◆ 本书为中国社会科学院人口与劳动经济研究所主编的年度报告，对当前中国人口与劳动形势做了比较全面和系统的深入讨论，为研究中国人口与劳动问题提供了一个专业性的视角。

## 世界经济黄皮书
### 2017年世界经济形势分析与预测

张宇燕/主编　2017年1月出版　定价：89.00元

◆ 本书由中国社会科学院世界经济与政治研究所的研究团队撰写，2016年世界经济增速进一步放缓，就业增长放慢。世界经济面临许多重大挑战同时，地缘政治风险、难民危机、大国政治周期、恐怖主义等问题也仍然在影响世界经济的稳定与发展。预计2017年按PPP计算的世界GDP增长率约为3.0%。

## 国际城市蓝皮书
### 国际城市发展报告（2017）

屠启宇/主编　2017年2月出版　定价：79.00元

◆ 本书作者以上海社会科学院从事国际城市研究的学者团队为核心，汇集同济大学、华东师范大学、复旦大学、上海交通大学、南京大学、浙江大学相关城市研究专业学者。立足动态跟踪介绍国际城市发展时间中，最新出现的重大战略、重大理念、重大项目、重大报告和最佳案例。

## 金融蓝皮书
### 中国金融发展报告（2017）

王国刚/主编　2017年2月出版　定价：79.00元

◆ 本书由中国社会科学院金融研究所组织编写，概括和分析了2016年中国金融发展和运行中的各方面情况，研讨和评论了2016年发生的主要金融事件，有利于读者了解掌握2016年中国的金融状况，把握2017年中国金融的走势。

经济类 皮书系列 重点推荐

### 农村绿皮书
中国农村经济形势分析与预测（2016～2017）

魏后凯　杜志雄　黄秉信/主编　2017年4月出版　估价：89.00元

◆ 本书描述了2016年中国农业农村经济发展的一些主要指标和变化，并对2017年中国农业农村经济形势的一些展望和预测，提出相应的政策建议。

### 西部蓝皮书
中国西部发展报告（2017）

徐璋勇/主编　2017年7月出版　估价：89.00元

◆ 本书由西北大学中国西部经济发展研究中心主编，汇集了源自西部本土以及国内研究西部问题的权威专家的第一手资料，对国家实施西部大开发战略进行年度动态跟踪，并对2017年西部经济、社会发展态势进行预测和展望。

### 经济蓝皮书·夏季号
中国经济增长报告（2016～2017）

李扬/主编　2017年9月出版　估价：98.00元

◆ 中国经济增长报告主要探讨2016~2017年中国经济增长问题，以专业视角解读中国经济增长，力求将其打造成一个研究中国经济增长、服务宏微观各级决策的周期性、权威性读物。

### 就业蓝皮书
2017年中国本科生就业报告

麦可思研究院/编著　2017年6月出版　估价：98.00元

◆ 本书基于大量的数据和调研，内容翔实，调查独到，分析到位，用数据说话，对中国大学生就业及学校专业设置起到了很好的建言献策作用。

皮书系列 重点推荐　　社会政法类

# 社会政法类

社会政法类皮书聚焦社会发展领域的热点、难点问题，提供权威、原创的资讯与视点

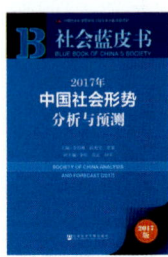

### 社会蓝皮书
#### 2017年中国社会形势分析与预测
李培林　陈光金　张翼/主编　2016年12月出版　定价：89.00元

◆ 本书由中国社会科学院社会学研究所组织研究机构专家、高校学者和政府研究人员撰写，聚焦当下社会热点，对2016年中国社会发展的各个方面内容进行了权威解读，同时对2017年社会形势发展趋势进行了预测。

### 法治蓝皮书
#### 中国法治发展报告No.15（2017）
李林　田禾/主编　2017年3月出版　定价：118.00元

◆ 本年度法治蓝皮书回顾总结了2016年度中国法治发展取得的成就和存在的不足，对中国政府、司法、检务透明度进行了跟踪调研，并对2017年中国法治发展形势进行了预测和展望。

### 社会体制蓝皮书
#### 中国社会体制改革报告No.5（2017）
龚维斌/主编　2017年3月出版　定价：89.00元

◆ 本书由国家行政学院社会治理研究中心和北京师范大学中国社会管理研究院共同组织编写，主要对2016年社会体制改革情况进行回顾和总结，对2017年的改革走向进行分析，提出相关政策建议。

## 社会政法类 — 皮书系列重点推荐

### 社会心态蓝皮书
#### 中国社会心态研究报告（2017）

王俊秀　杨宜音/主编　2017年12月出版　估价：89.00元

◆ 本书是中国社会科学院社会学研究所社会心理研究中心"社会心态蓝皮书课题组"的年度研究成果，运用社会心理学、社会学、经济学、传播学等多种学科的方法进行了调查和研究，对于目前中国社会心态状况有较广泛和深入的揭示。

### 生态城市绿皮书
#### 中国生态城市建设发展报告（2017）

刘举科　孙伟平　胡文臻/主编　2017年7月出版　估价：118.00元

◆ 报告以绿色发展、循环经济、低碳生活、民生宜居为理念，以更新民众观念、提供决策咨询、指导工程实践、引领绿色发展为宗旨，试图探索一条具有中国特色的城市生态文明建设新路。

### 城市生活质量蓝皮书
#### 中国城市生活质量报告（2017）

中国经济实验研究院/主编　2017年7月出版　估价：89.00元

◆ 本书对全国35个城市居民的生活质量主观满意度进行了电话调查，同时对35个城市居民的客观生活质量指数进行了计算，为中国城市居民生活质量的提升，提出了针对性的政策建议。

### 公共服务蓝皮书
#### 中国城市基本公共服务力评价（2017）

钟君　刘志昌　吴正杲/主编　2017年12月出版　估价：89.00元

◆ 中国社会科学院经济与社会建设研究室与华图政信调查组成联合课题组，从2010年开始对基本公共服务力进行研究，研创了基本公共服务力评价指标体系，为政府考核公共服务与社会管理工作提供了理论工具。

# 行业报告类

行业报告类皮书立足重点行业、新兴行业领域，提供及时、前瞻的数据与信息

## 企业社会责任蓝皮书
### 中国企业社会责任研究报告（2017）

黄群慧　钟宏武　张蒽　翟利峰/著　2017年10月出版　估价：89.00元

◆ 本书剖析了中国企业社会责任在2016～2017年度的最新发展特征，详细解读了省域国有企业在社会责任方面的阶段性特征，生动呈现了国内外优秀企业的社会责任实践。对了解中国企业社会责任履行现状、未来发展，以及推动社会责任建设有重要的参考价值。

## 新能源汽车蓝皮书
### 中国新能源汽车产业发展报告（2017）

中国汽车技术研究中心　日产（中国）投资有限公司
东风汽车有限公司/编著　2017年7月出版　估价：98.00元

◆ 本书对中国2016年新能源汽车产业发展进行了全面系统的分析，并介绍了国外的发展经验。有助于相关机构、行业和社会公众等了解中国新能源汽车产业发展的最新动态，为政府部门出台新能源汽车产业相关政策法规、企业制定相关战略规划，提供必要的借鉴和参考。

## 杜仲产业绿皮书
### 中国杜仲橡胶资源与产业发展报告（2016～2017）

杜红岩　胡文臻　俞锐/主编　2017年4月出版　估价：85.00元

◆ 本书对2016年杜仲产业的发展情况、研究团队在杜仲研究方面取得的重要成果、部分地区杜仲产业发展的具体情况、杜仲新标准的制定情况等进行了较为详细的分析与介绍，使广大关心杜仲产业发展的读者能够及时跟踪产业最新进展。

> 行业报告类  皮书系列 重点推荐

### 企业蓝皮书
中国企业绿色发展报告 No.2（2017）

李红玉　朱光辉 / 主编　　2017年8月出版　　估价：89.00元

◆ 本书深入分析中国企业能源消费、资源利用、绿色金融、绿色产品、绿色管理、信息化、绿色发展政策及绿色文化方面的现状，并对目前存在的问题进行研究，剖析因果，谋划对策，为企业绿色发展提供借鉴，为中国生态文明建设提供支撑。

### 中国上市公司蓝皮书
中国上市公司发展报告（2017）

张平　王宏淼 / 主编　　2017年10月出版　　估价：98.00元

◆ 本书由中国社会科学院上市公司研究中心组织编写的，着力于全面、真实、客观反映当前中国上市公司财务状况和价值评估的综合性年度报告。本书详尽分析了2016年中国上市公司情况，特别是现实中暴露出的制度性、基础性问题，并对资本市场改革进行了探讨。

### 资产管理蓝皮书
中国资产管理行业发展报告（2017）

智信资产管理研究院 / 编著　　2017年6月出版　　估价：89.00元

◆ 中国资产管理行业刚刚兴起，未来将成为中国金融市场最有看点的行业。本书主要分析了2016年度资产管理行业的发展情况，同时对资产管理行业的未来发展做出科学的预测。

### 体育蓝皮书
中国体育产业发展报告（2017）

阮伟　钟秉枢 / 主编　　2017年12月出版　　估价：89.00元

◆ 本书运用多种研究方法，在体育竞赛业、体育用品业、体育场馆业、体育传媒业等传统产业研究的基础上，并对2016年体育领域内的各种热点事件进行研究和梳理，进一步拓宽了研究的广度、提升了研究的高度、挖掘了研究的深度。

皮书系列 重点推荐　　国别与地区类

# 国际问题类

国际问题类皮书关注全球重点国家与地区，
提供全面、独特的解读与研究

### 美国蓝皮书
美国研究报告（2017）

郑秉文　黄平／主编　2017年6月出版　估价：89.00元

◆ 本书是由中国社会科学院美国研究所主持完成的研究成果，它回顾了美国2016年的经济、政治形势与外交战略，对2017年以来美国内政外交发生的重大事件及重要政策进行了较为全面的回顾和梳理。

### 日本蓝皮书
日本研究报告（2017）

杨伯江／主编　2017年5月出版　估价：89.00元

◆ 本书对2016年日本的政治、经济、社会、外交等方面的发展情况做了系统介绍，对日本的热点及焦点问题进行了总结和分析，并在此基础上对该国2017年的发展前景做出预测。

### 亚太蓝皮书
亚太地区发展报告（2017）

李向阳／主编　2017年4月出版　估价：89.00元

◆ 本书是中国社会科学院亚太与全球战略研究院的集体研究成果。2017年的"亚太蓝皮书"继续关注中国周边环境的变化。该书盘点了2016年亚太地区的焦点和热点问题，为深入了解2016年及未来中国与周边环境的复杂形势提供了重要参考。

### 德国蓝皮书
德国发展报告（2017）

郑春荣 / 主编　2017年6月出版　估价：89.00元

◆ 本报告由同济大学德国研究所组织编撰，由该领域的专家学者对德国的政治、经济、社会文化、外交等方面的形势发展情况，进行全面的阐述与分析。

### 日本经济蓝皮书
日本经济与中日经贸关系研究报告（2017）

张季风 / 编著　2017年5月出版　估价：89.00元

◆ 本书系统、详细地介绍了2016年日本经济以及中日经贸关系发展情况，在进行了大量数据分析的基础上，对2017年日本经济以及中日经贸关系的大致发展趋势进行了分析与预测。

### 俄罗斯黄皮书
俄罗斯发展报告（2017）

李永全 / 编著　2017年7月出版　估价：89.00元

◆ 本书系统介绍了2016年俄罗斯经济政治情况，并对2016年该地区发生的焦点、热点问题进行了分析与回顾；在此基础上，对该地区2017年的发展前景进行了预测。

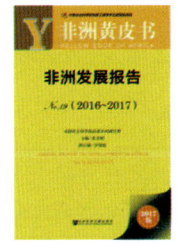

### 非洲黄皮书
非洲发展报告No.19（2016~2017）

张宏明 / 主编　2017年8月出版　估价：89.00元

◆ 本书是由中国社会科学院西亚非洲研究所组织编撰的非洲形势年度报告，比较全面、系统地分析了2016年非洲政治形势和热点问题，探讨了非洲经济形势和市场走向，剖析了大国对非洲关系的新动向；此外，还介绍了国内非洲研究的新成果。

皮书系列 重点推荐　地方发展类

# 地方发展类

地方发展类皮书关注中国各省份、经济区域，提供科学、多元的预判与资政信息

### 北京蓝皮书
北京公共服务发展报告（2016~2017）

施昌奎 / 主编　2017年3月出版　定价：79.00元

◆ 本书是由北京市政府职能部门的领导、首都著名高校的教授、知名研究机构的专家共同完成的关于北京市公共服务发展与创新的研究成果。

### 河南蓝皮书
河南经济发展报告（2017）

张占仓　完世伟 / 主编　2017年4月出版　估价：89.00元

◆ 本书以国内外经济发展环境和走向为背景，主要分析当前河南经济形势，预测未来发展趋势，全面反映河南经济发展的最新动态、热点和问题，为地方经济发展和领导决策提供参考。

### 广州蓝皮书
2017年中国广州经济形势分析与预测

庾建设　陈浩钿　谢博能 / 主编　2017年7月出版　估价：85.00元

◆ 本书由广州大学与广州市委政策研究室、广州市统计局联合主编，汇集了广州科研团体、高等院校和政府部门诸多经济问题研究专家、学者和实际部门工作者的最新研究成果，是关于广州经济运行情况和相关专题分析、预测的重要参考资料。

 文化传媒类

皮书系列
重点推荐

# 文化传媒类

文化传媒类皮书透视文化领域、文化产业，
探索文化大繁荣、大发展的路径

### 新媒体蓝皮书

中国新媒体发展报告 No.8（2017）

唐绪军 / 主编　2017年6月出版　估价：89.00元

◆ 本书是由中国社会科学院新闻与传播研究所组织编写的关于新媒体发展的最新年度报告，旨在全面分析中国新媒体的发展现状、解读新媒体的发展趋势、探析新媒体的深刻影响。

### 移动互联网蓝皮书

中国移动互联网发展报告（2017）

官建文 / 主编　2017年6月出版　估价：89.00元

◆ 本书着眼于对2016年度中国移动互联网的发展情况做深入解析，对未来发展趋势进行预测，力求从不同视角、不同层面全面剖析中国移动互联网发展的现状、年度突破及热点趋势等。

### 传媒蓝皮书

中国传媒产业发展报告（2017）

崔保国 / 主编　2017年5月出版　估价：98.00元

◆ "传媒蓝皮书"连续十多年跟踪观察和系统研究中国传媒产业发展。本报告在对传媒产业总体以及各细分行业发展状况与趋势进行深入分析基础上，对年度发展热点进行跟踪，剖析新技术引领下的商业模式，对传媒各领域发展趋势、内体经营、传媒投资进行解析，为中国传媒产业正在发生的变革提供前瞻性参考。

13

# 经济类

**"三农"互联网金融蓝皮书**
中国"三农"互联网金融发展报告(2017)
著(编)者:李勇坚 王弢　　2017年8月出版 / 估价:98.00元
PSN B-2016-561-1/1

**G20国家创新竞争力黄皮书**
二十国集团(G20)国家创新竞争力发展报告(2016~2017)
著(编)者:李建平 李闽榕 赵新力 周天勇
2017年8月出版 / 估价:158.00元
PSN Y-2011-229-1/1

**产业蓝皮书**
中国产业竞争力报告(2017)No.7
著(编)者:张其仔　　2017年12月出版 / 估价:98.00元
PSN B-2010-175-1/1

**城市创新蓝皮书**
中国城市创新报告(2017)
著(编)者:周天勇 旷建伟　　2017年11月出版 / 估价:89.00元
PSN B-2013-340-1/1

**城市蓝皮书**
中国城市发展报告 No.10
著(编)者:潘家华 单菁菁　　2017年9月出版 / 估价:89.00元
PSN B-2007-091-1/1

**城乡一体化蓝皮书**
中国城乡一体化发展报告(2016~2017)
著(编)者:汝信 付崇兰　　2017年7月出版 / 估价:85.00元
PSN B-2011-226-1/2

**城镇化蓝皮书**
中国新型城镇化健康发展报告(2017)
著(编)者:张占斌　　2017年8月出版 / 估价:89.00元
PSN B-2014-396-1/1

**创新蓝皮书**
创新型国家建设报告(2016~2017)
著(编)者:詹正茂　　2017年12月出版 / 估价:89.00元
PSN B-2009-140-1/1

**创业蓝皮书**
中国创业发展报告(2016~2017)
著(编)者:黄群慧 赵卫星 钟宏武等
2017年11月出版 / 估价:89.00元
PSN B-2016-578-1/1

**低碳发展蓝皮书**
中国低碳发展报告(2016~2017)
著(编)者:齐晔 张希良　　2017年3月出版 / 估价:98.00元
PSN B-2011-223-1/1

**低碳经济蓝皮书**
中国低碳经济发展报告(2017)
著(编)者:薛进军 赵忠秀　　2017年6月出版 / 估价:85.00元
PSN B-2011-124-1/1

**东北蓝皮书**
中国东北地区发展报告(2017)
著(编)者:姜晓秋　　2017年2月出版 / 定价:79.00元
PSN B-2006-067-1/1

**发展与改革蓝皮书**
中国经济发展和体制改革报告No.8
著(编)者:邹东涛 王再文　　2017年4月出版 / 估价:98.00元
PSN B-2008-122-1/1

**工业化蓝皮书**
中国工业化进程报告(2017)
著(编)者:黄群慧　　2017年12月出版 / 估价:158.00元
PSN B-2007-095-1/1

**管理蓝皮书**
中国管理发展报告(2017)
著(编)者:张晓东　　2017年10月出版 / 估价:98.00元
PSN B-2014-416-1/1

**国际城市蓝皮书**
国际城市发展报告(2017)
著(编)者:屠启宇　　2017年2月出版 / 定价:79.00元
PSN B-2012-260-1/1

**国家创新蓝皮书**
中国创新发展报告(2017)
著(编)者:陈劲　　2017年12月出版 / 估价:89.00元
PSN B-2014-370-1/1

**金融蓝皮书**
中国金融发展报告(2017)
著(编)者:王国刚　　2017年2月出版 / 定价:79.00元
PSN B-2004-031-1/6

**京津冀金融蓝皮书**
京津冀金融发展报告(2017)
著(编)者:王爱俭 李向前
2017年4月出版 / 估价:89.00元
PSN B-2016-528-1/1

**京津冀蓝皮书**
京津冀发展报告(2017)
著(编)者:文魁 祝尔娟　　2017年4月出版 / 估价:89.00元
PSN B-2012-262-1/1

**经济蓝皮书**
2017年中国经济形势分析与预测
著(编)者:李扬　　2017年1月出版 / 定价:89.00元
PSN B-1996-001-1/1

**经济蓝皮书·春季号**
2017年中国经济前景分析
著(编)者:李扬　　2017年6月出版 / 估价:89.00元
PSN B-1999-008-1/1

**经济蓝皮书·夏季号**
中国经济增长报告(2016~2017)
著(编)者:李扬　　2017年9月出版 / 估价:98.00元
PSN B-2010-176-1/1

**经济信息绿皮书**
中国与世界经济发展报告(2017)
著(编)者:杜平　　2017年12月出版 / 定价:89.00元
PSN G-2003-023-1/1

**就业蓝皮书**
2017年中国本科生就业报告
著(编)者:麦可思研究院　　2017年6月出版 / 估价:98.00元
PSN B-2009-146-1/2

# 皮书系列 2017全品种

## 经济类

**就业蓝皮书**
2017年中国高职高专生就业报告
著(编)者：麦可思研究院　2017年6月出版／估价：98.00元
PSN B-2015-472-2/2

**科普能力蓝皮书**
中国科普能力评价报告（2017）
著(编)者：李富　张李群　2017年8月出版／估价：89.00元
PSN B-2016-556-1/1

**临空经济蓝皮书**
中国临空经济发展报告（2017）
著(编)者：连玉明　2017年9月出版／估价：89.00元
PSN B-2014-421-1/1

**农村绿皮书**
中国农村经济形势分析与预测（2016~2017）
著(编)者：魏后凯　杜志雄　黄秉信
2017年4月出版／估价：89.00元
PSN G-1998-003-1/1

**农业应对气候变化蓝皮书**
气候变化对中国农业影响评估报告 No.3
著(编)者：矫梅燕　2017年8月出版／估价：98.00元
PSN B-2014-413-1/1

**气候变化绿皮书**
应对气候变化报告（2017）
著(编)者：王伟光　郑国光　2017年6月出版／估价：89.00元
PSN G-2009-144-1/1

**区域蓝皮书**
中国区域经济发展报告（2016~2017）
著(编)者：赵弘　2017年6月出版／估价：89.00元
PSN B-2004-034-1/1

**全球环境竞争力绿皮书**
全球环境竞争力报告（2017）
著(编)者：李建平　李闽榕　王金南
2017年12月出版／估价：198.00元
PSN G-2013-363-1/1

**人口与劳动绿皮书**
中国人口与劳动问题报告 No.18
著(编)者：蔡昉　张车伟　2017年11月出版／估价：89.00元
PSN G-2000-012-1/1

**商务中心区蓝皮书**
中国商务中心区发展报告 No.3（2016）
著(编)者：李国红　单菁菁　2017年4月出版／估价：89.00元
PSN B-2015-444-1/1

**世界经济黄皮书**
2017年世界经济形势分析与预测
著(编)者：张宇燕　2017年1月出版／定价：89.00元
PSN Y-1999-006-1/1

**世界旅游城市绿皮书**
世界旅游城市发展报告（2017）
著(编)者：宋宇　2017年4月出版／估价：128.00元
PSN G-2014-400-1/1

**土地市场蓝皮书**
中国农村土地市场发展报告（2016~2017）
著(编)者：李光荣　2017年4月出版／估价：89.00元
PSN B-2016-527-1/1

**西北蓝皮书**
中国西北发展报告（2017）
著(编)者：高建龙　2017年4月出版／估价：89.00元
PSN B-2012-261-1/1

**西部蓝皮书**
中国西部发展报告（2017）
著(编)者：徐璋勇　2017年7月出版／估价：89.00元
PSN B-2005-039-1/1

**新型城镇化蓝皮书**
新型城镇化发展报告（2017）
著(编)者：李伟　宋敏　沈体雁　2017年4月出版／估价：98.00元
PSN B-2014-431-1/1

**新兴经济体蓝皮书**
金砖国家发展报告（2017）
著(编)者：林跃勤　周文　2017年12月出版／估价：89.00元
PSN B-2011-195-1/1

**长三角蓝皮书**
2017年新常态下深化一体化的长三角
著(编)者：王庆五　2017年12月出版／估价：88.00元
PSN B-2005-038-1/1

**中部竞争力蓝皮书**
中国中部经济社会竞争力报告（2017）
著(编)者：教育部人文社会科学重点研究基地
　　　　　南昌大学中国中部经济社会发展研究中心
2017年12月出版／估价：89.00元
PSN B-2012-276-1/1

**中部蓝皮书**
中国中部地区发展报告（2017）
著(编)者：宋亚平　2017年12月出版／估价：88.00元
PSN B-2007-089-1/1

**中国省域竞争力蓝皮书**
中国省域经济综合竞争力发展报告（2017）
著(编)者：李建平　李闽榕　高燕京
2017年2月出版／定价：198.00元
PSN B-2007-088-1/1

**中三角蓝皮书**
长江中游城市群发展报告（2017）
著(编)者：秦尊文　2017年9月出版／估价：89.00元
PSN B-2014-417-1/1

**中小城市绿皮书**
中国中小城市发展报告（2017）
著(编)者：中国城市经济学会中小城市经济发展委员会
　　　　　中国城镇化促进会中小城市发展委员会
　　　　　《中国中小城市发展报告》编纂委员会
　　　　　中小城市发展战略研究院
2017年11月出版／估价：128.00元
PSN G-2010-161-1/1

**中原蓝皮书**
中原经济区发展报告（2017）
著(编)者：李英杰　2017年6月出版／估价：88.00元
PSN B-2011-192-1/1

**自贸区蓝皮书**
中国自贸区发展报告（2017）
著(编)者：王力　2017年7月出版／估价：89.00元
PSN B-2016-559-1/1

# 社会政法类

**北京蓝皮书**
中国社区发展报告（2017）
著(编)者：于燕燕　2017年4月出版 / 估价：89.00元
PSN B-2007-083-5/8

**殡葬绿皮书**
中国殡葬事业发展报告（2017）
著(编)者：李伯森　2017年4月出版 / 估价：158.00元
PSN G-2010-180-1/1

**城市管理蓝皮书**
中国城市管理报告（2016~2017）
著(编)者：刘林　刘承水　2017年5月出版 / 估价：158.00元
PSN B-2013-336-1/1

**城市生活质量蓝皮书**
中国城市生活质量报告（2017）
著(编)者：中国经济实验研究院
2018年7月出版 / 估价：89.00元
PSN B-2013-326-1/1

**城市政府能力蓝皮书**
中国城市政府公共服务能力评估报告（2017）
著(编)者：何艳玲　2017年4月出版 / 估价：89.00元
PSN B-2013-338-1/1

**慈善蓝皮书**
中国慈善发展报告（2017）
著(编)者：杨团　2017年6月出版 / 估价：89.00元
PSN B-2009-142-1/1

**党建蓝皮书**
党的建设研究报告No.2（2017）
著(编)者：崔建民　陈东平　2017年4月出版 / 估价：89.00元
PSN B-2016-524-1/1

**地方法治蓝皮书**
中国地方法治发展报告No.3（2017）
著(编)者：李林　田禾　2017年4月出版 / 估价：108.00元
PSN B-2015-442-1/1

**法治蓝皮书**
中国法治发展报告No.15（2017）
著(编)者：李林　田禾　2017年3月出版 / 定价：118.00元
PSN B-2004-027-1/1

**法治政府蓝皮书**
中国法治政府发展报告（2017）
著(编)者：中国政法大学法治政府研究院
2017年4月出版 / 估价：98.00元
PSN B-2015-502-1/2

**法治政府蓝皮书**
中国法治政府评估报告（2017）
著(编)者：中国政法大学法治政府研究院
2017年11月出版 / 估价：98.00元
PSN B-2016-577-2/2

**法治蓝皮书**
中国法院信息化发展报告No.1（2017）
著(编)者：李林　田禾　2017年2月出版 / 定价：108.00元
PSN B-2017-604-3/3

**反腐倡廉蓝皮书**
中国反腐倡廉建设报告No.7
著(编)者：张英伟　2017年12月出版 / 估价：89.00元
PSN B-2012-259-1/1

**非传统安全蓝皮书**
中国非传统安全研究报告（2016~2017）
著(编)者：余潇枫　魏志江　2017年6月出版 / 估价：89.00元
PSN B-2012-273-1/1

**妇女发展蓝皮书**
中国妇女发展报告No.7
著(编)者：王金玲　2017年9月出版 / 估价：148.00元
PSN B-2006-069-1/1

**妇女教育蓝皮书**
中国妇女教育发展报告No.4
著(编)者：张李玺　2017年10月出版 / 估价：78.00元
PSN B-2008-121-1/1

**妇女绿皮书**
中国性别平等与妇女发展报告（2017）
著(编)者：谭琳　2017年12月出版 / 估价：99.00元
PSN G-2006-073-1/1

**公共服务蓝皮书**
中国城市基本公共服务力评价（2017）
著(编)者：钟君　刘志昌　吴正杲　2017年12月出版 / 估价：89.00元
PSN B-2011-214-1/1

**公民科学素质蓝皮书**
中国公民科学素质报告（2016~2017）
著(编)者：李群　陈雄　马宗文
2017年4月出版 / 估价：89.00元
PSN B-2014-379-1/1

**公共关系蓝皮书**
中国公共关系发展报告（2017）
著(编)者：柳斌杰　2017年11月出版 / 估价：89.00元
PSN B-2016-580-1/1

**公益蓝皮书**
中国公益慈善发展报告（2017）
著(编)者：朱健刚　2018年4月出版 / 估价：118.00元
PSN B-2012-283-1/1

**国际人才蓝皮书**
中国国际移民报告（2017）
著(编)者：王辉耀　2017年4月出版 / 估价：89.00元
PSN B-2012-304-3/4

**国际人才蓝皮书**
中国留学发展报告（2017）No.5
著(编)者：王辉耀　苗绿　2017年10月出版 / 估价：89.00元
PSN B-2012-244-2/4

**海洋社会蓝皮书**
中国海洋社会发展报告（2017）
著(编)者：崔凤　宋宁而　2017年7月出版 / 估价：89.00元
PSN B-2015-478-1/1

社会政法类　皮书系列 2017全品种

**行政改革蓝皮书**
中国行政体制改革报告（2017）No.6
著（编）者：魏礼群　2017年5月出版 / 估价：98.00元
PSN B-2011-231-1/1

**华侨华人蓝皮书**
华侨华人研究报告（2017）
著（编）者：贾益民　2017年12月出版 / 估价：128.00元
PSN B-2011-204-1/1

**环境竞争力绿皮书**
中国省域环境竞争力发展报告（2017）
著（编）者：李建平　李闽榕　王金南
2017年11月出版 / 估价：198.00元
PSN G-2010-165-1/1

**环境绿皮书**
中国环境发展报告（2017）
著（编）者：刘鉴强　2017年4月出版 / 估价：89.00元
PSN G-2006-048-1/1

**基金会蓝皮书**
中国基金会发展报告（2016~2017）
著（编）者：中国基金会发展报告课题组
2017年4月出版 / 估价：85.00元
PSN B-2013-368-1/1

**基金会绿皮书**
中国基金会发展独立研究报告（2017）
著（编）者：基金会中心网　中央民族大学基金会研究中心
2017年6月出版 / 估价：88.00元
PSN G-2011-213-1/1

**基金会透明度蓝皮书**
中国基金会透明度发展研究报告（2017）
著（编）者：基金会中心网　清华大学廉政与治理研究中心
2017年12月出版 / 估价：89.00元
PSN B-2015-509-1/1

**家庭蓝皮书**
中国"创建幸福家庭活动"评估报告（2017）
著（编）者：国务院发展研究中心"创建幸福家庭活动评估"课题组
2017年8月出版 / 估价：89.00元
PSN B-2015-508-1/1

**健康城市蓝皮书**
中国健康城市建设研究报告（2017）
著（编）者：王鸿春　解树江　盛继洪
2017年9月出版 / 估价：89.00元
PSN B-2016-565-2/2

**教师蓝皮书**
中国中小学教师发展报告（2017）
著（编）者：曾晓东　鱼霞　2017年6月出版 / 估价：89.00元
PSN B-2012-289-1/1

**教育蓝皮书**
中国教育发展报告（2017）
著（编）者：杨东平　2017年4月出版 / 估价：89.00元
PSN B-2006-047-1/1

**科普蓝皮书**
中国基层科普发展报告（2016~2017）
著（编）者：赵立　新陈玲　2017年9月出版 / 估价：89.00元
PSN B-2016-569-3/3

**科普蓝皮书**
中国科普基础设施发展报告（2017）
著（编）者：任福君　2017年6月出版 / 估价：89.00元
PSN B-2010-174-1/3

**科普蓝皮书**
中国科普人才发展报告（2017）
著（编）者：郑念　任嵘嵘　2017年4月出版 / 估价：98.00元
PSN B-2015-512-2/3

**科学教育蓝皮书**
中国科学教育发展报告（2017）
著（编）者：罗晖　王康友　2017年10月出版 / 估价：89.00元
PSN B-2015-487-1/1

**劳动保障蓝皮书**
中国劳动保障发展报告（2017）
著（编）者：刘燕斌　2017年9月出版 / 估价：188.00元
PSN B-2014-415-1/1

**老龄蓝皮书**
中国老年宜居环境发展报告（2017）
著（编）者：党俊武　周燕珉　2017年4月出版 / 估价：89.00元
PSN B-2013-320-1/1

**连片特困区蓝皮书**
中国连片特困区发展报告（2017）
著（编）者：游俊　冷志明　丁建军
2017年4月出版 / 估价：98.00元
PSN B-2013-321-1/1

**流动儿童蓝皮书**
中国流动儿童教育发展报告（2016）
著（编）者：杨东平　2017年1月出版 / 定价：79.00元
PSN B-2017-600-1/1

**民调蓝皮书**
中国民生调查报告（2017）
著（编）者：谢耘耕　2017年12月出版 / 估价：98.00元
PSN B-2014-398-1/1

**民族发展蓝皮书**
中国民族发展报告（2017）
著（编）者：郝时远　王延中　王希恩
2017年4月出版 / 估价：98.00元
PSN B-2006-070-1/1

**女性生活蓝皮书**
中国女性生活状况报告 No.11（2017）
著（编）者：韩湘景　2017年10月出版 / 估价：98.00元
PSN B-2006-071-1/1

**汽车社会蓝皮书**
中国汽车社会发展报告（2017）
著（编）者：王俊秀　2017年12月出版 / 估价：89.00元
PSN B-2011-224-1/1

## 社会政法类

**青年蓝皮书**
中国青年发展报告（2017）No.3
著(编)者：廉思 等　2017年4月出版／估价：89.00元
PSN B-2013-333-1/1

**青少年蓝皮书**
中国未成年人互联网运用报告（2017）
著(编)者：李文革 沈洁 季为民
2017年11月出版／估价：89.00元
PSN B-2010-165-1/1

**青少年体育蓝皮书**
中国青少年体育发展报告（2017）
著(编)者：郭建军 杨桦　2017年9月出版／估价：89.00元
PSN B-2015-482-1/1

**群众体育蓝皮书**
中国群众体育发展报告（2017）
著(编)者：刘国永 杨桦　2017年12月出版／估价：89.00元
PSN B-2016-519-2/3

**人权蓝皮书**
中国人权事业发展报告 No.7（2017）
著(编)者：李君如　2017年9月出版／估价：98.00元
PSN B-2011-215-1/1

**社会保障绿皮书**
中国社会保障发展报告（2017）No.8
著(编)者：王延中　2017年1月出版／估价：98.00元
PSN G-2001-014-1/1

**社会风险评估蓝皮书**
风险评估与危机预警评估报告（2017）
著(编)者：唐钧　2017年8月出版／估价：85.00元
PSN B-2016-521-1/1

**社会管理蓝皮书**
中国社会管理创新报告 No.5
著(编)者：连玉明　2017年11月出版／估价：89.00元
PSN B-2012-300-1/1

**社会蓝皮书**
2017年中国社会形势分析与预测
著(编)者：李培林 陈光金 张翼
2016年12月出版／定价：89.00元
PSN B-1998-002-1/1

**社会体制蓝皮书**
中国社会体制改革报告 No.5（2017）
著(编)者：龚维斌　2017年3月出版／定价：89.00元
PSN B-2013-330-1/1

**社会心态蓝皮书**
中国社会心态研究报告（2017）
著(编)者：王俊秀 杨宜音　2017年12月出版／估价：89.00元
PSN B-2011-199-1/1

**社会组织蓝皮书**
中国社会组织发展报告（2016~2017）
著(编)者：黄晓勇　2017年1月出版／定价：89.00元
PSN B-2008-118-1/2

**社会组织蓝皮书**
中国社会组织评估发展报告（2017）
著(编)者：徐家良 廖鸿　2017年12月出版／估价：89.00元
PSN B-2013-366-1/1

**生态城市绿皮书**
中国生态城市建设发展报告（2017）
著(编)者：刘举科 孙伟平 胡文臻
2017年9月出版／估价：118.00元
PSN G-2012-269-1/1

**生态文明绿皮书**
中国省域生态文明建设评价报告（ECI 2017）
著(编)者：严耕　2017年12月出版／估价：98.00元
PSN G-2010-170-1/1

**土地整治蓝皮书**
中国土地整治发展研究报告 No.4
著(编)者：国土资源部土地整治中心
2017年7月出版／估价：89.00元
PSN B-2014-401-1/1

**土地政策蓝皮书**
中国土地政策研究报告（2017）
著(编)者：高延利 李宪文
2017年12月出版／定价：89.00元
PSN B-2015-506-1/1

**医改蓝皮书**
中国医药卫生体制改革报告（2017）
著(编)者：文学国 房志武　2017年11月出版／估价：98.00元
PSN B-2014-432-1/1

**医疗卫生绿皮书**
中国医疗卫生发展报告 No.7（2017）
著(编)者：申宝忠 韩玉珍　2017年4月出版／估价：85.00元
PSN G-2004-033-1/1

**应急管理蓝皮书**
中国应急管理报告（2017）
著(编)者：宋英华　2017年9月出版／估价：98.00元
PSN B-2016-563-1/1

**政治参与蓝皮书**
中国政治参与报告（2017）
著(编)者：房宁　2017年9月出版／估价：118.00元
PSN B-2011-200-1/1

**宗教蓝皮书**
中国宗教报告（2016）
著(编)者：邱永辉　2017年4月出版／估价：89.00元
PSN B-2008-117-1/1

# 行业报告类

**SUV蓝皮书**
中国SUV市场发展报告（2016~2017）
著(编)者：靳军　　2017年9月出版／估价：89.00元
PSN B-2016-572-1/1

**保健蓝皮书**
中国保健服务产业发展报告 No.2
著(编)者：中国保健协会　中共中央党校
2017年7月出版／估价：198.00元
PSN B-2012-272-3/3

**保健蓝皮书**
中国保健食品产业发展报告 No.2
著(编)者：中国保健协会
　　　　　中国社会科学院食品药品产业发展与监管研究中心
2017年7月出版／估价：198.00元
PSN B-2012-271-2/3

**保健蓝皮书**
中国保健用品产业发展报告 No.2
著(编)者：中国保健协会　国务院国有资产监督管理委员会研究中心
2017年4月出版／估价：198.00元
PSN B-2012-270-1/3

**保险蓝皮书**
中国保险业竞争力报告（2017）
著(编)者：项俊波　　2017年12月出版／估价：99.00元
PSN B-2013-311-1/1

**冰雪蓝皮书**
中国滑雪产业发展报告（2017）
著(编)者：孙承华　伍斌　魏庆华　张鸿俊
2017年8月出版／估价：89.00元
PSN B-2016-560-1/1

**彩票蓝皮书**
中国彩票发展报告（2017）
著(编)者：益彩基金　　2017年4月出版／估价：98.00元
PSN B-2015-462-1/1

**餐饮产业蓝皮书**
中国餐饮产业发展报告（2017）
著(编)者：邢颖　　2017年6月出版／估价：98.00元
PSN B-2009-151-1/1

**测绘地理信息蓝皮书**
新常态下的测绘地理信息研究报告（2017）
著(编)者：库热西·买合苏提
2017年12月出版／估价：118.00元
PSN B-2009-145-1/1

**茶业蓝皮书**
中国茶产业发展报告（2017）
著(编)者：杨江帆　李闽榕　　2017年10月出版／估价：88.00元
PSN B-2010-164-1/1

**产权市场蓝皮书**
中国产权市场发展报告（2016~2017）
著(编)者：曹和平　　2017年5月出版／估价：89.00元
PSN B-2009-147-1/1

**产业安全蓝皮书**
中国出版传媒产业安全报告（2016~2017）
著(编)者：北京印刷学院文化产业安全研究院
2017年4月出版／估价：89.00元
PSN B-2014-384-13/14

**产业安全蓝皮书**
中国文化产业安全报告（2017）
著(编)者：北京印刷学院文化产业安全研究院
2017年12月出版／估价：89.00元
PSN B-2014-378-12/14

**产业安全蓝皮书**
中国新媒体产业安全报告（2017）
著(编)者：北京印刷学院文化产业安全研究院
2017年12月出版／估价：89.00元
PSN B-2015-500-14/14

**城投蓝皮书**
中国城投行业发展报告（2017）
著(编)者：王晨艳　丁伯康　　2017年11月出版／估价：300.00元
PSN B-2016-514-1/1

**电子政务蓝皮书**
中国电子政务发展报告（2016~2017）
著(编)者：李季　杜平　　2017年7月出版／估价：89.00元
PSN B-2003-022-1/1

**杜仲产业绿皮书**
中国杜仲橡胶资源与产业发展报告（2016~2017）
著(编)者：杜红岩　胡文臻　俞锐
2017年4月出版／估价：85.00元
PSN G-2013-350-1/1

**房地产蓝皮书**
中国房地产发展报告 No.14（2017）
著(编)者：李春华　王业强　　2017年5月出版／估价：89.00元
PSN B-2004-028-1/1

**服务外包蓝皮书**
中国服务外包产业发展报告（2017）
著(编)者：王晓红　刘德军
2017年6月出版／估价：89.00元
PSN B-2013-331-2/2

**服务外包蓝皮书**
中国服务外包竞争力报告（2017）
著(编)者：王力　刘春生　黄育华
2017年11月出版／估价：85.00元
PSN B-2011-216-1/2

**工业和信息化蓝皮书**
世界网络安全发展报告（2016~2017）
著(编)者：洪京一　　2017年4月出版／估价：89.00元
PSN B-2015-452-5/5

**工业和信息化蓝皮书**
世界信息化发展报告（2016~2017）
著(编)者：洪京一　　2017年4月出版／估价：89.00元
PSN B-2015-451-4/5

## 皮书系列 2017全品种 — 行业报告类

**工业和信息化蓝皮书**
世界信息技术产业发展报告（2016~2017）
著（编）者：洪京一　2017年4月出版／估价：89.00元
PSN B-2015-449-2/5

**工业和信息化蓝皮书**
移动互联网产业发展报告（2016~2017）
著（编）者：洪京一　2017年4月出版／估价：89.00元
PSN B-2015-448-1/5

**工业和信息化蓝皮书**
战略性新兴产业发展报告（2016~2017）
著（编）者：洪京一　2017年4月出版／估价：89.00元
PSN B-2015-450-3/5

**工业设计蓝皮书**
中国工业设计发展报告（2017）
著（编）者：王晓红　于炜　张立群
2017年9月出版／估价：138.00元
PSN B-2014-420-1/1

**黄金市场蓝皮书**
中国商业银行黄金业务发展报告（2016~2017）
著（编）者：平安银行　2017年4月出版／估价：98.00元
PSN B-2016-525-1/1

**互联网金融蓝皮书**
中国互联网金融发展报告（2017）
著（编）者：李东荣　2017年9月出版／估价：128.00元
PSN B-2014-374-1/1

**互联网医疗蓝皮书**
中国互联网医疗发展报告（2017）
著（编）者：宫晓东　2017年9月出版／估价：89.00元
PSN B-2016-568-1/1

**会展蓝皮书**
中外会展业动态评估年度报告（2017）
著（编）者：张敏　2017年4月出版／估价：88.00元
PSN B-2013-327-1/1

**金融监管蓝皮书**
中国金融监管报告（2017）
著（编）者：胡滨　2017年6月出版／估价：89.00元
PSN B-2012-281-1/1

**金融蓝皮书**
中国金融中心发展报告（2017）
著（编）者：王力　黄育华　2017年11月出版／估价：85.00元
PSN B-2011-186-6/6

**建筑装饰蓝皮书**
中国建筑装饰行业发展报告（2017）
著（编）者：刘晓一　葛道顺　2017年7月出版／估价：198.00元
PSN B-2016-554-1/1

**客车蓝皮书**
中国客车产业发展报告（2016~2017）
著（编）者：姚蔚　2017年10月出版／估价：85.00元
PSN B-2013-361-1/1

**旅游安全蓝皮书**
中国旅游安全报告（2017）
著（编）者：郑向敏　谢朝武　2017年5月出版／估价：128.00元
PSN B-2012-280-1/1

**旅游绿皮书**
2016~2017年中国旅游发展分析与预测
著（编）者：宋瑞　2017年2月出版／定价：89.00元
PSN G-2002-018-1/1

**煤炭蓝皮书**
中国煤炭工业发展报告（2017）
著（编）者：岳福斌　2017年12月出版／估价：85.00元
PSN B-2008-123-1/1

**民营企业社会责任蓝皮书**
中国民营企业社会责任报告（2017）
著（编）者：中华全国工商业联合会
2017年12月出版／估价：89.00元
PSN B-2015-510-1/1

**民营医院蓝皮书**
中国民营医院发展报告（2017）
著（编）者：庄一强　2017年10月出版／估价：85.00元
PSN B-2012-299-1/1

**闽商蓝皮书**
闽商发展报告（2017）
著（编）者：李闽榕　王日根　林琛
2017年12月出版／估价：89.00元
PSN B-2012-298-1/1

**能源蓝皮书**
中国能源发展报告（2017）
著（编）者：崔民选　王军生　陈义和
2017年10月出版／估价：98.00元
PSN B-2006-049-1/1

**农产品流通蓝皮书**
中国农产品流通产业发展报告（2017）
著（编）者：贾敬敦　张东科　张玉玺　张鹏毅　周伟
2017年4月出版／估价：89.00元
PSN B-2012-288-1/1

**企业公益蓝皮书**
中国企业公益研究报告（2017）
著（编）者：钟宏武　汪杰　顾一　黄晓娟　等
2017年12月出版／估价：89.00元
PSN B-2015-501-1/1

**企业国际化蓝皮书**
中国企业国际化报告（2017）
著（编）者：王辉耀　2017年11月出版／估价：98.00元
PSN B-2014-427-1/1

**企业蓝皮书**
中国企业绿色发展报告No.2（2017）
著（编）者：李红玉　朱光辉　2017年8月出版／估价：89.00元
PSN B-2015-481-2/2

**企业社会责任蓝皮书**
中国企业社会责任研究报告（2017）
著（编）者：黄群慧　钟宏武　张蒽　翟利峰
2017年11月出版／估价：89.00元
PSN B-2009-149-1/1

**企业社会责任蓝皮书**
中资企业海外社会责任研究报告（2016~2017）
著（编）者：钟宏武　叶柳红　张蒽
2017年1月出版／定价：79.00元
PSN B-2017-603-2/2

# 皮书系列 2017全品种

## 行业报告类

**汽车安全蓝皮书**
中国汽车安全发展报告（2017）
著（编）者：中国汽车技术研究中心
2017年7月出版 / 估价：89.00元
PSN B-2014-385-1/1

**汽车电子商务蓝皮书**
中国汽车电子商务发展报告（2017）
著（编）者：中华全国工商业联合会汽车经销商商会
　　　　　北京易观智库网络科技有限公司
2017年10月出版 / 估价：128.00元
PSN B-2015-485-1/1

**汽车工业蓝皮书**
中国汽车工业发展年度报告（2017）
著（编）者：中国汽车工业协会 中国汽车技术研究中心
　　　　　丰田汽车（中国）投资有限公司
2017年4月出版 / 估价：128.00元
PSN B-2015-463-1/2

**汽车工业蓝皮书**
中国汽车零部件产业发展报告（2017）
著（编）者：中国汽车工业协会 中国汽车工程研究院
2017年10月出版 / 估价：98.00元
PSN B-2016-515-2/2

**汽车蓝皮书**
中国汽车产业发展报告（2017）
著（编）者：国务院发展研究中心产业经济研究部
　　　　　中国汽车工程学会 大众汽车集团（中国）
2017年8月出版 / 估价：98.00元
PSN B-2008-124-1/1

**人力资源蓝皮书**
中国人力资源发展报告（2017）
著（编）者：余兴安　2017年11月出版 / 估价：89.00元
PSN B-2012-287-1/1

**融资租赁蓝皮书**
中国融资租赁业发展报告（2016～2017）
著（编）者：李光荣 王力　2017年8月出版 / 估价：89.00元
PSN B-2015-443-1/1

**商会蓝皮书**
中国商会发展报告No.5（2017）
著（编）者：王钦敏　2017年7月出版 / 估价：89.00元
PSN B-2008-125-1/1

**输血服务蓝皮书**
中国输血行业发展报告（2017）
著（编）者：朱永明 耿鸿武　2016年8月出版 / 估价：89.00元
PSN B-2016-583-1/1

**社会责任管理蓝皮书**
中国上市公司社会责任能力成熟度报告（2017）No.2
著（编）者：肖红军 王晓光 李伟阳
2017年12月出版 / 估价：98.00元
PSN B-2015-507-2/2

**社会责任管理蓝皮书**
中国企业公众透明度报告(2017)No.3
著（编）者：黄速建 熊梦 王晓光 肖红军
2017年4月出版 / 估价：98.00元
PSN B-2015-440-1/2

**食品药品蓝皮书**
食品药品安全与监管政策研究报告（2016～2017）
著（编）者：唐民皓　2017年6月出版 / 估价：89.00元
PSN B-2009-129-1/1

**世界能源蓝皮书**
世界能源发展报告（2017）
著（编）者：黄晓勇　2017年6月出版 / 估价：99.00元
PSN B-2013-349-1/1

**水利风景区蓝皮书**
中国水利风景区发展报告（2017）
著（编）者：谢婵才 兰思仁　2017年5月出版 / 估价：89.00元
PSN B-2015-480-1/1

**碳市场蓝皮书**
中国碳市场报告（2017）
著（编）者：定金彪　2017年11月出版 / 估价：89.00元
PSN B-2014-430-1/1

**体育蓝皮书**
中国体育产业发展报告（2017）
著（编）者：阮伟 钟秉枢　2017年12月出版 / 估价：89.00元
PSN B-2010-179-1/4

**网络空间安全蓝皮书**
中国网络空间安全发展报告（2017）
著（编）者：惠志斌 唐涛　2017年4月出版 / 估价：89.00元
PSN B-2015-466-1/1

**西部金融蓝皮书**
中国西部金融发展报告（2017）
著（编）者：李忠民　2017年8月出版 / 估价：85.00元
PSN B-2010-160-1/1

**协会商会蓝皮书**
中国行业协会商会发展报告（2017）
著（编）者：景朝阳 李勇　2017年4月出版 / 估价：99.00元
PSN B-2015-461-1/1

**新能源汽车蓝皮书**
中国新能源汽车产业发展报告（2017）
著（编）者：中国汽车技术研究中心
　　　　　日产（中国）投资有限公司 东风汽车有限公司
2017年7月出版 / 估价：98.00元
PSN B-2013-347-1/1

**新三板蓝皮书**
中国新三板市场发展报告（2017）
著（编）者：王力　2017年6月出版 / 估价：89.00元
PSN B-2016-534-1/1

**信托市场蓝皮书**
中国信托业市场报告（2016～2017）
著（编）者：用益信托研究院
2017年1月出版 / 定价：198.00元
PSN B-2014-371-1/1

**信息化蓝皮书**
中国信息化形势分析与预测（2016~2017）
著（编）者：周宏仁　2017年8月出版 / 估价：98.00元
PSN B-2010-168-1/1

## 行业报告类

**信用蓝皮书**
中国信用发展报告（2017）
著(编)者：章政 田侃 2017年4月出版 / 估价：99.00元
PSN B-2013-328-1/1

**休闲绿皮书**
2017年中国休闲发展报告
著(编)者：宋瑞 2017年10月出版 / 估价：89.00元
PSN G-2010-158-1/1

**休闲体育蓝皮书**
中国休闲体育发展报告（2016~2017）
著(编)者：李相如 钟炳枢 2017年10月出版 / 估价：89.00元
PSN G-2016-516-1/1

**养老金融蓝皮书**
中国养老金融发展报告（2017）
著(编)者：董克用 姚余栋
2017年8月出版 / 估价：89.00元
PSN B-2016-584-1/1

**药品流通蓝皮书**
中国药品流通行业发展报告（2017）
著(编)者：佘鲁林 温再兴 2017年8月出版 / 估价：158.00元
PSN B-2014-429-1/1

**医院蓝皮书**
中国医院竞争力报告（2017）
著(编)者：庄一强 曾益新 2017年3月出版 / 定价：108.00元
PSN B-2016-529-1/1

**邮轮绿皮书**
中国邮轮产业发展报告（2017）
著(编)者：汪泓 2017年10月出版 / 估价：89.00元
PSN G-2014-419-1/1

**智能养老蓝皮书**
中国智能养老产业发展报告（2017）
著(编)者：朱勇 2017年10月出版 / 估价：89.00元
PSN B-2015-488-1/1

**债券市场蓝皮书**
中国债券市场发展报告（2016~2017）
著(编)者：杨农 2017年10月出版 / 估价：89.00元
PSN B-2016-573-1/1

**中国节能汽车蓝皮书**
中国节能汽车发展报告（2016~2017）
著(编)者：中国汽车工程研究院股份有限公司
2017年9月出版 / 估价：98.00元
PSN B-2016-566-1/1

**中国上市公司蓝皮书**
中国上市公司发展报告（2017）
著(编)者：张平 王宏淼
2017年10月出版 / 估价：98.00元
PSN B-2014-414-1/1

**中国陶瓷产业蓝皮书**
中国陶瓷产业发展报告（2017）
著(编)者：左和平 黄速建 2017年10月出版 / 估价：98.00元
PSN B-2016-574-1/1

**中国总部经济蓝皮书**
中国总部经济发展报告（2016~2017）
著(编)者：赵弘 2017年9月出版 / 估价：89.00元
PSN B-2005-036-1/1

**中医文化蓝皮书**
中国中医药文化传播发展报告（2017）
著(编)者：毛嘉陵 2017年7月出版 / 估价：89.00元
PSN B-2015-468-1/1

**装备制造业蓝皮书**
中国装备制造业发展报告（2017）
著(编)者：徐东华 2017年12月出版 / 估价：148.00元
PSN B-2015-505-1/1

**资本市场蓝皮书**
中国场外交易市场发展报告（2016~2017）
著(编)者：高峦 2017年4月出版 / 估价：89.00元
PSN B-2009-153-1/1

**资产管理蓝皮书**
中国资产管理行业发展报告（2017）
著(编)者：智信资产管理研究院
2017年6月出版 / 估价：89.00元
PSN B-2014-407-2/2

# 文化传媒类

**传媒竞争力蓝皮书**
中国传媒国际竞争力研究报告（2017）
著（编）者：李本乾 刘强
2017年11月出版 / 估价：148.00元
PSN B-2013-356-1/1

**传媒蓝皮书**
中国传媒产业发展报告（2017）
著（编）者：崔保国　2017年5月出版 / 估价：98.00元
PSN B-2005-035-1/1

**传媒投资蓝皮书**
中国传媒投资发展报告（2017）
著（编）者：张向东 谭云明
2017年6月出版 / 估价：128.00元
PSN B-2015-474-1/1

**动漫蓝皮书**
中国动漫产业发展报告（2017）
著（编）者：卢斌 郑玉明 牛兴侦
2017年9月出版 / 估价：89.00元
PSN B-2011-198-1/1

**非物质文化遗产蓝皮书**
中国非物质文化遗产发展报告（2017）
著（编）者：陈平　2017年5月出版 / 估价：98.00元
PSN B-2015-469-1/1

**广电蓝皮书**
中国广播电影电视发展报告（2017）
著（编）者：国家新闻出版广电总局发展研究中心
2017年7月出版 / 估价：98.00元
PSN B-2006-072-1/1

**广告主蓝皮书**
中国广告主营销传播趋势报告 No.9
著（编）者：黄升民 杜国清 邵华冬 等
2017年10月出版 / 估价：148.00元
PSN B-2005-041-1/1

**国际传播蓝皮书**
中国国际传播发展报告（2017）
著（编）者：胡正荣 李继东 姬德强
2017年11月出版 / 估价：89.00元
PSN B-2014-408-1/1

**国家形象蓝皮书**
中国国家形象传播报告（2016）
著（编）者：张昆　2017年3月出版 / 定价：98.00元
PSN B-2017-605-1/1

**纪录片蓝皮书**
中国纪录片发展报告（2017）
著（编）者：何苏六　2017年9月出版 / 估价：89.00元
PSN B-2011-222-1/1

**科学传播蓝皮书**
中国科学传播报告（2017）
著（编）者：詹正茂　2017年7月出版 / 估价：89.00元
PSN B-2008-120-1/1

**两岸创意经济蓝皮书**
两岸创意经济研究报告（2017）
著（编）者：罗昌智 林咏能
2017年10月出版 / 估价：98.00元
PSN B-2014-437-1/1

**媒介与女性蓝皮书**
中国媒介与女性发展报告（2016~2017）
著（编）者：刘利群　2017年9月出版 / 估价：118.00元
PSN B-2013-345-1/1

**媒体融合蓝皮书**
中国媒体融合发展报告（2017）
著（编）者：梅宁华 宋建武　2017年7月出版 / 估价：89.00元
PSN B-2015-479-1/1

**全球传媒蓝皮书**
全球传媒发展报告（2017）
著（编）者：胡正荣 李继东 唐晓芬
2017年11月出版 / 估价：89.00元
PSN B-2012-237-1/1

**少数民族非遗蓝皮书**
中国少数民族非物质文化遗产发展报告（2017）
著（编）者：肖远平（彝）柴立（满）
2017年8月出版 / 估价：98.00元
PSN B-2015-467-1/1

**视听新媒体蓝皮书**
中国视听新媒体发展报告（2017）
著（编）者：国家新闻出版广电总局发展研究中心
2017年7月出版 / 估价：98.00元
PSN B-2011-184-1/1

**文化创新蓝皮书**
中国文化创新报告（2017）No.7
著（编）者：于平 傅才武　2017年7月出版 / 估价：98.00元
PSN B-2009-143-1/1

**文化建设蓝皮书**
中国文化发展报告（2016~2017）
著（编）者：江畅 孙伟平 戴茂堂
2017年6月出版 / 估价：116.00元
PSN B-2014-392-1/1

**文化科技蓝皮书**
文化科技创新发展报告（2017）
著（编）者：于平 李凤亮　2017年11月出版 / 估价：89.00元
PSN B-2013-342-1/1

**文化蓝皮书**
中国公共文化服务发展报告（2017）
著（编）者：刘新成 张永新 张旭
2017年12月出版 / 估价：98.00元
PSN B-2007-093-2/10

**文化蓝皮书**
中国公共文化投入增长测评报告（2017）
著（编）者：王亚南　2017年2月出版 / 定价：79.00元
PSN B-2014-435-10/10

**皮书系列 2017全品种** — 文化传媒类·地方发展类

**文化蓝皮书**
中国少数民族文化发展报告（2016~2017）
著(编)者：武翠英 张晓明 任乌晶
2017年9月出版 / 估价：89.00元
PSN B-2013-369-9/10

**文化蓝皮书**
中国文化产业发展报告（2016~2017）
著(编)者：张晓明 王家新 章建刚
2017年4月出版 / 估价：89.00元
PSN B-2002-019-1/10

**文化蓝皮书**
中国文化产业供需协调检测报告（2017）
著(编)者：王亚南 2017年2月出版 / 定价：79.00元
PSN B-2013-323-8/10

**文化蓝皮书**
中国文化消费需求景气评价报告（2017）
著(编)者：王亚南 2017年2月出版 / 定价：79.00元
PSN B-2011-236-4/10

**文化品牌蓝皮书**
中国文化品牌发展报告（2017）
著(编)者：欧阳友权 2017年5月出版 / 估价：98.00元
PSN B-2012-277-1/1

**文化遗产蓝皮书**
中国文化遗产事业发展报告（2017）
著(编)者：苏杨 张颖岚 王宇飞
2017年8月出版 / 估价：98.00元
PSN B-2008-119-1/1

**文学蓝皮书**
中国文情报告（2016~2017）
著(编)者：白烨 2017年5月出版 / 估价：49.00元
PSN B-2011-221-1/1

**新媒体蓝皮书**
中国新媒体发展报告No.8（2017）
著(编)者：唐绪军 2017年6月出版 / 估价：89.00元
PSN B-2010-169-1/1

**新媒体社会责任蓝皮书**
中国新媒体社会责任研究报告（2017）
著(编)者：钟瑛 2017年11月出版 / 估价：89.00元
PSN B-2014-423-1/1

**移动互联网蓝皮书**
中国移动互联网发展报告（2017）
著(编)者：官建文 2017年6月出版 / 估价：89.00元
PSN B-2012-282-1/1

**舆情蓝皮书**
中国社会舆情与危机管理报告（2017）
著(编)者：谢耘耕 2017年9月出版 / 估价：128.00元
PSN B-2011-235-1/1

**影视蓝皮书**
中国影视产业发展报告（2017）
著(编)者：司若 2017年4月出版 / 估价：138.00元
PSN B-2016-530-1/1

## 地方发展类

**安徽经济蓝皮书**
合芜蚌国家自主创新综合示范区研究报告（2016~2017）
著(编)者：黄家海 王开玉 蔡宪
2017年7月出版 / 估价：89.00元
PSN B-2014-383-1/1

**安徽蓝皮书**
安徽社会发展报告（2017）
著(编)者：程桦 2017年4月出版 / 估价：89.00元
PSN B-2013-325-1/1

**澳门蓝皮书**
澳门经济社会发展报告（2016~2017）
著(编)者：吴志良 郝雨凡 2017年6月出版 / 估价：98.00元
PSN B-2009-138-1/1

**北京蓝皮书**
北京公共服务发展报告（2016~2017）
著(编)者：施昌奎 2017年3月出版 / 定价：79.00元
PSN B-2008-103-7/8

**北京蓝皮书**
北京经济发展报告（2016~2017）
著(编)者：杨松 2017年6月出版 / 估价：89.00元
PSN B-2006-054-2/8

**北京蓝皮书**
北京发展报告（2016~2017）
著(编)者：李伟东 2017年6月出版 / 估价：89.00元
PSN B-2006-055-3/8

**北京蓝皮书**
北京社会治理发展报告（2016~2017）
著(编)者：殷星辰 2017年5月出版 / 估价：89.00元
PSN B-2014-391-8/8

**北京蓝皮书**
北京文化发展报告（2016~2017）
著(编)者：李建盛 2017年4月出版 / 估价：89.00元
PSN B-2007-082-4/8

**北京律师绿皮书**
北京律师发展报告No.3（2017）
著(编)者：王隽 2017年7月出版 / 估价：88.00元
PSN G-2012-301-1/1

**北京旅游蓝皮书**
北京旅游发展报告（2017）
著(编)者：北京旅游学会 2017年4月出版 / 估价：88.00元
PSN B-2011-217-1/1

## 地方发展类 皮书系列 2017全品种

**北京人才蓝皮书**
北京人才发展报告（2017）
著(编)者：于淼　2017年12月出版 / 估价：128.00元
PSN B-2011-201-1/1

**北京社会心态蓝皮书**
北京社会心态分析报告（2016～2017）
著(编)者：北京社会心理研究所
2017年8月出版 / 估价：89.00元
PSN B-2014-422-1/1

**北京社会组织管理蓝皮书**
北京社会组织发展与管理（2016～2017）
著(编)者：黄江松　2017年4月出版 / 估价：88.00元
PSN B-2015-446-1/1

**北京体育蓝皮书**
北京体育产业发展报告（2016～2017）
著(编)者：钟秉枢　陈杰　杨铁黎
2017年9月出版 / 估价：89.00元
PSN B-2015-475-1/1

**北京养老产业蓝皮书**
北京养老产业发展报告（2017）
著(编)者：周明明　冯喜良　2017年8月出版 / 估价：89.00元
PSN B-2015-465-1/1

**滨海金融蓝皮书**
滨海新区金融发展报告（2017）
著(编)者：王爱俭　张锐钢　2017年12月出版 / 估价：89.00元
PSN B-2014-424-1/1

**城乡一体化蓝皮书**
中国城乡一体化发展报告·北京卷（2016～2017）
著(编)者：张宝秀　黄序　2017年5月出版 / 估价：89.00元
PSN B-2012-258-2/2

**创意城市蓝皮书**
北京文化创意产业发展报告（2017）
著(编)者：张京成　王国华　2017年10月出版 / 估价：89.00元
PSN B-2012-263-1/7

**创意城市蓝皮书**
天津文化创意产业发展报告（2016～2017）
著(编)者：谢思全　2017年6月出版 / 估价：89.00元
PSN B-2016-537-7/7

**创意城市蓝皮书**
武汉文化创意产业发展报告（2017）
著(编)者：黄永林　陈汉桥　2017年9月出版 / 估价：99.00元
PSN B-2013-354-4/7

**创意上海蓝皮书**
上海文化创意产业发展报告（2016～2017）
著(编)者：王慧敏　王兴全　2017年8月出版 / 估价：89.00元
PSN B-2016-562-1/1

**福建妇女发展蓝皮书**
福建省妇女发展报告（2017）
著(编)者：刘群英　2017年11月出版 / 估价：88.00元
PSN B-2011-220-1/1

**福建自贸区蓝皮书**
中国（福建）自由贸易实验区发展报告（2016～2017）
著(编)者：黄茂兴　2017年4月出版 / 估价：108.00元
PSN B-2017-532-1/1

**甘肃蓝皮书**
甘肃经济发展分析与预测（2017）
著(编)者：安文华　罗哲　2017年1月出版 / 定价：79.00元
PSN B-2013-312-1/6

**甘肃蓝皮书**
甘肃社会发展分析与预测（2017）
著(编)者：安文华　包晓霞　谢增虎
2017年1月出版 / 定价：79.00元
PSN B-2013-313-2/6

**甘肃蓝皮书**
甘肃文化发展分析与预测（2017）
著(编)者：王俊莲　周小华　2017年1月出版 / 定价：79.00元
PSN B-2013-314-3/6

**甘肃蓝皮书**
甘肃县域和农村发展报告（2017）
著(编)者：朱智文　包东红　王建兵
2017年1月出版 / 定价：79.00元
PSN B-2013-316-5/6

**甘肃蓝皮书**
甘肃舆情分析与预测（2017）
著(编)者：陈双梅　张谦元　2017年1月出版 / 定价：79.00元
PSN B-2013-315-4/6

**甘肃蓝皮书**
甘肃商贸流通发展报告（2017）
著(编)者：张应华　王福生　王晓芳
2017年1月出版 / 定价：79.00元
PSN B-2016-523-6/6

**广东蓝皮书**
广东全面深化改革发展报告（2017）
著(编)者：周林生　涂成林　2017年12月出版 / 估价：89.00元
PSN B-2015-504-3/3

**广东蓝皮书**
广东社会工作发展报告（2017）
著(编)者：罗观翠　2017年6月出版 / 估价：89.00元
PSN B-2014-402-2/3

**广东外经贸蓝皮书**
广东对外经济贸易发展研究报告（2016~2017）
著(编)者：陈万灵　2017年8月出版 / 估价：98.00元
PSN B-2012-286-1/1

**广西北部湾经济区蓝皮书**
广西北部湾经济区开放开发报告（2017）
著(编)者：广西北部湾经济区规划建设管理委员会办公室
　　　　广西社会科学院广西北部湾发展研究院
2017年4月出版 / 估价：89.00元
PSN B-2010-181-1/1

**巩义蓝皮书**
巩义经济社会发展报告（2017）
著(编)者：丁同民　朱军　2017年4月出版 / 估价：58.00元
PSN B-2016-533-1/1

**广州蓝皮书**
2017年中国广州经济形势分析与预测
著(编)者：庾建设　陈浩钿　谢博能
2017年7月出版 / 估价：85.00元
PSN B-2011-185-9/14

## 皮书系列 2017全品种 — 地方发展类

**广州蓝皮书**
2017年中国广州社会形势分析与预测
著(编)者：张强 陈怡霓 杨秦　2017年6月出版 / 估价：85.00元
PSN B-2008-110-5/14

**广州蓝皮书**
广州城市国际化发展报告（2017）
著(编)者：朱名宏　2017年8月出版 / 估价：79.00元
PSN B-2012-246-11/14

**广州蓝皮书**
广州创新型城市发展报告（2017）
著(编)者：尹涛　2017年7月出版 / 估价：79.00元
PSN B-2012-247-12/14

**广州蓝皮书**
广州经济发展报告（2017）
著(编)者：朱名宏　2017年7月出版 / 估价：79.00元
PSN B-2005-040-1/14

**广州蓝皮书**
广州农村发展报告（2017）
著(编)者：朱名宏　2017年8月出版 / 估价：79.00元
PSN B-2010-167-8/14

**广州蓝皮书**
广州汽车产业发展报告（2017）
著(编)者：杨再高 冯兴亚　2017年7月出版 / 估价：79.00元
PSN B-2006-066-3/14

**广州蓝皮书**
广州青年发展报告（2016~2017）
著(编)者：徐柳 张强　2017年9月出版 / 估价：79.00元
PSN B-2013-352-13/14

**广州蓝皮书**
广州商贸业发展报告（2017）
著(编)者：李江涛 肖振宇 荀振英
2017年7月出版 / 估价：79.00元
PSN B-2012-245-10/14

**广州蓝皮书**
广州社会保障发展报告（2017）
著(编)者：蔡国萱　2017年8月出版 / 估价：79.00元
PSN B-2014-425-14/14

**广州蓝皮书**
广州文化创意产业发展报告（2017）
著(编)者：徐咏虹　2017年7月出版 / 估价：79.00元
PSN B-2008-111-6/14

**广州蓝皮书**
中国广州城市建设与管理发展报告（2017）
著(编)者：董皞 陈小钢 李江涛
2017年7月出版 / 估价：85.00元
PSN B-2007-087-4/14

**广州蓝皮书**
中国广州科技创新发展报告（2017）
著(编)者：邹采荣 马正勇 陈爽
2017年7月出版 / 估价：79.00元
PSN B-2006-065-2/14

**广州蓝皮书**
中国广州文化发展报告（2017）
著(编)者：徐俊忠 陆志强 顾涧清
2017年7月出版 / 估价：79.00元
PSN B-2009-134-7/14

**贵阳蓝皮书**
贵阳城市创新发展报告No.2（白云篇）
著(编)者：连玉明　2017年10月出版 / 估价：89.00元
PSN B-2015-491-3/10

**贵阳蓝皮书**
贵阳城市创新发展报告No.2（观山湖篇）
著(编)者：连玉明　2017年10月出版 / 估价：89.00元
PSN B-2011-235-1/1

**贵阳蓝皮书**
贵阳城市创新发展报告No.2（花溪篇）
著(编)者：连玉明　2017年10月出版 / 估价：89.00元
PSN B-2015-490-2/10

**贵阳蓝皮书**
贵阳城市创新发展报告No.2（开阳篇）
著(编)者：连玉明　2017年10月出版 / 估价：89.00元
PSN B-2015-492-4/10

**贵阳蓝皮书**
贵阳城市创新发展报告No.2（南明篇）
著(编)者：连玉明　2017年10月出版 / 估价：89.00元
PSN B-2015-496-8/10

**贵阳蓝皮书**
贵阳城市创新发展报告No.2（清镇篇）
著(编)者：连玉明　2017年10月出版 / 估价：89.00元
PSN B-2015-489-1/10

**贵阳蓝皮书**
贵阳城市创新发展报告No.2（乌当篇）
著(编)者：连玉明　2017年10月出版 / 估价：89.00元
PSN B-2015-495-7/10

**贵阳蓝皮书**
贵阳城市创新发展报告No.2（息烽篇）
著(编)者：连玉明　2017年10月出版 / 估价：89.00元
PSN B-2015-493-5/10

**贵阳蓝皮书**
贵阳城市创新发展报告No.2（修文篇）
著(编)者：连玉明　2017年10月出版 / 估价：89.00元
PSN B-2015-494-6/10

**贵阳蓝皮书**
贵阳城市创新发展报告No.2（云岩篇）
著(编)者：连玉明　2017年10月出版 / 估价：89.00元
PSN B-2015-498-10/10

**贵州房地产蓝皮书**
贵州房地产发展报告No.4（2017）
著(编)者：武廷方　2017年7月出版 / 估价：89.00元
PSN B-2014-426-1/1

**贵州蓝皮书**
贵州册亨经济社会发展报告（2017）
著(编)者：黄德林　2017年3月出版 / 估价：89.00元
PSN B-2016-526-8/9

**地方发展类** | **皮书系列 2017全品种**

贵州蓝皮书
贵安新区发展报告（2016~2017）
著(编)者：马长青 吴大华　2017年6月出版 / 估价：89.00元
PSN B-2015-459-4/9

贵州蓝皮书
贵州法治发展报告（2017）
著(编)者：吴大华　2017年5月出版 / 估价：89.00元
PSN B-2012-254-2/9

贵州蓝皮书
贵州国有企业社会责任发展报告（2016~2017）
著(编)者：郭丽 周航 万强
2017年12月出版 / 估价：89.00元
PSN B-2015-511-6/9

贵州蓝皮书
贵州民航业发展报告（2017）
著(编)者：申振东 吴大华　2017年10月出版 / 估价：89.00元
PSN B-2015-471-5/9

贵州蓝皮书
贵州民营经济发展报告（2017）
著(编)者：杨静 吴大华　2017年4月出版 / 估价：89.00元
PSN B-2016-531-9/9

贵州蓝皮书
贵州人才发展报告（2017）
著(编)者：于杰 吴大华　2017年9月出版 / 估价：89.00元
PSN B-2014-382-3/9

贵州蓝皮书
贵州社会发展报告（2017）
著(编)者：王兴骥　2017年6月出版 / 估价：89.00元
PSN B-2010-166-1/9

贵州蓝皮书
贵州国家级开放创新平台发展报告（2017）
著(编)者：申晓庆 吴大华 李泓
2017年6月出版 / 估价：89.00元
PSN B-2016-518-1/9

海淀蓝皮书
海淀区文化和科技融合发展报告（2017）
著(编)者：陈名杰 孟景伟　2017年5月出版 / 估价：85.00元
PSN B-2013-329-1/1

杭州都市圈蓝皮书
杭州都市圈发展报告（2017）
著(编)者：沈翔 戚建国　2017年5月出版 / 估价：128.00元
PSN B-2012-302-1/1

杭州蓝皮书
杭州妇女发展报告（2017）
著(编)者：魏颖　2017年6月出版 / 估价：89.00元
PSN B-2014-403-1/1

河北经济蓝皮书
河北省经济发展报告（2017）
著(编)者：马树强 金浩 张贵
2017年4月出版 / 估价：89.00元
PSN B-2014-380-1/1

河北蓝皮书
河北经济社会发展报告（2017）
著(编)者：郭金平　2017年1月出版 / 估价：79.00元
PSN B-2014-372-1/2

河北蓝皮书
京津冀协同发展报告（2017）
著(编)者：陈路　2017年1月出版 / 定价：79.00元
PSN B-2017-601-2/2

河北食品药品安全蓝皮书
河北食品药品安全研究报告（2017）
著(编)者：丁锦霞　2017年6月出版 / 估价：89.00元
PSN B-2015-473-1/1

河南经济蓝皮书
2017年河南经济形势分析与预测
著(编)者：王世炎　2017年3月出版 / 定价：79.00元
PSN B-2007-086-1/1

河南蓝皮书
2017年河南社会形势分析与预测
著(编)者：刘道兴 牛苏林　2017年4月出版 / 估价89.00元
PSN B-2005-043-1/8

河南蓝皮书
河南城市发展报告（2017）
著(编)者：张占仓 王建国　2017年5月出版 / 估价：89.00元
PSN B-2009-131-3/8

河南蓝皮书
河南法治发展报告（2017）
著(编)者：丁同民 张林海　2017年5月出版 / 估价：89.00元
PSN B-2014-376-6/8

河南蓝皮书
河南工业发展报告（2017）
著(编)者：张占仓 丁同民　2017年5月出版 / 估价：89.00元
PSN B-2013-317-5/8

河南蓝皮书
河南金融发展报告（2017）
著(编)者：河南省社会科学院
2017年6月出版 / 估价：89.00元
PSN B-2014-390-7/8

河南蓝皮书
河南经济发展报告（2017）
著(编)者：张占仓 完世伟　2017年4月出版 / 估价：89.00元
PSN B-2010-157-4/8

河南蓝皮书
河南农业农村发展报告（2017）
著(编)者：吴海峰　2017年4月出版 / 估价：89.00元
PSN B-2015-445-8/8

河南蓝皮书
河南文化发展报告（2017）
著(编)者：卫绍生　2017年4月出版 / 估价：88.00元
PSN B-2008-106-2/8

河南商务蓝皮书
河南商务发展报告（2017）
著(编)者：焦锦淼 穆荣国　2017年6月出版 / 估价：88.00元
PSN B-2014-399-1/1

黑龙江蓝皮书
黑龙江经济发展报告（2017）
著(编)者：朱宇　2017年1月出版 / 定价：79.00元
PSN B-2011-190-2/2

# 皮书系列 重点推荐 — 地方发展类

**黑龙江蓝皮书**
黑龙江社会发展报告（2017）
著(编)者：谢宝禄　2017年1月出版 / 定价：79.00元
PSN B-2011-189-1/2

**湖北文化蓝皮书**
湖北文化发展报告（2017）
著(编)者：吴成国　2017年10月出版 / 估价：95.00元
PSN B-2016-567-1/1

**湖南城市蓝皮书**
区域城市群整合
著(编)者：童中贤　韩未名
2017年12月出版 / 估价：89.00元
PSN B-2006-064-1/1

**湖南蓝皮书**
2017年湖南产业发展报告
著(编)者：梁志峰　2017年5月出版 / 估价：128.00元
PSN B-2011-207-2/8

**湖南蓝皮书**
2017年湖南电子政务发展报告
著(编)者：梁志峰　2017年5月出版 / 估价：128.00元
PSN B-2014-394-6/8

**湖南蓝皮书**
2017年湖南经济展望
著(编)者：梁志峰　2017年5月出版 / 估价：128.00元
PSN B-2011-206-1/8

**湖南蓝皮书**
2017年湖南两型社会与生态文明发展报告
著(编)者：梁志峰　2017年5月出版 / 估价：128.00元
PSN B-2011-208-3/8

**湖南蓝皮书**
2017年湖南社会发展报告
著(编)者：梁志峰　2017年5月出版 / 估价：128.00元
PSN B-2014-393-5/8

**湖南蓝皮书**
2017年湖南县域经济社会发展报告
著(编)者：梁志峰　2017年5月出版 / 估价：128.00元
PSN B-2014-395-7/8

**湖南蓝皮书**
湖南城乡一体化发展报告（2017）
著(编)者：陈文胜　王文强　陆福兴　邝奕轩
2017年6月出版 / 估价：89.00元
PSN B-2015-477-8/8

**湖南县域绿皮书**
湖南县域发展报告 No.3
著(编)者：袁准　周小毛　黎仁寅
2017年3月出版 / 定价：79.00元
PSN G-2012-274-1/1

**沪港蓝皮书**
沪港发展报告（2017）
著(编)者：尤安山　2017年9月出版 / 估价：89.00元
PSN B-2013-362-1/1

**吉林蓝皮书**
2017年吉林经济社会形势分析与预测
著(编)者：邵汉明　2016年12月出版 / 定价：79.00元
PSN B-2013-319-1/1

**吉林省城市竞争力蓝皮书**
吉林省城市竞争力报告（2016~2017）
著(编)者：崔岳春　张磊　2016年12月出版 / 定价：79.00元
PSN B-2015-513-1/1

**济源蓝皮书**
济源经济社会发展报告（2017）
著(编)者：喻新安　2017年4月出版 / 估价：89.00元
PSN B-2014-387-1/1

**健康城市蓝皮书**
北京健康城市建设研究报告（2017）
著(编)者：王鸿春　2017年8月出版 / 估价：89.00元
PSN B-2015-460-1/2

**江苏法治蓝皮书**
江苏法治发展报告 No.6（2017）
著(编)者：蔡道通　龚廷泰　2017年8月出版 / 估价：98.00元
PSN B-2012-290-1/1

**江西蓝皮书**
江西经济社会发展报告（2017）
著(编)者：张勇　姜玮　梁勇　2017年10月出版 / 估价：89.00元
PSN B-2015-484-1/2

**江西蓝皮书**
江西设区市发展报告（2017）
著(编)者：姜玮　梁勇　2017年10月出版 / 估价：79.00元
PSN B-2016-517-2/2

**江西文化蓝皮书**
江西文化产业发展报告（2017）
著(编)者：张圣才　汪春翔
2017年10月出版 / 估价：128.00元
PSN B-2015-499-1/1

**街道蓝皮书**
北京街道发展报告No.2（白纸坊篇）
著(编)者：连玉明　2017年8月出版 / 估价：98.00元
PSN B-2016-544-7/15

**街道蓝皮书**
北京街道发展报告No.2（椿树篇）
著(编)者：连玉明　2017年8月出版 / 估价：98.00元
PSN B-2016-548-11/15

**街道蓝皮书**
北京街道发展报告No.2（大栅栏篇）
著(编)者：连玉明　2017年8月出版 / 估价：98.00元
PSN B-2016-552-15/15

**街道蓝皮书**
北京街道发展报告No.2（德胜篇）
著(编)者：连玉明　2017年8月出版 / 估价：98.00元
PSN B-2016-551-14/15

**街道蓝皮书**
北京街道发展报告No.2（广安门内篇）
著(编)者：连玉明　2017年8月出版 / 估价：98.00元
PSN B-2016-540-3/15

**地方发展类** | 皮书系列 重点推荐

**街道蓝皮书**
北京街道发展报告No.2（广安门外篇）
著(编)者：连玉明　2017年8月出版 / 估价：98.00元
PSN B-2016-547-10/15

**街道蓝皮书**
北京街道发展报告No.2（金融街篇）
著(编)者：连玉明　2017年8月出版 / 估价：98.00元
PSN B-2016-538-1/15

**街道蓝皮书**
北京街道发展报告No.2（牛街篇）
著(编)者：连玉明　2017年8月出版 / 估价：98.00元
PSN B-2016-545-8/15

**街道蓝皮书**
北京街道发展报告No.2（什刹海篇）
著(编)者：连玉明　2017年8月出版 / 估价：98.00元
PSN B-2016-546-9/15

**街道蓝皮书**
北京街道发展报告No.2（陶然亭篇）
著(编)者：连玉明　2017年8月出版 / 估价：98.00元
PSN B-2016-542-5/15

**街道蓝皮书**
北京街道发展报告No.2（天桥篇）
著(编)者：连玉明　2017年8月出版 / 估价：98.00元
PSN B-2016-549-12/15

**街道蓝皮书**
北京街道发展报告No.2（西长安街篇）
著(编)者：连玉明　2017年8月出版 / 估价：98.00元
PSN B-2016-543-6/15

**街道蓝皮书**
北京街道发展报告No.2（新街口篇）
著(编)者：连玉明　2017年8月出版 / 估价：98.00元
PSN B-2016-541-4/15

**街道蓝皮书**
北京街道发展报告No.2（月坛篇）
著(编)者：连玉明　2017年8月出版 / 估价：98.00元
PSN B-2016-539-2/15

**街道蓝皮书**
北京街道发展报告No.2（展览路篇）
著(编)者：连玉明　2017年8月出版 / 估价：98.00元
PSN B-2016-550-13/15

**经济特区蓝皮书**
中国经济特区发展报告（2017）
著(编)者：陶一桃　2017年12月出版 / 估价：98.00元
PSN B-2009-139-1/1

**辽宁蓝皮书**
2017年辽宁经济社会形势分析与预测
著(编)者：曹晓峰　梁启东
2017年4月出版 / 估价：79.00元
PSN B-2006-053-1/1

**洛阳蓝皮书**
洛阳文化发展报告（2017）
著(编)者：刘福兴　陈启明　2017年7月出版 / 估价：89.00元
PSN B-2015-476-1/1

**南京蓝皮书**
南京文化发展报告（2017）
著(编)者：徐宁　2017年10月出版 / 估价：89.00元
PSN B-2014-439-1/1

**南宁蓝皮书**
南宁法治发展报告（2017）
著(编)者：杨维超　2017年12月出版 / 估价：79.00元
PSN B-2015-509-1/3

**南宁蓝皮书**
南宁经济发展报告（2017）
著(编)者：胡建华　2017年9月出版 / 估价：79.00元
PSN B-2016-570-2/3

**南宁蓝皮书**
南宁社会发展报告（2017）
著(编)者：胡建华　2017年9月出版 / 估价：79.00元
PSN B-2016-571-3/3

**内蒙古蓝皮书**
内蒙古反腐倡廉建设报告 No.2
著(编)者：张志华　无极　2017年12月出版 / 估价：79.00元
PSN B-2013-365-1/1

**浦东新区蓝皮书**
上海浦东经济发展报告（2017）
著(编)者：沈开艳　周奇　2017年2月出版 / 定价：79.00元
PSN B-2011-225-1/1

**青海蓝皮书**
2017年青海经济社会形势分析与预测
著(编)者：陈玮　2016年12月出版 / 定价：79.00元
PSN B-2012-275-1/1

**人口与健康蓝皮书**
深圳人口与健康发展报告（2017）
著(编)者：陆杰华　罗乐宣　苏杨
2017年11月出版 / 估价：89.00元
PSN B-2011-228-1/1

**山东蓝皮书**
山东经济形势分析与预测（2017）
著(编)者：李广杰　2017年7月出版 / 估价：89.00元
PSN B-2014-404-1/4

**山东蓝皮书**
山东社会形势分析与预测（2017）
著(编)者：张华　唐洲雁　2017年6月出版 / 估价：89.00元
PSN B-2014-405-2/4

**山东蓝皮书**
山东文化发展报告（2017）
著(编)者：涂可国　2017年11月出版 / 估价：98.00元
PSN B-2014-406-3/4

**山西蓝皮书**
山西资源型经济转型发展报告（2017）
著(编)者：李志强　2017年7月出版 / 估价：89.00元
PSN B-2011-197-1/1

**皮书系列 重点推荐** 　地方发展类

**陕西蓝皮书**
陕西经济发展报告（2017）
著(编)者：任宗哲 白宽犁 裴成荣
2017年1月出版 / 定价：69.00元
PSN B-2009-135-1/5

**陕西蓝皮书**
陕西社会发展报告（2017）
著(编)者：任宗哲 白宽犁 牛昉
2017年1月出版 / 定价：69.00元
PSN B-2009-136-2/5

**陕西蓝皮书**
陕西文化发展报告（2017）
著(编)者：任宗哲 白宽犁 王长寿
2017年1月出版 / 定价：69.00元
PSN B-2009-137-3/5

**上海蓝皮书**
上海传媒发展报告（2017）
著(编)者：强荧 焦雨虹
2017年2月出版 / 定价：79.00元
PSN B-2012-295-5/7

**上海蓝皮书**
上海法治发展报告（2017）
著(编)者：叶青　2017年6月出版 / 估价：89.00元
PSN B-2012-296-6/7

**上海蓝皮书**
上海经济发展报告（2017）
著(编)者：沈开艳　2017年2月出版 / 定价：79.00元
PSN B-2006-057-1/7

**上海蓝皮书**
上海社会发展报告（2017）
著(编)者：杨雄 周海旺　2017年2月出版 / 定价：79.00元
PSN B-2006-058-2/7

**上海蓝皮书**
上海文化发展报告（2017）
著(编)者：荣跃明　2017年2月出版 / 定价：79.00元
PSN B-2006-059-3/7

**上海蓝皮书**
上海文学发展报告（2017）
著(编)者：陈圣来　2017年6月出版 / 估价：89.00元
PSN B-2012-297-7/7

**上海蓝皮书**
上海资源环境发展报告（2017）
著(编)者：周冯琦 汤庆合
2017年2月出版 / 定价：79.00元
PSN B-2006-060-4/7

**社会建设蓝皮书**
2017年北京社会建设分析报告
著(编)者：宋贵伦 冯虹　2017年10月出版 / 估价：89.00元
PSN B-2010-173-1/1

**深圳蓝皮书**
深圳法治发展报告（2017）
著(编)者：张骁儒　2017年6月出版 / 估价：89.00元
PSN B-2015-470-6/7

**深圳蓝皮书**
深圳经济发展报告（2017）
著(编)者：张骁儒　2017年7月出版 / 估价：89.00元
PSN B-2008-112-3/7

**深圳蓝皮书**
深圳劳动关系发展报告（2017）
著(编)者：汤庭芬　2017年6月出版 / 估价：89.00元
PSN B-2007-097-2/7

**深圳蓝皮书**
深圳社会建设与发展报告（2017）
著(编)者：张骁儒 陈东平　2017年7月出版 / 估价：89.00元
PSN B-2008-113-4/7

**深圳蓝皮书**
深圳文化发展报告(2017)
著(编)者：张骁儒　2017年7月出版 / 估价：89.00元
PSN B-2016-555-7/7

**丝绸之路蓝皮书**
丝绸之路经济带发展报告（2017）
著(编)者：任宗哲 白宽犁 谷孟宾
2017年1月出版 / 定价：75.00元
PSN B-2014-410-1/1

**法治蓝皮书**
四川依法治省年度报告 No.3（2017）
著(编)者：李林 杨天宗 田禾
2017年3月出版 / 定价：118.00元
PSN B-2015-447-1/1

**四川蓝皮书**
2017年四川经济形势分析与预测
著(编)者：杨钢　2017年1月出版 / 定价：98.00元
PSN B-2007-098-2/7

**四川蓝皮书**
四川城镇化发展报告（2017）
著(编)者：侯水平 陈炜　2017年4月出版 / 估价：85.00元
PSN B-2015-456-7/7

**四川蓝皮书**
四川法治发展报告（2017）
著(编)者：郑泰安　2017年4月出版 / 估价：89.00元
PSN B-2015-441-5/7

**四川蓝皮书**
四川企业社会责任研究报告（2016～2017）
著(编)者：侯水平 盛毅 翟刚
2017年4月出版 / 估价：89.00元
PSN B-2014-386-4/7

**四川蓝皮书**
四川社会发展报告（2017）
著(编)者：李羚　2017年5月出版 / 估价：89.00元
PSN B-2008-127-3/7

**四川蓝皮书**
四川生态建设报告（2017）
著(编)者：李晟之　2017年4月出版 / 估价：85.00元
PSN B-2015-455-6/7

**皮书系列重点推荐**

地方发展类·国际问题类

**四川蓝皮书**
四川文化产业发展报告（2017）
著（编）者：向宝云 张立伟
2017年4月出版 / 估价：89.00元
PSN B-2006-074-1/7

**体育蓝皮书**
上海体育产业发展报告（2016~2017）
著（编）者：张林 黄海燕
2017年10月出版 / 估价：89.00元
PSN B-2015-454-4/4

**体育蓝皮书**
长三角地区体育产业发展报告（2016~2017）
著（编）者：张林 2017年4月出版 / 估价：89.00元
PSN B-2015-453-3/4

**天津金融蓝皮书**
天津金融发展报告（2017）
著（编）者：王爱俭 孔德昌
2017年12月出版 / 估价：98.00元
PSN B-2014-418-1/1

**图们江区域合作蓝皮书**
图们江区域合作发展报告（2017）
著（编）者：李铁 2017年6月出版 / 估价：98.00元
PSN B-2015-464-1/1

**温州蓝皮书**
2017年温州经济社会形势分析与预测
著（编）者：潘忠强 王春光 金浩
2017年4月出版 / 估价：89.00元
PSN B-2008-105-1/1

**西咸新区蓝皮书**
西咸新区发展报告（2016~2017）
著（编）者：李扬 王军 2017年6月出版 / 估价：89.00元
PSN B-2016-535-1/1

**扬州蓝皮书**
扬州经济社会发展报告（2017）
著（编）者：丁纯 2017年12月出版 / 估价：98.00元
PSN B-2011-191-1/1

**长株潭城市群蓝皮书**
长株潭城市群发展报告（2017）
著（编）者：张萍 2017年12月出版 / 估价：89.00元
PSN B-2008-109-1/1

**中医文化蓝皮书**
北京中医文化传播发展报告（2017）
著（编）者：毛嘉陵 2017年5月出版 / 估价：79.00元
PSN B-2015-468-1/2

**珠三角流通蓝皮书**
珠三角商圈发展研究报告（2017）
著（编）者：王先庆 林至颖
2017年7月出版 / 估价：98.00元
PSN B-2012-292-1/1

**遵义蓝皮书**
遵义发展报告（2017）
著（编）者：曾征 龚永育 雍思强
2017年12月出版 / 估价：89.00元
PSN B-2014-433-1/1

## 国际问题类

**"一带一路"跨境通道蓝皮书**
"一带一路"跨境通道建设研究报告（2017）
著（编）者：郭业洲 2017年8月出版 / 估价：89.00元
PSN B-2016-558-1/1

**"一带一路"蓝皮书**
"一带一路"建设发展报告（2017）
著（编）者：孔丹 李永全 2017年7月出版 / 估价：89.00元
PSN B-2016-553-1/1

**阿拉伯黄皮书**
阿拉伯发展报告（2016~2017）
著（编）者：罗林 2017年11月出版 / 估价：89.00元
PSN Y-2014-381-1/1

**北部湾蓝皮书**
泛北部湾合作发展报告（2017）
著（编）者：吕余生 2017年12月出版 / 估价：85.00元
PSN B-2008-114-1/1

**大湄公河次区域蓝皮书**
大湄公河次区域合作发展报告（2017）
著（编）者：刘稚 2017年8月出版 / 估价：89.00元
PSN B-2011-196-1/1

**大洋洲蓝皮书**
大洋洲发展报告（2017）
著（编）者：喻常森 2017年10月出版 / 估价：89.00元
PSN B-2013-341-1/1

## 皮书系列重点推荐 — 国际问题类

**德国蓝皮书**
德国发展报告（2017）
著(编)者：郑春荣　　2017年6月出版／估价：89.00元
PSN B-2012-278-1/1

**东盟黄皮书**
东盟发展报告（2017）
著(编)者：杨晓强　庄国土
2017年4月出版／估价：89.00元
PSN Y-2012-303-1/1

**东南亚蓝皮书**
东南亚地区发展报告（2016~2017）
著(编)者：厦门大学东南亚研究中心　王勤
2017年12月出版／估价：89.00元
PSN B-2012-240-1/1

**俄罗斯黄皮书**
俄罗斯发展报告（2017）
著(编)者：李永全　　2017年7月出版／估价：89.00元
PSN Y-2006-061-1/1

**非洲黄皮书**
非洲发展报告 No.19（2016~2017）
著(编)者：张宏明　　2017年8月出版／估价：89.00元
PSN Y-2012-239-1/1

**公共外交蓝皮书**
中国公共外交发展报告（2017）
著(编)者：赵启正　雷蔚真
2017年4月出版／估价：89.00元
PSN B-2015-457-1/1

**国际安全蓝皮书**
中国国际安全研究报告(2017)
著(编)者：刘慧　　2017年7月出版／估价：98.00元
PSN B-2016-522-1/1

**国际形势黄皮书**
全球政治与安全报告（2017）
著(编)者：张宇燕
2017年1月出版／定价：89.00元
PSN Y-2001-016-1/1

**韩国蓝皮书**
韩国发展报告（2017）
著(编)者：牛林杰　刘宝全
2017年11月出版／估价：89.00元
PSN B-2010-155-1/1

**加拿大蓝皮书**
加拿大发展报告（2017）
著(编)者：仲伟合　　2017年9月出版／估价：89.00元
PSN B-2014-389-1/1

**拉美黄皮书**
拉丁美洲和加勒比发展报告（2016~2017）
著(编)者：吴白乙　　2017年6月出版／估价：89.00元
PSN Y-1999-007-1/1

**美国蓝皮书**
美国研究报告（2017）
著(编)者：郑秉文　黄平　　2017年6月出版／估价：89.00元
PSN B-2011-210-1/1

**缅甸蓝皮书**
缅甸国情报告（2017）
著(编)者：李晨阳　　2017年12月出版／估价：86.00元
PSN B-2013-343-1/1

**欧洲蓝皮书**
欧洲发展报告（2016~2017）
著(编)者：黄平　周弘　江时学
2017年6月出版／估价：89.00元
PSN B-1999-009-1/1

**葡语国家蓝皮书**
葡语国家发展报告（2017）
著(编)者：王成安　张敏　　2017年12月出版／估价：89.00元
PSN B-2015-503-1/2

**葡语国家蓝皮书**
中国与葡语国家关系发展报告·巴西（2017）
著(编)者：张曙光　　2017年8月出版／估价：89.00元
PSN B-2016-564-2/2

**日本经济蓝皮书**
日本经济与中日经贸关系研究报告（2017）
著(编)者：张季风　　2017年5月出版／估价：89.00元
PSN B-2008-102-1/1

**日本蓝皮书**
日本研究报告（2017）
著(编)者：杨伯江　　2017年5月出版／估价：89.00元
PSN B-2002-020-1/1

**上海合作组织黄皮书**
上海合作组织发展报告（2017）
著(编)者：李进峰　吴宏伟　李少捷
2017年6月出版／估价：89.00元
PSN Y-2009-130-1/1

**世界创新竞争力黄皮书**
世界创新竞争力发展报告（2017）
著(编)者：李闽榕　李建平　赵新力
2017年4月出版／估价：148.00元
PSN Y-2013-318-1/1

**泰国蓝皮书**
泰国研究报告（2017）
著(编)者：庄国土　张禹东
2017年8月出版／估价：118.00元
PSN B-2016-557-1/1

**土耳其蓝皮书**
土耳其发展报告（2017）
著(编)者：郭长刚　刘义　　2017年9月出版／估价：89.00元
PSN B-2014-412-1/1

**亚太蓝皮书**
亚太地区发展报告（2017）
著(编)者：李向阳　　2017年4月出版／估价：89.00元
PSN B-2001-015-1/1

**印度蓝皮书**
印度国情报告（2017）
著(编)者：吕昭义　　2017年12月出版／估价：89.00元
PSN B-2012-241-1/1

**国际问题类** 皮书系列 重点推荐

**印度洋地区蓝皮书**
印度洋地区发展报告（2017）
著(编)者：汪戎　2017年6月出版 / 估价：89.00元
PSN B-2013-334-1/1

**英国蓝皮书**
英国发展报告（2016~2017）
著(编)者：王展鹏　2017年11月出版 / 估价：89.00元
PSN B-2015-486-1/1

**越南蓝皮书**
越南国情报告（2017）
著(编)者：谢林城
2017年12月出版 / 估价：89.00元
PSN B-2006-056-1/1

**以色列蓝皮书**
以色列发展报告（2017）
著(编)者：张倩红　2017年8月出版 / 估价：89.00元
PSN B-2015-483-1/1

**伊朗蓝皮书**
伊朗发展报告（2017）
著(编)者：冀开运　2017年10月出版 / 估价：89.00元
PSN B-2016-575-1/1

**中东黄皮书**
中东发展报告No.19（2016~2017）
著(编)者：杨光　2017年10月出版 / 估价：89.00元
PSN Y-1998-004-1/1

**中亚黄皮书**
中亚国家发展报告（2017）
著(编)者：孙力　吴宏伟　2017年7月出版 / 估价：98.00元
PSN Y-2012-238-1/1

　　皮书序列号是社会科学文献出版社专门为识别皮书、管理皮书而设计的编号。皮书序列号是出版皮书的许可证号，是区别皮书与其他图书的重要标志。

　　它由一个前缀和四部分构成。这四部分之间用连字符"-"连接。前缀和这四部分之间空半个汉字（见示例）。

《国际人才蓝皮书：中国留学发展报告》序列号示例

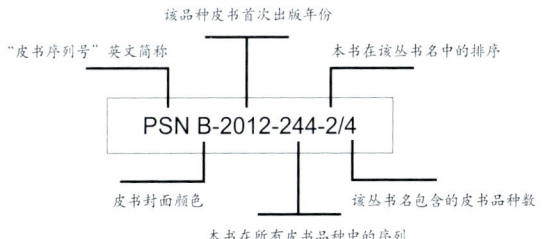

　　从示例中可以看出，《国际人才蓝皮书：中国留学发展报告》的首次出版年份是2012年，是社科文献出版社出版的第244个皮书品种，是"国际人才蓝皮书"系列的第2个品种（共4个品种）。

社会科学文献出版社　　皮书系列

## ✤ 皮书起源 ✤

"皮书"起源于十七、十八世纪的英国,主要指官方或社会组织正式发表的重要文件或报告,多以"白皮书"命名。在中国,"皮书"这一概念被社会广泛接受,并被成功运作、发展成为一种全新的出版形态,则源于中国社会科学院社会科学文献出版社。

## ✤ 皮书定义 ✤

皮书是对中国与世界发展状况和热点问题进行年度监测,以专业的角度、专家的视野和实证研究方法,针对某一领域或区域现状与发展态势展开分析和预测,具备原创性、实证性、专业性、连续性、前沿性、时效性等特点的公开出版物,由一系列权威研究报告组成。

## ✤ 皮书作者 ✤

皮书系列的作者以中国社会科学院、著名高校、地方社会科学院的研究人员为主,多为国内一流研究机构的权威专家学者,他们的看法和观点代表了学界对中国与世界的现实和未来最高水平的解读与分析。

## ✤ 皮书荣誉 ✤

皮书系列已成为社会科学文献出版社的著名图书品牌和中国社会科学院的知名学术品牌。2016年,皮书系列正式列入"十三五"国家重点出版规划项目;2012~2016年,重点皮书列入中国社会科学院承担的国家哲学社会科学创新工程项目;2017年,55种院外皮书使用"中国社会科学院创新工程学术出版项目"标识。

# 中国皮书网

www.pishu.cn

发布皮书研创资讯,传播皮书精彩内容
引领皮书出版潮流,打造皮书服务平台

## 栏目设置

关于皮书:何谓皮书、皮书分类、皮书大事记、皮书荣誉、
皮书出版第一人、皮书编辑部

最新资讯:通知公告、新闻动态、媒体聚焦、网站专题、视频直播、下载专区

皮书研创:皮书规范、皮书选题、皮书出版、皮书研究、研创团队

皮书评奖评价:指标体系、皮书评价、皮书评奖

互动专区:皮书说、皮书智库、皮书微博、数据库微博

## 所获荣誉

2008年、2011年,中国皮书网均在全国新闻出版业网站荣誉评选中获得"最具商业价值网站"称号;

2012年,获得"出版业网站百强"称号。

## 网库合一

2014年,中国皮书网与皮书数据库端口合一,实现资源共享。更多详情请登录www.pishu.cn。

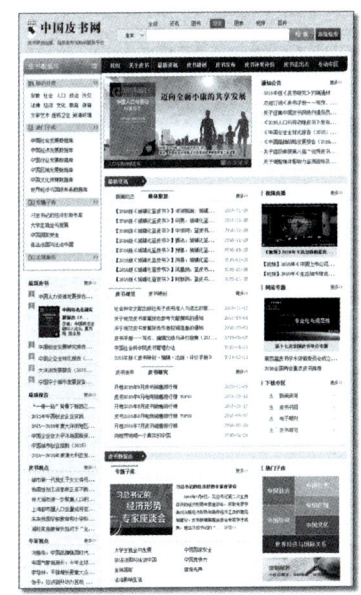

**权威报告·热点资讯·特色资源**

# 皮书数据库
## ANNUAL REPORT(YEARBOOK) DATABASE

## 当代中国与世界发展高端智库平台

### 所获荣誉

- 2016年，入选"国家'十三五'电子出版物出版规划骨干工程"
- 2015年，荣获"搜索中国正能量 点赞2015""创新中国科技创新奖"
- 2013年，荣获"中国出版政府奖·网络出版物奖"提名奖
- 连续多年荣获中国数字出版博览会"数字出版·优秀品牌"奖

### 成为会员

通过网址www.pishu.com.cn或使用手机扫描二维码进入皮书数据库网站，进行手机号码验证或邮箱验证即可成为皮书数据库会员（建议通过手机号码快速验证注册）。

### 会员福利

- 使用手机号码首次注册会员可直接获得100元体验金，不需充值即可购买和查看数据库内容（仅限使用手机号码快速注册）。
- 已注册用户购书后可免费获赠100元皮书数据库充值卡。刮开充值卡涂层获取充值密码，登录并进入"会员中心"—"在线充值"—"充值卡充值"，充值成功后即可购买和查看数据库内容。

数据库服务热线：400-008-6695　　　图书销售热线：010-59367070/7028
数据库服务QQ：2475522410　　　　　图书服务QQ：1265056568
数据库服务邮箱：database@ssap.cn　　图书服务邮箱：duzhe@ssap.cn

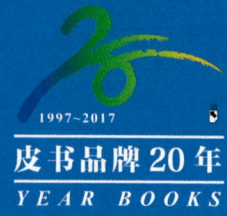

### 更多信息请登录

**皮书数据库**
http://www.pishu.com.cn

**中国皮书网**
http://www.pishu.cn

**皮书微博**
http://weibo.com/pishu

**皮书博客**
http://blog.sina.com.cn/pishu

皮书微信"皮书说"

请到当当、亚马逊、京东或各地书店购买，也可办理邮购

咨询/邮购电话：010-59367028　59367070
邮　　箱：duzhe@ssap.cn
邮购地址：北京市西城区北三环中路甲29号院3号楼
　　　　　华龙大厦13层读者服务中心
邮　　编：100029
银行户名：社会科学文献出版社
开户银行：中国工商银行北京北太平庄支行
账　　号：0200010019200365434